Gut vorsorgen: Pensionskasse, AHV und 3. Säule

Was Sie über die drei Säulen wissen müssen. Was die Vorsorge kostet und was Sie später erhalten.

Der Autor

Dr. iur. Hans-Ulrich Stauffer, geboren 1951, arbeitet als Rechtsanwalt in Basel. Sein Arbeitsschwerpunkt ist die berufliche Vorsorge. Er hat eine eigene Pensionskasse aufgebaut und amtet als Geschäftsführer dieser Sammelstiftung. Er ist deshalb mit den Fragen der 2. Säule und damit auch mit den Grundlagen des Drei-Säulen-Systems bestens vertraut. Stauffer ist Verfasser des juristischen Standardwerks «Berufliche Vorsorge» und Mitherausgeber der Reihe «Rechtsprechung des Schweizerischen Bundesgerichts zum Sozialversicherungsrecht». Er ist auch Lehrbeauftragter an der Universität Basel zum Thema berufliche Vorsorge.

© Konsumenteninfo AG, Zürich
Alle Rechte vorbehalten
19. Auflage, September 2016

Autor: Hans-Ulrich Stauffer
Redaktion und Produktion: Ernst Meierhofer
Korrektorat: Heinz Zollinger
Layout: Beat Fessler
Titelfoto: istock

Bestelladresse:
saldo Ratgeber
Postfach 75, 8024 Zürich
ratgeber@saldo.ch
www.saldo.ch

ISBN 978-3-907955-60-4

Vorwort

AHV und Pensionskasse – ein Buch mit sieben Siegeln

Die meisten denken beim Stichwort AHV oder Pensionskasse zuerst an die Abzüge auf dem Lohnausweis. Doch was passiert mit diesem Geld? Welche Leistungen gibt es später dafür? Und wie sicher sind die beiden Systeme?

Nur die wenigsten wissen Bescheid, wenn es um die Alters- und Hinterlassenenversicherung, die Invalidenversicherung oder die Pensionskasse geht.

Dieser *saldo*-Ratgeber schafft Klarheit bei Fragen wie: Wie wird die AHV-Rente berechnet? Kann ich ein fehlendes Beitragsjahr aufholen? Was heisst Rentensplitting? Mit welcher Rente von der Pensionskasse kann ich rechnen? Wie wird meine Freizügigkeitsleistung bestimmt? Wie bin ich im Fall von Tod und Invalidität versichert? Welche Auswirkungen haben die Flexibilisierung des Mindestzinssatzes und die Senkung des Umwandlungssatzes in der beruflichen Vorsorge?

Dieses Buch bietet einen umfassenden Überblick über alle drei Säulen der Altersvorsorge: AHV/IV (1. Säule), Pensionskasse (2. Säule) und individuelles Sparen (3. Säule oder gebundene Vorsorge).

Die Sozialversicherung befindet sich in ständigem Wandel. In der 1. BVG-Revision wurden zahlreiche Durchführungsbestimmungen geändert, neue Leistungen eingeführt und die Rechte der Versicherten gestärkt. Dieser Hauptteil der 1. BVG-Revision ist am 1. Januar 2005 in Kraft getreten.

Die berufliche Vorsorge besteht nun schon seit 30 Jahren. Doch leider ist das Gesetz durch die verschiedenen Revisionen immer komplexer geworden. Wer nicht über Detailkenntnisse verfügt und sich in der Rechtsprechung des Bundesgerichts nicht auskennt, hat Mühe, sich zurechtzufinden.

Die vorliegende, vollkommen überarbeitete Neuauflage enthält alle gesetzlichen Änderungen sowie die aktuellen Gerichtsurteile. Ebenfalls berücksichtigt sind die aus der Leserschaft eingegangenen zahlreichen Anregungen, für die wir uns an dieser Stelle herzlich bedanken.

Zürich, September 2016
Verlag und Autor

Inhalt

1 Soziale Sicherheit: Die drei Säulen im Überblick

- 8 Das sind die elf nationalen Sozialwerke
- 10 Umlage- und Kapitaldeckungsverfahren: Die Unterschiede
- 11 Das Drei-Säulen-System im Überblick
- 12 Die Mutterschaftsversicherung
- 13 Mann und Frau in der Sozialgesetzgebung
- 15 Das erste Standbein für das Alter: Die AHV
- 15 Kann ich die AHV-Kasse wechseln?
- 16 Der AHV-Ausweis
- 17 So kontrollieren Sie Ihr persönliches AHV-Konto
- 19 So können Sie die AHV-Rente vorausberechnen lassen
- 20 Das zweite Standbein für das Alter: Die Pensionskasse
- 22 Leistungsprimat und Beitragsprimat: Die Unterschiede
- 25 Deckungskapital und Deckungsgrad: Pensionskassen in Not
- 26 Sehr umstritten: Die freie Wahl der Pensionskasse
- 28 Die Sammelstiftung, das unbekannte Wesen
- 29 Paritätischer Stiftungsrat auch bei Sammelstiftungen
- 29 Gefährdete Darlehen: Pensionskassengeld beim Arbeitgeber
- 30 Das dritte Standbein für das Alter: Die freiwillige 3. Säule

2 Die AHV: Wer ist versichert? Und was kostet es?

- 32 Informationen zur AHV im Internet
- 33 Beginn und Ende der AHV-Beitragspflicht
- 33 Die Freigrenze für AHV-Bezüger, die weiterarbeiten
- 34 Die Lohnabzüge für die Sozialwerke auf einen Blick
- 35 Angestellt oder selbständig? Das sind die Konsequenzen
- 36 Erbe ich die AHV-Schulden meines Vaters?
- 39 Jeder verdiente Franken ist der AHV zu melden
- 39 Was als massgebendes Einkommen gilt – und was nicht
- 40 Ist auch Gartenarbeit AHV-pflichtig?
- 40 Der 2300-Franken-Freibetrag beim Nebenerwerb
- 41 Die AHV-Beiträge der Selbständigerwerbenden
- 43 Muss ich den Mindestbeitrag in jedem Fall zahlen?
- 44 Beispiel für die Veranlagung eines Selbständigerwerbenden
- 45 Die AHV-Beiträge der Nichterwerbstätigen
- 47 Auch Frühpensionierte zahlen AHV-Beiträge
- 50 Die freiwillige Versicherung für Auslandschweizer
- 51 Auf Weltreise: Worauf ist bei der AHV zu achten?

3 Diese Faktoren beeinflussen die AHV-Renten

- 53 So ist das AHV-Rentenalter geregelt
- 53 Die AHV-Beitragsdauer
- 54 Ich wandere aus: Erhalte ich weiterhin meine AHV-Rente?
- 55 Beitragsjahre und Beitragslücken (Fehljahre)

57 Das massgebende Einkommen und der Aufwertungsfaktor
57 Der Unterschied zwischen Voll- und Maximalrente
60 Die Rentenskala 44
61 Die Erziehungsgutschriften
62 Die Betreuungsgutschriften
63 AHV-Rentensplitting und Plafonierung
65 Das Rentensplitting kann laufende Renten schmälern
66 Die AHV-Kinderrente
68 Das flexible Rentenalter: AHV-Vorbezug und -Aufschub
69 Sozialhilfe: Kann man mich zwingen, die AHV vorzubeziehen?
73 Die Hilflosenentschädigung der AHV
75 Für die Hinterlassenen: Witwen- und Waisenrenten der AHV
77 Die AHV darf die Altersrente mit Schulden verrechnen
78 So überprüft die AHV, ob Rentenbezüger noch am Leben sind

4 IV-Rente und Ergänzungsleistungen
80 So wird der Invaliditätsgrad bestimmt
81 Die IV-Rente: Diese Faktoren bestimmen ihre Höhe
83 Erhalte ich weniger IV-Rente, wenn ich arbeite?
86 Der Anspruch auf Ergänzungsleistungen: Die Details
88 Erbschaft gemacht: Muss ich Ergänzungsleistungen zurückzahlen?
90 Wer noch Vermögen hat, muss davon zehren
90 Werden meine Ergänzungsleistungen im Konkubinat gekürzt?

5 Pensionskasse: Wer ist versichert? Und was kostet es?
96 Obligatorium und Überobligatorium
97 Beginn und Ende der BVG-Beitragspflicht
97 Nur «Arbeitnehmer» sind obligatorisch versichert
98 Die BVG-Minimalleistungen im Überblick
100 Keine Stelle mehr: Die einmonatige Risiko-Nachdeckung
100 Muss die Ehefrau im Geschäft auch Beiträge zahlen?
102 So wird der versicherte Lohn festgelegt bzw. «koordiniert»
103 Koordinationsabzug und Eintrittsschwelle
108 Pensionskassenlösungen für Teilzeitbeschäftigte
108 Verschiedene «kleine» Jobs: Keine Pensionskasse?
110 Arbeitslosigkeit und Pensionskasse
112 Die Versicherungspflicht in der Probezeit
113 Pensionskassenlösungen für Selbständigerwerbende
114 Der Versicherungsschutz für Temporärangestellte
115 Gesundheitsvorbehalte in der beruflichen Vorsorge
116 Die Prämien: So viel kostet die Pensionskasse
120 Versicherungsvarianten im Vergleich
121 Der Einkauf in die Pensionskasse
127 Ab auf die Weltreise: Und was ist mit dem Versicherungsschutz?

6 Wie aus dem Sparprozess eine BVG-Rente wird

131 Der Mindestzinssatz gilt nur für den obligatorischen Bereich
132 Was eine Nullzinsrunde für Folgen hat
133 Die Lohnprozente, die an die Pensionskasse gehen
134 Unterschiedliche Rentenalter für Mann und Frau
136 Der Vorbezug der Pensionskassenrente und die Kürzung
138 Details zum Aufschub der Pensionskassenrente
139 Pensionskassengeld: Keine Pfändung vor Fälligkeit
140 Der Rentenumwandlungssatz als entscheidende Grösse
141 Tieferer Umwandlungssatz im Überobligatorium
141 Die Altersrente bei normaler Pensionierung nach Gesetz
142 Das Splitting und seine Nachteile
144 Rente oder Barbezug? So entscheiden Sie richtig
145 Die Anmeldefrist für den Barbezug
146 Wer erhält – wenn überhaupt – das Todesfallkapital?
147 Bessere Regelung für Konkubinatspaare
149 So lesen Sie Ihren Versicherungsausweis
151 Pensionskassen-Musterausweis
153 So sind die Milliarden der Versicherten angelegt

7 Der Pensionskassen-Risikoschutz bei Tod und Invalidität

157 Todesfall: Die Renten für überlebende Ehepartner und Waisen
160 Auch geschiedene Ehepartner haben Ansprüche
161 Die BVG-Leistungen bei Invalidität
161 Invaliditätsgrad und Rentenabstufung
165 Krankheit verschwiegen: Kann mir die Pensionskasse kündigen?
166 Überversicherung: Die Pensionskasse darf die Rente kürzen
166 Nach Unfall: Muss auch die Pensionskasse eine Rente zahlen?
168 Kürzung der IV-Rente: Kassen dürfen «Resterwerb» anrechnen

8 Die Freizügigkeit beim Stellenwechsel

172 So wird die Freizügigkeitssumme berechnet
173 Barwert und Umrechnungsfaktor
175 Die Formel zur Ermittlung des Barwerts
176 Beispiel für eine mögliche Umrechnungstabelle
177 Keine neue Stelle: Wohin mit der Freizügigkeit?
178 Zahlen Sie nur so viel ein, wie nötig ist!
178 «Auffangeinrichtung» und «Zentralstelle 2. Säule»
179 Die Ansprüche bei einer Firmenliquidation
180 Verspätete Überweisung? Sie erhalten Verzugszins!
183 Mit der Freizügigkeit an die Börse: Es drohen Verluste
185 Unzufrieden mit der Sammelstiftung: Was tun?
187 Die Begünstigungsordnung für Freizügigkeitskapital
187 Barbezug der Freizügigkeit: In diesen Fällen ist das möglich

188 Bei Ehepaaren braucht es zwei Unterschriften
189 Der Barbezug für die Gründung eines eigenen Unternehmens
191 Scheidung: So wird das Altersguthaben geteilt
193 Kassengeld fürs Eigenheim: Das sind die wichtigsten Details
194 Kann die Pensionskasse den Vorbezug zurückverlangen?
195 PK-Geld fürs Eigenheim: Die Gebühr muss im Reglement erwähnt sein
196 Der Vorbezug hat steuerliche Nachteile
198 Die Verpfändung ist die elegantere Möglichkeit

9 Die 3. Säule: Privat vorsorgen und Steuern sparen

200 Die Einzahlungslimiten für Angestellte und Selbständige
201 Hausfrauen können von der 3. Säule nicht profitieren
202 Die wichtigsten Tipps zum Äufnen der 3. Säule
203 Rentiert die 3. Säule auch für junge Sparer?
206 Der Vorbezug der 3. Säule: Das sind die Möglichkeiten
209 Die Besteuerung der Auszahlung der 3. Säule
209 3a-Sparen: Ziehen Sie die Bank der Versicherung vor
211 3a-Sparen mit der Versicherung ist sehr teuer
212 Fondspolicen von Feierabendverkäufern: Hände weg!
213 3a-Sparen mit Fonds: Keine Zinsgarantie
215 3. Säule: So können sich Konkubinatspaare gegenseitig begünstigen
217 Vorsorge für Freiberufler: Pensionskasse oder 3. Säule?

10 Steuern: Der Staat kassiert mit

220 Beiträge an AHV und Pensionskasse sind steuerbefreit
222 Alle Renten sind als Einkommen zu versteuern
223 Ab ins Ausland: Die Quellensteuer beim Barbezug
224 Die Steuerbefreiung nach der Pensionierung
224 Die indirekte Amortisation einer Hypothek mit der 3. Säule

11 Kontrolle und Rechtsweg: So wahren Sie Ihre Rechte

226 Paritätische Pensionskassenverwaltung und Stiftungsrat
229 Diese Angaben schaffen Transparenz
232 Die Rechtsmittel bei der AHV und bei der IV
235 Der Rechtsweg bei Streitigkeiten mit der Pensionskasse
235 Die BVG-Aufsichtsbehörde als Notbremse
239 Der Rechtsweg in der Säule 3a

12 Adressen und Stichwortregister

240 Beratungsstellen für Pensionskassenfragen
240 Pensionskassen-Aufsichtsbehörden und Versicherungsgerichte
244 Adressen der Stiftung Auffangeinrichtung BVG
245 Abkürzungen und Quellenverzeichnis
246 Stichwortregister

1 Die drei Säulen im Überblick
So ist die soziale Sicherheit organisiert

Das System der sozialen Sicherheit ist in der Schweiz vielschichtig und immer noch ein Stückwerk aus vielen Komponenten. Doch es bietet einen guten Schutz: Von der Wiege bis zum Grab zahlen die Sozialversicherungen eine Vielzahl von Leistungen.

In der Schweiz gibt es elf nationale Sozialwerke; jedes hat sein eigenes Bundesgesetz:

■ **Alters- und Hinterlassenenversicherung (AHV).** Die AHV soll im Alter die Grundbedürfnisse der Rentnerinnen und Rentner decken. Sie zahlt aber nicht nur Altersrenten aus, sondern auch Witwen-, Witwer- und Waisenrenten an die Hinterbliebenen.

Die Leistungen sind von der Höhe des bisherigen Einkommens abhängig und von der Dauer, während der die AHV-versicherte Person ihre Prämien einbezahlt hat. Alle erwerbstätigen Personen müssen Beiträge an die AHV entrichten – egal ob sie angestellt oder selbständigerwerbend sind.

Die AHV basiert – anders als die Pensionskassen – auf dem Umlageverfahren (siehe Stichwort auf Seite 10). Alle wichtigen Details zur AHV stehen auf Seite 15 ff. sowie in den Kapiteln 2 und 3.

Gesetzliche Grundlage: Bundesgesetz über die Alters- und Hinterlassenenversicherung (AHVG), in Kraft seit 1. Januar 1948.

■ **Invalidenversicherung (IV).** Die Invalidenversicherung unterstützt Personen, die durch Geburtsgebrechen, Krankheits- oder Unfallfolgen behindert sind. Vorrangiges Ziel ist es, die Behinderten (wieder) einzugliedern und ihnen zu ermöglichen, sich selber zu ernähren. Die IV-Rente wird dann entrichtet, falls dieses Ziel nicht zu erreichen ist.

Invalide erhalten eine Rente, falls sie eine Lohneinbusse von mindestens 40 Prozent geltend machen können – und falls die Krankheit oder der Unfall die Ursa-

---

Die drei Standbeine für das Alter

Die Altersvorsorge ruht in der Schweiz auf drei Säulen:
■ Die Renten der staatlichen AHV/IV, der 1. Säule also, sollen die Existenzgrundlage der Pensionierten sichern (siehe Seite 15 ff.).
■ Die Pensionskassen sind dafür zuständig, dass der bisherige Lebensstandard über das reine Existenzminimum hinaus garantiert ist. Die berufliche Vorsorge wird auch 2. Säule genannt (siehe Seite 20 ff.). Die 1. und die 2. Säule sollen zusammen mindestens 60 Prozent des zuletzt bezogenen effektiven Jahreslohnes sichern.
■ Die 3. Säule umfasst die private Vorsorge. Es handelt sich dabei um die freiwillige Selbstvorsorge – also um das, was man gemeinhin in den Sparstrumpf steckt. Dazu gehört auch die Säule 3a, also das gebundene Sparen mit Steuerbegünstigung (siehe Kapitel 9).

che für den Verlust der Erwerbsfähigkeit ist (Kausalitätsprinzip). Jede AHV-pflichtige Person muss gleichzeitig auch Beiträge für die IV einzahlen. Alle wichtigen Details zur IV stehen im Kapitel 4.
Gesetzliche Grundlage: Bundesgesetz über die Invalidenversicherung (IVG), in Kraft seit dem 15. Oktober 1959.

■ **Ergänzungsleistungen (EL).** Die AHV/IV-Renten reichen nicht immer aus, um die Lebenshaltungskosten der Rentenbezügerinnen und -bezüger zu decken; deshalb besteht ein rechtlicher Anspruch auf Ergänzungsleistungen. Wer bedürftig ist, kann also eine zusätzliche Unterstützung beantragen.

Die Bedürftigkeit wird von Fall zu Fall abgeklärt, die Höhe der Leistungen ebenfalls. Zuständig sind die Kantone. Alle wichtigen Details zu den EL stehen im Kapitel 4.
Gesetzliche Grundlage: Bundesgesetz über die Ergänzungsleistungen zur AHV/IV (ELG), in Kraft seit dem 1. Januar 1966.

■ **Berufliche Vorsorge.** Das Pensionskassengesetz soll Betagten, Hinterlassenen und Invaliden die Fortsetzung des gewohnten Lebensstandards und einen möglichst angenehmen Lebensabend ermöglichen. Das Pensionskassensystem soll die Leistungen der AHV ergänzen. Mit ihren Pensionskassenbeiträgen bauen die Erwerbstätigen nicht nur ihre eigene Altersvorsorge auf; sie versichern gleichzeitig auch die Risiken Tod und Invalidität.

IN DIESEM KAPITEL

- 8 Die elf nationalen Sozialwerke
- 10 Umlage- und Kapitaldeckungsverfahren
- 11 Das Drei-Säulen-System im Überblick
- 12 Die Mutterschaftsversicherung
- 13 Mann und Frau in der Sozialgesetzgebung
- 15 Das Wichtigste zur AHV
- 15 Kann ich die AHV-Kasse wechseln?
- 16 Der AHV-Ausweis
- 17 So kontrollieren Sie Ihr persönliches AHV-Konto
- 19 Die AHV-Rente vorausberechnen lassen
- 20 Das Wichtigste zur Pensionskasse
- 22 Leistungs- und Beitragsprimat
- 23 Wechsel zum Beitragsprimat: Was bringt die Umstellung?
- 24 Systemvielfalt: Vor- und Nachteile
- 25 Deckungskapital und Deckungsgrad
- 26 Die Pensionskasse frei wählen?
- 27 Das freie Stiftungskapital
- 29 Wenn Pensionskassengelder beim Arbeitgeber angelegt sind
- 30 Das dritte Bein: Die 3. Säule

Das Gesetz fusst auf dem Kapitaldeckungsverfahren (siehe Kasten auf der nächsten Seite).

Angestellte sind ab einem gewissen Einkommen (21 150 Franken, Stand 2016/2017) obligatorisch der Beitragspflicht unterstellt.

Alle wichtigen Details zur beruflichen Vorsorge (2. Säule) stehen auf Seite 20 ff. sowie in den Kapiteln 5 bis 8.
Gesetzliche Grundlage: Bundesgesetz über die berufliche Alters-, Hinterlassenen- und Invalidenvor-

sorge (BVG), in Kraft seit 1. Januar 1985. Und Bundesgesetz über die Freizügigkeit in der beruflichen Alters-, Hinterlassenen- und Invalidenvorsorge (Freizügigkeitsgesetz FZG), in Kraft seit dem 1. Januar 1995. Das BVG wurde 20 Jahre nach seinem Inkrafttreten im grossen Stil revidiert. Die dabei beschlossenen Änderungen gelten seit 2005.

■ **Krankenversicherung.** Die obligatorische Krankenpflegeversicherung der Krankenkassen (im Volksmund Grundversicherung genannt) soll Schutz bieten bei Krankheit und Mutterschaft (sowie bei Unfall, sofern dafür keine Unfallversicherung aufkommt).

Der Beitritt zu einer Krankenkasse ist in der Schweiz obligatorisch.

Die Krankenkassen übernehmen den Grossteil der Kosten für Arzneimittel, Arzt- und Spitalbehandlung (abzüglich Franchise und Selbstbehalt). Im Spital übernimmt die Grundversicherung die Kosten für den Aufenthalt auf der allgemeinen Abteilung.

Daneben bieten die Krankenkassen auch freiwillige Zusatzversicherungen an, die aber einem anderen Gesetz unterstehen, also nach komplett anderen Regeln funktionieren.

Alle Details zum Thema Krankenversicherung finden Sie im K-Tipp-Ratgeber «So sind Sie richtig versichert». Sie können das Buch über Telefon 044 253 90 70 oder im Internet über www.ktipp.ch bestellen.

Gesetzliche Grundlage: Für die obligatorische Grundversicherung (Krankenpflegeversicherung): Bundesgesetz über die Krankenversicherung (KVG), in Kraft seit 1. Januar 1996. Für die freiwilligen Zusatzversicherungen: Bundesgesetz über den Versicherungsvertrag (VVG), in Kraft seit 1. Januar 1910.

STICHWORT

Umlage- und Kapitaldeckungsverfahren

Im **Umlageverfahren** gilt der Grundsatz «Heute einnehmen, heute ausgeben». Die aktuell fälligen Versicherungsleistungen an die Rentnerinnen und Rentner werden aus den laufenden Einnahmen innerhalb derselben Rechnungsperiode bezahlt, ohne dass Kapital angehäuft wird. So sind AHV, Arbeitslosen- und Unfallversicherung finanziert.

Das Umlageverfahren ist weitgehend unabhängig von der Zinsentwicklung, reagiert aber empfindlich auf die demografische Entwicklung. Weil künftig immer weniger Erwerbstätige für immer mehr Rentnerinnen und Rentner aufkommen müssen, stehen der AHV grosse Finanzierungsprobleme bevor. Zur Debatte steht deshalb unter anderem auch die Erhöhung des Rentenalters.

Im **Kapitaldeckungsverfahren** wird das Kapital auf die hohe Kante gelegt, das heisst real angespart. Es wird also ein individuelles Altersguthaben aufgebaut. Wer heute Beiträge bezahlt, tut es für sich selber (für spätere Zeiten). Auf diese Art und Weise sind die 2. Säule (Pensionskassen) und die freiwillige, private 3. Säule finanziert.

Beim Kapitaldeckungsverfahren kommt dem erzielten Ertrag auf den Anlagen grosse Bedeutung zu. Der Zins wird oft als «dritter Beitragszahler» bezeichnet. Fällt dieser Beitragszahler bei sinkenden Aktienkursen aus, geraten viele Pensionskassen in Unterdeckung.

Das Drei-Säulen-System im Überblick

Die staatliche Alters- und Hinterlassenenvorsorge (AHV), die berufliche Vorsorge und das private Sparen bilden die drei Säulen der schweizerischen Altersvorsorge. Die Tabelle zeigt die wichtigsten Charakteristiken dieser drei Säulen.

	1. Säule AHV/IV	2. Säule Pensionskasse	3. Säule Private Vorsorge
Ziel	Sicherung des Existenzbedarfs	Beibehalten des gewohnten Lebensstandards	Individuelle Ergänzung
Träger	Staatliche Versicherung	Pensionskassen	Banken und Versicherungen
Kreis der Versicherten	Ganze Bevölkerung, obligatorisch	Arbeitnehmer, obligatorisch	Freiwillig
Finanzierungsverfahren	Umlageverfahren	Kapitaldeckungsverfahren	Kapitaldeckungsverfahren
Finanzierungsquellen	Beiträge von Versicherten und Arbeitgebern, Staatsbeiträge, Mehrwertsteuer	Beiträge der Versicherten, Beiträge der Arbeitgeber, Zins- bzw. Börsenerträge	Beiträge der Versicherten, Zins- bzw. Börsenerträge
Leistungen	AHV/IV-Renten, Ergänzungsleistungen	Pensionskassenleistungen	Auszahlung des Sparkapitals
Gesetzesgrundlage	Bundesgesetz über die AHV (AHVG); Bundesgesetz über die Invalidenversicherung (IVG); Bundesgesetz über Ergänzungsleistungen zur AHV (ELG)	Bundesgesetz über die berufliche Alters-, Hinterlassen- und Invalidenvorsorge (BVG); Bundesgesetz über die Freizügigkeit (FZG)	Vertragliche Vereinbarungen; Verordnung über die steuerliche Abzugsberechtigung für Beiträge an anerkannte Vorsorgeformen (BVV 3)

■ **Unfallversicherung.** Alle Arbeitnehmerinnen und Arbeitnehmer sind obligatorisch gegen die gesundheitlichen und wirtschaftlichen Folgen von Unfällen versichert.

Die Unfallversicherung bezahlt einerseits die Heilbehandlung, dazu die notwendigen Hilfsmittel, Reise- und Transportkosten, andererseits aber auch Taggelder und Invalidenrenten als Lohnersatz sowie Integritätsentschädigungen, Hilflosen- und Hinterlassenenrenten. Die Finanzierung der Unfallversicherung erfolgt durch den Arbeitgeber. Den Angestellten können aber Prämien für die Nichtbetriebs-Unfallversicherung (NBU) belastet werden.

Alles Wichtige zur Unfallversicherung (inklusive Haftungsfragen) steht im Saldo-Ratgeber «Unfall-Opfer: Das sind ihre Ansprüche». Sie können das Buch über Telefon 044 253 90 70 oder im Internet über www.ktipp.ch bestellen.

Gesetzliche Grundlage: Bundesgesetz über die Unfallversicherung (UVG), in Kraft seit 1. Januar 1984.

■ **Militärversicherung.** Die Militärversicherung erfasst Personen, die während des Militärdienstes, des Zivildienstes oder in eidgenössischen und kantonalen Jugend- und Sportkursen verunfallen oder erkranken. Sie vergütet die Kosten für ärztliche Behandlung, Arznei- und Hilfsmittel, finanziert Zulagen und Reisekosten sowie Taggelder, Invaliden- und Integritätsschadenrenten. Diese Leistungen werden über das Bundesbudget finanziert; eine Beitragspflicht besteht nicht.
Gesetzliche Grundlage: Bundesgesetz über die Militärversicherung (MVG), in Kraft seit Anfang 1994 (Totalrevision).

■ **Erwerbsersatzordnung (EO).** Die Erwerbsersatzordnung ersetzt Personen, die Militärdienst oder Zivildienst leisten, einen Teil ihres Verdienstausfalls. Die Versicherung ist obligatorisch: Alle AHV-pflichtigen Erwerbstätigen müssen Beiträge an die EO entrichten.

Im Rahmen der Erwerbsersatzordnung ist neu auch die Mutterschaftsversicherung geregelt (siehe Kasten links).
Gesetzliche Grundlage: Bundesgesetz über die Erwerbsersatzordnung für Dienstleistende in Armee, Zivildienst und Zivilschutz (EOG), in Kraft seit dem 1. Januar 1953.

■ **Arbeitslosenversicherung (ALV).** Das Arbeitslosenversicherungsgesetz unterstützt Betroffene bei Arbeitslosigkeit, bei Kurzarbeit und bei witterungsbedingten Arbeitsausfällen. Auch bei Zahlungsunfähigkeit des Arbeitgebers springt die Arbeitslosenversicherung ein. Sie unterstützt zudem Massnahmen zur Verhütung von Arbeitslosigkeit.

Taggelder erhalten all jene, die während einer gewissen Dauer (Mindestbeitragszeit) ihre ALV-Bei-

Die Mutterschaftsversicherung

Die Mutterschaftsversicherung hat sehr lange auf sich warten lassen; der entsprechende Verfassungsauftrag war mehr als ein halbes Jahrhundert lang toter Buchstabe.

Nach mehreren Anläufen besteht nun aber seit dem 1. Juli 2005 eine Mutterschaftsversicherung: Auf diesen Zeitpunkt ist das revidierte Gesetz über die Erwerbsersatzordnung (EO) in Kraft getreten, das neu auch eine Mutterschaftsentschädigung enthält.

Diese Entschädigung wird als Taggeld während längstens 14 Wochen bzw. 98 Tagen ausgerichtet und beträgt 80 Prozent des vor der Geburt des Kindes erzielten durchschnittlichen Erwerbseinkommens, jedoch höchstens 196 Franken pro Tag.

Anspruch auf Mutterschaftsentschädigung haben Frauen, die zum Zeitpunkt der Niederkunft angestellt oder selbständigerwerbend sind. Das gilt auch für Frauen, die im Betrieb des Mannes mitarbeiten und einen Barlohn beziehen. Einen Anspruch haben auch arbeitslose Frauen, die ALV-Taggelder beziehen.

Für einen Anspruch auf Mutterschaftsentschädigung müssen Frauen vor der Geburt des Babys mindestens neun Monate lang in der AHV obligatorisch versichert und in dieser Zeit mindestens fünf Monate lang erwerbstätig gewesen sein.

Zur Mutterschaftsversicherung gibt es das AHV-Merkblatt 6.02, das Sie im Internet auf www.ahv-iv.ch herunterladen können. Die AHV-Merkblätter sind auch bei den AHV-Ausgleichskassen und deren Zweigstellen erhältlich.

träge eingezahlt haben; gewisse Personengruppen sind von der Beitragspflicht befreit (z.B. Schulabgänger oder Leute, die eine längere Krankheit hinter sich haben).

Die Beitragspflicht besteht für alle Angestellten; Selbständigerwerbende können sich nicht versichern.

Gesetzliche Grundlage: Bundesgesetz über die obligatorische Arbeitslosenversicherung und die Insolvenzentschädigung (AVIG), in Kraft seit 1. Januar 1984.

■ **Familienzulagen in der Landwirtschaft.** Angehörige von Personen, die in der Landwirtschaft tätig sind, haben Anspruch auf eidgenössische Kinder- und Haushaltungszulagen. Die Leistungen: 200 Franken Kinderzulage und 250 Franken Ausbildungszulage. Im Berggebiet liegen die Ansätze 20 Franken höher.

Die AHV hat dazu ein Merkblatt (www.ahv-iv.ch, Nr. 6.09).

Gesetzliche Grundlage: Bundesgesetz über die Familienzulagen in der Landwirtschaft (FLG), in Kraft seit 1. Januar 1953.

■ **Kinder- beziehungsweise Familienzulagen** sind durch kantonale Gesetze geregelt. Aber: Ein Rahmengesetz des Bundes schreibt Minimalansätze vor: Die Kinderzulage muss nun mindestens 200 Franken betragen, und die Ausbildungszulage ist obligatorisch und beträgt im Minimum 250 Franken.

Viele Kantone beschränken sich auf dieses Minimum. Andere nutzen die Möglichkeit, Familien mit

Mann und Frau in der Sozialgesetzgebung

Mann und Frau werden in der Sozialversicherung nicht gleich behandelt. Dies ist in der AHV wie in der beruflichen Vorsorge so. Zwar ist mit der 1. BVG-Revision, die 2005 in Kraft trat, in der beruflichen Vorsorge ein Riesenschritt gemacht worden: Neu gibt es auch eine Witwerrente, wenn die erwerbstätige Frau stirbt, und das Rücktrittsalter von Frauen ist von 62 auf 64 Jahre angehoben worden.

Noch immer besteht jedoch sowohl in der AHV als auch in der beruflichen Vorsorge ein Unterschied beim Rücktrittsalter, das für Männer bei 65 und für Frauen bei 64 Jahren liegt.

In einer nächsten Revision könnte nun auch in der AHV das Rentenalter für Frauen auf 65 angehoben werden.

Kindern im Schul- und Ausbildungsalter stärker zu unterstützen.

Am grosszügigsten zeigt sich der Kanton Genf, der seine Ansätze auf 300 bzw. 400 Franken angehoben hat (Stand 2016).

Die jeweils aktuellen Zahlen finden Sie im Internet auf www.bsv.admin.ch (→ Themen → Familie/Familienzulagen). Weitere Infos stehen im AHV-Merkblatt 6.08.

Die Kinderzulagen fliessen normalerweise bis zum vollendeten 16. Altersjahr, für Erwerbsunfähige bis 20. Die Ausbildungszulagen gibt es für Jugendliche bis zum vollendeten 25. Lebensjahr.

Auch Teilzeitbeschäftigte haben Anspruch auf die volle Kinderzulage, sofern ihr Lohn mindestens der halben AHV-Rente entspricht; aktuell sind das mindestens 587 Franken pro Monat (Stand 2016/2017).

Und so ist der Anspruch bei mehreren Teilzeitbeschäftigungen geregelt oder wenn beide Eltern, die nicht verheiratet sind, als Arbeitnehmer tätig sind:

- Bei Teilzeit-Angestellten richtet die Ausgleichskasse jenes Arbeitgebers die Zulagen aus, bei dem das höhere Einkommen anfällt.
- Sind beide nicht verheirateten Elternteile erwerbstätig, gilt das sogenannte Obhutsprinzip: Die Zulage geht an jenen Elternteil, der die Sorge für das Kind hat.

Bei gemeinsamem Sorgerecht wird sie an die Person ausgerichtet, die im Wohnsitzkanton des Kindes arbeitet. Ist dies bei beiden oder keinem Elternteil der Fall, so hat Vorrang, wer das höhere AHV-pflichtige Einkommen erzielt.

Arbeitet ein Elternteil in einem andern Kanton und sind die Zulagen dort höher als im Wohnkanton, so hat dieser Anspruch auf Differenzzahlung durch den Arbeitskanton.

Neun Kantone richten zudem Geburts- und Adoptionszulagen im Bereich zwischen 850 und 2000 Franken aus. Voraussetzung dafür ist normalerweise ein fester Wohnsitz in der Schweiz.

Seit Anfang Januar 2013 haben auch die Selbständigerwerbenden einen Anspruch auf Kinderzulagen. Massgebend ist die kantonale Regelung im Wohnsitzkanton. Im Minimum beträgt die Kinderzulage somit 200 Franken. Die Selbständigerwerbenden müssen dafür aber auch Prämien zahlen.

Die AHV informiert über die Familienzulagen mit dem Merkblatt 6.08 (siehe Kasten auf Seite 32).

Gesetzliche Grundlage: Bundesgesetz über die Familienzulagen (FamZG), in Kraft seit 1. 1. 2009.

Allgemeiner Teil des Sozialversicherungsrechts (ATSG). Auf den 1. Januar 2003 ist das ATSG in Kraft getreten. Es definiert für alle Sozialversicherungszweige (und für einige wenige Bereiche des Pensionskassengesetzes BVG) einheitliche Begriffe, es koordiniert die Leistungen und vereinheitlicht den Rechtsweg. Die entsprechenden Ausführungen in den einzelnen Bundesgesetzen sind dadurch weitgehend ausser Kraft gesetzt worden.

Gesetzliche Grundlage: Bundesgesetz über den allgemeinen Teil des Sozialversicherungsrechts (ATSG), in Kraft seit dem 1. Januar 2003.

TIPP

Gesetze finden im Internet

Alle Bundesgesetze finden Sie in der jeweils aktuellen Fassung im Internet unter www.admin.ch (→ Bundesrecht → Systematische Rechtssammlung). Dort geben Sie im Suchfeld z. B. das Kürzel «ahvg» oder «bvg» ein – und schon haben Sie das entsprechende Gesetz im Wortlaut auf Ihrem Bildschirm.

Die drei Säulen im Überblick

Die drei Säulen: Welche bietet was?

Die Altersvorsorge ist auf drei Beinen aufgebaut: AHV, Pensionskasse und 3. Säule. Wer sich einen Überblick über das gesamte Paket seiner Altersvorsorge verschaffen will, muss über alle drei Säulen informiert sein.

Das erste Bein: Die Alters- und Hinterlassenenversicherung

Die Beiträge an die AHV (und damit auch an Invalidenversicherung, Erwerbsersatzordnung sowie Arbeitslosenversicherung) werden den Angestellten direkt vom Lohn abgezogen. Der Arbeitgeber muss diese Arbeitnehmerbeiträge zusammen mit dem Arbeitgeberanteil periodisch an die Ausgleichskasse weiterleiten.

Arbeitgeber spielen somit für das reibungslose Funktionieren der AHV eine wichtige Rolle. Bei Selbständigerwerbenden werden die Beiträge auf der Grundlage ihres Reineinkommens für die direkte Bundessteuer berechnet (und nicht auf dem steuerpflichtigen Einkommen).

Die Ausgleichskassen müssen die Beiträge einziehen, die einzelnen Beitragskonti betreuen und die Renten auszahlen.

In der Schweiz gibt es rund 100 AHV-Ausgleichskassen. Der Grund für diese Vielzahl von Ausgleichskassen: Die Altersvorsorge wurde in der Schweiz von alters her dezentral durchgeführt. Viele Ausgleichskassen entstanden auf Initiative eines Branchenverbandes. Daran wurde auch bei Einführung der AHV im Jahre 1948 nichts geändert.

Organisatorisch eng mit der AHV verbunden ist die Invalidenversi-

---

FRAGE

Kann ich die AHV-Kasse wechseln?

Meine AHV-Ausgleichskasse nervt: Sie schickt mir das Geld oft erst am 10. des Monats. Kann ich eine andere suchen?

Nein. Grundsätzlich müssen Sie die AHV-Rente von derjenigen Ausgleichskasse beziehen, bei der Sie zuletzt Beiträge eingezahlt haben.

Bei Ehepaaren, von denen einer schon die Rente bezieht, ist es diejenige Kasse, die dem schon rentenberechtigten Partner die Rente auszahlt.

Ein Wechsel der zuständigen Ausgleichskasse ist praktisch nur dann möglich, wenn Sie Ihren Wohnsitz von der Schweiz ins Ausland oder umgekehrt verlegen.

Dass die Renten ab und zu später kommen, hängt unter anderem auch von der Post ab: Sie kann nicht alle Aufträge gleichzeitig verarbeiten. Kommt dazu, dass sich viele Rentnerinnen und Rentner das Geld noch bar auf die Hand auszahlen lassen; der Pöstler kann aber unmöglich alles Geld auf einmal mitnehmen – auch aus Sicherheitsgründen.

Die meisten AHV- und IV-Renten werden zwischen dem 5. und 10. Tag des Monats ausbezahlt.

Der AHV-Ausweis

Jede Person, die bei der AHV versichert ist, erhält einen Versicherungsausweis. Dieser AHV-Ausweis bestätigt, dass der Inhaber oder die Inhaberin in das Versichertenregister aufgenommen wurde.

2008 wurden die bisherigen AHV-Ausweise (graue Karten) durch Ausweise im Kreditkartenformat ersetzt (Muster siehe unten). Gleichzeitig erfolgte die Umstellung auf eine 13-stellige Versichertennummer. Die neue Nummer ist völlig anonymisiert und zufällig, während aus der alten Nummer noch Geburtsdatum, Geschlecht und Anfangsbuchstabengruppe des Familiennamens ablesbar waren.

Die 13-stellige Nummer wird nur einmal vergeben und bleibt auch bei einem Namenswechsel wegen Heirat oder Scheidung bestehen. Weil die alte und die neue Nummer miteinander verknüpft sind, kann die AHV die Versicherten auch weiterhin über beide Nummern identifizieren.

Der neue Versicherungsausweis enthält im Gegensatz zum alten AHV-Ausweis keine Informationen mehr über die Nummern der Ausgleichskassen, welche für die versicherte Person ein individuelles Konto führen. Bei einem Stellenwechsel erhalten deshalb alle Versicherten vom neuen Arbeitgeber einen Versicherungsnachweis. So haben Angestellte die Gewissheit, dass sie vom Arbeitgeber angemeldet wurden. Diese Nachweise müssen die Versicherten aufbewahren.

- Code für das Land (für die Schweiz immer 756)
- Der versicherten Person zugeteilte anonyme Zufallszahl aus neun Ziffern
- Die Ziffer am Schluss ist eine Prüfziffer

cherung (IV). Die IV-Beiträge werden durch die AHV-Ausgleichskassen erhoben; die Ausgleichskassen sind somit auch für die Auszahlung der IV-Taggelder und IV-Renten zuständig.

Wer bei einem Schweizer Arbeitgeber arbeitet, erhält nach der Anmeldung bei der Ausgleichskasse einen AHV-Versicherungsnachweis. So haben Angestellte die Gewissheit, dass die ausstellende Kasse jetzt ein individuelles AHV-Konto führt.

Bei jedem Stellenwechsel erfolgt eine neue Anmeldung bei derjenigen Ausgleichskasse, die für den Betrieb zuständig ist – und damit erhalten Angestellte wiederum einen weiteren Versicherungsnachweis.

Ein ganz wichtiger Tipp: Diese Nachweise müssen Sie aufbewahren!

13-stellige AHV-Nummer für jede versicherte Person

Jede versicherte Person erhielt früher eine 11-stellige AHV-Nummer. Seit 2008 hat die AHV-Nummer 13 Ziffern (siehe Kasten auf der Seite links).

Die Zentrale Ausgleichsstelle in Genf teilt jeder Person mit Wohnsitz oder gewöhnlichem Aufenthalt in der Schweiz eine AHV-Nummer (Versichertennummer) zu. Und sie stellt sicher, dass nie eine gleiche Nummer für zwei verschiedene Personen vergeben wird; selbst zwei Personen mit demselben Familiennamen, die am gleichen Tag geboren wurden, dürfen nicht dieselbe AHV-Nummer haben.

So kontrollieren Sie hr persönliches AHV-Konto

Die Ausgleichskasse führt für Sie ein individuelles Konto (IK). Darauf sind unter anderem die gemeldeten Lohnsummen und die Beitragszeiten verzeichnet (siehe Muster auf der nächsten Seite).

Weil die meisten Angestellten im Verlauf ihres Lebens mehrere Jobs haben und damit verschiedenen Ausgleichskassen angehören, haben sie je ein individuelles Konto bei mehreren Ausgleichskassen.

Die Adressen der auf dem Kontoauszug mit Nummern aufgeführten Ausgleichskassen stehen in jedem Telefonbuch auf der hintersten Seite.

Wer Zugang zum Internet hat, findet auf dem «InfoRegister» ähnliche Angaben: Dort haben Interessierte die Möglichkeit, durch Eingabe ihrer 13-stelligen Versichertennummer sowie des Geburtsdatums sich diejenigen AHV-Ausgleichskassen mit Adressen anzeigen zu lassen, die unter ihrem Namen ein individuelles Konto führen (www.ahv-iv.ch → Merkblätter & Formulare → InfoRegister: Meine kontoführenden Kassen).

Die Einträge im individuellen Konto dienen später als Basis für die Rentenberechnung; deshalb ist es wichtig, dass sie vollständig sind. Das können Sie überprüfen, indem Sie bei einer der betreffenden Ausgleichskassen einen Kontoauszug verlangen.

Diese Ausgleichskasse wird dann bei allen anderen Ausgleichskassen, die für Sie ein Konto führen, einen solchen Auszug verlangen und die Daten zusammenführen. Der Auszug ist kostenlos.

Diese Angaben sollten Sie genau prüfen

Sollten Sie in Ihrem Kontoauszug einen Fehler entdecken, kann dies zweierlei Ursachen haben: Entweder liegt ein Fehler der Ausgleichskasse vor. In diesem Falle müssen Sie bei der Kasse innert 30 Tagen eine Korrektur verlangen.

Oder der Arbeitgeber hat nicht den gesamten Lohn abgerechnet. In diesem Fall sollten Sie sich an diejenige Ausgleichskasse wenden, bei der Ihr Arbeitgeber angeschlossen ist oder war.

Kontrollieren Sie, ob für jedes Kalenderjahr Beiträge aufgeführt sind (ausser für beitragslose Ehejahre, für die es keinen Eintrag gibt). Prüfen Sie auch, ob die Angaben über das Bruttoeinkommen ungefähr stimmen.

Haben Sie Fragen oder Zweifel an der Vollständigkeit: Unbedingt sofort bei der Ausgleichskasse reklamieren!

Wichtig: Es gibt immer wieder Arbeitgeber, die den Angestellten zwar AHV-Beiträge vom Lohn abziehen, diese aber nicht weiterleiten. In solchen Fällen erhalten Betroffene den entsprechenden Eintrag auf ihrem IK trotzdem, falls sie – zum Beispiel mit Lohnabrechnungen – nachweisen können, dass die Abzüge effektiv getätigt wurden. Wer hingegen weder entsprechende Lohnausweise noch -abrechnungen hat, könnte Pech haben, denn so drohen Beitragslücken.

Musterauszug aus dem individuellen Konto (IK)

Auszug aus dem individuellen Konto
Extrait du compte individuel
Estratto del conto individuale

756.2001.1897.25

Sozialversicherungsanstalt des Kantons Zürich

Rechenbritt Annegret

Kassen-Nr. No caisse No cassa	24.09.1943	Heimatstaat / Etat d'origine / Stato d'origine: 100				Arbeitgeber oder Einkommensart Employeurs ou genre de revenue Datori di lavoro o genere del reddito
	1	2	3	4	5	6	
1	B23.197	1		01 - 12	83	43190	Brechtwohl AG, Zürich
1	B23.197	1		01 - 12	84	55602	Hans Susenrüh, Zürich
1	F88.112	1		01 - 12	94	55952	Innacar AG, Zürich
19	C12.111	1		01 - 12	94	36523	Möbel-Fischer AG, Winterthur
1	O88.112	1		01 - 12	95	57546	Innacar AG, Zürich
19	C12.111	1		01 - 12	95	38521	Möbel-Fischer AG, Winterthur
1	O88.112	1		01 - 12	96	55135	Innacar AG, Zürich
19	C52.112	1		01 - 12	96	32154	Möbel-Fischer AG, Winterthur
1	O88.112	1		01 - 12	97	56879	Innacar AG, Zürich
19	C52.112	1		01 - 12	97	35214	Möbel-Fischer AG, Winterthur
1	E52.326	1		01 - 12	98	46800	Schaumler GmbH, Opfikon
1	E52.326	1		01 - 12	99	61680	Schaumler GmbH, Opfikon
1	E52.326	1		01 – 12	00	64890	Schaumler GmbH, Opfikon
1	E52.326	1		01 – 12	01	71250	Schaumler GmbH, Opfikon
71	U25.368	1		06 – 12	02	44112	Media Globo, Dietikon
71	U25.368	1		01 – 12	03	69255	Media Globo, Dietikon
71	U25.368	1		01 – 12	04	72152	Media Globo, Dietikon
71	U25.368	1		01 – 12	05	76522	Media Globo, Dietikon
1	11.111.111.111	0	02		05		Betreuungsgutschriften
71	U25.368	1		01 – 12	06	75485	Media Globo, Dietikon
1	11.111.111.111	0	02		06		Betreuungsgutschriften
						1'048'862	

Der Auszug gibt Auskunft über sämtliche Einkommen und Betreuungsgutschriften; Erziehungsgutschriften erscheinen hier nicht.

Spalte 6 zeigt das Jahreseinkommen des betreffenden Jahres, auf dessen Basis Beiträge erhoben wurden (es werden also nicht die effektiv gezahlten Beiträge gezeigt). Das Einkommen des laufenden Jahres erscheint erst auf dem Kontoauszug des folgenden Jahres.

Nähere Erläuterungen zu dieser Thematik finden Sie in den AHV-Merkblättern 1.01 und 1.04.

Auf der Homepage von einzelnen Sozialversicherungsanstalten können Sie den Kontoauszug auch online bestellen – siehe dazu www.ausgleichskasse.ch.

So können Sie Ihre AHV-Rente vorausberechnen lassen

Viele möchten wissen, wie hoch ihre AHV-Rente dereinst sein wird. Deswegen gibt es die Möglichkeit, sich die künftige Rente berechnen zu lassen. Seit Januar 2001 haben Versicherte gar einen Rechtsanspruch auf diese Vorausberechnung.

Der Vorausberechnung können Sie entnehmen, ob Sie Beitragslücken haben (siehe Seite 55 ff.)

Interessenten erhalten von der Ausgleichskasse eine provisorische Berechnung – abhängig von ihren bisherigen und ihren geschätzten künftigen AHV-Beiträgen. Bedenken Sie aber, dass die Vorausberechnung nicht verbindlich sein kann, weil sich noch viele Faktoren ändern können.

Wenden Sie sich für die Rentenvorausberechnung an die Ausgleichskasse, die momentan für Sie zuständig ist; Ihr Arbeitgeber kann sie Ihnen nennen.

Für den Antrag auf Vorausberechnung steht ein Formular zur Verfügung, das Sie bei der Ausgleichskasse erhalten oder dort bestellen können.

Eine Gebühr wird nur in Ausnahmefällen verlangt

Die Vorausberechnung ist im Normalfall gratis. Nur in zwei Ausnahmefällen darf die Ausgleichskasse eine Gebühr von höchstens 300 Franken erheben (Maximalansatz bei komplexen Berechnungen):

- wenn die versicherte Person noch nicht 40 Jahre alt ist,
- wenn eine über 40-jährige Person in den letzten fünf Jahren schon einmal eine Berechnung machen liess und nun ohne besonderen Grund eine weitere wünscht. Als «besonderen Grund» nennt die entsprechende Verordnung Zivilstandswechsel, die Geburt eines Kindes, den Verlust der Arbeitsstelle oder die Aufnahme einer selbständigen Erwerbstätigkeit.
- Falls ein solcher Grund vorliegt, erhalten auch unter 40-Jährige die Vorausberechnung der Altersrente gratis.

Tipp: Wer geschieden ist, sollte zuerst das Einkommenssplitting verlangen; dann kann die AHV-Ausgleichskasse die mutmassliche Rente leichter berechnen.

Und: Interessierte können sich auch die Invalidenrente sowie die Hinterlassenenrente vorausrechnen lassen. Diese Information ist zum Beispiel nützlich, wenn sich jemand selbständig macht. Diese Vorausberechnungen sind immer gratis.

Auf den Homepages vieler Ausgleichskassen ist ein Online-Rechner aufgeschaltet, der einen Hinweis auf die mögliche individuelle Rentenhöhe gibt.

Personen ab 50 sollten aber eine prognostische Rentenberechnung von der zuständigen Ausgleichskasse machen lassen. Der Online-Rentenrechner ist eher für jüngere Menschen interessant, die eine ungefähre Vorstellung über die künftige Rentenhöhe haben möchten.

Das zweite Bein: Die Pensionskasse

Ende 2013 gab es in der Schweiz rund 2000 Kassen der beruflichen Alters-, Hinterlassenen- und Invalidenvorsorge, die reglementarische Leistungen ausrichten. In diesen Kassen waren rund 3,8 Millionen Personen versichert. Ungefähr 1 027 000 Personen bezogen eine Rente von einer solchen Einrichtung.

Daneben gab es gemäss Statistik noch rund 2000 Vorsorgeeinrichtungen ohne reglementarische Leistungen; das sind die sogenannten Wohlfahrtsfonds.

Weshalb gibt es so viele Pensionskassen?

Auch hier muss auf die Geschichte verwiesen werden. Während Jahrzehnten gab es in der Schweiz kein Pensionskassenobligatorium. Die Arbeitgeber konnten tun und lassen, was sie wollten – ausser wenn die Versicherungspflicht im Rahmen eines Gesamtarbeitsvertrages vereinbart war.

Bis zur Einführung des Pensionskassenobligatoriums im Jahre 1985 gehörten mehr als die Hälfte aller Beschäftigten einer Vorsorgeeinrichtung an, darunter all jene, die für Bund oder Kanton arbeiteten.

Als 1985 das Obligatorium eingeführt wurde, mussten sich viele der restlichen Angestellten versichern lassen. Vor allem kleingewerbliche Betriebe waren von der neuen Versicherungspflicht betroffen.

Der Arbeitgeber bestimmt die Wahl der Pensionskasse

Nicht alle der heute noch rund 4100 Pensionskassen in der Schweiz sind auf dem eigentlichen Bereich der beruflichen Vorsorge tätig. Viele Kassen sind nicht registrierte Vorsorgekassen. Diese «Wohlfahrtsfonds», wie sie auch genannt werden, bezahlen Leistungen, die ausserhalb des Obligatoriums der beruflichen Vorsorge liegen.

Die Zahl der Pensionskassen nimmt laufend ab. 1970 – also noch vor der Einführung des Obligatoriums – gab es 15 581 Pensionskassen, 1978 sogar 17 060. Heute geht der Trend in Richtung Gemeinschafts- oder Sammelstiftungen. Immer mehr Betriebe schliessen sich einer bestehenden Stiftung an. Bund und Kantone stellen keine Pensionskassen zur Verfügung, denen sich Privatunternehmer anschliessen könnten.

Da jeder Betrieb seine Pensionskasse selber wählt, stellt sich für die Angestellten bei jedem Stellenwechsel das Problem des Kassenwechsels.

STICHWORT

Vorsorgeeinrichtung

In der Gesetzes- und Juristensprache ist nie von Pensionskassen die Rede, sondern immer nur von Vorsorgeeinrichtungen.

TIPP

Höhere Renten, bessere Deckung: Fragen Sie nach den Leistungen

Das Pensionskassengesetz verlangt nur eine minimale Versicherungslösung. Jeder einzelne Betrieb kann aber mit seiner Pensionskasse eine weitergehende, überobligatorische A-la-carte-Lösung ausarbeiten. Diese muss dann aber im Prinzip für alle Angestellten gelten. Bessere Leistungen haben höhere Prämien zur Folge.

Angestellte können sich mit Vorschlägen an ihre Personalvorsorgekommission wenden. Es lohnt sich, das Augenmerk auf folgende Punkte zu richten:

■ **Alterssparen:** Der Betrieb kann festlegen, dass die Abzüge (Lohnprozente) höher sein sollen als vom Gesetz vorgesehen. So resultieren im Alter höhere Renten für die Pensionierten (Ausführungen Seite 132 ff.).

■ **Teilzeitler:** Wird der sogenannte Koordinationsabzug für Teilzeitler reduziert, kommen Teilzeitler zu höheren Altersrenten und Versicherungsleistungen. Denn die Reduktion des Koordinationsabzugs erhöht den versicherten Verdienst (Ausführungen Seite 108).

■ **Alleinstehende:** Sterben alleinstehende Personen, geht ihr ganzes Alterskapital an die Pensionskasse. Prüfen Sie, ob Alleinstehende für einen solchen Fall ihre Verwandten begünstigen können, damit diese zumindest einen Teil des sogenannten Todesfallkapitals erhalten (Ausführungen Seite 146 ff.).

■ **Konkubinat:** Achten Sie darauf, dass Konkubinatspartner eine Hinterlassenenrente und allenfalls das Todesfallkapital erhalten. Prüfen Sie, welche Vorschriften die Kasse für Konkubinatspartner verlangt (zum Beispiel eine formelle, unterschriebene Begünstigungserklärung).

■ **Invalidenrente:** In der Regel lohnt es sich, diese bei 30 oder 40 Prozent des Lohnes anzusetzen. Die gesetzliche Magervariante bietet keinen echten Lohnersatz (siehe Seiten 120 und 152).

■ **Invaliden-Kinderrente:** Eine Minimalvariante ist gesetzlich vorgeschrieben. Betriebe mit vielen Familienvätern können auch diese Komponente der Risikoversicherung besser ausgestalten.

■ **Barauszahlung:** Achten Sie darauf, dass Sie bei der Pensionierung allenfalls das ganze Alterskapital bar beziehen können.

■ **Vorzeitige Pensionierung:** Was lässt das Reglement zu? Zahlt der Arbeitgeber allenfalls eine Überbrückungsrente? (Ausführungen auf Seite 134 ff.).

Bei welcher Altersvorsorgeeinrichtung der Betrieb angeschlossen und wo der oder die Beschäftigte versichert ist – dies muss der Arbeitgeber seinen Angestellten mitteilen.

Denn das Arbeitsvertragsrecht schreibt vor, dass der Arbeitgeber seinen Angestellten sagen muss, welche Rechte sie gegenüber der Pensionskasse haben (Art. 331 Abs. 4 OR).

Eine Kontrolle punkto Pensionskassenanschluss erfolgt über die AHV-Ausgleichskasse. Ihr muss der Arbeitgeber jeweils mit der jährlichen Lohndeklaration auch die Pensionskasse melden, bei der er bzw. der Betrieb angeschlossen ist.

STICHWORT

Leistungs- und Beitragsprimat

Bei Kassen mit **Leistungsprimat** (leistungsbezogene Kassen) kann ein Versicherter damit rechnen, im Alter eine Rente zu kassieren, die einem bestimmten, reglementarisch vorgesehenen Prozentsatz des letzten Lohnes entspricht.

Beispiel: Die Angestellten erhalten zum Zeitpunkt der Pensionierung 65 Prozent des zuletzt versicherten Lohnes.

Vorteil: Die Rentenhöhe nach der Pensionierung ist im Voraus bekannt. Es besteht Sicherheit über die zu erwartende Leistung.

Nachteil: Damit eine vom letzten Lohn abhängige Rente ausgezahlt werden kann, müssen häufig Lohnerhöhungen (etwa nach einer Beförderung) eingekauft werden.

Auch bei einem Stellenwechsel wird oft ein Einkauf nötig, weil sonst das notwendige Kapital für die Auszahlung der versprochenen Rente fehlt (siehe Seite 121 ff.). In diesem System muss also das benötigte Kapital bis auf die Kommastelle genau angespart werden.

Bei den Kassen nach **Beitragsprimat** (auch BVG-Kassen genannt) stehen die monatlich zu zahlenden Beiträge im Vordergrund. Die Altersrente richtet sich vollumfänglich nach den Beiträgen: Je mehr eingezahlt wurde, desto höher wird die Altersrente.

Im Beitragsprimat wird also nach der Pensionierung das verteilt, was angespart wurde, die Rente richtet sich nach der Dicke des individuellen Sparschweins. Einkäufe sind bei diesem Kassentyp nicht notwendig (aber möglich). Je voller der Sparstrumpf, desto grösser sind auch die Renten.

Bis zum Inkrafttreten des BVG-Obligatoriums im Jahre 1985 existierten vor allem Leistungsprimatkassen. Heute ist eine Tendenz hin zu beitragsorientierten Kassen zu erkennen (siehe auch Kasten auf der Seite rechts).

Schwarze Schafe führen die Behörden hinters Licht

In der täglichen Praxis hat sich erwiesen, dass die Erwähnung einer Pensionskasse auf einer AHV-Lohnmeldeliste nicht immer bedeutet, dass der betreffende Betrieb tatsächlich auch dort angeschlossen ist und dass das gesamte Personal dort effektiv angemeldet ist.

Denn es gibt immer wieder schwarze Schafe unter den Arbeitgebern, die die Behörden hinters Licht führen und falsche Angaben in Bezug auf die Pensionskasse machen.

Aus dem Eintrag auf der AHV-Lohnmeldeliste lässt sich auch nicht eruieren, ob die vom Lohn abgezogenen Beiträge tatsächlich an die Pensionskasse bezahlt wurden.

Beitragsprimat und Leistungsprimat

Wie funktioniert eine Pensionskasse? Das Prinzip ist immer gleich: Was einmal im Alter als Rente ausbezahlt wird, muss vorher erspart worden sein. Wer mehr zur Seite legt, bekommt eine höhere Rente, und wer wenig spart, erhält eine tiefere Rente. Ähnlich verhält es sich mit den Hinterlassenenleistungen für Witwen und Waisen sowie bei Invalidität der versicherten Person.

Es gibt zwei Typen von Pensionskassen: Leistungs- und Beitragsprimatkassen (siehe das Stichwort links).

Die meisten Pensionskassen richten sich heute nach dem Beitragsprimat. Es existieren aber auch Mischformen. So funktionieren viele Pensionskassen zwar nach dem Beitragsprimat, zahlen aber im Risikofall eine Invaliden- oder Witwenrente, die sich nach dem zuletzt bezogenen Lohn richtet.

Ein Beispiel: Bei Invalidität zahlt die Pensionskasse 40 Prozent des zuletzt verdienten Lohns als Rente aus. Hier kommt das sogenannte Überobligatorium ins Spiel (siehe die Kästen auf den Seiten 96 und 158).

Für alle Kassen gilt: Die Leistungen an die Versicherten müssen als «Deckungskapital» vorhanden sein; egal, ob im Fall eines Schadens (Invalidität) oder bei Eintritt der Pensionierung. Das heisst: Kommt es zu einem Versicherungsfall (eine versicherte Person wird invalid oder stirbt), muss die Vorsorgeeinrichtung für die gesamte mögliche Rentendauer das Kapital bereitstellen; die mögliche Rentendauer wird nach anerkannten versicherungsmathematischen Grundsätzen berechnet.

Alle Deckungskapitalien zusammen machen das gebundene Vermögen der Pensionskasse aus.

Dieses Geld, das für die Leistungen an die Versicherten notwendig ist, macht in der Regel den Grossteil des Kassenvermögens aus.

Was darüber liegt (nach Abzug von Wertschwankungsreserven), ist das sogenannte freie Stiftungskapital (siehe Kasten auf Seite 27).

FRAGE

Wechsel zum Beitragsprimat: Was bringt die Umstellung?

Meine Pensionskasse hat kürzlich beschlossen, sich von einer Kasse mit Leistungsprimat in eine Pensionskasse mit Beitragsprimat zu wandeln. Mir sind die Konsequenzen nicht klar. Welche Rechte habe ich, wenn es zu einer solchen Änderung kommt?

Ihre Pensionskasse liegt im Trend: Immer mehr Kassen wechseln vom Leistungsprimat ins Beitragsprimat (der Unterschied ist im Kasten auf der Seite links erklärt).

Kommt es zum Systemwechsel, kann das (muss aber nicht) mit finanziellen Nachteilen für die Versicherten verbunden sein. Konkret wäre es möglich, dass die spätere Rente oder das bei der Pensionierung ausgezahlte Kapital (Barbezug) tiefer ist. Es gibt kritische Experten, die in diesem Zusammenhang von einem sozialen Rückschritt reden.

Der Systemwechsel muss vom Stiftungsrat beschlossen werden. Arbeitnehmerinnen und Arbeitnehmer können also über ihre Vertreter im Stiftungsrat Einfluss nehmen. Die geänderten Reglemente haben dann für alle Versicherten Geltung.

Anders sieht es bei bereits pensionierten Rentenbezügerinnen und -bezügern aus: Eine Reglementsänderung hat keinen Einfluss auf ihre Rente. Dort ist der Kapitalbildungsprozess abgeschlossen, die laufenden Altersrenten sind somit finanziert.

Kassen mit Unterdeckung werden zum Sanierungsfall

Aus dem Verhältnis zwischen Gesamtvermögen und gebundenem Vermögen (Deckungskapital) lässt sich der Deckungsgrad einer Pensionskasse berechnen.

Bei einem Deckungsgrad von 100 Prozent kann die Kasse gerade noch ihren Verpflichtungen nachkommen. Beträgt der Deckungsgrad über 100 Prozent, liegt eine Wertschwankungsreserve vor und allenfalls freies Stiftungsvermögen (siehe Kasten auf Seite 27).

Falls der Deckungsgrad hingegen unter 100 Prozent liegt, wird die Kasse zum Sanierungsfall. Es muss nach Mitteln und Wegen gesucht werden, um den Deckungsgrad zu erhöhen.

Massive Ertragseinbrüche der Pensionskassen wegen Aktienbaissen führen immer wieder dazu, dass Pensionskassen in Unterdeckung geraten; es fehlen dann Milliarden von Franken.

Wenn es anschliessend an den Börsen wieder gut läuft, kommen die meisten Vorsorgeeinrichtungen wieder aus der Unterdeckung heraus und können notwendige Schwankungsreserven aufbauen.

Allerdings: Die Finanzkrise von 2008 riss auch Pensionskassen mit gutem finanziellem Polster in die Tiefe. Heute befinden sich zwischen 10 und 20 Prozent der Pensionskassen in einer Unterdeckung.

Das Gesetz fordert die Mitbestimmung

Das Gesetz schreibt den Pensionskassen die Rechtsform einer Stiftung oder einer Genossenschaft vor; am häufigsten sind Stiftungen. Eine spezielle, öffentlich-rechtliche Rechtsform ist bei den Pensionskassen des Bundes oder der Kantone anzutreffen.

Egal ob Stiftung, Genossenschaft oder andere Form: Das Gesetz sieht für alle Kassen vor, dass die Versicherten über eine direkte Mitwirkungsmöglichkeit verfügen. So muss das oberste Organ der

Fortsetzung auf Seite 26

Vor- und Nachteile der Systemvielfalt

Bei der beruflichen Vorsorge gilt es immer zu beachten: Das BVG ist ein Minimalgesetz (siehe Kasten auf Seite 98).

Doch die meisten Pensionskassen bieten mehr, als das BVG-Gesetz verlangt. In dieser überobligatorischen Ausgestaltung sind die Pensionskassen frei.

Das ist dort ärgerlich, wo erst durch ein längeres Studium des Kassenreglementes festzustellen ist, welche Leistungen nun eigentlich versichert sind und was die Beteiligten dafür zahlen müssen.

Die positive Seite ist aber, dass neue, fortschrittliche Pensionskassenlösungen ohne Weiteres zu realisieren sind.

Einer kundenfreundlichen Ausgestaltung der Pensionskasse steht somit nicht das Gesetz, sondern höchstens der finanzielle Aufwand entgegen.

STICHWORT

Deckungskapital, Deckungsgrad, Sanierungsmassnahmen

Das **Deckungskapital** ist derjenige Betrag, der zur Auszahlung der laufenden Renten, der Freizügigkeitsleistungen sowie der künftigen versicherten Leistungen für die Versicherten nötig ist.

Der **Deckungsgrad** beziffert das Verhältnis dieses Deckungskapitals zum aktuellen Marktwert aller bilanzierten Vermögenswerte der Pensionskasse.

Ein Deckungsgrad von z. B. 107 Prozent bedeutet, dass das vorhandene Vermögen 7 Prozent höher ist als die Summe, die notwendig wäre, um die versprochenen Leistungen zu decken. Bei einem Deckungsgrad von unter 100 Prozent ist aktuell nicht genügend Geld vorhanden, um alle Leistungen zu berappen.

Das Gesetz verlangt, dass die Kassen «jederzeit Sicherheit» dafür bieten müssen, «dass sie die übernommenen Verpflichtungen erfüllen können».

Pikantes Detail: Die wichtigste Kasse mit Leistungsprimat, die Pensionskasse des Bundes Publica, hatte Ende 2002 nur einen Deckungsgrad von 42 Prozent.

Dies ist nur möglich, weil der Bund die Leistungen garantiert. Da er nicht pleitegehen kann, sind auch die Leistungen gesichert. Ähnlich argumentieren staatliche Pensionskassen von Kantonen und Gemeinden.

Bei den privaten Pensionskassen hingegen, für die nicht der Bund, ein Kanton oder eine Gemeinde geradesteht, spricht man bei einem Deckungsgrad von 90 bis 100 Prozent von einer leichten Unterdeckung, bei einem Deckungsgrad von weniger als 90 Prozent von einer erheblichen Unterdeckung.

Ist dieser tiefe Deckungsgrad vor allem auf die Kursverluste an den Börsen zurückzuführen, ist davon auszugehen, dass sich der Deckungsgrad wieder erhöhen wird, sobald sich die Kurse erholen.

Ist der Deckungsgrad jedoch wegen Totalverlusten, etwa aufgrund von spekulativen Anlagen, gesunken, müssen andere Massnahmen ergriffen werden.

Breit praktiziert werden in diesem Zusammenhang sogenannte Nullzinsrunden, also die Senkung des Zinssatzes auf dem überobligatorischen Altersguthaben (mit entsprechender Verrechnung aus dem Obligatorium, siehe Seite 132), sowie die Kürzung des Rentenumwandlungssatzes (siehe Seite 140 ff.).

Anfang 2005 hat der Bund Massnahmen zur Behebung der Unterdeckung beschlossen, die auch den obligatorischen BVG-Bereich betreffen. Nun gilt: Befindet sich eine Kasse in Unterdeckung, darf sie von Arbeitgebern und Arbeitnehmern Sanierungsbeiträge verlangen, falls das Reglement dies vorsieht. Diese Beiträge gehen à fonds perdu ein, bleiben also auch dann in der Pensionskasse, wenn ein Arbeitnehmer austritt.

Unter sehr restriktiven Bedingungen können sogar Rentnerinnen und Rentner verpflichtet werden, einen Sanierungsbeitrag zu leisten.

Zudem darf die Kasse den BVG-Mindestzinssatz (siehe Seite 130) um höchstens 0,5 Prozentpunkte unterschreiten (sofern die Sanierungsbeiträge nicht ausreichen).

Und: Arbeitgeber können zusätzliche steuerabzugsfähige Beiträge einzahlen, die ihnen später – wenn die Sanierung abgeschlossen ist – wieder als Beitragsreserven gutgeschrieben werden können.

Fortsetzung von Seite 24

Kasse – bei Stiftungen der Stiftungsrat – paritätisch mit Arbeitnehmern und Arbeitgebern besetzt sein. Dies ist Ausdruck der Sozialpartnerschaft, die auch in der beruflichen Vorsorge ihren Ausdruck finden soll.

Doch hat die Sache einen Haken: In der Regel hat der Arbeitgeber das entscheidende Sagen. Denn er verfügt im Vergleich zu den Delegierten der Versicherten

FRAGE

Kann ich meine Pensionskasse frei wählen?

Mich stört, dass ich beim Eintritt in eine neue Firma immer die Pensionskasse wechseln muss. Ich war bisher jeweils in guten Kassen, komme jetzt aber wegen meines Stellenwechsels in eine Pensionskasse, die nur minimale Leistungen anbietet. Kann ich meine Pensionskasse frei wählen?

Nein. Wer in eine Firma eintritt, muss auch die Pensionskasse akzeptieren, bei der dieser Betrieb die Angestellten versichert hat. Der Betrieb ist sogar verpflichtet, allen Angestellten die gleichen Bedingungen zu bieten.

Es gibt freilich immer wieder Stimmen, die die freie Wahl der Pensionskasse fordern. Jede BVG-pflichtige Person könnte dann – gleich wie bei der Krankenversicherung – selber eine Pensionskasse auswählen.

Die Aussicht ist verlockend. Einzelwünsche liessen sich so realisieren, etwa punkto Leistungen, Service oder Art der Geldanlage. Und bei einem Stellenwechsel würde kein Kassenwechsel mehr anfallen.

Die freie Wahl der Pensionskasse würde aber die bisherige berufliche Vorsorge in vielen Punkten stark gefährden:
■ Der Arbeitgeber müsste nicht mit einer einzigen, sondern mit einer Vielzahl von Pensionskassen abrechnen. Auch die Pensionskasse hätte es mit sehr vielen Betrieben zu tun.
■ Wenn ein Betrieb zahlungsunfähig wird, müssten mehrere Pensionskassen das mühsame Inkasso auf sich nehmen.
■ Die Versicherten eines Betriebes wären nicht mehr nach einem einheitlichen Versicherungsplan geschützt, sondern müssten mit denjenigen Plänen vorliebnehmen, welche ihnen die Pensionskasse ihrer Wahl anbietet.
■ Die einzelnen Kassen wären aufgrund einer Vielzahl von Faktoren unterschiedlich teuer.

Kurz: Eine Gleichstellung der Versicherten im Betrieb, so wie sie heute gegeben ist, wäre nicht mehr möglich. Die Folge wäre wohl eine Nivellierung des Leistungsangebots.

Die einschneidendste Konsequenz ergäbe sich aber bei den Leistungsprimatkassen (siehe Kasten auf Seite 22). Diese Kassen berechnen ihr Deckungskapital über den gesamten Bestand von Versicherten. Bei Einzelanschlüssen lässt sich diese Rechnung jedoch nicht mehr machen. Die freie Wahl der Pensionskasse dürfte deshalb das Ende der Leistungsprimatkassen von Bund, Kantonen und Gemeinden oder von grossen Firmen bedeuten. Sie hat politisch zurzeit kaum eine Chance.

über einen Informationsvorsprung. Arbeitnehmer und Arbeitnehmerinnen stehen zudem in einem Abhängigkeitsverhältnis; im Konfliktfall steht häufig das Arbeitsverhältnis auf dem Spiel.

In vielen Pensionskassen funktioniert die Mitbestimmung gut. Doch letztlich sind es die schwarzen Schafe, die Aufsehen erregen.

So machten in den vergangenen Jahren einige Pensionskassenpleiten von sich reden; Kassen erlitten Vermögensverluste, die meist auf einstimmigen Beschlüssen des Stiftungsrates beruhen. Solche Ereignisse führen vor Augen, wie der Gedanke der Sozialpartnerschaft und der paritätischen Mitbestimmung ausgehöhlt werden kann. Es kommt immer wieder vor, dass Arbeitnehmervertreter aus falscher Loyalität den Anträgen der Arbeitgeberseite zustimmen – ohne die Auswirkungen des Beschlusses genau zu kennen.

Die umgekehrte Problematik gibt es ebenfalls: In Einzelfällen wurden missliebige Arbeitnehmervertreter wegen ihrer aufmüpfigen Voten aus dem Betrieb entlassen.

Der Sitz im Stiftungsrat ist mehr als ein «Ehrenämtli»

Einen Sitz in einem Stiftungsrat einzunehmen – dies ist weder ein Alibi-Job noch ein harmloses «Ehrenämtli». Wer im Stiftungsrat sitzt, ist für die rechtmässige Ausführung des Geschäfts verantwortlich; er oder sie haftet letztlich auch für einen verursachten Schaden. Da hilft die Schutzbehaup-

> **STICHWORT**
>
> ## Freies Stiftungskapital
>
> Liegt bei einer Pensionskasse der Deckungsgrad bei 100 Prozent, ist – populär ausgedrückt – genau das Kapital vorhanden, das es bräuchte, um alle aktuellen Verpflichtungen zu zahlen.
>
> Das könnte (theoretisch) der Fall sein, wenn plötzlich alle Versicherten aus der Pensionskasse austreten und ihr Freizügigkeitskapital mitnehmen würden.
>
> Deckungsgrad 100 Prozent heisst demnach: Das vorhandene Vermögen deckt alle gebundenen Kapitalien, also die Altersguthaben der noch arbeitenden aktiven Menschen sowie die Deckungskapitalien der Rentner. Dazu gehören auch die notwendigen technischen Rückstellungen, beispielsweise also Reserven für die zunehmende Lebensdauer.
>
> Die Vorsorgeeinrichtung muss aber mit ihrem Geld auch Rückstellungen für Wertschwankungen bilden – und zwar für alle Anlagen, die mit Risiken behaftet sind.
>
> In erster Linie betrifft dies Aktienanlagen im Portefeuille, deren Kurse den Börsenturbulenzen ausgesetzt sind.
>
> Diese Wertschwankungsreserven richten sich nach der Anlagestrategie. Investiert eine Pensionskasse mehr in risikoreicheren Anlagen, beispielsweise in Aktien, muss sie höhere Wertschwankungsreserven bilden. Dieses Polster beträgt durchschnittlich etwa 15 Prozent der gebundenen Mittel (Deckungskapitalien und versicherungstechnische Rückstellungen).
>
> Ist selbst nach Aufbau der notwendigen Kursschwankungsreserven noch zusätzliches Geld in der Kasse, so nennt man dies das freie Stiftungskapital; über dessen Verwendung kann der Stiftungsrat beschliessen. Freie Mittel können zur Leistungsverbesserung verwendet werden, beispielsweise indem etwa eine 13. Rente ausbezahlt wird.

> **STICHWORT**
>
> ## Sammelstiftung
>
> Sammel- und Gemeinschaftsstiftungen führen die berufliche Vorsorge für mehrere Betriebe durch.
>
> ◼ Sammelstiftungen geben jeder angeschlossenen Firma die Möglichkeit, nach einem individuellen Plan versichert zu sein. Sie werden vor allem von Lebensversicherungsgesellschaften geführt.
>
> ◼ Bei Gemeinschaftsstiftungen gilt ein einheitlicher Versicherungsplan für alle angeschlossenen Betriebe (wie das beispielsweise beim Gastgewerbe der Fall ist).

tung, man habe von allem nichts gewusst, nicht weiter.

Und wenn das Schiff in Schieflage gerät? Meist merken es die Angestellten, wenn ihr Arbeitgeber in finanziellen Schwierigkeiten steckt. Die Löhne werden verspätet ausbezahlt, oder Lieferanten liefern plötzlich nicht mehr oder nur gegen bar. Der Stiftungsrat beschliesst riskante Anlagen. Oder ausscheidenden Kadermitgliedern wird der Firmenaustritt mit goldenen Fallschirmen versüsst – etwa mit Pensionskassengeldern?

Spätestens da sollten sämtliche Alarmlampen aufleuchten; und die Angestellten müssen sich ernsthaft fragen, ob die Pensionskassengelder in Gefahr sind.

Kann der Stiftungsrat keine befriedigende Auskunft erteilen, so hilft nur eines: die zuständige Aufsichtsbehörde informieren. Diese kann die notwendigen Sicherheitsmassnahmen ergreifen, nötigenfalls sogar den ganzen Stiftungsrat absetzen und eine kommissarische Verwaltung einsetzen.

Die Sammelstiftung, das unbekannte Wesen

Von den insgesamt 3,8 Millionen Versicherten der 2. Säule sind gemäss Pensionskassenstatistik etwas mehr als die Hälfte, nämlich über 2,2 Millionen, in 220 Sammel- und Gemeinschaftsstiftungen versichert. Zahlreiche dieser Sammel- und Gemeinschaftsstiftungen waren höchst undemokratische und intransparente Gebilde.

Schliesst sich ein Unternehmen einer Sammelstiftung an, so ist eine paritätisch zusammengesetzte Personalvorsorgekommission auf betrieblicher Ebene zu bilden. Diese wacht darüber, dass zwischen dem Betrieb und der Sammel- oder Vorsorgestiftung alles rechtmässig verläuft.

Doch über die Anlagen und die Verwendung der Anlageerträge entscheidet die Sammelstiftung im Alleingang.

Kein Wunder also, dass etliche Sammel- und Gemeinschaftsstiftungen den Versicherten in den guten Börsenjahren kaum mehr als die minimale, gesetzlich vorgeschriebene Verzinsung gutschrieben – selbst wenn Millionengewinne gemacht wurden.

Sammel- und Gemeinschaftsstiftungen sind Rechtsformen, die vom Gesetz eigentlich gar nicht vorgesehen sind. Sie sind nämlich nirgendwo geregelt. Dies ist ein ernsthafter Mangel.

Anlässlich des Versicherungs-«Rentenklau»-Skandals von 2002

forderten die von Lebensversicherern geführten Sammeleinrichtungen die Senkung des Mindestzinssatzes und des Rentenumwandlungssatzes; sie konnten jedoch keinen Aufschluss über die Verwendung der Profite in den fetten Börsenjahren geben.

Paritätischer Stiftungsrat auch bei Sammelstiftungen

Das hatte Konsequenzen: Seit der ersten BVG-Revision ist auch für Sammelstiftungen eine paritätische Zusammensetzung des Stiftungsrates vorgeschrieben. 2005 haben deshalb auch die grossen, von Lebensversicherungsgesellschaften abhängigen Sammeleinrichtungen erstmals Wahlen für ihre Stiftungsräte durchgeführt.

Jetzt sollte es deshalb für Arbeitnehmervertreter möglich sein, auf die Geschäftstätigkeit der Sammeleinrichtungen Einfluss zu nehmen.

Zudem enthält das Gesetz einen Passus, wonach die Vorsorgeeinrichtung die Aus- und Weiterbildung der Arbeitnehmer fördern muss, damit «diese ihre Führungsaufgaben wahrnehmen können».

Dazu kommt, dass neue Transparenzvorschriften gelten, die das Abzocken von Gewinnen weitestgehend verunmöglichen und Sammeleinrichtungen zu «gläsernen Kassen» machen, wie das heute schon bei betrieblichen Pensionskassen der Fall ist. Denn bei Betriebskassen ist ohne Weiteres nachvollziehbar, wie viel Ertrag erwirtschaftet wurde und wohin dieser Ertrag geflossen ist.

Pensionskassengeld als Billigdarlehen für den Betrieb

Die Pensionskassen-Gesetzgebung schreibt relativ detailliert vor, wie viel Geld wo angelegt werden darf. Die Pensionskassenstatistik zeigt, dass in der Praxis Pensions-

Das Milliardengeschäft

Die Pensionskassenstatistik gibt Auskunft über das Vermögen der 2. Säule: Das Pensionskassenvermögen ist in der Zeitspanne von 1987 bis 2006 von 165 Milliarden Franken auf gesamthaft 583 Milliarden gestiegen.

Und die Anlagen nehmen weiter zu: Eine Studie der Bank Julius Bär kommt zum Schluss, dass das Kapital der Pensionskassen jährlich um 8 Prozent zunimmt. Das macht pro Pensionskassen-Arbeitstag etwa 80 Millionen Franken, die angelegt werden müssen.

Im Jahr 2011 waren gemäss der provisorischen Pensionskassenstatistik vom ganzen Pensionskassenvermögen der 2190 Vorsorgeeinrichtungen mit reglementarischen Leistungen und aktiven Versicherten von 621 Milliarden Franken insgesamt 161 Milliarden Franken in Aktien schweizerischer und ausländischer Gesellschaften angelegt.

Bei Kursverlusten an der Börse lösen sich deshalb Milliarden Franken in Luft auf. Entsprechend sinkt dann das Pensionskassenvermögen. Im Jahr 2000 betrug es gesamthaft 491 Milliarden, im Jahr 2002 noch 441 Milliarden Franken.

Ende 2014 hat das Pensionskassenvermögen (unter Berücksichtigung der Vorsorgevermögen, welche direkt bei Lebensversicherungsgesellschaften liegen) die 800-Milliarden-Grenze überschritten. Dazu kommen noch jene Mittel, die nicht von Pensionskassen, sondern von Lebensversicherungsgesellschaften aufgrund der Rückversicherungsverträge verwaltet werden.

kassengelder vorwiegend in Obligationen, Liegenschaften und – dies mag erstaunen – als Guthaben bei Arbeitgebern angelegt werden.

Anlagen beim eigenen Arbeitgeber sind aber nicht unbedenklich. In den letzten Jahren kam es so bei Firmenpleiten immer wieder zu grossen Verlusten für die Pensionskasse.

Der Fall Omag: Besitzer plünderte Unternehmen aus

Der Fall Omag gilt als das erste grössere Pensionskassendebakel in der Schweiz. Der mechanische Betrieb in Mels SG mit 250 Angestellten war 1989 von der damaligen Besitzerin Wild-Leitz AG an den Aargauer Industriellen Werner Hoefliger verkauft worden (siehe dazu auch den Kasten auf Seite 228).

Nach der Übernahme plünderte der neue Besitzer das Unternehmen systematisch aus. Aus Firma und Pensionskasse liess er sich Darlehen von insgesamt 8,9 Millionen Franken auszahlen.

Im März 1992 musste die Omag Konkurs anmelden. Dabei zeigte sich, dass in der Pensionskasse 8,1 Millionen Franken fehlten. Der Fehlbetrag wurde vom Sicherheitsfonds, vom Kanton St. Gallen und von der Firma Leica (Nachfolgerin der Wild-Leitz AG) gedeckt.

Der Hauptschuldige Hoefliger konnte nicht mehr zur Rechenschaft gezogen werden. Er starb im April 1993.

Bei der Omag zeigte sich, wie sämtliche Sicherungen versagen konnten; weder der Stiftungsrat noch die zuständige Aufsichtsbehörde zogen die Notbremse.

Solche Fälle von Verlusten bei den Pensionskassen sind gar nicht so selten; wenn ein Betrieb in den roten Zahlen steckt oder vor dem Konkurs steht, kommt mancher Arbeitgeber in Versuchung, auf das Geld der Pensionskasse zurückzugreifen.

Bei jedem Anlageverlust stellt sich natürlich die Frage, wer für den Schaden haftet.

Hier hat das Gesetz ein Auffangnetz vorgesehen: Der gesamtschweizerische Sicherheitsfonds, an den alle Versicherten Beiträge zahlen, deckt im Schadenfall die Ansprüche der Betroffenen.

Der Sicherheitsfonds kommt auch für Beitragszahlungen auf, die zwar vom Lohn abgezogen, nicht aber in die Kasse eingezahlt wurden.

Für Gelder auf Freizügigkeitskonten ist er aber nicht zuständig (siehe Seite 184 ff.).

Das dritte Bein: Die 3. Säule

Regelmässig, wenn das Jahr zu Ende geht, fallen Inserate in Zeitungen und Magazinen auf, die zum Sparen in der 3. Säule auffordern: «Jetzt ist der richtige Zeitpunkt da, um in die 3. Säule einzuzahlen», heisst es dann beispielsweise.

Denn anders als AHV und Pensionskasse ist die 3. Säule eine freiwillige Angelegenheit. Wer dies wünscht und über das nötige Kapital verfügt, der kann bei einer

3.-Säule-Einrichtung steuerbegünstigt einzahlen. Die 3. Säule ist damit eine freiwillige Ergänzung zur 2. Säule, also zur obligatorischen Pensionskasse.

Für Selbständigerwerbende, die ja in der Regel keiner Pensionskasse angeschlossen sind, ist die 3. Säule neben der AHV oft die einzige Vorsorge.

Alle Details zur 3. Säule stehen im Kapitel 9.

2 Die AHV: Eine Volksversicherung für alle
Wer ist versichert? Und was kostet es?

Wer in der Schweiz wohnt oder arbeitet, ist obligatorisch bei der AHV versichert. Knifflige Fragen stellen sich bei Selbständigerwerbenden sowie bei der Berechnung der AHV-Beiträge.

Obligatorisch in der AHV versichert sind:

- Frauen und Männer, die in der Schweiz erwerbstätig sind, also auch Grenzgänger und Gastarbeiter mit Kurzarbeitsbewilligung.
- Personen, die in der Schweiz wohnen, also auch Kinder und andere Nichterwerbstätige wie Studierende, Invalide, Rentnerinnen und Rentner, Hausfrauen und Hausmänner.

Daneben können sich auch Personen freiwillig versichern lassen, die ausserhalb des EU-EFTA-Raums (zum Beispiel in Afrika) wohnen; so vermeiden sie spätere Rentenkürzungen wegen fehlender Beitragsjahre.

Voraussetzung: Es muss sich um Personen mit Schweizer Bürgerrecht oder um Angehörige von EU- bzw. EFTA-Staaten handeln. Zudem müssen diese Personen unmittelbar vor dem freiwilligen Beitritt während mindestens fünf aufeinanderfolgenden Jahren obligatorisch versichert gewesen sein (siehe Seite 50f.).

Weiter können sich auch Personen (unabhängig von ihrer Staatsangehörigkeit) freiwillig versichern lassen, falls sie im Ausland für einen Schweizer Arbeitgeber arbeiten und bis zum Antritt der Tätigkeit im Ausland bereits mindestens fünf Jahre lang der AHV angehörten. Dazu braucht es aber das Einverständnis des Arbeitgebers.

Informationen zur AHV im Internet

www.ahv-iv.ch
Auf dieser Website finden Sie sehr viel: sämtliche Merkblätter im PDF-Format und viele weiterführende Informationen bis hin zu den aktuellsten Änderungen im Gesetz – auch zur IV und EO. Zusätzlich bietet ahv-iv.ch die komplette Liste der Ausgleichskassen mit Links auf deren Homepages.

Auf den Homepages der einzelnen Ausgleichskassen finden sich weitere nützliche Infos sowie Online-Rechner, mit denen AHV-Pflichtige zum Beispiel ihre AHV-Beiträge ausrechnen können. Hier finden Sie auch das auf Seite 17 erwähnte «InfoRegister».

www.bsv.admin.ch
Diese Website des Bundesamts für Sozialversicherungen (BSV) enthält weitere Infos zur AHV (zum Beispiel Statistiken) und nützliche Antworten auf die am häufigsten gestellten Fragen. Auch zu den anderen Sozialversicherungen bietet diese Website eine Fülle von Informationen.

www.sozialversicherungen.admin.ch
Hier finden an Details Interessierte die gültigen AHV-Zahlen, insbesondere alle Rentenskalen sowie die BSV-Wegleitungen. Diese Website ist auch erreichbar über www.bsv.admin.ch (→ Praxis → Vollzug → AHV).

Beginn und Ende der AHV-Beitragspflicht

Alle Personen, die eine Erwerbstätigkeit ausüben, müssen Beiträge an die AHV leisten – und zwar grundsätzlich ab dem 1. Januar nach der Vollendung des 17. Altersjahrs.

Schulferienjobs von Jugendlichen unter 17 sind also beitragsfrei: Erwerbstätige Jugendliche müssen erst ab dem 1. Januar nach ihrem 17. Geburtstag AHV-Beiträge entrichten.

Jugendliche Familienmitglieder, die im Familienbetrieb mitarbeiten und keinen Barlohn beziehen, müssen gar bis zum 31. Dezember nach ihrem 20. Geburtstag keine AHV-Beiträge bezahlen. Würde das Familienmitglied hingegen einen Lohn kassieren, wäre es ab dem 17. Geburtstag AHV-pflichtig.

Und noch ein Detail dazu: «Sackgeldjobs» in Privathaushalten sind seit Anfang 2015 von der Beitragspflicht befreit. Das betrifft Arbeitgeber und Jugendliche bis zur Vollendung des 25. Altersjahres, falls der Lohn im Jahr 750 Franken nicht übersteigt.

Gemeint ist beispielsweise das Babysitting. Die beschäftigten Jugendlichen können aber verlangen, dass Arbeitgeber- sowie Arbeitnehmerbeiträge mit der AHV abgerechnet werden.

Die Beitragspflicht endet, sobald man das ordentliche Rentenalter erreicht und die Erwerbstätigkeit aufgegeben hat. Für Männer beträgt das ordentliche Rentenalter 65 Jahre. Frauen werden in der AHV mit 64 pensioniert.

IN DIESEM KAPITEL

- **33** Beginn und Ende der AHV-Beitragspflicht
- **34** Die Lohnabzüge für die Sozialwerke
- **35** Selbständig oder nicht? Konsequenzen und Beispiele
- **36** Erbe ich die AHV-Schulden meines Vaters?
- **38** Kann ich freiwillig mehr einzahlen?
- **39** Jeder Lohnfranken ist zu melden
- **40** Ist auch Gartenarbeit AHV-pflichtig?
- **40** Die Freigrenze beim Nebenerwerb
- **41** So werden die Beiträge der Selbständigerwerbenden berechnet
- **45** So werden die Beiträge der Nichterwerbstätigen berechnet
- **47** Auch Frühpensionierte bezahlen AHV-Beiträge
- **49** Auch Arbeitslose müssen AHV-Beiträge zahlen
- **50** Die freiwillige Versicherung für Auslandschweizer
- **51** Auf Weltreise: Worauf muss ich bei der AHV achten?

**AHV: 2
Wer ist dabei? Was kostet es?**

Freigrenze für AHV-Bezüger, die weiterarbeiten

Wer nach Erreichen des Rentenalters noch arbeitet, muss – anders als bei der Pensionskasse – weiterhin Beiträge an die AHV/IV/EO zahlen. Dies gilt unabhängig davon, ob die betroffene Person bereits die AHV-Rente bezieht oder aufgeschoben hat.

Allerdings gilt hier eine Freigrenze: Falls Sie nach der Pensionierung weiterarbeiten möchten, müssen Sie nur für jenen Teil des Einkommens Beiträge bezahlen, der die Summe von 16 800 Franken pro Jahr übersteigt; dies entspricht einem Monatslohn von 1400 Franken.

> **STICHWORT**
>
> ## AHV/IV/EO
>
> Wird von der AHV-Beitragspflicht gesprochen, ist damit immer auch die Beitragspflicht an die Invalidenversicherung (IV) sowie an die Erwerbsersatzordnung (EO) gemeint.
>
> Die Beiträge an diese Sozialversicherungswerke werden gemeinsam erhoben.
>
> Richtigerweise müsste man also vom AHV/IV/EO-Abzug sprechen. Alle Abzüge werden von der AHV-Ausgleichskasse abgerechnet.
>
> Übrigens: Während einer Phase der Kurzarbeit muss der Arbeitgeber dennoch die vollen Abzüge für AHV/IV/EO machen.

Übernimmt etwa eine Rentnerin aushilfsweise für zwei Monate beim früheren Arbeitgeber eine Ferienvertretung und verdient sie dabei monatlich 2900 Franken, muss sie demnach für zwei Monatseinkommen von je 1500 Franken den AHV-Beitrag bezahlen; massgeblich ist in diesem Fall nicht das Jahres-, sondern das Monatseinkommen.

Haben AHV-Rentnerinnen und -Rentner mehrere Jobs, die separat entlöhnt werden, haben sie für jede dieser Tätigkeiten Anspruch auf den Freibetrag. Dies gilt etwa, wenn sie bei zwei verschiedenen Arbeitgebern tätig sind oder gleichzeitig Einkommen aus einer unselbständigen und einer selbständigen Arbeit erzielen.

Bei den selbständigerwerbenden Rentnern gilt das Jahreseinkommen als Grundlage für die Berechnung. Wer mehr als 16 800 Franken verdient, muss für diesen Mehrverdienst AHV-Beiträge zahlen. Hier wird auf die jährliche Steuerdeklaration abgestellt.

Übrigens: Diese Beiträge beeinflussen die Höhe der Altersrente nicht mehr – egal ob die betroffene Person die AHV-Rente bereits bezieht oder aufgeschoben hat. Das Gesagte gilt aber nicht für Leute, die die Altersrente vorbeziehen bzw. sich frühpensionieren lassen.

Für Nichterwerbstätige beginnt die Beitragspflicht am 1. Januar

Die Lohnabzüge für die Sozialwerke

Sozialversicherung	Arbeitnehmer	Arbeitgeber	Total
AHV	4,2%	4,2%	8,4%
IV	0,7%	0,7%	1,4%
EO	0,225%	0,225%	0,45%
ALV (bis 148 200 Franken) [1]	1,1%	1,1%	2,2%
Total (bei einem Verdienst bis 148 200 Franken)	**6,225%**	**6,225%**	**12,45%**

Eine angestellte Person mit einem Jahreslohn von 65 000 Franken bezahlt gesamthaft 5,125 Prozent an AHV/IV/EO (Fr. 3331.25 pro Jahr) und 1,1 Prozent an die Arbeitslosenversicherung (715 Franken pro Jahr). Gleich viel bezahlt ihr Arbeitgeber.

[1] Für Lohnanteile über 148 200 Franken (nach oben unbegrenzt) beträgt der Beitrag 1%, also je 0,5% für Arbeitnehmer und Arbeitgeber. Alle Angaben: Stand 2016/2017

nach dem 20. Geburtstag; sie dauert bis zum Ende des Monats, in dem Frauen den 64. und Männer den 65. Geburtstag feiern.

Status hin oder her: Beitragspflichtig sind alle

Für die AHV spielt es keine Rolle, in welchem Status eine Person arbeitet. Unselbständigerwerbende – also Angestellte – wie auch Selbständigerwerbende sind obligatorisch der AHV unterstellt und haben damit Beiträge zu entrichten.

Entscheidender Unterschied: Bei Angestellten muss – unabhängig vom Einkommen – der immer gleiche Prozentsatz an die AHV abgeliefert werden: 8,4 Prozent.

Dieser Ansatz wird je zur Hälfte (je 4,2 Prozent) von Arbeitgebern und Arbeitnehmern bestritten.

Was diesbezüglich bei Selbständigen gilt, steht auf S. 41 ff.

Der gesamte Lohnabzug ist aber höher, denn zusammen mit der AHV-Zahlung werden auch noch die Beiträge an die Invalidenversicherung (IV), die Erwerbsersatzordnung (EO) und die Arbeitslosenversicherung (ALV) bezahlt; alle drei zusammen machen weitere 4,05 Prozent aus oder für die versicherte Person 2,025 Prozent (siehe Übersicht im Kasten links).

Angestellt oder selbständig? Das sind die Konsequenzen

Auf den ersten Blick scheint die Frage, wer Arbeitnehmer oder Arbeitnehmerin ist, leicht zu beantworten: Wer bei einer Firma angestellt ist und einen Lohn erhält, bezahlt AHV-Beiträge als Unselbständigerwerbender. Die Abzüge stehen auf dem Lohnausweis. Bei vielen Beschäftigungen ist jedoch unklar, ob es sich um einen unselbständigen oder um einen selbständigen Erwerb handelt. Aus dem Unterschied ergeben sich erhebliche Konsequenzen:

■ Wer angestellt ist, zahlt Beiträge an die Arbeitslosenversicherung, Selbständige müssen dies nicht tun. Selbständigerwerbende dürfen sich auch nicht freiwillig gegen Arbeitslosigkeit versichern – was bittere Folgen hat: Nur Angestellte haben Anspruch auf Leistungen der Arbeitslosenversicherung.

■ Angestellte sind ab einem Einkommen von 21 150 Franken (Stand 2016/2017) obligatorisch in einer Pensionskasse versichert. Selbständigerwerbende sind im Grundsatz nicht verpflichtet, sich

---

TIPP

Herabsetzung und Erlass von AHV-Beiträgen

Wenn das Einkommen einer nichterwerbstätigen oder selbständigerwerbende Person nicht ausreicht, um die AHV-Beiträge zu zahlen, können diese auf Antrag herabgesetzt oder ganz erlassen werden (Art. 11 AHVG; Art. 31 f. AHVV). Die Bewilligung erfolgt durch den Wohnsitzkanton, der dann auch die Beiträge übernimmt.

Wer einen solchen Anspruch erhebt, muss der zuständigen Ausgleichskasse ein schriftliches Gesuch einreichen und begründen, weshalb der Beitrag nicht bezahlt werden kann. Dies ist beispielsweise der Fall bei Personen, deren Einkommen unter dem betreibungsrechtlichen Existenzminimum liegt.

der beruflichen Vorsorge anzuschliessen – aber sie dürfen (siehe Kapitel 5 auf Seite 113 ff.).

■ Angestellte sind automatisch gegen Unfall und – falls sie acht oder mehr Stunden pro Woche bei *einem* Arbeitgeber arbeiten – gegen Freizeitunfall (im Fachjargon Nichtberufsunfall) versichert, Selbständigerwerbende hingegen nicht.

■ Angestellte haben bei Krankheit Anspruch auf Weiterzahlung des Lohnes oder auf die Zahlung von Taggeldern gemäss der freiwilligen Kollektiv-Krankentaggeld-Versicherung des Betriebes, Selbständige nicht.

Selbständigerwerbende sollten deshalb freiwillig eine Unfallversicherung sowie eine Krankentaggeld-Versicherung abschliessen.

Der Erwerbsstatus ist also von grosser Bedeutung. Es existieren

---

FRAGE

Erbe ich die AHV-Schulden meines Vaters?

Vor wenigen Jahren starb unser Vater. Nun erhalten wir von der Ausgleichskasse eine Rechnung für nicht bezahlte AHV-Beiträge. Müssen wir Erben diese Beiträge bezahlen?

Ja. Als Erbe erhalten Sie nicht nur das Vermögen, Sie müssen auch für die Schulden aufkommen. Hat Ihr Vater nicht alle AHV-Beiträge bezahlt – egal ob er als Selbständigerwerbender oder als Nichterwerbstätiger abrechnete –, geht diese Schuld auf Sie über.

Erben müssen sogar dann für die AHV-Schulden des Vaters geradestehen, wenn dieser zum Beispiel Verwaltungsrat einer maroden Aktiengesellschaft war, die beim Konkurs noch AHV-Beiträge schuldete.

Dass Firmenverantwortliche mit AHV-Schulden hart angefasst werden, beweist auch ein Gerichtsurteil vom September 2004. Im Jahr 2000 ging der damalige EHC Kloten pleite; der AHV-Ausgleichskasse blieb der Verein 416 000 Franken schuldig. Diese Summe müssen nun die sechs ehemaligen Club-Verantwortlichen zahlen. Sie haften solidarisch – und das heisst: Jeder haftet für den ganzen Betrag, bis die Schuld vollständig getilgt ist.

Die sechs Chefs hätten sich als verantwortliches Organ des Vereins grobfahrlässig «pflichtwidrig» verhalten, hält das Bundesgericht fest, weil sie zwar die Löhne der Spieler zahlten, nicht aber die darauf geschuldeten AHV-Beiträge. Jeder Einzelne habe gewusst, wie es um die Finanzen stehe – und sei deshalb mitverantwortlich für das Schlamassel.

Den Argumenten der Angeschuldigten, bei einem Verein müsse die Haftung milder sein als bei einer Aktiengesellschaft und sie seien ja nur ehrenamtlich tätig gewesen, schloss sich das Bundesgericht nicht an; die Rechtsform des Arbeitgebers spiele bei AHV-Schulden keine Rolle.

Im Grundsatz gilt also: Wenn ein Arbeitgeber die AHV-Beiträge absichtlich oder grobfahrlässig nicht an die Ausgleichskasse einzahlt, haftet er persönlich für deren Nachzahlung – auch wenn der Betrieb in der Zwischenzeit Bankrott macht.

**AHV: 2
Wer ist dabei? Was kostet es?**

FRAGE

Muss ich auf das Dienstaltersgeschenk AHV-Beiträge zahlen?

Ich bin seit zehn Jahren in der gleichen Firma und arbeite Vollzeit. Ich verdiene rund 70 000 Franken im Jahr. Nun erhielt ich von meinem Arbeitgeber ein Dienstaltersgeschenk in der Höhe von 6000 Franken. Davon hat er mir die Sozialversicherungsbeiträge abgezogen. Durfte er das?

Ja. Dienstaltersgeschenke gehören zum AHV-pflichtigen Lohn. Die Sozialversicherungsbeiträge wurden bei Ihnen zu Recht abgezogen.

Ob Sie auf dem Dienstaltersgeschenk auch Pensionskassenbeiträge zahlen müssen, hängt von Ihrer Pensionskasse ab. Denn Pensionskassen können darauf verzichten, bei Lohnbestandteilen, die nur gelegentlich anfallen, Beiträge zu erheben. Dies muss aber im Reglement festgehalten sein.

Übrigens: Schenkt ein Chef als Dienstaltersgeschenk eine teure Uhr – zum Beispiel im Wert von 6000 Franken –, so muss der Arbeitgeber auch dafür die genannten Beiträge und Prämien abziehen und weiterleiten.

Nur Naturalgeschenke, die weniger als 500 Franken Wert haben, zählen nicht zum massgebenden Lohn.

---

jedoch zahlreiche Mischformen und eine relativ breite Grauzone. Die AHV-Ausgleichskassen können sich auf eine jahrzehntelange Erfahrung abstützen und haben für zahlreiche Personengruppen genau definierte Abgrenzungskriterien zur Hand; sie sind nachfolgend geschildert.

Selbständig oder nicht? Ein paar Beispiele aus der Praxis

■ **Akkordanten** werden zur Erledigung von Arbeiten beigezogen (zum Beispiel Eisenleger auf dem Bau). Hat der Akkordant einen eigenen Betrieb und trägt er ein Unternehmerrisiko, ist er selbständigerwerbend. Wer sich jedoch als Akkordant anbietet und jobbt, gilt in der Regel als Angestellter. Im Zweifelsfall betrachten AHV und Suva die Akkordanten als Angestellte.

■ Wer als **freischaffender Buchhalter** Arbeiten im Auftragsverhältnis ausübt, das heisst selber seine Arbeitszeiten einteilt, seine Arbeit ganz oder zum grössten Teil von zu Hause aus erledigt und seine eigenen Arbeitsmittel benutzt (eigene EDV-Anlage), ist selbständigerwerbend.

Nicht aber der Buchhalter, der im Geschäft des Arbeitgebers auf dessen EDV-Anlage arbeitet.

■ Bei freien **EDV-Mitarbeitern** liegt in der Regel eine unselbständige Erwerbstätigkeit vor. Dies ist vor allem dann der Fall, wenn ein Mitarbeiter kein Unternehmerrisiko trägt, die Aufträge nicht selber hereinholen muss, keinen massgebenden Kapitaleinsatz und keine Investitionen tätigt, keine Unkosten für Personal und Miete trägt und einer gewissen Weisungsbefugnis untersteht.

FRAGE

Kann ich freiwillig mehr einzahlen?

Ich würde gerne freiwillig mehr in die AHV einzahlen, um später eine höhere AHV-Rente zu bekommen. Geht das?

Nein. Sie können nur diejenigen AHV-Beiträge entrichten, welche die Ausgleichskasse aufgrund der geltenden gesetzlichen Bestimmungen für Sie festlegt. Das gilt sowohl für Angestellte als auch für Selbständigerwerbende.

Auch in die zweite Säule (Pensionskasse) können Sie übrigens nicht beliebig viel einzahlen. Erkundigen Sie sich bei Ihrer Pensionskasse.

Falls Sie Ihre finanzielle Situation für die Zeit nach der Pensionierung verbessern wollen, bleibt Ihnen nur das individuelle Sparen – zum Beispiel mit der steuerbegünstigten 3. Säule (siehe Kapitel 9).

Anders ist ein EDV-Spezialist zu beurteilen, der als Aussenstehender zu einer EDV-Reorganisation hinzugezogen wird und dem Auftraggeber als gleichberechtigter Partner gegenübersteht. Er ist selbständigerwerbend.

■ **Freischaffende Journalisten** können ihren Status im Prinzip selber wählen, indem sie die entsprechenden Bedingungen schaffen. Falls sie überwiegend für eine oder für wenige Zeitungen schreiben, gelten sie in der Regel als Unselbständigerwerbende.

■ Bei **Lehrern** geht man in der Regel von einer unselbständigen Erwerbstätigkeit aus. Wer jedoch mit eigener Infrastruktur Privatstunden gibt, etwa als Musiklehrer, oder unabhängig von der Skischule Skiunterricht erteilt, gilt als selbständigerwerbend.

■ **Fussballspieler**, die keinen Arbeitsvertrag haben, aber für ihre Spielertätigkeit eine Prämie erhalten, sind Unselbständige.

■ **Lastwagenfahrer**, die Eigentümer ihres Lastwagens sind und für dessen Kosten aufkommen, sind selbständigerwerbend.

Wenn sie aber nur für einen einzigen Auftraggeber fahren und von ihm Weisungen entgegennehmen, sind sie als Unselbständigerwerbende zu taxieren.

■ Bei **Pfarrern** gelten nur Wanderprediger, die ihren Lebensunterhalt aus Kollekten decken, als selbständigerwerbend.

■ **Verwaltungsräte** von Aktiengesellschaften gelten AHV-rechtlich als unselbständigerwerbend – und zwar unabhängig davon, welche Art von Tätigkeit sie sonst noch ausüben.

■ **Agenten** vermitteln für einen oder mehrere Auftraggeber Geschäfte (zum Beispiel Versicherungen); sie zählen in der Regel zu den Unselbständigerwerbenden.

Eine Ausnahme ist dann zu machen, wenn der Agent in eigenen Geschäftsräumen arbeitet, eigene Angestellte beschäftigt und damit ein eigentliches Geschäftsrisiko trägt.

■ **Heimarbeiterinnen und Heimarbeiter** führen Arbeiten für einen Fabrikanten oder Unterhändler aus. Die Arbeitsgeräte gehören ihnen; sie können aber auch vom Fabrikanten gestellt werden. Heimarbeiter sind zwar weisungsabhängig, was für ein Arbeitsverhältnis spricht; sie erledigen die Arbeit jedoch weitgehend selbständig. Sie gelten dennoch überwiegend als Arbeitnehmer.

Jeder verdiente Franken ist der AHV zu melden

Sämtliche Bar- und Naturalbezüge gelten als Lohn oder als massgebendes Einkommen, auf das AHV-Beiträge zu zahlen sind. Als massgebendes Einkommen zählt der Verdienst, der als Grundlage für die Berechnung der AHV/IV/EO-Beiträge dient.

Ausnahme: Ist der Jahreslohn tiefer als 2300 Franken, werden die Beiträge nur erhoben, falls die versicherte Person dies verlangt (das gilt aber nicht bei Putzfrauen, siehe Seite 41). Und diese Ausnahme gilt auch nicht für Kulturschaffende (siehe Seite 41).

Es passiert häufig, dass für eine Arbeit ein Entgelt entrichtet, dieses aber der AHV nicht gemeldet wird, obwohl eine Beitragspflicht bestehen würde. Kommt es zur Steuer- oder AHV-Revision, werden die «vergessenen» Beiträge nachträglich eingefordert.

Was genau zählt zum Einkommen? Auf alle diese Entgelte müssen Beiträge entrichtet werden:
- Zeit-, Akkord- und Prämienlohn, einschliesslich Entschädigungen für Überzeit, Nachtarbeit und Stellvertretungen,
- Orts- und Teuerungszulagen,
- Gratifikationen, Dienstaltersgeschenke, Treueprämien und Mitarbeiteraktien, falls zwischen Kurswert und reduziertem Abgabepreis eine Differenz besteht,
- Trinkgelder, sofern diese einen wesentlichen Lohnbestandteil darstellen,
- Gewinnanteile am Geschäftsgewinn,
- regelmässige Naturalbezüge, also regelmässige Verköstigung oder die Benützung einer Wohngelegenheit (siehe Kasten unten),
- Provisionen und Kommissionengelder,
- Ferien- und Feiertagsentschädigungen,
- Tantiemen, Sitzungsgelder,
- Arbeitgeberzahlungen für den Einkauf eines Angestellten in die Pensionskasse, nicht aber die reglementarischen ordentlichen Beiträge,
- Abgangsentschädigungen,
- Leistungen aus Wohlfahrtsfonds, falls sie eine beschränkte Höhe übersteigen,
- Beiträge an eine Zusatzversicherung, wenn sie vom Arbeitgeber als Vorwegabzug vom AHV-pflichtigen Bruttolohn finanziert werden.

Kost und Logis in der AHV

So viel wird bei der AHV als beitragspflichtiger Lohn angerechnet, falls der Arbeitgeber Kost und Logis zur Verfügung stellt (Stand 2016/2017, Art. 11 AHVV):

	Pro Tag	Pro Monat
Frühstück	Fr. 3.50	Fr. 105.–
Mittagessen	Fr. 10.–	Fr. 300.–
Abendessen	Fr. 8.–	Fr. 240.–
Unterkunft	Fr. 11.50	Fr. 345.–
Volle Verpflegung und Unterkunft	**Fr. 33.–**	**Fr. 990.–**

FRAGE

Ist auch Gartenarbeit AHV-pflichtig?

Putzfrauen, die in Privathaushalten arbeiten, müssen auch dann AHV zahlen, wenn sie weniger als 2300 Franken pro Jahr verdienen. Gilt das auch, wenn mein Nachbar für mich gegen ein kleines Entgelt die Gartenarbeiten erledigt?

Ja. Die AHV-Beiträge (für AHV, IV, EO und ALV) müssen im Prinzip für jedes Einkommen – sei es auch noch so klein – entrichtet werden, das eine Person erzielt, die in einem Privathaushalt arbeitet.

In diese Kategorie fallen Au-pair-Mädchen, Babysitter, Haushaltshilfen, Hauswarte sowie alle anderen Personen, die Arbeiten im Haus beziehungsweise in der Wohnung oder ums Haus herum erledigen (allerdings mit einer Freigrenze bei «Sackgeldjobs» von Jugendlichen von 750 Franken pro Jahr, siehe Seite 33).

Auch wer jemanden zur Reinigung einer Ferienwohnung anstellt, muss für jeden Franken Beiträge entrichten. Dabei spielt es keine Rolle, ob die Ferienwohnung selber bewohnt oder vermietet wird.

Somit ist auch AHV-beitragspflichtig, wer das Treppenhaus eines Privathauses reinigt – unabhängig von seinem sonstigen jährlichen Einkommen. Als Privathaus gilt jedes Gebäude, in dem sich mindestens eine Wohnung befindet.

Umgekehrt ist es, wenn jemand Reinigungs- oder Hauswartsarbeiten in einem Gebäude ausführt, das nur aus Geschäftsräumlichkeiten besteht. Dann werden auf einem Jahreseinkommen von weniger als 2300 Franken keine Sozialbeiträge erhoben.

Anders liegt der Fall natürlich, wenn die Gartenarbeit von einem Berufsgärtner erledigt wird, der bei der Ausgleichskasse als selbständigerwerbend anerkannt ist. Dann sind keine Sozialbeiträge zu entrichten, da diese vom Berufsgärtner selber bezahlt werden.

Diese Liste ist nicht abschliessend. Mehr Details finden Sie auf dem AHV-Merkblatt 2.01.

Auch die Dienstwohnung des Abwarts zählt als Lohn

Neben dieser gesetzlichen Regelung besteht eine grosse Rechtsprechung mit zusätzlichen detaillierten Vorschriften. So zählen zum Beispiel Auslagen zum Einkommen des Arbeitnehmers, die ein Arbeitgeber für eine private Feier dieses Arbeitnehmers bezahlt.

Ebenfalls als Einkommen aufgerechnet wird bei einem Abwart die Dienstwohnung. Ist der Mietzins reduziert, betrachtet die AHV die Differenz zum ortsüblichen Mietzins als Lohnbestandteil.

Der 2300-Franken-Freibetrag: Das sind die Spielregeln

Für Angestellte ist ein geringfügiger Erwerb bis zur Grenze von 2300 Franken pro Kalenderjahr beitragsfrei. Bei Selbständigerwerbenden gilt diese Regel aber nur, falls die betreffende Tätigkeit im Nebenerwerb ausgeübt wird.

Die Betroffenen können jedoch vom Arbeitgeber verlangen, dass er die AHV-Beiträge auch für das geringfügige Entgelt abrechnet.

Beispiel: Ein Mann arbeitet als leitender Angestellter in einer Treuhandfirma. Privat ist er ein begnadeter Computerfreak, der heikelste Probleme lösen kann; er wird deshalb von einem Geschäftspartner seiner Firma um Hilfe und Support gerufen. An einem Wochenende arbeitet er beim Kunden und kann das Problem lösen.

Was unter Freunden oft mit einem Nachtessen abgegolten wird, trägt dem Mann hier 1500 Franken ein. Darauf muss er aber keinen AHV-Beitrag bezahlen, weil es sich um einen kleinen Erwerb von weniger als 2300 Franken handelt.

Bei Putzfrauen gilt dieser Freibetrag nicht; sie müssen auf jeden verdienten Franken AHV zahlen.

Wer seine Putzfrau nicht schwarz beschäftigen will, kann sie mit dem vereinfachten Abrechnungsverfahren bei der AHV-Ausgleichskasse des Kantons anmelden. Infos dazu finden Sie im Internet unter www.keine-schwarzarbeit.ch und www.ahv-iv.ch (Merkblätter 2.06 und 2.07).

Der erwähnte Freibetrag von 2300 Franken gilt auch nicht für Kulturschaffende, also für Personen, die von Tanz- und Theaterproduzenten, von Schulen im künstlerischen Bereich, von Orchestern sowie von Radio und Fernsehen beschäftigt werden. Sie müssen auf jeden verdienten Franken AHV-Beiträge entrichten; diese Vorschrift soll ihre soziale Sicherheit verbessern.

Militär- und Feuerwehrsold sind nicht beitragspflichtig
Bei folgenden Einkünften besteht keine AHV-Beitragspflicht:
- Militärsold, Vergütungen des Zivilschutzes,
- Versicherungsleistungen bei Unfall, Krankheit und Invalidität (Ausnahme: Taggelder der Invalidenversicherung),
- Fürsorgegelder,
- reglementarische Leistungen von Pensionskassen,
- Familienzulagen,
- Stipendien,
- Feuerwehrsold inkl. Ernstfallzuschläge bis 5000 Franken,
- Verlobungs- und Hochzeitsgeschenke,
- Naturalgeschenke, die weniger als 500 Franken pro Jahr ausmachen.

Ebenfalls keine Beitragspflicht (bis zu einer bestimmten Höhe) besteht für:
- Abfindungen für Arbeitende, die nicht in der beruflichen Vorsorge versichert waren,
- Entschädigungen gemäss Sozialplan bei Betriebsschliessungen.

Auch diese Liste ist nicht abschliessend. Die detaillierte Aufzählung finden Sie im AHV-Merkblatt 2.01.

Die AHV-Beiträge der Selbständigerwerbenden
Die zweitwichtigste Beitragsgruppe für die AHV sind die Selbständigerwerbenden. Ob eine Person

Fortsetzung auf Seite 43

Die AHV-Beiträge für Selbständigerwerbende

Im Unterschied zu den Angestellten müssen Selbständigerwerbende ihre Sozialversicherungsbeiträge in ganzer Höhe selber zahlen. Die Beiträge für AHV, IV und EO betragen 7,8, 1,4 und 0,45 Prozent. Zusammen ergibt das 9,65 Prozent (Stand 2016/2017). Für tiefe Jahreseinkommen gilt jedoch ein geringerer Beitragssatz. Erst ab einem Jahreseinkommen von über 56 400 Franken kommt der volle Beitragssatz von 9,65 Prozent zum Zug.

Für Einkommen unter 56 400 Franken gelten die untenstehenden Prozentsätze (Stand 2016/2017).

Lesebeispiel: Wer ein Jahreseinkommen aus selbständiger Erwerbstätigkeit von 34 900 Franken erzielt, muss an die AHV/IV/EO einen Beitragssatz von 6,309 Prozent bezahlen; das sind Fr. 2201.80 im Jahr.

Bei einem jährlichen Einkommen von weniger als 9400 Franken ist ein Mindestbeitrag von 478 Franken geschuldet. Massgebend ist das aktuelle Einkommen des Beitragsjahres. Für das im Betrieb investierte Eigenkapital erfolgt ein Abzug (siehe Kasten auf Seite 44). Der definitive Beitrag wird aufgrund der Steuerveranlagung festgesetzt.

Die Ausgleichskassen erheben zusätzlich Verwaltungskostenbeiträge von maximal 5 Prozent des Beitrages auf das Erwerbseinkommen. Übrigens: Seit Anfang 2013 müssen Selbständigerwerbende auch Beiträge an die Familienausgleichskassen zahlen – je nach Kasse zwischen rund 0,8 und rund 2,8 Prozent (nur für Lohnbestandteile bis zur Obergrenze von 148 200 Franken).

Tipp: Auf den Internetportalen etlicher Ausgleichskassen finden sich Online-Tools zur Berechnung der persönlichen AHV-Beiträge.

Jahreseinkommen in Franken von mindestens...	...aber weniger als...	AHV/IV/EO-Beitragssatz in Prozent des Erwerbseinkommens
9 400	17 200	5,196
17 200	21 900	5,320
21 900	24 200	5,444
24 200	26 500	5,568
26 500	28 800	5,691
28 800	31 100	5,815
31 100	33 400	6,062
33 400	35 700	6,309
35 700	38 000	6,557
38 000	40 300	6,804
40 300	42 600	7,052
42 600	44 900	7,299
44 900	47 200	7,671
47 200	49 500	8,042
49 500	51 800	8,413
51 800	54 100	8,784
54 100	56 400	9,155
56 400		9,650

AHV: Wer ist dabei? Was kostet es? 2

Fortsetzung von Seite 41

als selbständigerwerbend gilt, beurteilt die AHV-Ausgleichskasse.

Zwar kann sich jede erwerbstätige Person selber bei der AHV melden und beantragen, in Zukunft als selbständigerwerbend registriert zu sein. Doch die Ausgleichskasse entscheidet über die Anfrage und stimmt ihr zu – oder nicht. Eine untergeordnete Rolle spielen dabei die persönliche Erklärung und allfällige vertragliche Abmachungen; die AHV entscheidet vielmehr aufgrund der tatsächlichen wirtschaftlichen Verhältnisse.

Diese Faktoren sprechen für eine Selbständigkeit

■ Selbständigerwerbende treten nach aussen mit eigenem Firmen- oder Geschäftsnamen auf. Sie haben einen Eintrag im Handelsregister und im Adress- und Telefonbuch, sie besitzen eigenes Brief- und Werbematerial oder eine Bewilligung zur Berufsausübung. Sie stellen in eigenem Namen Rechnungen aus, tragen das Inkassorisiko und rechnen die Mehrwertsteuer ab.

■ Selbständigerwerbende tragen ihr eigenes wirtschaftliches Risiko. Sie tätigen Investitionen, kom-

FRAGE

Muss ich den Mindestbeitrag in jedem Fall bezahlen?

Ich habe einen festen 80-Prozent-Job und verdiene nebenbei als selbständiger Sprachlehrer 3000 Franken pro Jahr. Für dieses bescheidene Zubrot verlangt die AHV von mir den jährlichen Mindestbeitrag von 478 Franken für Selbständigerwerbende. Ist das korrekt?

Ja. Ihre Haupttätigkeit und der selbständige Nebenerwerb werden unabhängig betrachtet.

Sie sind offenbar der Ansicht, Sie hätten diesen Mindestbeitrag mit den AHV-Abzügen auf Ihrem Hauptlohn längst gezahlt. Und müssten deshalb zusätzlich nur noch den für Selbständigerwerbende geltenden Mindestansatz von 5,196 Prozent zahlen (siehe Tabelle links). Das ergäbe in Ihrem Fall Fr. 155.90.

Doch Sie liegen falsch. Alle Selbständigen, die weniger als 9400 Franken pro Jahr verdienen, müssen den AHV-Mindestbeitrag von 478 Franken zahlen – und das gilt auch für Leute, die nur nebenbei selbständigerwerbend sind und dabei wenig verdienen. Dies hat das Bundesgericht bestätigt.

Es spielt also keine Rolle, dass der Mindestbeitrag über Ihre Festanstellung bei weitem gedeckt ist.

Anders wäre es, wenn Sie auch im Haupterwerb selbständig wären: Dann würden die beiden Einkommen addiert – und der Mindestbeitrag würde nur einmal erhoben.

Dies gilt selbst dann, wenn Haupt- und Nebenerwerb von zwei Tätigkeiten stammen, die nichts miteinander zu tun haben.

Übrigens: Falls Sie aus dem selbständigen Nebenjob ein Einkommen unter 2300 Franken pro Kalenderjahr erzielen, müssen Sie darauf keine AHV zahlen.

men für ihre Betriebsmittel selber auf und zahlen Miete für ihre Arbeitsräume. Sie entscheiden auch frei über die Annahme von Aufträgen.

- Selbständigerwerbende bestimmen selber über die Betriebsorganisation, über die Arbeitszeit und über allfällige Angestellte.
- Selbständigerwerbende sind in den meisten Fällen für mehrere Auftraggeber tätig.
- Als selbständigerwerbend gilt auch, wer andere Personen beschäftigt.

Zum effektiven aktuellen Jahreseinkommen der selbständigerwerbenden Person werden jedoch die bereits bezahlten AHV/IV/EO-Beiträge wieder hinzugerechnet. Diese können also auf der Steuerrechnung als Betriebsaufwand abgezogen werden, müssen aber für die Bemessung der AHV-Beiträge für das laufende Jahr wieder aufgerechnet werden. Von diesem bereinigten «Bruttoerwerbseinkommen» werden dann nochmals 1,5 Prozent (Stand 2015) des Eigenkapitals abgezogen, das in den Betrieb investiert wurde (siehe Kasten unten).

Der volle Beitragssatz von 9,65 Prozent kommt bei Selbständigen erst ab einem Jahreseinkommen von 56 400 Franken zur Anwendung (siehe Tabelle auf Seite 42).

Selbständigerwerbende müssen ihre persönlichen Beiträge an die AHV vierteljährlich entrichten; die AHV stellt immer drei Monate in Rechnung. Erfolgt die Zahlung nicht fristgerecht, wird ein gesetzlich festgelegter Verzugszins von 5 Prozent in Rechnung gestellt.

So können Selbständige Verzugszins vermeiden

Selbständigerwerbende haben oft stark schwankende Einkommen. Sie zahlen ihre AHV-Beiträge für

---

Beispiel für die Veranlagung von Selbständigerwerbenden

Die Inhaberin eines Schneiderateliers zahlt 2015 persönliche AHV/IV/EO-Beiträge von 4590 Franken; dies bei einem AHV-pflichtigen Einkommen von 52 000 Franken. Im Folgejahr stellt sich heraus, dass sie effektiv nur ein Reineinkommen von 48 000 Franken erzielt hat. Sie hat in ihrem Geschäft ein investiertes Eigenkapital (Einrichtungsgegenstände und Apparate) von 34 720 Franken. Ihr definitiver Beitrag für 2015 berechnet sich wie folgt (Angaben in Franken):

Reineinkommen	48 000.–
+ persönliche AHV/IV/EO-Beiträge für das Jahr 2015	+ 4 222.–
Total Erwerbseinkommen	**52 220.–**
Abzüglich 1,5% auf dem Eigenkapital von 34 720.–	– 520.80
Beitragspflichtiges Einkommen (abgerundet auf 100)	*51 600.–*
AHV-Beitrag (8,413%, siehe Tabelle auf Seite 42)	**4 341.10**

Da die Inhaberin des Ateliers bereits Akonto-Beiträge von 4590 Franken eingezahlt hat, werden ihr Fr. 248.90 gutgeschrieben (ohne Berücksichtigung der Verwaltungskosten).

das laufende Jahr auf der Basis des geschätzten voraussichtlichen Einkommens für das laufende Jahr.

Zur Bestimmung des voraussichtlichen Einkommens richtet sich die AHV-Behörde in der Regel nach dem Einkommen des Vorjahres. Die exakte Berechnung kann aber erst erfolgen, wenn das Einkommen definitiv feststeht, und das ist erst der Fall, wenn die Steuerveranlagung rechtskräftig ist – und das dauert manchmal Jahre. Wer dann nach Jahren nachzahlen muss, zahlt auch Verzugszinsen in der Höhe von 5 Prozent.

Das lässt sich weitgehend vermeiden. Wenn Sie das laufende Jahr buchhalterisch abschliessen und feststellen, dass Ihr Einkommen stark gestiegen ist, sollten Sie dies umgehend der Ausgleichskasse melden. Sie stellt dann sofort eine Nachrechnung – ohne Verzugszinsen.

Spätere AHV-Forderungen kommen dann nur noch, falls Ihnen die Steuerbehörde noch mehr Einkommen «bescheinigt».

Die Beiträge der Nichterwerbstätigen

Wer nicht erwerbstätig ist (also beispielsweise vorzeitig pensioniert), muss ebenfalls Beiträge an die AHV/IV/EO abliefern.
Der Betrag
richtet sich im Wesentlichen
- nach der Höhe des Vermögens und/oder
- nach der Höhe des jährlichen Renteneinkommens, das mit dem Faktor 20 multipliziert wird. Seit 2011 werden dabei auch die Renten der AHV berücksichtigt, die IV-Renten hingegen weiterhin nicht. Bezieht aber jemand eine «private» Invalidenrente, die er bei einer Privatversicherungsgesellschaft im Rahmen der 3. Säule versichert hat, zählt das dennoch zum Renteneinkommen. (Bundesgerichtsurteil 9C_258/2011)

FRAGE

Muss ich AHV zahlen, obwohl wir vom Vermögen leben?

Ich bin 57 Jahre alt und Hausfrau. Mein zehn Jahre älterer Mann ist nicht mehr berufstätig. Wir leben von unserem Vermögen und von der Rente meines Mannes. Muss ich trotzdem in die AHV einzahlen?

Ja. Die AHV-Pflicht besteht, bis Sie selber mit 64 Jahren das reguläre Pensionsalter erreicht haben. Ihr pensionierter Mann ist selbstverständlich von Beitragszahlungen an die AHV befreit, denn er arbeitet nicht mehr.

Die Höhe Ihrer AHV-Abgabe berechnet sich auf der Basis Ihres gemeinsamen Vermögens und des mit 20 multiplizierten Renteneinkommens Ihres Mannes.

Dabei werden Ihnen ungeachtet des Güterstandes das halbe eheliche Vermögen und das halbe Renteneinkommen Ihres Mannes zugerechnet.

Ein Beispiel: Bei einem gemeinsamen Vermögen von 500 000 Franken und einem Renteneinkommen Ihres Mannes von 60 000 Franken jährlich beträgt die Basis für die Beitragsberechnung 850 000 Franken (250 000 Franken plus das Zwanzigfache von 30 000 Franken). Daraus würde für Sie eine jährliche AHV-Abgabe von 1640 Franken resultieren (Stand 2016/2017, siehe Tabelle auf der nächsten Seite).

Die Beiträge der Nichterwerbstätigen

Vermögen plus 20-faches jährliches Renteneinkommen	AHV/IV/EO-Beitrag pro Jahr in Fr.
Unter Fr. 300 000.–	478.–
Ab Fr. 300 000.–	512.50
350 000.–	615.–
400 000.–	717.50
450 000.–	820.–
500 000.–	922.50
550 000.–	1025.–
600 000.–	1127.50
650 000.–	1230.–
700 000.–	1332.50
750 000.–	1435.–
800 000.–	1537.50
850 000.–	1640.–
900 000.–	1742.50
950 000.–	1845.–
1 000 000.–	1947.50
1 050 000.–	2050.–
1 100 000.–	2152.50
1 150 000.–	2255.–
1 200 000.–	2357.50
1 250 000.–	2460.–
1 300 000.–	2562.50
1 350 000.–	2665.–
1 400 000.–	2767.50
1 450 000.–	2870.–
1 500 000.–	2972.50
1 550 000.–	3075.–
1 600 000.–	3177.50
1 650 000.–	3280.–
1 700 000.–	3382.50
1 750 000.–	3485.–
1 800 000.–	3638.75

Stand 2016/2017. Für je weitere 50 000 Franken erhöht sich der Beitrag um Fr. 153.75 pro Jahr. Maximaler AHV-Beitrag: 23 900 Franken pro Jahr.

Die Ausgleichskassen verlangen zusätzlich Verwaltungskosten von maximal 5 Prozent der Beiträge.

Tipp: Auf den Internetportalen verschiedener Ausgleichskassen finden sich Online-Tools zur Berechnung der persönlichen AHV-Beiträge.

Zum Renteneinkommen zählen auch persönliche Alimente, die Geschiedene vom Ex-Partner erhalten (aber nicht Kinderalimente).

Hat eine Person nebst Vermögen noch ein Renteneinkommen, werden die mit dem Faktor 20 multiplizierten Renten zum Vermögen hinzugezählt.

Ein Beispiel dazu: Eine Frau hat sich vorzeitig mit 57 Jahren pensionieren lassen. Sie bezieht von ihrer Pensionskasse eine monatliche Rente von 5000 Franken, pro Jahr demnach 60 000 Franken. Daneben hat sie ein Vermögen von 280 000 Franken.

Der AHV-Beitrag richtet sich nach einem Vermögen von 20 x 60 000 Franken plus 280 000 Franken; dies ergibt 1 480 000 Franken. Der Jahresbeitrag (inkl. IV und EO) beläuft sich somit auf 2870 Franken (Tabelle links).

Eine Ausnahme besteht für Studierende und Bezüger von Ergänzungsleistungen, die nicht erwerbstätig sind, sowie für Personen, die dauernd aus öffentlichen Mitteln oder von Dritten unterstützt werden. Diese bezahlen einen jährlichen Mindestbeitrag von 478 Franken (inklusive IV und EO, Stand 2016/2017). Die genaue Aufteilung: 392 Franken für die AHV, 65 Franken für die IV und 21 Franken für die Erwerbsersatzordnung.

Auch Hausfrauen müssen einzahlen – aber nicht immer

Nichterwerbstätige Ehefrauen waren bis zur 10. AHV-Revision aufgrund ihres Zivilstandes von der

Beitragspflicht befreit. Heute müssen nichterwerbstätige Ehefrauen (oder Ehegatten) grundsätzlich ebenfalls AHV-Beiträge bezahlen – ebenfalls abhängig von Vermögen und Renteneinkommen.

Eine Beitragszahlung entfällt aber, falls der Ehepartner Beiträge aus Erwerbstätigkeit von mindestens der doppelten Höhe des Mindestbeitrags – also mindestens 956 Franken – bezahlt hat. Dies entspricht einem Arbeitnehmerlohn von 9334 Franken pro Jahr.

Diese Regel gilt auch, wenn eine jüngere Frau einen Mann im Pensionsalter hat, der noch arbeitet (siehe Kasten unten).

Übrigens: Was hier über die Ehe steht, gilt auch in der eingetragenen Partnerschaft.

Achtung: Bei Konkubinatspaaren (siehe Kasten auf der nächsten Seite) gilt diese Ausnahmeregelung bezüglich Beitragsbefreiung nicht.

Auch Frühpensionierte bezahlen AHV-Beiträge

Auch Frühpensionierte, die die AHV vorbeziehen, müssen AHV-Beiträge wie Nichterwerbstätige zahlen, und zwar bis zum ordentlichen Rentenalter. Die AHV-Rente erhöht sich dadurch nicht mehr.

Diese Beiträge können ins Geld gehen, weil nun – wie bei Nichterwerbstätigen – das Vermögen zur Berechnung herangezogen wird.

Ein frühpensioniertes Paar mit einem Millionenvermögen muss damit pro Jahr bis zu 47 800 Franken bezahlen, ein alleinstehender Frühpensionierter bis zu 23 900 Franken. Die Ausgleichskasse berechnet den AHV-Beitrag – wie bei Nichterwerbstätigen – anhand von Vermögen und Renteneinkommen.

Zum Vermögen gehören Sparkonten, Wertpapiere, Liegenschaften oder das Pensionskassenguthaben, das man sich auszahlen liess. Zum Renteneinkommen zäh-

---

FRAGE

Pensionierter Ehemann arbeitet weiter: Muss ich als jüngere Ehefrau AHV-Beiträge zahlen?

Mein Mann ist vor kurzem 65 geworden, bleibt aber weiterhin erwerbstätig. Ich bin Hausfrau und noch nicht im Rentenalter. Bisher musste ich selber keine AHV-Beiträge zahlen. Nun habe ich gehört, dass ich wegen des Pensionsalters meines Mannes wieder selber AHV-Beiträge entrichten muss. Stimmt das?

Nein. Falls Ihr Mann weiterhin den doppelten Mindestbeitrag pro Jahr einzahlt, gelten auch Ihre Beträge als bezahlt. Der AHV-Mindestbetrag liegt bei 478 Franken (Stand 2016/2017).

Anders gesagt: Zahlt ein AHV-Rentner, der noch erwerbstätig ist, jährlich mindestens 956 Franken an die AHV, muss seine jüngere Frau selber nichts einzahlen. Vorausgesetzt, sie ist noch nicht im AHV-Alter und hat auch keinen Job. Dies gilt unabhängig davon, ob der rentenberechtigte Mann seine AHV-Rente effektiv bezieht oder aufgeschoben hat.

len Pensionskassenrenten und private Renten sowie die AHV-Rente (IV-Renten hingegen nicht, siehe Seite 45).

Die Rentenbezüge werden mit dem Faktor 20 multipliziert und zum Vermögen dazugezählt. Die so errechnete Summe bestimmt die Höhe des AHV-Beitrags (siehe Tabelle auf Seite 46).

Beispiel: Ein alleinstehender Frühpensionierter hat mit Eigentumswohnung ein Vermögen von 750 000 Franken. Er bezieht eine Pensionskassenrente von 50 000 Franken im Jahr.

Die AHV errechnet das massgebende Vermögen für den AHV-Beitrag so: 750 000 Franken + 1 000 000 Franken (20 x 50 000 Franken) = 1,75 Millionen Franken. Das heisst: Der Mann zahlt 3485 Franken AHV pro Jahr (siehe Tabelle auf Seite 46).

Bei einem Ehepaar mit einem gemeinsamen Vermögen von 1,6 Millionen Franken und einer Pensionskassenrente von 70 000 Franken pro Jahr errechnet die AHV ein Vermögen von 3 Millionen Franken. Geteilt durch zwei gibt das 1,5 Millionen Franken. Dafür wird gemäss der Beitragstabelle auf Seite 46 pro Ehegatte und Jahr ein AHV-Beitrag von Fr. 2972.50 fällig. Zusammen zahlt das Paar 5945 Franken.

Die Vergleichsrechnung für Ehepaare

Senken kann man diese hohen Beträge, indem man sich nur schrittweise pensionieren lässt.

Ehepaare geniessen hier ein Privileg: Grundsätzlich müssen alle Nichterwerbstätigen bis zum Pensionsalter AHV zahlen. Bei Ehepaaren betrifft dies jedoch nur eine Person, sofern diese mindestens 956 Franken pro Jahr einzahlt (siehe Seite 46 f.). Darüber hinaus muss dieser Ehepartner zu mindestens 50 Prozent erwerbstätig sein und mindestens neun Monate im Jahr arbeiten.

Ist es weniger, wird eine Vergleichsrechnung angestellt. Denn in den Augen der AHV-Behörden gilt man nur im folgenden Fall als erwerbstätig: Die AHV-Beiträge aus einem Teilzeitjob inklusive Arbeitgeberanteil müssen im Minimum der Hälfte der Abgaben entsprechen, die man als Nichterwerbstätiger entrichten müsste. Erreicht man diesen Wert nicht, bleibt der zweite Ehepartner (trotz möglicherweise sehr hohen AHV-Beiträgen seines Partners) AHV-pflichtig.

Beispiel: Ein Ehepaar verfügt über ein AHV-bestimmendes Ver-

Konkubinatspartnerinnen zahlen AHV wie Nichterwerbstätige

Die im Konkubinat lebende Frau, die ausschliesslich den gemeinsamen Haushalt führt und von ihrem Partner Naturalleistungen und allenfalls ein Taschengeld erhält, gilt beitragsrechtlich als nichterwerbstätig.

Das heisst: Ihr Beitrag richtet sich wie bei allen anderen Nichterwerbstätigen (siehe Seite 45 ff.) im Wesentlichen nach Vermögen und/oder Renteneinkommen. Der Mindestbeitrag für Nichterwerbstätige beträgt 478 Franken pro Jahr (Stand 2016/2017).

> **AHV: 2**
> **Wer ist dabei? Was kostet es?**

FRAGE

Arbeitslos – muss ich trotzdem AHV-Beiträge zahlen?

Ich habe meine Stelle verloren und bin nun arbeitslos. Bald wird mir meine erste Arbeitslosenentschädigung ausgezahlt. Sind dabei die AHV-Beiträge geschuldet?

Ja. Die Arbeitslosenentschädigung gilt laut Gesetz als massgebender Lohn. Mit Ausnahme der Beiträge an die Arbeitslosenversicherung müssen Sie als Arbeitsloser alle Sozialbeiträge bezahlen – wie wenn Sie arbeiten würden.

Das bedeutet, dass Sie auch die Beiträge an die Invalidenversicherung (IV) und Erwerbsersatzordnung (EO) leisten müssen. Diese werden wie die AHV je zur Hälfte von der arbeitslosen Person und der Arbeitslosenversicherung finanziert. Insgesamt betragen Ihre Beiträge 5,125 Prozent (Stand 2016/2017).

mögen von 4 Millionen Franken. Der Mann verdient mit einem 40-Prozent-Pensum 25 000 Franken jährlich, die Frau ist nicht erwerbstätig.

In einem ersten Schritt werden das eheliche Vermögen und Renteneinkommen – unabhängig vom Güterstand – je hälftig auf die beiden aufgeteilt. Mann und Frau müssten also gemäss der AHV-Tabelle auf Seite 46 je Fr. 4253.75 AHV auf «ihre» je 2 Millionen entrichten (ohne Verwaltungskosten).

AHV-Beiträge:
Die Falle mit der Teilzeitarbeit

Auf seine 25 000 Franken hat der Ehemann allerdings bereits Fr. 2562.50 (10,25 Prozent AHV/IV/EO) entrichtet. Das reicht, um seine Frau von der AHV-Pflicht zu befreien.

Denn es ist erstens mehr als das Minimum von 956 Franken. Zweitens ergibt die Vergleichsrechnung, dass die Beiträge des Mannes aus Erwerbstätigkeit höher sind als die Hälfte der Beiträge, die er als Nichterwerbstätiger bezahlen müsste (Fr. 4253.75 : 2 = Fr. 2126.90).

Unglücklich – und aus der Sicht der Betroffenen auch ungerecht – ist es nun aber, wenn der Mann unter denselben Voraussetzungen zum Beispiel nur 15 000 Franken jährlich verdient. Dies entspricht einem AHV-Beitrag von Fr. 1537.50. Er gilt damit für die AHV als Nichterwerbstätiger und muss deshalb Fr. 4253.75 auf sein Vermögen von 2 Millionen Franken an die AHV abführen.

Auf Ersuchen hin nimmt die AHV dann eine Rückerstattung der bereits bezahlten Fr. 1537.50 vor. Per saldo kostet den Mann seine Tätigkeit Fr. 2716.25 zusätzliche AHV.

Doch damit nicht genug: Da er die Hälfte seines AHV-Beitrags nicht erreicht, muss seine Frau «ihre» Fr. 4253.75 vollumfänglich entrichten. Gemeinsam zahlt das Paar wegen seines tieferen Einkommens also Fr. 8507.50, worauf das Ehepaar eine Rückerstattung von Fr. 1537.50 erhält. Die Qualifikation als «Nichterwerbstätige» kostet das Paar netto also volle 6970 Franken.

Die freiwillige Versicherung für Schweizer Bürger im Ausland

Schweizerinnen und Schweizer, die bei einem Arbeitgeber in der EU oder EFTA angestellt sind, sind in aller Regel im jeweiligen Land sozialversichert. Es lohnt sich aber in solchen Situationen, sich mit der Ausgleichskasse in Verbindung zu setzen.

Das AHV-Gesetz ermöglicht es auch Schweizer Bürgern, die ihren Wohnsitz ausserhalb des EU-EFTA-Raums haben, sowie Staatsangehörigen der EU- und der EFTA-Staaten, sich freiwillig der AHV anzuschliessen, falls sie unmittelbar vor dem Anschluss während mindestens fünf aufeinanderfolgenden Jahren obligatorisch versichert waren. Diese freiwillige Versicherung ist vor allem für Personen in jenen Ländern von grosser Bedeutung, die kein eigenes Altersvorsorgesystem kennen.

Die Beitrittserklärung muss innert eines Jahres seit dem Ausscheiden aus der obligatorischen Versicherung eingereicht werden: entweder bei der Schweizerischen Ausgleichskasse (SAK) oder bei der schweizerischen Vertretung (Botschaft, Generalkonsulat, Konsulat) im neuen Wohnsitzland.

Hinweis: Der Beitritt zur freiwilligen AHV bewirkt in der Regel nicht, dass Sie von einer allfälligen obligatorischen Sozialversicherung im neuen Wohnsitzland befreit sind.

Zudem besteht die Möglichkeit, dass die ausländische Sozialversicherung ihre eigenen Leistungen – beispielsweise die Altersrente – kürzt, wenn Betroffene aus der Schweiz auch Leistungen erhalten. Erkundigen Sie sich deshalb bei der ausländischen Versicherungsstelle.

Weitere Infos zur freiwilligen AHV sowie Beitrittsformulare:

FRAGE

Muss ich mit der AHV auch Familienzulagen zahlen?

Ich zahle AHV-Beiträge als nichterwerbstätige Person. Auf meiner Abrechnung der Ausgleichskasse des Kantons Solothurn hat es eine weitere Position: Ich muss zusätzlich 15 Prozent meines AHV-Beitrages für die Familienzulagen bezahlen. Ist das korrekt?

Ja. Laut Art. 20 Abs. 2 des Bundesgesetzes über die Familienzulagen, das Anfang 2009 in Kraft getreten ist, können die Kantone vorsehen, dass Nichterwerbstätige einen bestimmten Prozentsatz ihres AHV-Beitrages für die Familienzulagen leisten müssen.

Das aber nur, wenn der AHV-Beitrag den jährlich zu leistenden Mindestbeitrag von 392 Franken (Stand 2016/2017) übersteigt. Dieser Mindestbeitrag bezieht sich nur auf die AHV, ist also ohne IV und EO gerechnet.

Gemäss den neuesten vom Bundesamt für Sozialversicherungen publizierten Informationen machen momentan vier Kantone von dieser Möglichkeit Gebrauch: Das sind neben dem Kanton Solothurn, der zusätzlich 15 Prozent des AHV-Beitrages verlangt, die Kantone Appenzell AR und Thurgau, die je 20 Prozent fordern, und Tessin, der 5 Prozent verlangt.

**AHV: 2
Wer ist dabei? Was kostet es?**

www.zas.admin.ch. Oder Sie verlangen bei der AHV-Ausgleichskasse das Merkblatt 10.02 (Freiwillige Alters-, Hinterlassenen- und Invalidenversicherung, www.ahv-iv.ch).

Auch Personen, die im Ausland – ausserhalb der EU/EFTA – für eine Firma in der Schweiz tätig sind, können die Versicherung weiterführen. Bedingung ist wiederum, dass sie unmittelbar vor dem Auslandeinsatz während mindestens fünf aufeinanderfolgenden Jahren in der AHV versichert waren (Art. 5 AHVV) und dass der Arbeitgeber einverstanden ist.

Auf Weltreise: Worauf ist bei der AHV zu achten?

Wer auf eine Weltreise geht, die mehrere Monate lang dauert, muss Folgendes beachten:

■ Da solche Leute nicht die Absicht haben, für immer im Ausland zu bleiben, sind sie weiterhin obligatorisch bei der AHV versichert.

■ Wer im betreffenden Jahr noch ein paar Monate arbeitet und dabei als Arbeitnehmer ein Bruttoeinkommen von mindestens 4663 Franken verdient (Stand 2016/2017, hat in aller Regel seine AHV-Beitragspflicht bereits erfüllt.

■ Wer das ganze Jahr nicht erwerbstätig war, muss im betreffenden Jahr Beiträge zahlen, die aufgrund des Vermögens und eines allfälligen Renteneinkommens berechnet werden (gemäss Tabelle auf Seite 46).

Im Zweifelsfall sollten Betroffene ihre AHV-Ausgleichskasse fragen.

3 Die Leistungen der AHV-Volksversicherung
Diese Faktoren beeinflussen die Renten

Die AHV/IV kennt diverse Renten. Grundsätzlich unterscheidet die AHV zwischen Auszahlungen im Alter und Auszahlungen im Todesfall. Die Leistungen bei Invalidität hingegen sind nicht Gegenstand des AHV-Gesetzes.

Im Prinzip sind alle Personen, die in der Schweiz wohnen oder arbeiten, bei der AHV versichert und haben Anspruch auf Leistungen. Das AHV-Gesetz kennt folgende Renten und Entschädigungen:
- Altersrente (Art. 21 AHVG),
- Hilflosenentschädigung (Art. 43bis AHVG),
- Finanzierung von Hilfsmitteln (Art. 43^{quater} AHVG),
- Witwen- oder Witwerrente (Art. 23 ff. AHVG),
- Waisenrente (Art. 25 AHVG).

Die beiden letzten Rentenarten werden auch Hinterlassenenrente genannt.

Eingetragene Partnerschaft

Am 1. Januar 2007 ist das Bundesgesetz über die eingetragene Partnerschaft gleichgeschlechtlicher Paare in Kraft getreten.

Die eingetragene Partnerschaft hat in der Sozialversicherung die gleiche Wirkung wie eine Ehe. Für die AHV gilt: Stirbt einer der beiden Partner oder eine der beiden Partnerinnen, so ist die überlebende Person einem Witwer gleichgestellt. Rentensplitting und Plafonierung kommen ebenfalls zur Anwendung.

Auch bei der Pensionskasse ist die eingetragene Partnerschaft der Ehe gleichgestellt (siehe Kasten auf Seite 146).

Ausländer und Ausländerinnen, die ihren Wohnsitz in der Schweiz haben, sind im Prinzip automatisch bei der AHV versichert.

Im Fall ihres Todes haben auch ihre Hinterlassenen (Ehepartner, Kinder) einen Anspruch auf AHV-Leistungen; dies in der Regel unter der Voraussetzung, dass die Hinterlassenen in der Schweiz wohnen.

Die AHV-Altersrente im warmen Süden geniessen

Für ausländische Arbeitnehmerinnen und Arbeitnehmer wie etwa Gastarbeiter, die die Schweiz in Richtung Heimatland verlassen, gelten zwischenstaatliche Abkommen. Mit zahlreichen Staaten hat die Schweiz solche Abkommen geschlossen.

Sie besagen: Die Leistungen an deren Staatsbürger werden auch dann ausgezahlt, wenn diese in ihr Heimatland zurückkehren – natürlich unter der Voraussetzung, dass sie AHV-Beiträge bezahlt haben (Details im Kasten auf Seite 54).

Diese zwischenstaatlichen Abkommen beruhen auf Gegenseitigkeit: Umgekehrt schickt auch der andere Staat den Schweizer Staatsangehörigen die Rente in die Schweiz, falls diese Schweizer zuvor der ausländischen Sozialversicherung angehört haben und später ihren Lebensabend in der Schweiz verbringen.

Schweizer Bürgerinnen und Bürger, die sich im Ausland niederlassen, bekommen die AHV-Rente weiterhin – unabhängig davon, in welches Land sie auswandern.

Und sie müssen sie in der Regel auch dort versteuern.

Die Frauen werden mit 64 Jahren pensioniert
Eine ordentliche Altersrente erhalten alle Versicherten, die das Rentenalter erreichen. Das Rentenalter beträgt nach aktueller Regelung bei Frauen 64 und bei Männern 65 Jahre. Der Anspruch auf eine Rente entsteht am ersten Tag des Monats nach dem 65. Geburtstag (Männer) oder nach dem 64. Geburtstag (Frauen).

Das Anrecht auf eine Altersrente erlischt am Ende jenes Monats, in dem der Rentner oder die Rentnerin stirbt. Wenn also zum Beispiel ein Mann am 23. Februar 2017 65 Jahre alt wird und bereits am 2. April 2017 stirbt, erhält er seine erste AHV-Rente für den März 2017 und seine letzte für den April 2017.

Das sind die Faktoren zur Berechnung der Altersrenten
Die Berechnung der ordentlichen Rente richtet sich
- nach den Beitragsjahren,
- nach den Jahres-Erwerbseinkommen, die auf den individuellen Konten (IK) bei den einzelnen Ausgleichskassen eingetragen sind; deshalb ist es sehr wichtig, dass diese Einträge auf den individuellen Konten stimmen und komplett sind (siehe Seite 17 ff.),
- nach den Betreuungs- und Erziehungsgutschriften.

Massgebend für diese drei Kriterien sind die Beitragsjahre der Pe-

IN DIESEM KAPITEL

52 Die AHV zahlt auch ins Ausland
53 Die Unterschiede beim Rentenalter
55 Beitragsjahre und Beitragslücken
57 Das Einkommen als massgebende Grösse für die Rente
57 Vollrente und Maximalrente
58 So wirkt der Aufwertungsfaktor
60 Die Rentenskala 44
61 Die Erziehungsgutschriften
62 Die Betreuungsgutschriften
62 So wird die Altersrente bei Verheirateten berechnet
63 AHV-Rentensplitting und Plafonierung
65 Das Splitting kann laufende Renten schmälern
66 Die AHV-Kinderrente
68 Der Rentenvorbezug
69 Wegen Sozialhilfe: Die Rente vorbeziehen?
70 Der Aufschub der Rente
73 Frühzeitig das Formular anfordern!
73 Die AHV-Hilflosenentschädigung
75 Witwen- und Waisenrenten
78 Der Zuschlag für jung Verstorbene

3 Was die AHV zahlt

riode, die so definiert ist: Sie beginnt am 1. Januar nach dem 20. Geburtstag (also nach Vollendung des 20. Altersjahres) und endet am 31. Dezember vor dem Jahr, in dem der Anspruch auf eine Alters- oder eine andere Rente entsteht (Art. 29bis Abs. 1 AHVG).

Die AHV-Beitragsdauer
Eine lückenlose Beitragsdauer ohne Fehljahre führt zu einer Vollrente der AHV (siehe Kasten auf Seite 57). Eine vollständige Beitragsdauer ist dann gegeben,

Fortsetzung auf Seite 55

FRAGE

Ich wandere aus:
Erhalte ich weiterhin meine AHV-Rente?

Ich bin Italiener und wohne noch in der Schweiz. Seit zwei Jahren bin ich pensioniert und möchte nun in meine Heimat zurückkehren. Erhalte ich meine AHV-Rente weiterhin, falls ich die Schweiz für immer verlasse?

Ja. Als EU-Bürger bekommen Sie Ihre Schweizer AHV-Rente auch dann, wenn Sie nach Italien zurückkehren. Sie können sich die Rente dort in Euro auszahlen lassen.

Wenn Bezüger einer Schweizer AHV-Rente auswandern, gelten folgende Grundsätze:

Schweizer Bürgerinnen und Bürger, die sich im Ausland niederlassen, erhalten die AHV-Rente weiterhin – unabhängig davon, in welches Land sie auswandern. Für **Staatsangehörige von EU-Staaten** gilt aufgrund des Personenfreizügigkeitsabkommens zwischen der Schweiz und der EU das Gleiche.

Anderen Ausländerinnen und Ausländern wird die Schweizer AHV-Rente nach dem Verlassen der Schweiz nur dann weiterhin ausgezahlt, wenn zwischen der Schweiz und ihrem Heimatstaat ein entsprechendes Sozialversicherungsabkommen besteht (siehe Aufzählung rechts in diesem Kasten).

Die Konsequenzen daraus:
- Existiert ein Abkommen, wird die AHV-Rente in der Regel nicht nur bezahlt, wenn der Ausländer in seine Heimat zurückkehrt, sondern auch, wenn er in einen anderen Staat auswandert.
- Ausländerinnen und Ausländer, mit deren Heimatstaat die Schweiz kein Sozialversicherungsabkommen getroffen hat, erhalten die AHV-Rente nicht mehr, wenn sie die Schweiz definitiv verlassen. Sie können aber unter gewissen Voraussetzungen die eingezahlten AHV-Beiträge (Arbeitnehmer- und Arbeitgeberanteil) zurückfordern – allerdings ohne Zinsen. Der Rückvergütungsanspruch verjährt fünf Jahre nach der Pensionierung.

Falls Sie mehr wissen wollen: Beim Bundesamt für Sozialversicherungen und bei den AHV-Ausgleichskassen gibt es Infomaterialien und Merkblätter. Dort finden Sie auch die Adressen der zuständigen Stellen, an die Sie sich wenden können. Im Internet finden Sie Infos unter www.bsv.admin.ch (→ Themen → Internationales → Abkommen) sowie unter www.zas.admin.ch (→ Themen → Internationale Abkommen).

Mit diesen Staaten hat die Schweiz – abgesehen vom Personenfreizügigkeitsabkommen mit der EU – **Sozialversicherungsabkommen abgeschlossen:** Australien, Bosnien und Herzegowina, Chile, alle EFTA-Mitgliedstaaten (EFTA-Übereinkommen mit Island, Liechtenstein und Norwegen), Indien[1], Israel, Japan, Kanada/Quebec, Kroatien[2], Mazedonien, Montenegro, Philippinen, San Marino, Serbien, Türkei und USA.

[1] Dieses Abkommen sieht keinen Rentenexport vor (aber die Beitragsrückvergütung).
[2] Kroatien ist zwar Mitgliedstaat der EU, das Personenfreizügigkeitsabkommen Schweiz – EU findet jedoch keine Anwendung.

Fortsetzung von Seite 53

wenn man in der umschriebenen Beitragsperiode jedes Jahr den AHV-Mindestbeitrag bezahlt hat – wenn man also ab dem ersten Jahr nach dem 20. Geburtstag bis zum 31. Dezember vor der Pensionierung kein Jahr ausgelassen hat. In diesem Fall hat man eine Vollrente zugut. Erforderlich für eine Vollrente sind also bei den Männern 44 Beitragsjahre, bei den Frauen 43 Jahre (bei Rentenalter 64).

Ein Beispiel: Ein Mann ist am 25. Mai 1952 geboren; seine AHV-Rechnung beginnt am 1. Januar 1973. Am 25. Mai 2017 feiert er seinen 65. Geburtstag. Bis zu seiner Pensionierung am 1. Juni 2017 kommt er auf volle 44 Beitragsjahre. (Bei Frauen ist es beim Rentenalter 64 ein Jahr weniger.)

Falls der Mann während dieser 44 Jahre ohne Unterbruch seine AHV-Beiträge eingezahlt hat, findet die Rentenskala 44 Anwendung (siehe Seite 60). Bei Frauen geht man auch bei einer Pensionierung mit 64 von einer vollen Beitragszeit aus, obwohl sie nur während 43 Jahren Beiträge gezahlt haben. Hier kommt ebenfalls die Rentenskala 44 zur Anwendung.

Jugendjahre können Beitragslücken füllen

Bestehen Beitragslücken beziehungsweise Fehljahre (siehe das Stichwort unten), kommt eine andere Rentenskala zum Zug.

STICHWORT

Beitragsjahre und Beitragslücken (Fehljahre)

Jedes Kalenderjahr, in dem man in die AHV bezahlt, gilt als Beitragsjahr. Beitragsjahre erhalten auch Frauen, die nicht arbeiten, deren Mann aber im betreffenden Jahr mindestens 956 Franken an die AHV zahlt. Beitragsjahre erhalten auch Studenten, die nur den Mindestbeitrag von 478 Franken zahlen (Stand 2016/2017).

Wer zwischen dem zurückgelegten 20. Altersjahr und dem Beginn der Rente (wegen Pensionierung, Tod oder Invalidität) einen oder mehrere Jahrgänge ohne AHV-Beiträge aufweist, hat Beitragslücken bzw. Fehljahre.

Wer hingegen ab dem 20. Altersjahr immer gearbeitet hat bzw. Beitragsjahre gutgeschrieben erhielt, hat keine Fehljahre und keine Beitragslücke. Selbst wenn jemand nur ein paar Monate im Jahr arbeitet, wird dieses Einkommen als Beitragsjahr angerechnet, falls der Mindestbeitrag erreicht wird. Denn so ist der AHV-Mindestbeitrag erfüllt, falls diese Person gleichzeitig während mindestens elf Monaten in der Schweiz Wohnsitz hatte.

Lücken gibt es etwa dann, wenn Ausländer erst im fortgeschrittenen Alter in die Schweiz kommen und arbeiten. Einer Person, die erstmals mit 33 Jahren einreist, eine Stelle antritt und mit 37 Jahren verunfallt, fehlen zum Unfallzeitpunkt 13 Beitragsjahre. Entsprechend gekürzt ist dann die Hinterlassenen- oder bei Invalidität die IV-Rente.

Kommt es zur Berechnung der Rente, können Beitragslücken zumindest teilweise und in einigen Fällen auch vollständig aufgefüllt werden. Es gibt dazu drei Möglichkeiten:

- Eine Person, die vor Vollendung ihres 20. Altersjahres bereits Beiträge an die AHV bezahlt hat, kann diese Beitragsjahre für später entstandene Beitragslücken nützen. Es handelt sich also um eine Anrechnung der Jugendjahre (Art. 52b AHVV).
- Die Beitragszeit der letzten Monate zwischen dem 31. Dezember und der Pensionierung kann zeitlich zum Auffüllen von Beitragslücken benützt werden. Denn die AHV rechnet immer in vollen Kalenderjahren. Das in dieser Periode erzielte Erwerbseinkommen wird jedoch nicht angerechnet (Art. 52c AHVV, siehe Kasten unten).
- Falls die fehlenden Beitragsjahre aus der Zeit vor dem 1. Januar 1979 datieren, kommt eine Übergangslösung zum Tragen: Einer Person, die zu jener Zeit versichert war oder sich hätte versichern lassen können, werden zusätzliche Beitragsjahre gutgeschrieben.

Darauf gestützt erhält ein Rentenberechtigter mit 20 bis 26 vollen Beitragsjahren ein zusätzliches Beitragsjahr angerechnet, mit 27 bis 33 Beitragsjahren sind es zwei, und ab 34 Beitragsjahren werden drei zusätzliche Beitragsjahre angerechnet. Damit sind

---

FRAGE

Sind meine AHV-Einzahlungen für 2016 verloren?

Ich wurde Ende Oktober 2016 pensioniert. Bis dahin wurden mir jeden Monat die Beiträge für die AHV abgezogen. Nun habe ich erfahren, dass meine 2016er-Beiträge bei der Berechnung der AHV nicht mehr zählen. Ist das korrekt?

Ja. Bei der Berechnung der AHV-Rente wird bloss dasjenige Einkommen berücksichtigt, das bis zum 31. Dezember vor dem Pensionierungsjahr erzielt wurde. Wer spät im Jahr pensioniert wird, hat so gesehen Pech, denn das letzte Erwerbsjahr wird von der Ausgleichskasse nicht mehr berücksichtigt.

Die Höhe der Altersrente hängt einerseits von Ihrem durchschnittlichen Jahreseinkommen ab und andererseits von der Anzahl Beitragsjahre. Falls Sie ab dem 21. Altersjahr jedes Jahr AHV-Beiträge gezahlt haben, kommen Sie ohnehin auf das Maximum von 44 Beitragsjahren. Dann spielt es keine Rolle, dass das Jahr 2016 nicht mehr als Beitragsjahr zählt.

Falls Sie jedoch Beitragslücken haben, kann Ihnen die AHV Ihre Beitragsmonate von 2016 gutschreiben, was – je nach Konstellation – zu einem zusätzlichen Beitragsjahr und damit zu einer Erhöhung der Rente führen kann.

Ein volles Beitragsjahr liegt vor, wenn man während eines Kalenderjahres insgesamt länger als elf Monate AHV-versichert war und während dieser Zeit den erforderlichen Mindestbeitrag geleistet hat.

jene Personen abgedeckt, die in ihrer Jugendzeit beispielsweise eine Weltreise unternommen und vergessen haben, sich freiwillig bei der AHV zu versichern.

Studierende können für die letzten fünf Jahre nachzahlen
Während der Beitragszeit sind Nachzahlungen für maximal fünf Jahre möglich. Falls z. B. Studierende vergessen, den geforderten Mindestbeitrag einzuzahlen, können sie dies für die letzten fünf Jahre nachholen. Studierende müssen sich aber selber darum kümmern, dass sie den Mindestbeitrag (478 Franken, Stand 2016/2017) einzahlen – sonst drohen ihnen später Beitragslücken.

Studierende sowie Schüler sind ab dem 1. Januar nach Vollendung des 20. Altersjahres beitragspflichtig.

Es gibt Ausgleichskassen, die Studierenden von sich aus anschreiben. Bei solchen Nachzahlungen verlangt die AHV 5 Prozent Verzugszins.

Übrigens: Die Erziehungs- und Betreuungsgutschriften, die mit der 10. AHV-Revision eingeführt wurden, sind sowohl Zeit- als auch Beitragsgutschriften. Sie wirken sich somit in Beitragsjahren aus und sie erhöhen auch das massgebende Einkommen.

Das massgebende Einkommen
Die Rente wird auf der Grundlage des durchschnittlichen Jahreseinkommens berechnet. Dieses setzt sich aus dem Erwerbseinkommen

> **STICHWORT**
>
> **Vollrente und Maximalrente**
>
> Der Anspruch auf eine Vollrente entsteht dann, wenn die versicherte Person keine Beitragslücken hat; derzeit sind das mindestens 1175 Franken.
>
> Doch Vollrente heisst nicht Maximalrente. Eine Maximalrente bzw. höchstmögliche Vollrente (zurzeit 2350 Franken) erhält nur, wer keine Beitragslücken aufweist und ein jährliches (aufgewertetes) Durchschnittseinkommen von mindestens 84 600 Franken vorzuweisen hat (alle Zahlen Stand 2016/2017).

sowie den Erziehungs- und Betreuungsgutschriften zusammen.

Zuerst werden alle Erwerbseinkommen sämtlicher Kalenderjahre bis und mit Vorjahr der Pensionierung zusammengezählt (siehe Kasten links)

Ein Beispiel: Bei Pensionierung am 5. Mai 2016 wird das Erwerbseinkommen bis zum 31. Dezember 2015 zusammengezählt. Das gilt sogar, wenn diese Person im Dezember Geburtstag hat und bis dahin arbeitet; auch in diesem Fall zählt das Erwerbsjahr 2016 nicht mehr.

Lohnabzüge für die AHV werden hingegen bis zum allerletzten Arbeitstag getätigt.

Immerhin: In Einzelfällen können diese «verlorenen» Monate kurz vor der Pensionierung zur Auffüllung von Beitragslücken herangezogen werden.

Beitragszeiten und die entsprechenden Einkommen aus den Jugendjahren (vor dem 20. Altersjahr) werden nur dann als Erwerbseinkommen dazugezählt, falls damit Lücken in den Beitragsjahren gefüllt werden können.

Wer also z. B. mit 24 Jahren auf Weltreise war, nicht arbeitete und deswegen eine Beitragslücke von einem Jahr hat, kann auf die Beitragszeiten und die entsprechenden Einkommen vor dem 20. Altersjahr zurückgreifen (siehe Seite 56 ff.). So wird die Beitragslücke sowohl bei den Jahren als auch bei den Einkommen geschlossen.

Bei einer nichterwerbstätigen Person (zum Beispiel Studentin) wird das für die Rente massgebende AHV-Einkommen folgendermassen berechnet: Sie bezahlt den AHV-Mindestbeitrag von 478 Franken (inkl. IV und EO). Dieser Betrag entspricht dem normalen AHV/IV/EO-Beitrag von 10,25 Prozent (siehe Kasten auf Seite 34) – und das ergibt einen Jahreslohn von 4663 Franken.

Aufwertungsfaktor und Anpassung an die Teuerung

Weil das Erwerbseinkommen normalerweise auch aus Jahren mit tieferem Lohnniveau stammt, erfolgt eine Aufwertung der Einkommenssumme (Art. 30 AHVG). So erfahren tiefe Einkommen, die

So wirkt der Aufwertungsfaktor

Das gesamte von der AHV abgerechnete Einkommen wird durch einen Aufwertungsfaktor aufgewertet; dieser Faktor hängt vom Datum der erstmaligen AHV-Beitragszahlung ab.

Damit sollen die tieferen Löhne aus den früheren Erwerbsjahren der versicherten Person aufgewertet bzw. die Teuerung aufgefangen werden. Entscheidend ist dabei der erste Eintrag im individuellen Konto (IK, siehe Seite 17 ff.). Je früher dieser Eintrag erfolgte, desto grösser ist der Aufwertungsfaktor und damit auch die Aufwertung.

Stammt dieser erste Eintrag aus jungen Jahren, wird das gesamte Erwerbseinkommen markant erhöht, wie die Tabelle rechts zeigt: Wird eine Person im Jahr 2016 pensioniert und hat sie ihren ersten Eintrag aus dem Jahr 1967, wird das gesamte anrechenbare Einkommen dieser Person mit dem Faktor 1,258 multipliziert. Der Faktor wird also pauschal für sämtliche zusammengezählten Jahreseinkommen angewendet. Stammt der erste individuelle Eintrag im individuellen Konto (IK) jedoch erst aus den letzten Jahren vor der Pensionierung oder vor dem Beginn einer Invalidenrente, erfolgt keine Aufwertung. Die Aufwertungsfaktoren werden jährlich neu festgelegt.

Aufwertungsfaktor, falls Versicherungsfall im Jahre 2016 eintritt, abhängig vom Jahr, in dem der erste Eintrag im IK erfolgte:

Jahr	Faktor	Jahr	Faktor
1967	1,258	1977	1,096
1968	1,239	1978	1,083
1969	1,221	1979	1,069
1970	1,202	1980	1,056
1971	1,184	1981	1,044
1972	1,168	1982	1,031
1973	1,152	1983	1,020
1974	1,136	1984	1,009
1975	1,122	1985–2015	1,000
1976	1,109		

STICHWORT

Rentenskala

Je nach Anzahl der Beitragsjahre findet eine unterschiedliche Rentenskala Anwendung. Hat eine Person keine Beitragslücken, kommt die Skala 44 zur Anwendung (siehe nächste Seite). Bei Beitragslücken (unvollständige Beitragsdauer) gelten die Rentenskalen 1 bis 43: Die Zahl der Beitragsjahre entspricht jeweils der Nummer der Rentenskala.

Ein fehlendes Beitragsjahr führt in der Regel zu einer Rentenkürzung von mindestens $1/44$. Beispiel: Während nach Skala 44 eine Minimalrente der AHV 1175 Franken ergibt, sind es gemäss der Skala 35 nur noch 935 Franken (Stand 2016/2017).

Die entsprechenden angepassten Skalen kann man bei den Ausgleichskassen beziehen oder im Internet herunterladen (siehe Kasten auf Seite 32).

Weil diese Skalen ständig Veränderungen erfahren und regelmässig der Teuerung angepasst werden, empfiehlt es sich, sie erst bei der Bearbeitung eines aktuellen Falles anzufordern.

---

man in jungen Jahren mit niedrigen Löhnen erzielt hat, quasi eine Kompensation.

Die Ermittlung des massgebenden durchschnittlichen Einkommens erfolgt in folgenden drei Schritten:
- 1. Zusammenzählen aller auf den individuellen Konten gutgeschriebenen jährlichen Erwerbs-einkommen.
- 2. Multiplikation mit dem Aufwertungsfaktor.
- 3. Dividieren dieser Summe durch die Anzahl Beitragsjahre.

Dies ergibt das massgebende durchschnittliche Jahreseinkommen, auf dessen Grundlage die AHV die Rente berechnet.

Details zum Aufwertungsfaktor und die derzeit gültigen Aufwertungsfaktoren stehen im Kasten auf der Seite links.

Der Aufwertungsfaktor ist nicht zu verwechseln mit dem Rentenindex, der die Teuerung für die laufenden Renten ausgleicht. Sämtliche AHV- und IV-Renten werden der Preis- und Lohnentwicklung angepasst. Insofern erfolgt auch regelmässig eine Änderung der Rentenhöhe. In den Jahren 2016 und 2017 beträgt die minimale volle Altersrente 1175 Franken, die Maximalrente 2350 Franken.

Diese Rentenanpassung der AHV hat auch Auswirkungen auf die Pensionskassen: Der Lohnanteil, der obligatorisch versichert werden muss – der «koordinierte Lohn», wie er auch genannt wird –, bestimmt die Höhe des Verdienstes, der bei der Pensionskasse versichert werden muss. Konkret: BVG-pflichtig ist, wer mehr als $6/8$

Fortsetzung auf Seite 61

Rentenskala 44: Von der Vollrente zur Maximalrente

Massgebendes durchschnittliches Jahreseinkommen bis	Alters- und Invalidenrente (1/1)	Alters- und IV-Rente für Witwen/Witwer	Hinterlassenenrenten/Leistungen an Angehörige		
			Witwen/Witwer	Waisen- und Kinderrente (1/1)	Waisenrente 60% (1/1)
14 100	1175	1410	940	470	705
15 510	1206	1447	964	482	723
16 920	1236	1483	989	494	742
18 330	1267	1520	1013	507	760
19 740	1297	1557	1038	519	778
21 150	1328	1593	1062	531	797
22 560	1358	1630	1087	543	815
23 970	1389	1667	1111	556	833
25 380	1419	1703	1136	568	852
26 790	1450	1740	1160	580	870
28 200	1481	1777	1184	592	888
29 610	1511	1813	1209	604	907
31 020	1542	1850	1233	617	925
32 430	1572	1887	1258	629	943
33 840	1603	1923	1282	641	962
35 250	1633	1960	1307	653	980
36 660	1664	1997	1331	666	998
38 070	1694	2033	1355	678	1017
39 480	1725	2070	1380	690	1035
40 890	1755	2106	1404	702	1053
42 300	1786	2143	1429	714	1072
43 710	1805	2166	1444	722	1083
45 120	1824	2188	1459	729	1094
46 530	1842	2211	1474	737	1105
47 940	1861	2233	1489	744	1117
49 350	1880	2256	1504	752	1128
50 760	1899	2279	1519	760	1139
52 170	1918	2301	1534	767	1151
53 580	1936	2324	1549	775	1162
54 990	1955	2346	1564	782	1173
56 400	1974	2350	1579	790	1184
57 810	1993	2350	1594	797	1196
59 220	2012	2350	1609	805	1207
60 630	2030	2350	1624	812	1218
62 040	2049	2350	1639	820	1230
63 450	2068	2350	1654	827	1241
64 860	2087	2350	1669	835	1252
66 270	2106	2350	1684	842	1263
67 680	2124	2350	1700	850	1275
69 090	2143	2350	1715	857	1286
70 500	2162	2350	1730	865	1297
71 910	2181	2350	1745	872	1308
73 320	2200	2350	1760	880	1320
74 730	2218	2350	1775	887	1331
76 140	2237	2350	1790	895	1342
77 550	2256	2350	1805	902	1354
78 960	2275	2350	1820	910	1365
80 370	2294	2350	1835	917	1376
81 780	2312	2350	1850	925	1387
83 190	2331	2350	1865	932	1399
84 600 und mehr	2350	2350	1880	940	1410

Angaben in Franken, Stand 2016/2017

Fortsetzung von Seite 59

der jährlichen AHV-Maximalrente, also mehr als 21 150 Franken, verdient (siehe Kasten auf Seite 103).

Die Erziehungsgutschriften

Frauen, die unbezahlte Hausarbeit leisteten und Kinder aufzogen, hatten früher fehlende Beitragsjahre. Verheiratete Frauen erhielten zwar schon nach altem AHV-Recht ihre Renten quasi «im Windschatten» des verdienenden Ehemannes. Konkret: Bei Ehepaaren bestimmte allein die Beitragsdauer des Mannes die spätere AHV-Rente des Ehepaars und die Einzelrente der Witwe.

Den nicht verheirateten Frauen hingegen drohten Beitragslücken.

Dies hat sich mit der 10. AHV-Revision geändert. Grundsätzlich wird jetzt der Rentenanspruch für jede Person bzw. jeden Ehepartner individuell berechnet. Der Anspruch der Ehefrau richtet sich nun nach ihrem eigenen Erwerbseinkommen; das ist das Rentensplitting (siehe Kasten auf Seite 63).

So wird bei Frauen der Karriereknick ausgeglichen

Dieser Grundsatz stösst aber dort an Grenzen, wo Frauen wegen der Geburt ihrer Kinder nicht nur einen Karriereknick, sondern auch erwerbslose Jahre auf sich nehmen. Und auch bei Vätern können Beitragslücken eintreten. Aus diesem Grund hat der Gesetzgeber den Anspruch auf Erziehungsgutschriften eingeführt.

Konkret: Den Versicherten werden für die Jahre, in denen sie Kinder unter 16 Jahren aufziehen, je eine Erziehungsgutschrift angerechnet.

Die Erziehungsgutschrift entspricht dem Zwölffachen der dreifachen minimalen monatlichen vollen Altersrente von derzeit 1175 Franken (Stand 2016/2017); die minimale jährliche Altersrente wird nach den gültigen Ansätzen des individuellen Pensionierungsjahres berechnet. Das macht für 2016/2017 42 300 Franken aus (3 x 1175 x 12).

Ein Beispiel: Die unverheiratete Bettina M. hat zwei Kinder, die mit einem Altersunterschied von drei Jahren zur Welt kamen. Bis zum 15. Altersjahr des jüngeren Kindes geht Bettina M. keiner Erwerbstätigkeit nach: Sie erhält während 19 Jahren die volle jährliche Erziehungsgutschrift. Es werden ihr somit 803 700 Franken angerechnet (19 x 42 300).

Bei Verheirateten werden die Erziehungsgutschriften in der Regel beiden Elternteilen je hälftig gutgeschrieben.

Bei geschiedenen oder ledigen Eltern, die die gemeinsame elterliche Sorge über die Kinder haben, werden die ganzen Erziehungsgutschriften demjenigen Elternteil gutgeschrieben, der den überwiegenden Teil der Kinderbetreuung übernimmt.

Für Pflegekinder gibt es keine Erziehungsgutschriften (ausser wenn sie später adoptiert werden).

Und auch für Neffen gibt es keine Erziehungsgutschriften. Wenn sich also beispielsweise eine kinderlose Witwe um ihren Neffen kümmert, kann ihr die AHV-Ausgleichskasse dafür nichts anrechnen.

Die Betreuungsgutschriften

Für die Betreuungsgutschriften gilt Ähnliches wie bei den Erziehungsgutschriften: Wer Verwandte in auf- und absteigender Linie (Eltern, Schwiegereltern, Grosseltern, Kinder, Stiefkinder oder Grosskinder) oder Geschwister betreut, erhält eine Betreuungsgutschrift. Auch diese entspricht dem Zwölffachen einer dreifachen minimalen monatlichen Altersrente.

Voraussetzung ist, dass die betreute Person Anspruch auf eine Hilflosenentschädigung von AHV, IV, Unfallversicherung oder Militärversicherung hat – und zwar für einen Hilflosigkeitsgrad, der als mindestens mittelschwer eingestuft wird.

Der Anspruch auf eine Betreuungsgutschrift muss jedes Jahr schriftlich angemeldet werden; rückwirkend kann man ihn nicht geltend machen.

Übrigens: Für Jahre, in denen Anspruch auf Erziehungsgutschriften besteht, gibt es keinen gleichzeitigen Anspruch auf Betreuungsgutschriften.

Der «gemeinsame Haushalt» ist weit gefasst

Noch drei Details zur Thematik der Betreuungsgutschriften:
■ Voraussetzung für die Zuteilung von Betreuungsgutschriften ist, dass die betreuende Person mit der pflegebedürftigen Person im gemeinsamen Haushalt wohnt. Was aber heisst «gemeinsamer Haushalt»? Das muss nicht die gleiche Wohnung sein; erlaubt ist nach Gesetz auch, dass die Betreuungsperson «nicht mehr als 30 Kilometer entfernt von der betreuten Person wohnt oder diese innert einer Stunde erreichen kann» (Art. 52g AHVV).
■ Eine pflegebedürftige Person muss mindestens 180 Tage pro Jahr im Haushalt der betreuenden Person leben, damit diese einen Anspruch auf Betreuungsgutschriften hat. Wenn also beispielsweise ein Sohn normalerweise in einem Heim wohnt und nur an Feiertagen und während der Ferien bei seiner Mutter ist, so gibt es dafür keine Betreuungsgutschriften.
■ Es ist nicht nötig, dass die pflegebedürftige Person die Hilflosenentschädigung auch effektiv bezieht. Ein bestehender Anspruch genügt – zum Beispiel dann, wenn der Antrag für die Hilflosenentschädigung zu spät eingereicht und nach einem positiven Entscheid rückwirkend gültig wird.

So wird die Altersrente bei Verheirateten berechnet

Als Folge des Rentensplittings (siehe Kasten rechts) werden zur Berechnung der Altersrenten von verheirateten, verwitweten oder geschiedenen Personen die Einkommen aufgeteilt, die der Ehemann und die Ehefrau während der Ehe verdient haben. (Das Folgende gilt übrigens auch für die eingetragene Partnerschaft.) Bei dieser Aufteilung erhält jeder Ehegatte die Hälfte des Einkommens des anderen gutgeschrieben.

Konkret: Die Erwerbseinkommen beider Ehegatten während der Ehe werden zusammengezählt und halbiert. Dann wird jedem Ehepartner je eine Hälfte auf seinem Konto gutgeschrieben.

Dieses Einkommenssplitting wird vorgenommen,

■ wenn beide Ehegatten einen Anspruch auf eine Alters- oder Invalidenrente haben oder

■ wenn die Ehe aufgelöst wird (Scheidung) oder

■ wenn einer der Ehegatten stirbt und der andere einen Anspruch auf eine Altersrente hat.

Das heisst: Es macht einen Unterschied, ob nur der erste Ehepartner AHV-Bezüger wird (weil der andere jünger ist) oder ob beide pensioniert sind, wie im Folgenden gezeigt wird.

Übrigens: Das AHV-Splitting bei Scheidung ist zwingend. Lassen sich Ehepaare scheiden, kommt

3
Was die AHV zahlt

STICHWORT

AHV-Rentensplitting und Plafonierung

Das mit der 10. AHV-Revision eingeführte Rentensplitting hat weitgehende Konsequenzen: Jetzt wird die Rente der Ehefrau aufgrund ihres eigenen Verdienstes berechnet.

Das bedeutet, dass (Haus-)Frauen, die keiner bezahlten Tätigkeit nachgehen, selber Beiträge an die AHV entrichten müssen.

Diese Zahlungen entfallen, wenn der Ehemann erwerbstätig ist und mindestens den doppelten AHV-Minimalbeitrag zahlt (zurzeit 956 Franken, Stand 2016/2017, siehe Seite 46 f.).

Falls der Ehemann heute den doppelten Mindestbeitrag (956 Franken) nicht erreicht, würde nach gegenwärtiger Regelung für die Frau eine Lücke entstehen.

Tipp: Nichterwerbstätige Frauen sollten sich deshalb selber darum kümmern, dass sie ihre Beitragspflicht erfüllen. Erkundigen Sie sich im Zweifelsfall bei Ihrer AHV-Zweigstelle.

Plafonierung. Zwei Einzelrenten von Gutverdienenden könnten bei der Berechnung nach dem Splitting-System sehr hoch ausfallen.

Deswegen sind die beiden Renten zweier verheirateter Rentenbezüger auch nach der 10. AHV-Revision auf 150 Prozent der Maximalrente plafoniert (150 Prozent von gegenwärtig 2350 Franken = 3525 Franken, Stand 2016/2017).

Ein Ehepaar erhält also derzeit (Stand 2016/2017) nie mehr als 3525 Franken.

Diese Kürzung (Plafonierung) erfolgt auch, wenn das Ehepaar den Güterstand der Gütertrennung vereinbart hat.

Die Kürzung auf 150 Prozent der Maximalrente bleibt nur dann aus, wenn der gemeinsame Haushalt der Ehegatten durch richterliche Verfügung aufgehoben wurde – also bei Scheidung oder Trennung; eine freiwillige Trennung mit zwei getrennten Haushalten ohne Richterspruch genügt dazu nicht.

es immer wieder vor, dass sie gegenseitig auf Alimentenzahlungen verzichten und auch das Guthaben in der Pensionskasse nicht teilen. Das ist erlaubt. Für die Berechnung der AHV aber ist ein solcher Ausgleichsverzicht nicht möglich.

Nur einer der beiden Ehepartner wird pensioniert…
Erreicht erst mal nur der eine der beiden Ehepartner das Rentenalter, werden die Erwerbseinkommen (noch) nicht geteilt bzw. gegenseitig angerechnet.

Das bedeutet, dass die Rente in diesem Fall einzig aufgrund des Einkommens und der Beitragsjahre des Rentenempfängers berechnet wird (wozu auch allfällige Erziehungs- oder Betreuungsgutschriften zählen).

Ein konkretes Beispiel: Eine verheiratete Frau erreicht 2016 mit

---

FRAGE

Nach dem Tod der Ehefrau: Gibts wieder die AHV-Maximalrente?

Ich wurde 2010 pensioniert und erhielt die maximale AHV-Einzelrente. 2014 kam auch meine Frau ins Rentenalter. Wegen des Splittings wurde meine Rente gekürzt. Letztes Jahr ist meine Frau gestorben. Erhalte ich jetzt wieder die frühere Maximalrente?

Nein. Als Ihre Ehefrau ebenfalls pensioniert wurde, wurde Ihre Rente wegen des Splittings neu berechnet – und zwar endgültig. Beim Splitting werden die beiden Einkommen geteilt: Jeder Ehegatte erhält die Hälfte des Einkommens des anderen Ehegatten gutgeschrieben.

Weil Ihre Gattin nicht immer erwerbstätig war, war ein Rentenausgleich die Folge – und Ihre Rente wurde kleiner. Nach dem Tod Ihrer Frau ändert sich diese Berechnung für den überlebenden Ehepartner nicht mehr (siehe Kasten rechts).

Zwar erhalten Sie nun einen sogenannten Verwitwetenzuschlag von 20 Prozent. Doch es ist gut möglich, dass Sie auch so nicht mehr auf die Maximalrente kommen – also jene Rente, die Sie erhielten, solange Ihre Frau noch nicht im AHV-Alter war.

Immerhin: Eine allfällige vorherige Plafonierung der Rente fällt nach dem Tod der Ehefrau weg.

Rente und Verwitwetenzuschlag dürfen aber den Betrag der Maximalrente der anwendbaren Rentenskala nicht übersteigen.

Übrigens: Für **Geschiedene** gibt es keinen Verwitwetenzuschlag, wenn beispielsweise der Ex-Mann stirbt. Der Zuschlag wird nur AHV-Rentenberechtigten gewährt, deren Ehe durch den Tod aufgelöst wurde. Heiratet eine solche Person wieder, erlischt der Anspruch auf den Verwitwetenzuschlag. Massgebend ist also immer der aktuelle Zivilstand.

Geschiedene Rentenbezüger müssen aber wissen, dass ihre AHV-Rente auf Antrag eventuell erhöht wird, falls der frühere Ehegatte stirbt. Denn auch Geschiedene haben unter Umständen Anspruch auf eine Hinterlassenenrente der AHV. Besteht ein solcher Anspruch, wird verglichen, ob im konkreten Fall die AHV-Rente (ohne Zuschlag) oder die Witwenrente höher ist. Der überlebende Ex-Ehegatte erhält dann die höhere der beiden Renten.

Das Splitting kann laufende Renten schmälern

Die beiden Einkommen, die zwei Ehepartner während der Dauer ihrer Ehe erzielt haben, werden halbiert; je die Hälfte wird nun dem anderen Ehepartner gutgeschrieben. Auch allfällige Erziehungs- oder Betreuungsgutschriften werden geteilt. Das Splittingsystem führt somit zu einem Rentenausgleich zwischen den beiden Ehegatten.

Doch damit nicht genug: Der Grundsatz der Plafonierung besagt, dass der Gesamtbetrag der zwei Renten der Ehegatten aufgrund ihrer eigenen Beiträge höchstens 150 Prozent einer maximalen Einzelrente betragen darf (siehe Kasten auf Seite 63).

Die Pensionierung eines jüngeren Ehepartners mit einem kleineren massgebenden Einkommen kann also dazu führen, dass der ältere Ehepartner plötzlich eine niedrigere Rente erhält. Dies gilt übrigens auch, wenn die jüngere Frau beispielsweise nach einem Unfall eine IV-Rente erhält.

Wegen des Splittings (und wegen einer allfälligen Plafonierung) kann die Rente eines bereits Pensionierten bei der Pensionierung des jüngeren Partners also eine zweimalige Kürzung erfahren.

Ärgerlich ist das Rentensplitting für geschiedene Männer, wenn ihre Ex-Frau nach der Scheidung, aber noch vor Erreichen des Rentenalters stirbt. Die Kürzung der Männerrente aufgrund des Splittings bleibt nämlich trotzdem bestehen, obwohl die verstorbene Ex-Frau davon gar nicht mehr profitieren kann.

Die Einkommensteilung in solchen Fällen rückgängig zu machen, ist vom Gesetz nicht vorgesehen.

64 das ordentliche Pensionierungsalter, sie hat sich aber 2015 vorzeitig pensionieren lassen; ihr Mann ist noch nicht rentenberechtigt.

Die Frau begann mit 21 zu arbeiten und bekam mehrere Kinder. Ihr eigenes Einkommenstotal beträgt 923 000 Franken und sie kommt damit auf 42 Beitragsjahre.

Nehmen wir nun an, die Frau sei wegen der Kinder während 17 Jahren nicht oder nur teilweise erwerbstätig gewesen. Die Hälfte der Erziehungsgutschriften wäre ihr, die andere Hälfte dem Ehemann angerechnet worden; so will es das Gesetz.

Wegen der Aufwertung (mit dem Faktor 1,152, erster IK-Eintrag 1973, siehe Tabelle auf Seite 58) ergibt dies nun ein Einkommen von 1 063 296 Franken.

Dazu kommt aber noch eine Gutschrift von 719 100 Franken (3 x 1175 x 12 x 17). Dieser Betrag wird ihr zur Hälfte angerechnet (359 550 Franken). Solche Gutschriften werden nicht aufgewertet.

Ihre Beitragszeit ist vollständig, weil sie zum Zeitpunkt des Vorbezugs gleich viele Beitragsjahre aufweist wie ihr Jahrgang (Art. 29ter AHVG); damit kommt die Rentenskala 44 zur Anwendung. Zusammen ergibt das für die Frau den Betrag von 1 422 846 Franken.

Nach der Teilung durch ihre 42 Beitragsjahre resultiert daraus ein massgebendes Durchschnittseinkommen von 33 877 Franken und damit eine Monatsrente gemäss der Rentenskala 44 von 1633 Franken.

Wegen des Vorbezugs der Altersrente erfolgt eine Kürzung um 6,8 Prozent (siehe Kasten auf Seite 68), es verbleibt eine Monatsrente von 1522 Franken.

...jetzt wird auch der andere Ehepartner pensioniert
Kommt nun auch der andere Ehegatte ins Rentenalter, werden beide Renten im Sinne des Rentensplittings neu berechnet (siehe Kasten auf Seite 63).

Dabei werden die von Mann und Frau während der Ehe erzielten Einkommen halbiert, und je die Hälfte wird dem anderen Partner gutgeschrieben. Diese Teilung erfolgt auch für Erziehungs- und Betreuungsgutschriften.

Das Rentensplitting führt dazu, dass alle Personen, ungeachtet ihres Zivilstands, einen eigenen Anspruch auf eine Alters- oder Invalidenrente haben. Das auf-

Die AHV-Kinderrente

Wer eine Altersrente bezieht, erhält für seine Kinder bis zum 18. Altersjahr eine Kinderrente. Befindet sich das Kind noch in Ausbildung, wird die Rente bis zum Abschluss der Ausbildung, im Maximum aber bis zum 25. Altersjahr ausgezahlt.

Die Kinderrente beträgt 40 Prozent der Altersrente. Falls beide Elternteile eine AHV-Rente beziehen, beträgt die Kinderrente maximal 60 Prozent der maximalen Altersrente (Art. 35ter AHVG).

Auch die Kinderrente ist abhängig von Beitragsjahren und Durchschnittsverdienst.

AHV-Kinderrenten werden in den meisten Fällen nicht dem Kind direkt ausgezahlt, sondern der Person, die die Hauptrente – meist die Altersrente – bezieht.

Das Geld muss zwingend für den Unterhalt des Kindes eingesetzt werden. So gesehen gehört die Rente im Prinzip dem Kind. Seit Anfang 2011 gilt allerdings: Wird das Kind volljährig, kann es im Normalfall die Auszahlung an sich selber verlangen.

Wenn bei geschiedenen Eltern noch eine Alimentenzahlpflicht eines Elternteils ins Spiel kommt, gilt Folgendes:
■ Ein unterhaltspflichtiger Vater kann den eigenen Unterhaltsbeitrag um den Betrag der Kinderrente reduzieren. Falls er z. B. pro Monat 400 Franken Alimente zahlen muss und 300 Franken Kinderrente erhält, kann er entweder die 300 Franken direkt dem Kind weiterleiten und seine verbleibenden 100 Franken dazutun. Oder er kann die Kinderrente selber kassieren – dann muss er aber dem Kind 400 Franken überweisen.
■ Ist die Kinderrente höher als der geschuldete Unterhalt, muss er die ganze Kinderrente weitergeben. Falls also seine Pflichtalimente 200 Franken betragen und die Kinderrente 300, hat das Kind 300 Franken zugut (und der unterhaltspflichtige Vater muss nichts ergänzen). Übrigens: Auch wenn die Unterhaltspflicht laut Scheidungsurteil erlischt, muss der Vater die Kinderrente weiterhin vollumfänglich an sein Kind überweisen.

grund der Einkommensteilung im individuellen Konto eingetragene Erwerbseinkommen gilt bei der Berechnung von später entstandenen Renten als eigenes Einkommen.

Es werden also sämtliche Einkommen, die die Ehegatten während der gemeinsamen Ehe erzielt haben, geteilt und je zur Hälfte beiden Ehegatten angerechnet.

Die Einkommen im Jahr der Eheschliessung und im Jahr der Auflösung der Ehe werden nicht geteilt. War nur ein Ehegatte erwerbstätig, so wird nur dieses Erwerbseinkommen aufgeteilt.

Eine Einkommensteilung wird also vorgenommen:
- sobald beide Ehegatten eine Rente beziehen,
- wenn eine verwitwete Person Anspruch auf eine Altersrente hat,
- wenn die Ehe durch Scheidung aufgelöst wurde.

Bei Ehepaaren wird geteilt und je hälftig gutgeschrieben

Für die Jahre vor der Ehe werden dem Mann und der Frau jeweils die eigenen Einkommen angerechnet.

Ein Beispiel: Der Mann verdiente vor seiner Heirat 45 000 Franken, die Frau 23 000 Franken. Während der Ehe verdiente der Mann 1,2 Millionen Franken, die Frau 450 000 Franken.

Diese Beiträge werden halbiert und je dem andern Ehepartner gutgeschrieben. Somit beträgt die Summe des Erwerbseinkommens für diesen Mann 870 000 Franken (45 000 + ½ von 450 000 + ½ von 1,2 Millionen).

Für die Frau beträgt die Summe 848 000 Franken (23 000 + ½ von 450 000 + ½ von 1,2 Millionen).

Das Total wird dann mit dem Aufwertungsfaktor multipliziert (siehe Kasten auf Seite 58).

Hat das Ehepaar Kinder, wird zu diesem aufgewerteten Einkommen die Erziehungsgutschrift je zur Hälfte hinzugerechnet.

Anschliessend erfolgt die Berechnung des durchschnittlichen Jahreseinkommens durch die Teilung mit dem Faktor 44 für den Ehemann (Anzahl Beitragsjahre) und dem Faktor 43 für die Ehefrau (Annahme: keine Beitragslücken).

Das so ermittelte bereinigte Jahreseinkommen dient zur Berechnung der Altersrente. Die Rentenhöhe wird dann mit der Skala 44 berechnet.

Kompliziert? Ja! AHV-Rentenberechnungen sind sogar für Spezialisten anspruchsvoll.

Die Altersrente von verwitweten Personen

Nach dem Tod eines rentenberechtigten Ehegatten ändert sich der Rentenbetrag für die hinterbliebene Person aus den folgenden Gründen:
- Die zu Lebzeiten des verstorbenen Ehegatten vorgenommene Plafonierung (siehe Stichwort auf Seite 63) entfällt.
- Zur Rente wird ein Verwitwetenzuschlag in der Höhe von 20 Prozent hinzugerechnet; dies allerdings nur bis zum Maximalbetrag.

Falls eine allfällige Hinterlassenenrente höher ausfallen würde, wird diese ausbezahlt.

Das flexible Rentenalter in der AHV

Das Rentenalter ist seit der 10. AHV-Revision auch in der AHV flexibel: Der Rentenbeginn kann vorgezogen oder aufgeschoben werden.

Beim Vorbezug erfolgt eine lebenslange Rentenkürzung. Dabei ist zwischen der Kürzung während der Vorbezugszeit und der lebenslangen Kürzung nach Erreichen des ordentlichen Rentenalters zu unterscheiden. Die Details zum Vorbezug (Möglichkeiten und Kürzungssätze: Tabelle unten).

Wichtig: Ein Vorbezug ist nur um ein ganzes oder um zwei ganze Jahre möglich, aber nicht für eine beliebige Anzahl Monate.

Bezüglich Kürzung gilt: Die Altersrente für die Vorbezugsdauer wird zunächst auf dem Papier nach den allgemeinen Regeln berechnet. Die so ermittelte «normale» monatliche Rente wird bis zum Erreichen des ordentlichen Rentenalters um die in der Tabelle (siehe unten) erwähnten Prozentsätze gekürzt.

Nach Ablauf der Vorbezugsdauer – also bei Erreichen des ordentlichen Rentenalters – wird die Rente bzw. die Rentenkürzung neu berechnet. Die «normale» Rente, die die versicherte Person ohne Vorbezug jetzt erhalten würde, erfährt nun eine leichte Kürzung – allerdings lebenslang.

Die Formel für die lebenslange Kürzung der Altersrente

Diese lebenslange Kürzung ergibt sich aus der Formel: Summe der (ungekürzten) Vorbezüge in Franken mal Kürzungssatz dividiert durch die Anzahl Monate des Vorbezugs.

Ein Beispiel: Ein Mann tritt ein Jahr vor dem ordentlichen Pensionierungsalter zurück und hätte aufgrund seiner Beitragszeit und des Einkommens eine maximale Rente von 2350 Franken zugut. Für den einjährigen Vorbezug wird die Rente um 6,8 Prozent gekürzt, er bezieht somit 2190 Franken im Monat (Stand 2016/2017).

Nachdem er das Pensionierungsalter von 65 erreicht hat, steht ihm zwar im Prinzip weiterhin eine Maximalrente zu. Diese wird aber nach obiger Formel lebenslang um 159 Franken pro Monat gekürzt (12 x 2350 x 6,8% : 12 = 160).

Genauer: Die Kürzungsformel bleibt gleich, aber der Frankenbe-

Vorbezug der Altersrente: Möglichkeiten und Kürzungssätze

Jahr	Frauen			Männer		
	Geboren am...	Vorbezug	Kürzung	Geboren am...	Vorbezug	Kürzung
2016	1.12.1952 bis 30.11.1953	1 Jahr	6,8%	1.12.1951 bis 30.11.1952	1 Jahr	6,8%
	1.12.1953 bis 30.11.1954	2 Jahre	13,6%	1.12.1952 bis 30.11.1953	2 Jahre	13,6%

FRAGE

Sozialhilfe: Muss ich meine AHV-Rente vorbeziehen?

Ich bin 63 Jahre alt und von der Sozialhilfe abhängig. Nun verlangt die Sachbearbeiterin vom Amt, dass ich meine AHV-Altersrente vorbeziehe. Kann das Sozialamt das verlangen?

Faktisch ja. Zwar ist der Antrag auf Vorbezug der AHV-Rente ein höchstpersönliches Recht und damit ein Schritt, zu dem Sie niemand zwingen kann.

Sie riskieren aber die Kürzung der Sozialhilfe, falls Sie auf Ihrem Recht beharren.

Konkret: Falls das kantonale Sozialhilfegesetz das vorsieht oder falls Sie in einem Kanton wohnen, der die Richtlinien der Schweizerischen Konferenz für Sozialhilfe (SKOS) für verbindlich erklärt hat (was in den meisten Kantonen der Fall ist), kann das Sozialamt diese Forderung stellen. Denn die SKOS-Richtlinien halten wörtlich fest: «Unterstützte Personen sollen grundsätzlich zum AHV-Renten-Vorbezug angehalten werden.»

Zwar führt ein Vorbezug der AHV-Rente zu einer lebenslangen Kürzung Ihrer Rente; das kann aber mit den Ergänzungsleistungen aufgefangen werden, falls die Rente für den Lebensunterhalt nicht ausreicht. Unter dem Strich erhalten Sie gleich viel.

Fazit: Das Sozialamt kann faktisch von Ihnen verlangen, dass Sie sich Ihre AHV-Rente (und allenfalls auch Pensionskassen-Guthaben beziehungsweise Freizügigkeitskonten) vorzeitig auszahlen lassen. Tun Sie das nicht, müssen Sie mit einer Kürzung der Sozialhilfe rechnen.

---

trag ändert sich, wenn die Renten erhöht werden oder der Partner ebenfalls pensioniert wird.

Ein Vorbezug muss bei der AHV-Ausgleichskasse angemeldet werden, und zwar mit dem Formular «Anmeldung für eine Altersrente»; dort muss die entsprechende Rubrik angekreuzt werden.

Interessierte Personen können das Formular bei jeder AHV-Ausgleichskasse verlangen. Sie können es auch im Internet auf www.ahv-iv.ch oder auf der Homepage ihrer Ausgleichskasse öffnen, online ausfüllen, ausdrucken, unterschreiben und einschicken.

Wichtig: Die Anmeldung für den Vorbezug muss rechtzeitig erfolgen, also vor Erreichen desjenigen Altersjahres, ab dem der Vorbezug gewünscht wird.

Übrigens: Wer die Rente vorbezieht, muss weiterhin Beiträge an die AHV zahlen (aber nicht an die Arbeitslosenversicherung). Allerdings beeinflussen solche AHV-Beiträge die Höhe der AHV-Rente nicht mehr.

Diese Beitragspflicht entfällt, wenn der Ehepartner mindestens den doppelten Minimalbetrag zahlt (Ausführungen auf Seite 46f.).

Und noch zwei Details zu dieser Thematik:

- Während eines AHV-Vorbezugs werden keine AHV-Kinderrenten ausbezahlt.
- Unter bestimmten Voraussetzungen besteht auch während des

AHV-Vorbezugs ein Anspruch auf Ergänzungsleistungen.

Tipp: Wenn Sie vor Erreichen des ordentlichen Rentenalters mit dem Arbeiten aufhören, sollten Sie die AHV-Rente nur vorbeziehen, wenn Sie die daraus resultierende Einkommenslücke nicht anders füllen können (zum Beispiel durch Auflösung von 3a-Konten).

Die AHV-Rente kann man auch aufschieben

Wer das ordentliche Rentenalter erreicht hat, kann den Bezug der AHV-Rente um mindestens ein Jahr und höchstens um fünf Jahre aufschieben. Dies führt zu einer lebenslangen Erhöhung der Altersrente oder der allfälligen Hinterlassenenrente. Der Zuschlag wird umso höher, je später sich jemand pensionieren lässt (siehe Tabelle unten).

Beispiel: Wer als Einzelperson eine maximale AHV-Rente zugut hat und sich erst zwei Jahre nach dem gesetzlichen Pensionierungsalter pensionieren lässt, erhält statt 2350 Franken 2604 Franken (Stand 2016/2017).

Die Berechnung des Zuschlags geht so: Die Summe der aufgeschobenen Renten (2350 x 24) wird mit dem Zuschlagsprozentsatz multipliziert (hier 10,8%) und dann durch die Anzahl Monate der Aufschubsdauer dividiert (hier 24). Das ergibt einen Aufschlag um 254 Franken pro Monat.

Bei Ehepaaren wird der Zuschlag zur aufgeschobenen Altersrente für jeden Ehegatten gesondert berechnet. Dieser Zuschlag fällt übrigens nicht unter die Plafonierung.

Die minimale Dauer für die aufgeschobene Pensionierung beträgt ein Jahr; anschliessend kann die Rente jederzeit abgerufen werden.

Mit dem Aufschub der Altersrente werden auch allfällige Kinderrenten aufgeschoben.

Die Rente aufschieben und so lange vom Vermögen leben?

Viele stellen sich die Frage: Soll ich den AHV-Rentenbezug nach hinten verschieben und fünf Jahre lang von meinem Vermögen leben? Rechnet sich das?

Ein betroffener Mann müsste sich ja fünf Jahre lang die AHV-Maximalrente quasi aus der eigenen Tasche zahlen. Das würde

Rentenaufschub: Die Zuschläge

Aufschub um ...	Rentenzuschlag in Prozent
1 Jahr bis 1 Jahr und 2 Monate	5,2
bis 1 Jahr und 5 Monate	6,6
bis 1 Jahr und 8 Monate	8,0
bis 1 Jahr und 11 Monate	9,4
bis 2 Jahre und 2 Monate	10,8
bis 2 Jahre und 5 Monate	12,3
bis 2 Jahre und 8 Monate	13,9
bis 2 Jahre und 11 Monate	15,5
bis 3 Jahre und 2 Monate	17,1
bis 3 Jahre und 5 Monate	18,8
bis 3 Jahre und 8 Monate	20,5
bis 3 Jahre und 11 Monate	22,2
bis 4 Jahre und 2 Monate	24,0
bis 4 Jahre und 5 Monate	25,8
bis 4 Jahre und 8 Monate	27,7
bis 4 Jahre und 11 Monate	29,6
5 Jahre	31,5

AHV: Wann sich der Rentenaufschub lohnt

Angaben in Franken für einen alleinstehenden Mann, der Anspruch auf die AHV-Maximalrente von 2350 Franken hat (Basis 2016/2017). Mit Grenzsteuersatz 20 Prozent.

Erreichtes Alter	Total der bezogenen AHV-Renten (nach Steuern)...		
	...wenn Bezug ab 65	...wenn Bezug ab 70	Differenz
80	360 960.–	326 330.–	– 34 630.–
85	473 760.–	474 662.–	+ 902.–
90	586 560.–	622 994.–	+ 36 434.–

QUELLE: VZ VERMÖGENSZENTRUM

sein Vermögen um brutto 141 000 Franken schmälern. Netto wären es 112 800 Franken, weil er ja keine AHV-Rente bezieht und sich dadurch eine Steuerersparnis ergibt (gerechnet mit einem Grenzsteuersatz von 20 Prozent).

Ob sich ein Aufschub rechnet, hängt entscheidend von der Lebenserwartung ab, wie die Tabelle oben zeigt:

■ Wird der Mann nur 80 Jahre alt, macht er mit dem Aufschub 34 630 Franken Verlust. Denn: Bei einem Rentenbezug ab 65 hätte er von der AHV insgesamt 360 960 Franken bezogen. Bei einem Bezug ab Alter 70 wird die Rente zwar höher, fliesst jedoch weniger lang, und daraus resultiert ein kleineres Rententotal von nur 326 330 Franken.

■ Die «Gewinnschwelle» erreicht der Mann im Alter 85. Sollte er so alt werden, macht er 902 Franken vorwärts.

■ Der Aufschub schenkt einigermassen ein, wenn man noch älter wird: Erreicht der Mann das 90. Altersjahr, hat er bis zu diesem Zeitpunkt eine «Mehrrente» von 36 434 Franken bezogen.

Alle Zahlen in der Tabelle oben sind um die Einkommenssteuer bereinigt, und zwar mit einem Grenzsteuersatz von 20 Prozent. Der Grenzsteuersatz ist der aktuelle Steuersatz auf dem obersten Teil des Einkommens.

Nicht berücksichtigt hingegen sind die Auswirkungen auf die Vermögenssteuer, denn die ist im Normalfall vernachlässigbar. Ebenfalls nicht berücksichtigt ist die entgangene Rendite auf dem Vermögensverzehr während der Aufschubphase.

Fazit: Der Aufschub lohnt sich nur für Leute, die älter werden als der Durchschnitt. Die durchschnittliche Lebenserwartung 65-jähriger Männer beträgt 19,1 Jahre, die der Frauen 22,1 Jahre.

Auch dieser Gedanke ist übrigens eine Überlegung wert: Wer sich seine AHV-Rente nicht fünf Jahre lang selber finanziert, sondern sie normal bezieht, hat so die nette Summe von 112 800 Franken zur freien Verfügung.

Das Gesagte gilt prinzipiell übrigens auch, wenn eine Person während der Aufschubphase arbeitet. Dann wäre die «Gewinnschwelle» auch erst mit 83 erreicht (gerechnet mit Grenzsteuersatz 30 Prozent während der Aufschubphase).

Und: Hat eine Person nicht die Maximalrente von aktuell 2350 Franken zugut, sondern weniger, gilt im Prinzip das Gleiche. Der Grundsatz bleibt sich auch gleich, wenn jemand die AHV-Rente nur zwei oder drei Jahre aufschiebt.

Tipp: Auf www.ktipp.ch können Sie unter → Service → Rechner «Lohnt sich ein Aufschub?» selber Berechnungen zu diesem Thema anstellen.

Auch zum flexiblen Rentenalter gibt es ein Merkblatt

Wer sich für den Aufschub seiner AHV-Altersrente entscheidet, muss dies auf dem Anmeldeformular für die AHV-Altersrente vermerken. Die betreffende Ausgleichskasse muss dann bestätigen, dass sie die Aufschuberklärung erhalten hat.

Das ist ganz wichtig: Die Anmeldung für die aufgeschobene AHV-Pensionierung muss spätestens ein Jahr nach Erreichen des ordentlichen AHV-Alters bei der Ausgleichskasse eingereicht werden.

Viele Versicherte versäumen es, den Aufschub der Rente rechtzeitig zu melden. Sie kommen dann nach drei oder vier oder fünf Jahren und verlangen nachträglich den Zuschlag für den Rentenaufschub. Darauf wird aber die Ausgleichskasse nicht eingehen und nur den «normalen» «verpassten» Rentenbetrag für die Aufschubzeit nachzahlen – und zwar ohne Zinsen.

Der Zeitpunkt des (späteren) Rentenbeginns (es heisst «Abruf der Altersrente») muss dann mit einem speziellen Formular bekannt gegeben werden.

Sowohl das Anmelde- als auch das Abrufformular sind bei der Ausgleichskasse erhältlich. Dort bekommen Sie auch ein Merkblatt zum flexiblen Rentenalter (Nummer 3.04).

Anmeldung zum Rentenbezug: Welche Kasse ist zuständig?

Der Bezug einer Rente – egal ob Alters-, Witwen- oder andere Rente – muss angemeldet werden. Dafür gibt es ein spezielles Anmeldeformular. Für die Anmeldung zuständig ist die Ausgleichskasse, an die

---

FRAGE

Ich schiebe die Altersrente auf: Erhalte ich weiter die Witwenrente?

Ich bin berufstätig, beziehe eine Witwenrente und werde nächstes Jahr pensioniert. Um später mehr AHV-Gelder zu erhalten, möchte ich den Rentenbeginn um die maximal erlaubte Dauer von fünf Jahren aufschieben. Erhalte ich die Witwenrente bis zur Auszahlung meiner Altersrente?

Nein. Der Anspruch auf Witwenrente erlischt in jedem Fall mit Eintritt ins ordentliche Pensionsalter. Wenn Sie den Rentenbeginn aufschieben, entsteht zunächst eine Rentenlücke, die Sie mit eigenen Mitteln überbrücken müssen. Dafür kommen Sie danach in den Genuss einer Altersrente, die höher ist als beim ordentlichen Bezug mit 64 Jahren (siehe Seite 70f.).

zuletzt Beiträge bezahlt wurden. Der Arbeitgeber kann Ihnen mitteilen, um welche Kasse es sich handelt.

Früher erkannte man die zuständige Ausgleichskasse auch an der letzten Ziffer auf dem grauen AHV-Ausweis. Heute erhalten Angestellte bei jedem Jobwechsel einen Versicherungsnachweis (siehe Kasten auf Seite 16). Diese müssen aufbewahrt werden.

Für die Rentenanmeldung ist dann diejenige Kasse zuständig, von der man den letzten Versicherungsnachweis erhalten hat.

Frühzeitig das Formular anfordern!

Bei Verheirateten, deren Ehepartner bereits eine Rente bezieht, ist die Ausgleichskasse des Partners zuständig.

Die Ausgleichskassen raten, die Anmeldung unbedingt drei bis vier Monate vor der Pensionierung abzuschicken, damit die Rentenauszahlung auch wirklich rechtzeitig erfolgen kann.

Tipp: Im Internet gibt es auf www.ahv-iv.ch ein nützliches Tool. Dort können Sie Ihre persönlichen Daten sowie Ihre AHV-Nummer eingeben, und Sie erhalten eine Liste mit sämtlichen Ausgleichskassen, die für Sie ein Konto führen (www.ahv-iv.ch → Merkblätter & Formulare → InfoRegister: Meine kontoführenden Kassen).

Allerdings erhalten Sie nicht eine Liste nach den letzten Einzahlungen, sondern aufsteigend nach den Nummern der Ausgleichskassen.

FRAGE

Höheres Rentenalter der Frauen: Muss ich länger Alimente zahlen?

Als ich mich vor etlichen Jahren scheiden liess, wurde im Scheidungsurteil festgelegt, dass ich meiner Frau Unterhalt schulde, bis sie das AHV-Alter erreicht. Dieses hat sich aber in der Zwischenzeit von 62 auf 64 Jahre erhöht. Muss ich nun zwei Jahre länger zahlen?

Ja. Der Zweck der Ehegattenalimente, die Sie zahlen müssen, ist klar: Ihre Ex-Frau soll finanziell unterstützt werden, bis sie eine eigene Rente der AHV erhält. Diese tritt dann an die Stelle der Unterhaltszahlung.

Anders wäre es nur, wenn im Gerichtsurteil klar stünde, dass Sie die Alimente bis zum 62. Altersjahr Ihrer Ex-Frau schulden.

Weil die Frau ihre AHV-Rente nun aber erst mit 64 Jahren erhält, müssen Sie die Ehegattenalimente entsprechend länger zahlen.

Die Hilflosenentschädigung der AHV

Die AHV zahlt neben den bisher erwähnten Renten zusätzlich auch eine Hilflosenentschädigung. Sie geht an alle Personen, die hilflos sind.

Dabei handelt es sich um dieselbe Leistung, die unter Umständen auch die Invalidenversicherung zahlt.

Hilflos ist, wer dauernd die Hilfe von Drittpersonen beanspruchen muss und eine der folgenden täglichen Lebensverrichtungen nicht erfüllen kann:
- Ankleiden, Auskleiden
- Aufstehen, Absitzen, Sich-Hinlegen

---

3 Was die AHV zahlt

> **TIPP**
>
> **AHV-Berechnung: Erkundigen Sie sich!**
>
> Die Rentenberechnungen der AHV sind sehr kompliziert. Für Laien ist es nicht möglich, diese Rechnungen alleine durchzuführen; selbst für Personen mit Spezialwissen gibt es noch zahlreiche Stolpersteine. So bleibt es einem sehr kleinen Kreis von Personen vorbehalten, die Rentenberechnungen der AHV nachvollziehen oder gar eine eigene Rentenberechnung vornehmen zu können.
>
> Im vorliegenden Ratgeber werden nur die Grundlagen der Rentenberechnung skizziert; auf Details von Gesetz und Verordnung kann dieser Ratgeber nicht eingehen. Ratsuchende Personen müssen sich in Bereichen, die in diesem Ratgeber nur gestreift werden, an Spezialistinnen und Spezialisten wenden. Eine erste und häufig hilfreiche Adresse ist die AHV-Ausgleichskasse.

- Körperpflege
- Fortbewegen und Kontaktaufnahme
- Essen
- Verrichten der Notdurft.

Die hilflose Person muss nicht in allen diesen Tätigkeiten behindert sein, um überhaupt Anspruch auf eine Hilflosenrente zu haben.

Hilflosigkeit: Einkommen und Vermögen spielen keine Rolle

Gemäss der aktuellen Gerichtspraxis gilt eine Person dann als mittelschwer hilflos, wenn sie bei mindestens zwei dieser Tätigkeiten dauernd und in erheblichem Mass auf die Hilfe Dritter angewiesen ist und überdies dauernd persönlich überwacht werden muss.

Ist eine Person hingegen bei allen genannten «Lebensverrichtungen» regelmässig in erheblicher Weise auf die Hilfe Dritter angewiesen, so gilt ihre Hilflosigkeit als schwer.

Voraussetzung ist auch, dass die betroffene Person bereits eine Altersrente oder Ergänzungsleistungen bezieht und in der Schweiz wohnt.

Die Hilflosenentschädigung der AHV beträgt für Betroffene bei schwerer Hilflosigkeit 80 Prozent des Mindestbetrags einer minimalen vollen AHV-Rente; bei mittelschwerer Hilflosigkeit sind es 50 Prozent, bei leichter Hilflosigkeit 20 Prozent.

Dies macht bei schwerer Hilflosigkeit 940 Franken, bei mittlerer Hilflosigkeit 588 Franken und bei leichter Hilflosigkeit 235 Franken pro Monat aus (Stand 2016/17).

Einkommen und Vermögen spielen bei der Bemessung keinerlei Rolle.

Lebt eine hilflose Person in einem Heim, so erhält sie bei Hilflosigkeit leichten Grades keine Entschädigung (Art. 43bis AHVG).

Neben den Renten vergütet die AHV auch Sachleistungen wie Perücken, Hörgeräte, Augenprothesen usw.

Anträge sind mit dem entsprechenden Anmeldeformular bei

jener Ausgleichskasse einzureichen, die bereits die Rente ausbezahlt.

Falls kein Anspruch gegenüber der AHV besteht, können Betroffene auch noch ein Unterstützungsgesuch an die Pro Senectute richten.

Die Hinterlassenenrenten der AHV

Stirbt jemand noch vor der Pensionierung, werden für den Ehepartner oder die Ehepartnerin sowie für die Kinder Hinterlassenenrenten bezahlt. Diese Renten sind der zweite grosse Leistungsbereich der AHV (siehe Kasten unten rechts). Bei Invalidität ist es jedoch nicht die AHV, die einspringen muss, sondern die Invalidenversicherung.

Die Witwenrente der AHV: Das sind die Bedingungen

Eine Witwenrente erhalten alle verheirateten Frauen, die beim Tod ihres Mannes ein oder mehrere gemeinsame Kinder haben.

Das Alter der Kinder spielt keine Rolle.

Wer ein Pflegekind betreut und dieses später adoptiert, erhält ebenfalls eine Witwenrente. Auch Stiefkinder – also Kinder dieser Frau aus einer früheren Ehe – erhalten eine Waisenrente.

Falls die Ehe kinderlos ist, hat die Ehefrau nur dann eine Witwenrente zugut, falls sie zum Zeitpunkt des Todes des Partners mindestens 45 Jahre alt ist und während mindestens fünf Jahren verheiratet war. War die Witwe mehrmals verheiratet, so zählt die Gesamtdauer der Ehen (siehe Kasten auf der nächsten Seite).

Noch ein Detail dazu: Gibt eine Frau ihren Job auf, um ihren kranken Mann zu pflegen, und hat das Paar keine Kinder, so erhält die Frau auch in diesem Fall nur dann eine Witwenrente, wenn sie mindestens 45 Jahre alt und zudem 5 Jahre verheiratet war. Eine Frau, die jünger als 45 war, kämpfte deshalb vergebens vor Gericht um eine Witwenrente.

Das Gesetz sei in diesem Punkt klar und lasse keinen Spielraum für eine Erweiterung des Anspruchs, sagt das Bundesgericht. (Urteil 9C_400/2013)

Was viele nicht wissen: Auch eine geschiedene Frau hat Anspruch auf eine Witwenrente, falls der Ex-Mann stirbt. Sie ist der Ehefrau in Bezug auf die Witwenrente gleichgestellt:

■ falls sie gemeinsame Kinder mit dem Verstorbenen hat und die Ehe mindestens zehn Jahre dauerte,

Die Höhe der Hinterlassenenrenten

■ Die volle Witwen- und Witwerrente beträgt 80 Prozent der Altersrente. Bei einem Anspruch auf eine maximale Altersrente von 2350 Franken sind dies 1880 Franken (siehe Skala 44, Seite 60).

■ Die Waisenrente beläuft sich auf 40 Prozent der Altersrente. Bei einem Anspruch auf eine maximale Altersrente sind dies 940 Franken.

■ Vollwaisen (Tod beider Elternteile) erhalten eine Rente von maximal 60 Prozent (1410 Franken unter den gleichen Voraussetzungen). Alle Zahlen Stand 2016/2017.

FRAGE

Genügen drei Jahre Ehe für eine Witwenrente?

Ich bin 68 und seit drei Jahren verheiratet, meine Frau ist 53 Jahre alt und in zweiter Ehe mit mir verheiratet. Sie hat keine Kinder. Würde meine Frau nach meinem Tod eine Witwenrente der AHV erhalten, obwohl das Gesetz für solche Fälle vorschreibt, die Witwe müsse mindestens fünf Jahre lang verheiratet gewesen sein?

Unter Umständen ja. Gemäss Gesetz erhalten kinderlose Witwen dann eine Witwenrente, wenn sie beim Tod des Ehegatten das 45. Altersjahr vollendet haben «und mindestens fünf Jahre verheiratet waren».

Damit ist aber nicht eine fünfjährige Ehe mit dem Verstorbenen gemeint. Denn im Gesetz steht auch: «War die Witwe mehrmals verheiratet, so wird auf die Gesamtdauer der Ehen abgestellt.»

Ihre Frau würde also eine AHV-Witwenrente erhalten, falls sie vor der Ehe mit Ihnen noch mindestens zwei Jahre lang mit einem anderen Mann verheiratet war.

- falls sie bei der Scheidung mindestens 45 Jahre alt war und die Ehe mehr als zehn Jahre gedauert hatte,
- falls das jüngste Kind das 18. Altersjahr erst nach dem 45. Geburtstag der Mutter erreicht.

Früher wurde die Witwenrente davon abhängig gemacht, ob der Ehemann seiner geschiedenen Frau einen Unterhaltsbeitrag bezahlt hatte. Dies ist seit der 10. AHV-Revision nicht mehr so.

Wer vor 1997 geschieden wurde und aufgrund des alten Rechts keine Witwenrente erhielt, heute aber eine Rente zugut hätte, kann diese bei der Ausgleichskasse einfordern. Zuständig dafür ist jene Ausgleichskasse, bei der der Verstorbene zuletzt Beiträge bezahlte.

Witwerrente für den Mann? Das sind die Bedingungen

Und der Witwer? Erhält der Ehemann einer verstorbenen Frau eine Rente? Unter Umständen ja, denn zaghaft kommt die Gleichstellung der Geschlechter auch in der AHV zum Zug.

Zwar sind Männer und Frauen nach wie vor nicht gleichgestellt. Und bis zur 10. AHV-Revision gab es für einen Ehemann beim Tod seiner erwerbstätigen Frau überhaupt keine Witwerrente.

Heute wird immerhin eine Witwerrente ausgezahlt, falls und solange der Witwer für ein Kind bis zum 18. Altersjahr zu sorgen hat (eine länger dauernde Ausbildung des Kindes verlängert diesen Anspruch des Witwers nicht). Sobald das jüngste Kind 18 Jahre alt wird, erlischt der Anspruch auf die AHV-Witwerrente.

Konkubinatspartner hingegen erhalten von der AHV weiterhin keine Rente.

Bei der Pensionskasse sind Witwer und Konkubinatspartner besser gestellt (siehe Seiten 146 ff. und 157 ff.).

Die Waisenrente der AHV: Im Maximum bis Alter 25

Kinder haben nach dem Tod von Vater oder Mutter Anspruch auf eine Waisenrente. Sind beide Elternteile verstorben, wird eine doppelte Waisenrente ausgezahlt. Beide Waisenrenten zusammen dürfen 60 Prozent der maximalen Altersrente nicht übersteigen (siehe Kasten auf der Seite 75).

Die Waisenrente der AHV wird in der Regel bis zum 18. Altersjahr vergütet. Befindet sich das Kind noch in Ausbildung, so wird die Rente bis zum Abschluss der Ausbildung, im Maximum aber bis zum 25. Altersjahr ausgezahlt.

Bei der AHV/IV wird der Begriff der Ausbildung übrigens relativ grosszügig ausgelegt. Darunter fallen nicht nur Erstausbildungen, sondern auch Weiter-, Zusatz- und Zweitausbildungen, und zudem auch Au-pair- oder Sprachaufenthalte, falls diese mit Sprachunterricht verbunden sind.

Dennoch ist der Begriff «Ausbildung» immer wieder umstritten. In einem konkreten Fall hat das Bundesgericht präzisiert: Macht ein Kind ein einjähriges Praktikum in einem Betrieb, um sich so für eine Lehre im gleichen Betrieb zu qualifizieren, gilt das als Ausbildung, und es besteht ein Anspruch auf Kinderrente. (Bundesgerichtsurteil 8C_682/2012)

Ausgeschlossen sind Waisenrenten für Kinder in Ausbildung nur, wenn Kinder neben der Ausbildung mehr als 28 200 Franken im Jahr verdienen (Stand 2016/17).

So berechnet die AHV die Hinterlassenenrenten

Voraussetzung für eine Rentenzahlung ist, dass der verstorbenen Person mindestens ein volles Beitragsjahr angerechnet werden kann. Diese Bedingung ist – in Übereinstimmung mit den allgemeinen AHV-Regelungen – dann gegeben,

■ wenn die verstorbene Person insgesamt während eines Jahres Beiträge bezahlt hat oder

■ wenn der erwerbstätige Ehegatte einer versicherten Person mindestens während eines Jahres den doppelten Mindestbeitrag (also 956 Franken) bezahlt hat oder

■ wenn Erziehungs- oder Betreuungsgutschriften angerechnet werden können.

Auch die Hinterlassenenrenten fussen auf dem massgebenden durchschnittlichen Jahreseinkommen. Bei dessen Berechnung kommen die genau gleichen Kriterien ins Spiel wie bei der Berechnung der Altersrente: Beitragsjahre, Durchschnittseinkommen bis zum Tod, Aufwertung des berechneten Verdienstes, Anrechnung der Jugendjahre im Falle von Bei-

Die AHV darf die Altersrente mit alten Schulden verrechnen

Ein Mann hatte als Betriebsinhaber Konkurs gemacht und blieb der AHV Beiträge von 34 000 Franken schuldig. Als er ins Rentenalter kam, teilte ihm die AHV mit, sie werde nun von seiner Altersrente jeden Monat 800 Franken abziehen, bis die Schuld getilgt sei.

Das darf die AHV – allerdings darf der Abzug nur so gross sein, dass Betroffene nicht unter das betreibungsrechtliche Existenzminimum fallen.

tragslücken, Gutschrift für Erziehungs- bzw. Betreuungsjahre.

Sind die Beitragsjahre lückenlos erfüllt, wird die Rentenskala 44 angewendet, sonst eine andere.

Der Zuschlag zum massgebenden Einkommen

Bei den Hinterlassenenrenten kommt aber beim massgebenden Einkommen noch ein Zuschlag dazu, falls der Versicherte jung stirbt (siehe Tabelle unten).

Ein Beispiel: Ein Mann mit Geburtsjahr 1967 stirbt am 15. April 2016 im Alter von 49 Jahren. Seit dem zurückgelegten vollen 20. Altersjahr bezahlte er immer Beiträge an die AHV und kommt so auf insgesamt 28 Beitragsjahre (1988 bis 2015). Das aufgewertete Einkommen wird durch den Faktor 28 geteilt, genau wie bei den Erziehungsgutschriften.

Eine nochmalige Erhöhung nach der Skala für junge Verstorbene (siehe Tabelle links) findet nicht statt, weil der Verstorbene älter wurde als 45 Jahre. Das so ermittelte durchschnittliche Einkommen führt zur entsprechenden Rente, wenn man die Rentenskala 44 (siehe Seite 60) als Berechnungsvorlage benutzt (und falls bis zum Tod keine Beitragslücken zu verzeichnen waren).

Wäre der Versicherte jedoch 1976 geboren und 2016 im 40. Altersjahr verstorben, käme er auf insgesamt 20 Beitragsjahre. Er würde deshalb einen Zuschlag von 5 Prozent zum ermittelten Jahreseinkommen erhalten.

Sämtliche Leistungen der AHV sind unpfändbar

Noch ein Hinweis zum Schluss: Die AHV-Rente darf nicht gepfändet werden, wenn jemand zum Beispiel hohe Steuerschulden hat und die Pfändung vollzogen wird. Das gilt auch für Kinderrenten, Hinterlassenenrenten und Hilflosenentschädigungen.

Tipp: Alles zur Pfändbarkeit von Leistungen der Sozialversicherungen steht im K-Tipp-Ratgeber «Betreibung, Pfändung, Privatkonkurs». Sie können das Buch über Telefon 044 253 90 70 oder im Internet über www.ktipp.ch bestellen.

So wird überprüft, ob Rentenbezüger noch am Leben sind

Im Unterschied zu den Pensionskassen (siehe S. 142 f.) verlangt

Der Zuschlag bei jung Verstorbenen

Stirbt der Versicherte vor seinem 45. Geburtstag, wird das durchschnittliche Erwerbseinkommen für die Berechnung der Hinterlassenenrenten erhöht. Lesebeispiel: Stirbt der Versicherte unmittelbar nach Vollendung des 27. Altersjahres, beträgt der Zuschlag 50 Prozent.

Nach Vollendung von ... Altersjahren	Vor Vollendung von ... Altersjahren	Zuschlag
	23	100%
23	24	90%
24	25	80%
25	26	70%
26	27	60%
27	28	50%
28	30	40%
30	32	30%
32	35	20%
35	39	10%
39	45	5%

die AHV von ihren Rentenbezügern keine offizielle Bescheinigung, dass sie noch am Leben sind.

Doch auch die AHV darf keine ungerechtfertigten Leistungen auszahlen. Damit das nicht passiert, schicken viele Ausgleichskassen ihren Rentenbezügern kurz vor den Geburtstagen eine Gratulationskarte.

Zudem erhalten Rentner bei Rentenanpassungen Ende Dezember generell eine Information über das Ausmass der Rentenerhöhung.

Dabei wird jedes Mal auf die Meldepflicht aufmerksam gemacht und präzisiert, dass Änderungen in den persönlichen Verhältnissen (wie Adresswechsel, Heirat, Scheidung, faktische oder gerichtliche Trennung, Tod usw.) in jedem Fall mitgeteilt werden müssen.

Zu Unrecht bezogen – das Geld muss zurück an die AHV

Kommen die Geburtstagskarten oder die Renteninformationen nicht mit einem Vermerk der Post zurück, gehen die Ausgleichskassen davon aus, dass die Rentenbezüger noch leben und an dieser Adresse wohnen. Dies gilt für die Schweiz.

Für Rentenbezügerinnen und -bezüger, die im Ausland leben, ist die Schweizerische Ausgleichskasse in Genf zuständig. Sie verlangt von der leistungsberechtigten Person oder ihrem gesetzlichen Vertreter mindestens einmal jährlich eine Lebensbescheinigung, die von der zuständigen Wohnsitzbehörde oder einer dortigen Urkundsperson zu bestätigen ist.

Gehen die Lebensbescheinigungen nicht fristgemäss ein, werden die Zahlungen automatisch sistiert.

Wie gesagt: Wer Änderungen nicht meldet (zum Beispiel Wiederheirat von Verwitweten), muss der AHV die zu Unrecht bezogenen Renten zurückzahlen.

Das zeigt dieser Gerichtsfall: Ein Mann erhielt nach dem Tod seiner Frau ab 1997 eine Witwerrente. Im Februar 2009 erfuhren die AHV-Behörden, dass der Witwer 2001 wieder geheiratet hatte. Die Ausgleichskasse hob die Rente rückwirkend auf und verlangte insgesamt 20 192 Franken an zu viel bezogenen Renten zurück.

Der Mann ersuchte um Erlass der Rückforderung, da er den Behörden die Wiederverheiratung 2002 schriftlich mitgeteilt habe. Das konnte er aber nicht belegen.

Der Beleg würde ihm laut Bundesgericht auch nichts nützen: «Man kann als Verheirateter nicht gutgläubig weiterhin eine Witwerrente beziehen, ohne bei der Ausgleichskasse je nachgefragt zu haben, ob die Anzeige der neuerlichen Eheschliessung eingegangen und die Weiterausrichtung der Rente tatsächlich rechtens sei.» (Bundesgerichtsurteil 9C_951/2011, siehe auch Urteil 9C_369/2013)

4 IV-Rente und Ergänzungsleistungen
Das sind die Ansprüche der Betroffenen

Wer erwerbsunfähig ist, erhält Leistungen der IV. Bedürftige AHV- und IV-Rentner haben dazu noch einen Anspruch auf Ergänzungsleistungen.

Einen Anspruch auf Leistungen der Invalidenversicherung (IV) haben Personen, die wegen eines Gesundheitsschadens für immer oder zumindest für längere Zeit ganz oder teilweise erwerbsunfähig sind.

Versicherte vor dem 20. Altersjahr gelten als invalid, falls der Gesundheitsschaden die spätere Erwerbsfähigkeit verunmöglicht oder einschränkt.

Keine Rolle spielt jeweils, ob die Invalidität körperlicher oder psychischer Natur ist und ob sie durch Unfall, Krankheit oder Geburtsgebrechen verursacht wurde: Wer bei einem Autounfall schwer verletzt wird, dauernd behindert bleibt und keiner Arbeit mehr nachgehen kann, erhält genauso eine Invalidenrente wie eine an multipler Sklerose erkrankte Person.

Der Grundsatz «Eingliederung kommt vor Rente»

Bevor die Invalidenversicherung eine Rente auszahlt, wird versucht, die betroffene Person wieder ins Erwerbsleben einzugliedern. Es gilt der Grundsatz «Eingliederung kommt vor Rente».

Deshalb bezahlt die IV Eingliederungsmassnahmen. Dazu zählen medizinische und berufliche Massnahmen wie Umschulung, Berufsberatung, Arbeitsvermittlung, Sonderschulung, Betreuung von Kindern sowie Abgabe von Hilfsmitteln.

Unter Umständen kann die Invalidenversicherung sogar eine Kapitalhilfe für den Start in die Selbständigkeit gewähren.

Während der Eingliederungsphase erhalten die Betroffenen Taggelder; in der Regel machen diese Taggelder 80 Prozent des zuletzt erzielten Erwerbseinkommens aus. Erst wenn sich zeigt, dass diese Massnahmen nichts bringen oder wenn sie von vornherein als aussichtslos erscheinen, darf eine IV-Rente ausbezahlt werden.

Der Grundsatz «Eingliederung vor Rente» kann übrigens auch bedeuten, dass jemand den Beruf wechseln muss.

Das musste eine 56-jährige Frau erfahren, die über 30 Jahre lang Wirtin im eigenen Dorfrestaurant war. Als ihre Hände immer kraftloser wurden und schmerzten (un-

---

STICHWORT

Rentenrevision

Die IV-Stellen müssen die Invalidenrenten von Amtes wegen periodisch überprüfen. Dabei wird festgestellt, ob sich die Invalidität verschlimmert oder vermindert hat.

Hat sich der Invaliditätsgrad erheblich geändert, muss die Invalidenrente entsprechend angepasst werden.

Wichtig: IV-Bezüger haben eine Meldepflicht, sie müssen also sämtliche Veränderungen ihrer wirtschaftlichen, gesundheitlichen und familiären Situation melden. Die Meldepflicht gilt auch für Bezügerinnen und Bezüger von Ergänzungsleistungen (siehe Kasten auf Seite 94).

ter anderem wegen eines Karpaltunnel-Syndroms), verlangte die Frau eine Rente der IV.

Dies hat ihr das Bundesgericht verweigert. Die Ärzte hatten in den Gutachten geschrieben, die 56-Jährige könne weiterhin «eine rein sitzende, leichte Arbeit ganztags» machen, und solche Stellen seien auf dem Arbeitsmarkt vorhanden. Es sei deshalb zumutbar, dass die Frau «umsatteln» und eine Anstellung suchen müsse. (Bundesgerichtsurteil 9C_818/2011)

Einkommensvergleich: So berechnet die IV den Invaliditätsgrad

Bei der IV gilt: Der Grad der Invalidität richtet sich bei Erwerbstätigen nicht nach den gesundheitlichen Nachteilen, sondern einzig nach einer theoretischen Lohneinbusse.

Der Arzt macht zwar Angaben zum Gesundheitszustand des Versicherten und gibt an, bei welchen Tätigkeiten und in welchem Umfang der Geschädigte behindert ist. Doch massgebend ist die Auswirkung auf die Erwerbsfähigkeit bzw. die Lohneinbusse. Die Lohneinbusse wird mit dem sogenannten Einkommensvergleich ermittelt und in einer Prozentzahl ausgedrückt. Dabei werden zwei Eckwerte einander gegenübergestellt:

- Zu ermitteln ist einerseits das **Valideneinkommen**; das ist die Summe, die die Person ohne gesundheitliche Behinderung mutmasslich verdienen würde – inklusive Teuerung und reale Einkommensentwicklung.

> **IN DIESEM KAPITEL**
> 81 So wird die IV-Rente berechnet
> 83 Erhalte ich weniger IV-Rente, wenn ich arbeite?
> 84 IV-Taggelder sind beschränkt pfändbar
> 85 Die IV zahlt auch Hilfsmittel
> 85 Infos und Anlaufstellen für IV-Bezüger
> 85 Die Hilflosenentschädigung und der Assistenzbeitrag
> 86 Der Anspruch auf Ergänzungsleistungen
> 87 Erbschaft gemacht: Erhalte ich jetzt weniger IV- und EL-Gelder?
> 88 Erbschaft gemacht: Muss ich AHV-Ergänzungsleistungen zurückzahlen?
> 90 Werden meine Ergänzungsleistungen im Konkubinat gekürzt?
> 90 «Vermögensverzicht» und Schenkungen
> 93 Ergänzungsleistungen: Muss ich vorher die 3. Säule plündern?

IV-Rente 4 und Ergänzungsleistungen

- Die zweite Bestimmungsgrösse ist das hypothetische **Invalideneinkommen**, also das, was die Person angesichts ihrer gesundheitlichen Behinderung jetzt noch zumutbarerweise verdienen könnte (bei ausgeglichener Arbeitsmarktlage). Dabei wird einerseits auf die medizinische Beurteilung abgestellt, andererseits entweder auf das effektiv noch erzielte Einkommen oder auf statistische Lohnerhebungen.

Beispiel: Ein Arzt attestiert einer Person, sie könne nur noch vier Stunden am Tag arbeiten, und zwar abwechslungsweise sitzend, stehend, gehend, und sie dürfe nicht mehr als 5 Kilogramm heben. Darauf gestützt muss die IV festlegen, wie viel diese Person unter diesen Umständen noch verdienen kann.

Und ein Rechenbeispiel dazu: Bei einem Valideneinkommen von 46 405 Franken und einem Invalideneinkommen von 21 107 Franken beträgt der Invaliditätsgrad 54,5 Prozent. Die Formel lautet: Differenz zwischen Valideneinkommen und Invalideneinkommen geteilt durch 1 Prozent des Valideneinkommens.

Eine Invalidenrente bekommt also nur, wer wegen der Invalidität weniger verdient. Eine Gesundheitsschädigung kann sich folglich je nach Job verschieden stark auswirken.

Die Höhe der IV-Rente: Gleiche Berechnung wie bei der AHV

Bei der Berechnung des Frankenbetrages für die IV-Renten greift man grundsätzlich auf dieselbe Methode zurück, die in der AHV gilt.

Bei der Ermittlung des massgebenden Einkommens gelten die gleichen Grundlagen wie für die AHV-Renten: Beitragsjahre, Durchschnittseinkommen bis zum Eintritt der Invalidität, Aufwertung des berechneten Verdienstes, Anrechnung der Jugendjahre bei Beitragslücken, Gutschrift von Erziehungsjahren und Rentensplitting.

Falls also eine invalide Person keine Beitragslücken hat, kommt die Skala 44 zur Anwendung (siehe Seite 60). Die minimale volle IV-Rente beträgt somit 1175 Franken, die maximale 2350 Franken (Stand 2016/2017).

Wird die versicherte Person vor ihrem 45. Geburtstag invalid, wird das durchschnittliche Erwerbseinkommen mit der genau gleichen Tabelle wie bei der Hinterlassenenrente erhöht (siehe Seite 78). So erhält man die Summe des Gesamteinkommens; diese Zahl wird durch die Anzahl der Beitragsjahre (zurückgelegtes 20. Altersjahr bis zur Invalidisierung) geteilt.

Sind die Beitragsjahre bis zum Eintritt der Arbeitsunfähigkeit ohne Lücken erfüllt, findet die Rentenskala 44 Anwendung (siehe S. 60).

Der Grad der Invalidität ist ebenso entscheidend

Anspruch und Höhe der Invalidenrente richten sich aber auch nach dem Grad der Invalidität. Wie dieser bestimmt wird, steht auf der vorhergehenden Seite. Die Übersicht links zeigt die Rentenabstufung, die auch die Dreiviertelsrente beinhaltet.

Der Anspruch auf eine IV-Rente entsteht, wenn die versicherte Person mindestens zu 40 Prozent bleibend erwerbsunfähig wird oder während eines Jahres ohne wesentlichen Unterbruch durchschnittlich mindestens zu 40 Prozent arbeitsunfähig war (Art. 29 IVG).

Invaliditätsgrad und Höhe der IV-Rente

Grad der Invalidität	Rente
Bis 39,9 %	Keine Rente
40 bis 49,9 %	¼-Rente
50 bis 59,9 %	½-Rente
60 bis 69,9 %	¾-Rente
Ab 70 %	Ganze Rente

In der Regel erfolgt also die erste Zahlung frühestens ein Jahr nach Eintritt der Invalidität, also nach einem Wartejahr.

Im Pensionierungsalter wird die IV-Rente durch die AHV-Rente abgelöst.

Zusätzlich erhält der IV-Bezüger für jedes seiner Kinder (bis 18, falls in Ausbildung bis 25 Jahre) eine Kinderrente in der Höhe von 40 Prozent der IV-Rente.

Drei Ergänzungen zur Kinderrente für invalide Väter oder Mütter:

FRAGE

Erhalte ich weniger IV-Rente, wenn ich arbeite?

Seit drei Jahren beziehe ich eine ganze IV-Rente. Vor dem Unfall verdiente ich als Sekretärin 4800 Franken brutto im Monat. Nun könnte ich als Tagesmutter rund 500 Franken im Monat verdienen. Wird mir die Rente gekürzt, falls ich den Job annehme?

Nein. Bei diesem bescheidenen Zusatzverdienst müssen Sie sich noch keine Sorgen machen. Eine ganze Rente der IV erhält, wer zu mindestens 70 Prozent invalid ist. Im Bereich der restlichen 30 Prozent dürfen Bezüger einer ganzen Rente etwas dazuverdienen, ohne eine Rentenkürzung befürchten zu müssen – egal ob sie zu 75, 80 oder mehr Prozent erwerbsunfähig sind.

Das so erzielte Erwerbseinkommen darf jedoch nicht höher sein als 30 Prozent des Valideneinkommens (siehe Details auf Seite 81): Dieser Betrag entspricht dem Einkommen, das ein Versicherter heute erzielen könnte, falls er gesund wäre (inklusive der Nominallohn-Entwicklung). Den genauen Betrag Ihres konkreten Valideneinkommens können Sie bei der IV-Stelle erfragen oder dem Begründungsblatt zu Ihrer IV-Verfügung entnehmen.

Da Sie vor drei Jahren rund 4800 Franken brutto verdient haben, liegt Ihr monatliches Valideneinkommen (unter Berücksichtigung der Lohnentwicklung) bei rund 5100 Franken. Sie können also maximal 1530 Franken pro Monat (ohne 13. Monatslohn) dazuverdienen, ohne eine Rentenkürzung befürchten zu müssen.

Bezüger einer halben Rente (sie wird ab einem Invaliditätsgrad von 50 Prozent zugesprochen) dürfen noch die Hälfte ihres Valideneinkommens dazuverdienen. Wer Anspruch auf eine Viertelsrente hat (ab einem IV-Grad von 40 Prozent), kann noch 60 Prozent dazuverdienen.

Aber Achtung: Melden Sie solche neuen Einkünfte auf jeden Fall der IV-Stelle – insbesondere wenn sich Ihr Gesundheitszustand verbessert hat.

Es könnte nämlich der Fall eintreten, dass die IV Ihre Rente revidieren muss, was zu einer Kürzung der jetzigen Rente führen würde.

Konkret: Wenn Sie zu 70 Prozent invalid sind und noch 30 Prozent des Valideneinkommens dazuverdienen können, weil es Ihnen gesundheitlich besser geht, so könnte die IV-Stelle zum Schluss kommen, dass Sie mit diesen verbleibenden 30 Prozent auch noch mehr verdienen könnten. Das wäre dann ein Grund für eine Rentenrevision.

Falls Sie sich nicht melden, riskieren Sie, dass Ihre Invalidenrente rückwirkend gekürzt wird und Sie zurückzahlen müssen.

IV-Rente und Ergänzungsleistungen 4

- Ist das Kind noch in Ausbildung, fliesst die Rente bis zum Abschluss der Ausbildung, jedoch längstens bis zum vollendeten 25. Altersjahr. Was aber ist eine «Ausbildung»? Das Bundesgericht setzt einen «systematischen, strukturierten Lehrgang» voraus. Ein unbezahltes Praktikum bei einer Filmproduktionsfirma gehört nicht dazu, das Bundesgericht vermisste in diesem konkreten Fall «eine bestimmte Form von Lehrplan und ein Mindestmass an schulischer Infrastruktur». (Urteil 9C_223/2008)

Die Direktzahlung an das Kind ist nicht erlaubt
- Ansonsten gilt für den Begriff der «Ausbildung» bei der Invalidenversicherung das Gleiche wie bei der AHV (siehe Seite 77).
- Die Auszahlung einer solchen Kinderrente geht immer an Vater oder Mutter, eine Direktzahlung an das Kind ist verboten. Seit Anfang 2011 gilt aber: Wird das Kind volljährig, kann es im Normalfall die Auszahlung an sich selber verlangen – wie bei der Kinderrente (siehe Kasten auf Seite 66).

Keine IV-Rente für Hausfrau – trotz Arbeitsunfähigkeit
Ein Gerichtsfall zeigt auf, wie Hausfrauen bei der IV unter Umständen leer ausgehen können: Eine Frau ist halbseitig gelähmt, sehbehindert und herzkrank. Sie ist aus medizinischer Sicht vollständig arbeitsunfähig. Damit hat sie im Prinzip eine Rente der Invalidenversicherung zugut, weil sie den Haushalt nicht mehr allein führen kann.

Doch dazu braucht es eine Behinderung im häuslichen Bereich (Invaliditätsgrad) von mindestens 40 Prozent. Laut Bundesgericht erhält die Frau keine IV-Rente, weil ihre Invalidität auf bloss 36 Prozent festgelegt wurde. Grund: Die Frau lebt mit ihrem Lebenspartner und zwei erwachsenen Söhnen zusammen. Von ihnen wird erwartet,

IV-Taggelder sind beschränkt pfändbar

Im Zusammenhang mit Betreibungen gilt: Die Renten der IV und der AHV, Ergänzungsleistungen sowie die Leistungen der Familienausgleichskasse sind absolut unpfändbar, da sie in der Regel weniger als das betreibungsrechtliche Existenzminimum ausmachen.

Taggelder der Invalidenversicherung hingegen sind – soweit sie den Existenzbedarf übersteigen – pfändbar. So entschied das Bundesgericht. Begründung: Die Taggelder der Invalidenversicherung ersetzen während der beruflichen Eingliederung den Verdienstausfall und können daher das Existenzminimum ohne Weiteres erheblich übersteigen.

Übrigens: Auch Renten der Pensionskasse sind bis zum Existenzminimum pfändbar (siehe Kasten auf Seite 139).

Alles Wichtige zur Pfändung steht im K-Tipp-Ratgeber «Betreibung, Pfändung, Privatkonkurs». Sie können das Buch im Internet unter www.ktipp.ch bestellen oder per Telefon unter 044 253 90 70.

dass sie zusammen mehr als die Hälfte der Hausarbeit übernehmen – zumal der Partner Rentner ist. (Bundesgerichtsurteil 8C_828/2011)

Die IV zahlt auch Hilfsmittel für den Alltag der Behinderten
Im Dezember 2015 bezogen rund 255 000 Personen eine Rente der staatlichen IV. Rund 87 Prozent dieser Bezügerinnen und Bezüger leben in der Schweiz.

Bis Ende 2007 gab es noch eine Zusatzrente für Ehegatten von IV-Rentenbezügern; diese ist per Anfang 2008 abgeschafft worden.

IV-Taggelder gelten als Lohn, auf sie müssen also Sozialversicherungsbeiträge bezahlt werden.

Die IV zahlt den Invaliden auch Hilfsmittel, damit sie beispielsweise weiterhin einer Teilzeitarbeit nachgehen können oder eine Umschulung zur Wiedereingliederung erfolgreich bestehen können.

Zu diesen Hilfsmitteln zählen Prothesen, Beinapparate, orthopädische Spezialschuhe, Hörgeräte, künstliche Augen, Blindenführhunde, Autos und Hilfsgeräte am Arbeitsplatz. Bezahlt sind auch Hilfsmittel für das Bewältigen des Alltags – etwa bauliche Änderungen in der Wohnung.

Bei Rollstühlen gilt: Kann eine behinderte Person einen gewöhnlichen Rollstuhl nicht bedienen, wird auch ein elektrischer Antrieb bezahlt – aber nur, falls sich die behinderte Person dank dieser Elektrohilfe selbständig fortbewegen kann. Kann sie das auch mit Elektrohilfe nicht selber, wird kein Elektroantrieb bezahlt. (Bundesgerichtsurteil 8C_274/2013)

Die Hilflosenentschädigung der Invalidenversicherung
Ähnlich wie die AHV für ältere Personen bezahlt auch die Invalidenversicherung eine Hilflosenentschädigung.

Diese richtet sich nach dem Grad der Hilflosigkeit und beträgt zwischen 20 und 80 Prozent des Mindestbetrags einer einfachen maximalen Altersrente (siehe Definition im Kasten auf Seite 57).

Bei der Bestimmung der Hilflosigkeit gelten ähnliche Kriterien wie in der AHV.

In Zahlen heisst das: Bei einer Hilflosigkeit schweren Grades gibt

---

> **TIPP**
>
> ### Infos und Anlaufstellen für IV-Bezüger
>
> Die Durchführung der Invalidenversicherung geschieht kantonal; zuständig ist eine vom Kanton eingerichtete Durchführungsstelle.
>
> Weitere Auskünfte sind bei den AHV-Ausgleichskassen erhältlich. Diese geben Merkblätter über die IV und die Ergänzungsleistungen ab. Diese Informationsblätter kann man auch im Internet auf www.ahv-iv.ch herunterladen.
>
> **Auskünfte erteilen zudem:**
> - Pro Senectute, Tel. 044 283 89 89, www.pro-senectute.ch;
> - Pro Infirmis, Tel. 058 775 20 00, www.proinfirmis.ch;
> - Procap Schweizerischer Invaliden-Verband, Tel. 062 206 88 88, www.procap.ch.
> - Im Internet finden Sie die kantonalen IV-Stellen unter www.iv-stelle.ch.

es 1880 Franken, bei mittlerer Hilflosigkeit 1175 Franken, bei leichter Hilflosigkeit 470 Franken (Stand 2016/2017).

Behinderte, die in einem Heim leben, erhalten einen Viertel dieser Beiträge.

Der Assistenzbeitrag der Invalidenversicherung
Seit Anfang 2012 zahlt die IV den volljährigen Hilflosen, die zu Hause leben, zusätzlich noch einen sogenannten Assistenzbeitrag. Damit können sie in eigener Regie Hilfspersonen einstellen, die ihnen im Alltag helfen; dies gilt auch für Eltern von Kindern mit hohem Pflege- und Betreuungsbedarf. Der Assistenzbeitrag beträgt Fr. 32.90 pro Stunde bzw. Fr. 49.40 pro Stunde, falls die Betreuungsperson über besondere Qualifikationen verfügen muss.

Nachtdienst wird zusätzlich mit maximal Fr. 87.80 pro Nacht entschädigt (Stand 2016/2017).

Je nach Grad der Hilflosigkeit kann die fremde Hilfe für 20 bis 120 Stunden pro Monat beansprucht werden. Die Details stehen im AHV-Merkblatt 4.14.

Der Anspruch auf Ergänzungsleistungen
Für zahlreiche AHV- und IV-Versicherte reichen die Renten der AHV und der Invalidenversicherung für den Lebensunterhalt nicht aus. Wer kann schon von einer AHV-Rente leben – auch wenn sie gegenwärtig den Höchstbetrag von 2350 Franken ausmacht (Stand 2016/2017)?

Oft fressen allein schon Miete, Mietnebenkosten und Krankenkassenprämien die Rente weg. Eine wachsende Gruppe von Menschen kämpft heute mit finanziellen Problemen, vor allem dann, wenn neben der AHV- oder der IV-Rente kein weiteres Einkommen da ist. Betroffen sind auch Personen, die keine Zahlungen einer Pensionskasse erhalten.

In den Sechzigerjahren wurden deshalb in einem Bundesgesetz Ergänzungsleistungen zur Alters-, Hinterlassenen- und Invalidenversicherung beschlossen. Im strengen Sinne handelt es sich dabei nicht um eine Sozialversicherung, denn niemand bezahlt Prämien. Ergänzungsleistungen werden vielmehr aus den allgemeinen Steuermitteln des Bundes und der Kantone finanziert. Sie gehören aber von der Systematik her zum Drei-Säulen-System.

Ende 2015 erhielten in der Schweiz rund 315 000 Personen Ergänzungsleistungen zur AHV oder zur Invalidenversicherung.

Auf Ergänzungsleistungen besteht ein Rechtsanspruch. Es handelt sich weder um Fürsorgeleistungen noch um Almosen. Der Grundsatz lautet: Wer einen Anspruch auf AHV- oder IV-Leistungen hat, kann Ergänzungsleistungen beantragen.

Die Abwicklung der Ergänzungsleistungen ist an die Kantone delegiert. In den meisten Kantonen sind die kantonalen Ausgleichskassen bzw. die AHV-Gemeindezweigstellen für die Entgegennahme der Gesuche zuständig.

So werden die Ergänzungsleistungen berechnet

Bei den EL ist zu unterscheiden zwischen den Geldern, die monatlich ausbezahlt werden, und der Vergütung für Krankheits- und Behinderungskosten.

Ergänzungsleistungen sollen im Grundsatz die Lücke zwischen den anrechenbaren Einnahmen und den anerkannten Ausgaben schliessen und eine angemessene Existenz sichern.

Das Gesetz schreibt vor, was als Einnahmen und als Ausgaben anerkannt wird.

Zu den Einnahmen (also zu den anrechenbaren Einkünften) zählen

FRAGE

Erbschaft gemacht: Gibts jetzt weniger IV- und EL-Gelder?

Ich erbe einen grösseren Betrag. Muss ich mit einer Kürzung von IV-Rente und Ergänzungsleistungen rechnen?

Für Ihre **IV-Rente** spielt die Erbschaft keine Rolle: Sie wird nicht gekürzt, und Sie müssen bereits bezogene Renten nicht zurückerstatten. Das Gleiche gilt für eine allfällige Invalidenrente von der Pensionskasse oder der Unfallversicherung.

Auf die Höhe der **Ergänzungsleistungen** (EL) zur IV kann die Erbschaft hingegen einen Einfluss haben. Wer ein beträchtliches Vermögen hat, muss sich nicht nur den Vermögensertrag anrechnen lassen (beispielsweise Zinsen oder Aktiendividenden), sondern auch den sogenannten Vermögensverzehr.

Bei AHV-Bezügern, die in einer Wohnung leben (also nicht im Heim), wird $1/10$, bei IV-Rentenbezügern $1/15$ des Reinvermögens zu den jährlichen Einnahmen hinzugerechnet. Allerdings wird noch ein Freibetrag gewährt: 37 500 Franken für Alleinstehende sowie 60 000 Franken für Ehepaare (Art. 11 ELG).

Beispiel: Bei einem alleinstehenden IV-Bezüger mit einem Vermögen von 125 000 Franken werden 5833 Franken als Einkommen angerechnet (125 000 minus 37 500 geteilt durch 15).

Bei selbst bewohnten eigenen Liegenschaften wird ein zusätzlicher Freibetrag von 112 500 Franken vom Vermögen abgezogen.

Die Erbschaft könnte bei Ihnen also zu einer Kürzung oder – bei einer grösseren Erbschaft – zum vollständigen Verlust der Ergänzungsleistungen führen.

Eine Faustregel besagt: Anspruch auf EL besteht, wenn von den Einnahmen (inkl. Vermögensverzehr) nach Abzug von Miete und Krankenkassenprämien weniger als 1500 Franken im Monat zur Verfügung stehen.

Sie sind verpflichtet, die Erbschaft zu melden. Die Ergänzungsleistungen werden dann ab dem Todestag desjenigen, von dem Sie erben, neu berechnet.

Melden Sie die Erbschaft nachträglich, wird eine rückwirkende EL-Neuberechnung vorgenommen – und Sie müssen ab Todesdatum allfällig zu viel bezogene Ergänzungsleistungen zurückzahlen.

Die Erbschaft kann auch zu einer Kürzung – oder sogar Rückforderung – allfälliger kantonaler Beihilfen und Gemeindezuschüsse (auch Zusatzleistungen genannt) führen.

Lesen Sie zur Thematik Erbschaft auch die Informationen im Kasten auf der nächsten Seite.

IV-Rente 4 und Ergänzungsleistungen

zum Beispiel das Erwerbseinkommen, der Vermögensertrag, die Renten von AHV, IV und Pensionskasse, Taggelder von Invalidenversicherung, Krankenkasse, Arbeitslosenversicherung oder Unfallversicherung sowie der Eigenmietwert der Wohnung oder des Hauses.

Gelder, die eine Person aus der Verwandtenunterstützung erhält, werden nicht als Einkommen angerechnet, wohl aber Unterhaltsleistungen, also beispielsweise Alimente vom Ex-Ehegatten.

Ebenfalls nicht als Einkommen angerechnet werden Unterstützungsgelder der öffentlichen Sozialhilfe, die Hilflosenentschädigungen der Sozialversicherungen sowie Stipendien und andere Ausbildungsbeihilfen.

Berechnung: Diese Ausgaben werden angerechnet

Als Ausgaben werden im Wesentlichen ein Grundbetrag für den Lebensbedarf sowie ein Pauschalbetrag für die Krankenkassenprämien anerkannt:

- Der Pauschal-Grundbetrag für den Lebensbedarf beträgt für Alleinstehende 19 290 Franken und für Ehepaare 28 935 Franken (Stand 2016).
- Die Pauschale für die Krankenkassenprämie ist von Kanton zu Kanton unterschiedlich und liegt 2016 (gemäss EDI-Verordnung 831.309.1) im Bereich zwischen

---

FRAGE

Erbschaft gemacht: AHV-Ergänzungsleistungen zurückzahlen?

Ich beziehe seit gut sieben Jahren eine IV-Rente sowie AHV-Ergänzungsleistungen. Jetzt erbe ich. Muss ich deshalb die bezogenen Ergänzungsleistungen zurückzahlen?

Grundsätzlich nicht. Falls Sie diese AHV-Ergänzungsleistung aufgrund einer korrekten Vermögens- und Einkommenserklärung bezogen haben, ist eine Rückforderung ausgeschlossen. Zurückzahlen müssen Sie lediglich diejenigen Ergänzungsleistungen, die Sie vom Todestag des Vaters bis zum Empfang der Erbschaft bezogen haben.

Anders sieht es übrigens bei den kantonalen oder kommunalen Beihilfen aus (auch Zusatzleistungen genannt), die es in einigen Kantonen bzw. Gemeinden gibt. Die entsprechende Durchführungsstelle kann solche erbrachten Hilfeleistungen im zumutbaren Rahmen zurückfordern.

Mehr noch: Wenn ein Bezüger von kantonalen Beihilfen stirbt und ein kleines Erbe hinterlässt, so können die Behörden diese Beihilfen aus dem Nachlass von den Erben zurückfordern.

War ein Bezüger verheiratet, wird das Geld etwa im Kanton Zürich erst dann zurückverlangt, wenn auch der zweite Ehegatte gestorben ist.

Wenn Kinder oder Eltern erben, verbleibt diesen zudem ein Freibetrag von 25 000 Franken. Für Nichten und Neffen gilt dies jedoch nicht. Lesen Sie zum gleichen Thema auch den Kasten auf der vorhergehenden Seite.

3840 Franken (Appenzell Innerrhoden) und 6408 Franken (Basel-Stadt). Sie wird jedes Jahr neu festgelegt. Wie die Auszahlung geregelt ist, steht im Kasten rechts.

Bei den Mietkosten drückt der Schuh am meisten

Wichtig ist, dass bei der Berechnung der Ausgaben auch die Mietkosten berücksichtigt werden. Gerade hier drückt der Schuh ja oft am meisten.

Für Alleinstehende wird ein Mietzins von maximal 1100 Franken und für Verheiratete von maximal 1250 Franken pro Monat angerechnet (Stand Anfang 2015, eine Änderung ist geplant). Es zählen also nicht die tatsächlichen Mietkosten.

Und noch ein Gerichtsurteil dazu: Ein Bezüger von Ergänzungsleistungen wohnt gratis im Haus seiner Freundin. Obwohl er keine Miete zahlt, rechnet ihm die Ausgleichskasse einen Mietzins plus Nebenkosten als Ausgaben an. Das ist korrekt.

Doch der Mann wollte, dass ihm auch noch ein Teil der Gebäudeunterhaltskosten als Ausgaben angerechnet würden.

Das hat ihm das Bundesgericht verweigert. Solche Ausgaben werden nur bei EL-Bezügern berücksichtigt, die tatsächlich Eigentümer der Wohnung sind, in der sie leben. (Bundesgerichtsurteil 9C_862/2013)

Und noch ein Urteil zum Thema Mietkosten: Eine 23-jährige Studentin bezieht als Halbwaise EL. Bei den anerkannten Ausgaben machte sie 990 Franken monatlich für Miete und Nebenkosten geltend. Doch die Ausgleichskasse kürzte ihre EL mit dem Argument, sie könne beim Vater wohnen, und das sei zumutbar, weil so eine Fahrzeit von nur einer halben Stunde resultiere. Deshalb erhalte sie statt 1492 nur 1142 Franken EL pro Monat.

> **TIPP**
>
> ## EL-Bezüger erhalten die volle Prämienverbilligung
>
> Bezüger von Ergänzungsleistungen (EL) haben Anspruch auf die volle sogenannte kantonale Durchschnittsprämie. Ist dieser Kantonsbetrag höher als das, was die Betroffenen effektiv zahlen, erhalten sie den «Überschuss» bar auf die Hand.
>
> Konkret geht das so: Seit Anfang 2014 müssen alle Kantone den Betrag für die Prämienverbilligung direkt an die Krankenkasse überweisen. Für alle EL-Bezüger überweisen die Kantone jeweils die gleiche Pauschale.
>
> Die Krankenkasse verrechnet dann die Pauschale beim jeweiligen EL-Bezüger mit dessen effektiver Prämie für die Grundversicherung. Zahlt der EL-Bezüger weniger Prämie – zum Beispiel weil er ein Sparmodell hat oder eine höhere Franchise –, so muss ihm die Krankenkasse den Restbetrag bar überweisen.
>
> Denkbar ist auch, dass die Krankenkasse den Überschuss mit zu zahlenden Kostenbeteiligungen verrechnet.
>
> Die kantonale Prämienverbilligung wird jedes Jahr vom Eidgenössischen Departement des Innern (EDI) festgelegt und ist je nach Kanton beziehungsweise Prämienregion unterschiedlich hoch.
>
> Die Pauschale bewegt sich im Jahr 2016 bei Erwachsenen zwischen 3840 (Appenzell Innerrhoden) und 6408 Franken (Basel-Stadt).

Die höchsten Richter des Landes haben das abgesegnet. Ihre Begründung, auf den Punkt gebracht: Die Studentin sei im Rahmen ihrer Schadenminderungspflicht gehalten, die anrechenbaren Mietkosten möglichst tief zu halten. (Bundesgerichtsurteil 9C_429/2013)

Wer noch Vermögen hat, muss davon zehren
Eine Faustregel besagt: Anspruch auf Ergänzungsleistungen besteht dann, wenn von den Einnahmen nach Abzug von Miete und Krankenkassenprämien weniger als 1500 Franken im Monat zur Verfügung stehen.

FRAGE

Werden meine Ergänzungsleistungen im Konkubinat gekürzt?

Ich beziehe eine Rente der staatlichen Invalidenversicherung (IV) und erhalte zusätzlich Ergänzungsleistungen. Nun ziehe ich zu meinem Freund, der im Kanton Bern wohnt. Hat das einen Einfluss auf meine Ergänzungsleistungen?

Ja. Ergänzungsleistungen (EL) werden Bezügerinnen und Bezügern einer AHV- oder IV-Rente nur ausgezahlt, falls ihre Renten und ein allfälliges übriges Einkommen nicht ausreichen, um die Lebenskosten angemessen zu decken.

Bei den Ausgaben für die Lebenskosten ist unter anderem der Mietzins entscheidend. Wenn Sie nun mit Ihrem Freund zusammenleben, wird im Prinzip nur noch die Hälfte des Mietzinses berücksichtigt. Ihre Ergänzungsleistungen werden daher neu berechnet.

Bei den übrigen Berechnungsgrundlagen ändert sich nichts – abgesehen von den Krankenkassenprämien, die von Kanton zu Kanton unterschiedlich hoch sind.

Allerdings: Es kann sein, dass Sie jetzt in einem Kanton wohnen, der kantonale Beihilfen und allfällige kommunale Gemeindezuschüsse kennt. Diese würden mit dem Umzug in den Kanton Bern wegfallen.

Sie sind verpflichtet, Änderungen Ihrer Vermögensverhältnisse wie auch Adressänderungen sofort der zuständigen Ausgleichskasse mitzuteilen. Tun Sie dies nicht, kann die Ausgleichskasse später eine Rückerstattung verlangen.

Übrigens: Auf Ihre eigentliche Rente der Invalidenversicherung (IV) hat der gemeinsame Haushalt mit Ihrem Freund keinen Einfluss. Das gilt auch, wenn Sie Ihren Freund heiraten.

Wie wichtig die Meldung von Veränderungen der Vermögensverhältnisse ist, zeigt der folgende Gerichtsfall: Eine Frau wohnte allein und bezog Ergänzungsleistungen zu ihrer Invalidenrente. Als ein Mann zu ihr in die Wohnung zog, hätte sie dies melden müssen, denn dadurch wurde ihr Anspruch auf EL kleiner. Die Frau sagte aber nichts.

Die Ausgleichskasse merkte es und verlangte 8910 Franken für zu viel bezahlte EL zurück – und zwar zu Recht.

In der EL-Verfügung war schriftlich festgehalten, jede «Veränderung der Personenzahl in der Wohnung» sei zu melden. Dass die betroffene Frau in dieser Zeit wegen Depressionen in psychotherapeutischer Behandlung war, liess das Bundesgericht nicht als Entschuldigung gelten. (Bundesgerichtsurteil 8C_1/2007)

Wer jedoch noch ein beträchtliches Vermögen hat, muss sich nicht nur den Vermögensertrag anrechnen lassen (beispielsweise Zinsen oder Aktiendividenden), sondern auch den sogenannten Vermögensverzehr.

Man geht also davon aus, dass EL-Bezüger jedes Jahr einen gewissen Teil ihres Reinvermögens verbrauchen sollen.

Konkret: Bei AHV-Rentenberechtigten, die in einer Wohnung leben (also nicht im Heim), wird $\frac{1}{10}$ und bei IV-Rentenbezügern $\frac{1}{15}$ des Reinvermögens zu den jährlichen Einnahmen hinzugerechnet.

Allerdings kommt dabei ein Freibetrag zur Anwendung: 37 500 Franken für Alleinstehende und 60 000 Franken für Ehepaare.

Beispiel: Bei einer alleinstehenden AHV-Rentnerin mit einem Vermögen von 125 000 Franken werden 8750 Franken als Einkommen angerechnet.

Bei selbst bewohnten eigenen Liegenschaften wird ein zusätzlicher Freibetrag von 112 500 Franken abgezogen. Bei Ehepaaren gilt diesbezüglich: Lebt einer der Partner im Heim oder bezieht er eine Hilflosenentschädigung, beträgt dieser Freibetrag 300 000 Franken (alle Zahlen Stand 2016).

Dennoch kann es passieren, dass Hausbesitzer ihre Immobilie verkaufen müssen, um den täglichen Lebensbedarf zu decken.

Details zu Freizügigkeitsgeld und Leibrenten

Auch Gelder auf Freizügigkeitskonten zählen zum Vermögen. Dazu hat das Bundesgericht entschieden: Hat eine Person Anspruch auf EL, wird ein allfällig vorhandenes Guthaben auf einem Freizügigkeitskonto (parkiertes Pensionskassengeld) zum verfügbaren Reinvermögen gezählt, falls diese Person das Anrecht hat, das betreffende Geld bar zu beziehen.

Im Normalfall ist ein solcher Vorbezug ab fünf Jahren vor Erreichen des Rentenalters möglich. Bezüger einer vollen IV-Rente können Freizügigkeitsgeld jederzeit beziehen. (Bundesgerichtsurteil 9C_612/2012)

Auch Leibrenten können zum Vermögen zählen, wie dieser Fall zeigt: Ein EL-Bezüger hatte früher eine Leibrente gekauft und dafür einmalig über 100 000 Franken eingezahlt. Als das zuständige Amt das merkte, strich es die EL.

Zu Recht, sagt das Bundesgericht. Denn die Leibrente hatte eine Rückgewähr, der Mann hätte sie also jederzeit zurückkaufen und zu Bargeld machen können. Damit zählte der Rückkaufswert zum anrechenbaren Vermögen. Wäre es anders, so das Bundesgericht, könnte der Kauf einer Leibrente mit Rückgewähr zu Unrecht «erhebliche EL-Leistungen auslösen». (Bundesgerichtsurteil 9C_896/2010)

Verluste bei der Spekulation gelten als «Vermögensverzicht»

Wer bei hochriskanten Investitionen sein Vermögen verspekuliert, erhält von der AHV/IV keine Ergänzungsleistungen. Das hat das Bundesgericht entschieden.

IV-Rente und Ergänzungsleistungen 4

FRAGE

Ergänzungsleistungen: Habe ich Anspruch auf Nachzahlung?

Vor drei Monaten wurde ich 65 Jahre alt und erhalte seither eine AHV-Rente. Die Rente reicht jedoch für meinen Lebensunterhalt nicht aus, deshalb habe ich Ergänzungsleistungen beantragt. Werden mir diese rückwirkend auf den Zeitpunkt meiner Pensionierung zugesprochen?

Ja. Grundsätzlich besteht der Anspruch auf Ergänzungsleistungen zwar erstmals für den Monat, in dem die Anmeldung eingereicht wird und sämtliche Voraussetzungen für die EL-Ausrichtung gegeben sind.

Wird die Anmeldung aber innert sechs Monaten seit der Zustellung der Verfügung über die AHV-Rente eingereicht, beginnt der Anspruch auf Ergänzungsleistungen bereits mit dem Monat der Anmeldung zum Bezug der Rente, frühestens jedoch in dem Monat, in dem der Anspruch auf die Rente entsteht. Dasselbe gilt für Ergänzungsleistungen zur IV.

Grund: Für die Berechnung von Ergänzungsleistungen zur AVH/IV zählen nebst dem noch vorhandenen Vermögen auch Vermögenswerte, auf die «verzichtet worden ist», wie es im Gesetz heisst.

Das wurde einem Ehepaar zum Verhängnis. Es hatte sein ganzes Vermögen von 750 000 Franken in eine ausländische Hochrisiko-Anlage mit angeblich garantierten 12 Prozent Rendite gesteckt – und Totalverlust erlitten.

Drei Viertel dieser Summe musste sich das Ehepaar deshalb als «Verzichtsvermögen» anrechnen lassen, weil es sein Geld sehr risikoreich und damit grobfahrlässig investiert hattte. Das Paar erhält deshalb keine Ergänzungsleistungen – obwohl das verspekulierte Geld gar nicht mehr da ist (siehe auch Bundesgerichtsurteile 9C_180/2010, 9C_186/2011 sowie 9C_904/2011).

Deshalb erhielt auch ein Rentner keine EL, der Anfang Jahr dank Auszahlung seines Freizügigkeitsguthabens über 279 515 Franken verfügte. Ende Jahr waren nur noch 65 016 Franken übrig. Er konnte Ausgaben in der Höhe von 114 965 Franken nicht belegen. Das Bundesgericht sah in diesem Betrag einen freiwilligen Vermögensverzicht. Der Rentner begründete die Ausgaben mit seiner Sucht nach «Frauen im Milieu». (Bundesgerichtsurteil 8C_1039/2008, siehe auch Urteil 9C_732/2014)

Ein Darlehen an eine andere Person gilt hingegen im Normalfall nicht als freiwilliger Vermögensverzicht.

Auch Schenkungen gelten als Vermögensverzicht

Als «Vermögensverzicht» gilt auch, wenn AHV- oder IV-Bezüger Geld verschenken, um so ihr Vermögen zu verringern mit dem Ziel, Ergänzungsleistungen zu erhalten. Denn auch verschenktes Vermögen wird angerechnet. Hier gibt es auch keine keine Verjährung.

Allerdings: Für jedes Jahr ab dem Folgejahr der Schenkung werden 10 000 Franken weniger angerechnet, es findet also eine Art «Abschreibung» statt. Das gilt übrigens auch bei den vorher erwähnten Verlusten durch Spekulation.

Ein Rechenbeispiel: Eine Person machte 2009 eine Schenkung von 100 000 Franken. Im Folgejahr 2010 werden ihr immer noch die vollen 100 000 Franken als Vermögen angerechnet, anschliessend aber jedes Jahr 10 000 Franken weniger. 2016 sind es also noch 40 000 Franken.

Für die Praxis heisst das: Wenn Eltern ihr Eigenheim ihren Kindern noch zu Lebzeiten verschenken, so werden zwar die erwähnten 10 000 Franken pro Jahr nicht als Vermögensverzicht aufgerechnet.

Wenn den Eltern aber später das nötige Geld fehlt, um die Pflege- oder Altersheimkosten zu zahlen, werden die beschenkten Kinder unter Umständen zur Kasse gebeten – je nach Praxis der Gemeinde. Dies ergibt sich aus der Unterstützungspflicht für Verwandte.

FRAGE

Ergänzungsleistungen: Muss ich vorher die 3. Säule plündern?

Ich beziehe von IV und Pensionskasse eine volle Invalidenrente. Das reicht nicht zum Leben. Deshalb habe ich bei der AHV Ergänzungsleistungen (EL) verlangt – vergebens. Man hat mir vorgerechnet, ich könne mit 15 000 Franken auf einem Sparkonto und 72 500 Franken auf einem Konto der 3. Säule vorläufig über die Runden kommen. Muss ich also meine 3a-Altersvorsorge schon beziehen, obwohl ich erst 53 Jahre alt bin?

Ja. Bei der Prüfung, ob Sie Anspruch auf EL haben, muss die Ausgleichskasse auch allfällige Guthaben der 3. Säule mitberechnen. Denn der Barbezug von 3a-Geldern ist erlaubt, wenn der Besitzer eine volle Rente der IV bezieht.

Sie haben auf Ihrem Konto der Säule 3a zurzeit 72 500 Franken. Mit den 15 000 Franken auf dem Sparkonto beträgt Ihr verfügbares Vermögen somit 87 500 Franken.

Davon gelten bei Alleinstehenden 37 500 Franken als Freibetrag (Stand 2016, siehe Kasten auf Seite 87). Dieser Freibetrag wird bei der EL-Berechnung nicht berücksichtigt. Vom Vermögen, das diesen Freibetrag überschreitet – bei Ihnen 50 000 Franken –, müssen Sie sich einen Fünfzehntel pro Jahr als Einkommen anrechnen lassen (Vermögensverzehr für Leute, die nicht in einem Heim wohnen). Das sind in diesem Jahr 3333 Franken.

Eine Faustregel besagt nun: Anspruch auf Ergänzungsleistungen besteht dann, wenn von den Einnahmen (inklusive Vermögensverzehr) nach Abzug von Miete und Krankenkassenprämien weniger als 1500 Franken im Monat zur Verfügung stehen.

Es kann also sein, dass Sie gezwungen sind, Ihr Konto der 3. Säule aufzulösen, weil Sie zusammen mit dem Vermögensverzehr zu viel «verdienen», um einen Anspruch auf EL zu haben.

Beachten Sie auch: Ein Teilbezug ab dem 3a-Konto ist nicht erlaubt, Sie müssen es ganz auflösen.

Dies würde übrigens auch gelten, wenn Sie eine gebundene 3a-Lebensversicherung hätten.

Teilinvalide müssen sich um eine Arbeit bemühen

Von Teilinvaliden unter 60 Jahren wird übrigens erwartet, dass sie noch etwas arbeiten und sich so ein Einkommen verschaffen. Tun sie das nicht, so gilt dies ebenfalls als Vermögensverzicht – was zu einer Kürzung der Ergänzungsleistungen führen kann.

Das zeigte sich bei einem 54-jährigen Bezüger einer Invalidenrente. Gemäss IV-Verfügung hätte er 50 Prozent arbeiten können. Weil er sich nicht ernsthaft um einen Teilzeitjob bemühte, kürzte das Amt seine EL.

Das Argument: Er verzichte so auf Einkommen. Deshalb werde man ihm bei der Festsetzung der EL ein theoretisches Jahreseinkommen von 7800 Franken anrechnen.

Dagegen wehrte sich der Mann – vergeblich. Dass im Arztzeugnis stand, für ihn gebe es «wahrscheinlich keine konkrete Arbeitsstelle», nützte ihm nichts. Auch sein Einwand, er müsse tagsüber immer wieder Gymnastik machen, was die Jobsuche erschwere, zählte nicht. (Bundesgerichtsurteil 9C_255/2013, siehe auch Urteile 9C_505/2013 und 9C_620/2014)

Mehr noch: Selbst Ehepartner von Rentenbezügern müssen sich einen Job suchen, um «ihren» EL-Bezüger zu unterstützen. Und auch hier drohen Konsequenzen, falls sie das ohne besondere Gründe nicht tun (siehe z. B. Bundesgerichtsurteile 9C_916/2011, 9C_946/2011, 9C_326/2012 sowie 9C_103/2015).

Die Zuschüsse für ungedeckte Krankheitskosten

Zusätzlich zu den erwähnten monatlichen Ergänzungsleistungen gibt es auch Geld für bestimmte ungedeckte Krankheitskosten – etwa Franchise und Selbstbehalt der Krankenkassen sowie einfache Zahnbehandlungen, insbesondere aber für Transporte, Hilfsmittel und Spitex-Leistungen.

TIPP

Veränderungen melden!

Eine Altersheim-Bewohnerin bezog Ergänzungsleistungen zur AHV. Als ihre Lebenspartnerin starb, zog sie aus dem Zwei-Zimmer-Appartement in ein Einzelzimmer; die Heimtaxe reduzierte sich deshalb von 135 auf 125 Franken.

Doch die 87-jährige Frau unterliess es, diese «Änderung der wirtschaftlichen Verhältnisse» der Ausgleichskasse zu melden. Folge: Sie muss 6102 Franken zurückzahlen, weil sie rund zwei Jahre lang zu hohe Ergänzungsleistungen bezogen hat. Dies hat das Bundesgericht bestätigt. (Urteil 8C_556/2008)

Das Beispiel zeigt: Wer ungerechtfertigt zu hohe Ergänzungsleistungen bezieht, muss diese zurückzahlen. Denn EL-Bezügerinnen und -Bezüger haben eine gesetzliche Meldepflicht.

Deshalb musste auch ein Mann rund 21 000 Franken zurückzahlen, dessen Aktien im Wert massiv gestiegen waren. Vor Gericht argumentierte er, er habe diese Vermögenszunahme in der Steuererklärung korrekt deklariert, und die Steuerbehörde hätte dies der EL-Durchführungsstelle melden müssen. Falsch, sagt das Bundesgericht, Betroffene müssen solche Änderungen selber und sofort melden. (Urteil 9C_834/2010)

Auch hier gibt es im Prinzip maximale Beträge für die Vergütung: Bei Personen, die zu Hause wohnen, sind es 25 000 Franken für Alleinstehende und 50 000 Franken für Ehepaare bzw. eingetragene Partner. Die Kantone können aber diese Grenze nach oben setzen.

Diabetiker, die eine Diät einhalten müssen, erhielten früher pauschal 2100 Franken pro Jahr für die Zusatzkosten ihrer Spezialdiät.

Viele Diabetiker erhalten nun diese Pauschale nicht mehr. Denn das Bundesgericht hat entschieden: Eine spezielle Diabetiker-Ernährung mit fettarmem Fleisch, Meerfisch und Biogemüse ist heute nicht mehr teurer als eine «normale» gesunde Ernährung. Einige Kantone gewähren deshalb die Pauschale nur noch, wenn eine Zöliakie (Getreide-Unverträglichkeit) vorliegt oder wenn sich die betroffene Person einer Dialyse unterziehen muss.

Die provisorische Berechnung kann man selber machen

Eine immer wichtigere Rolle spielen Ergänzungsleistungen, um bei Bezügern die Kosten im Alters- oder Pflegeheim zu decken. Auch hier werden die Einnahmen den Ausgaben (insbesondere Heimkosten) gegenübergestellt; die Differenz entspricht den Ergänzungsleistungen. Wer in einem Heim wohnt, sollte sich an die Heimleitung wenden, falls Ergänzungsleistungen nötig werden.

Bei den AHV-Ausgleichskassen und IV-Stellen gibt es Merkblätter, mit deren Hilfe Sie selber provisorisch ausrechnen können, ob Sie einen Anspruch auf Ergänzungsleistungen haben. Diese und weitere Infos findet man auch im Internet unter www.ahv-iv.ch.

Auf der Homepage der Pro Senectute finden Interessierte einen Online-Rechner, mit dem man den allfälligen Anspruch auf Ergänzungsleistungen selber provisorisch ausrechnen kann (www.pro-senectute.ch, in der Suchmaske «Ergänzungsleistungsrechner» eingeben).

Übrigens: Ergänzungsleistungen muss man zurzeit nicht als Einkommen versteuern.

Tipp: EL-Bezügerinnen und -Bezüger können sich von den Radio- und TV-Gebühren der Billag befreien lassen.

IV-Rente und Ergänzungsleistungen 4

5 Wer ist versichert? Und was kostet es?
Wer höhere BVG-Leistungen will, zahlt mehr

Im Unterschied zum AHV-Gesetz schreibt das Pensionskassengesetz nur die Minimalleistungen vor, die jede Pensionskasse erbringen muss. Die meisten Kassen bieten aber mehr; das ist der Bereich des Überobligatoriums. Dies kostet jedoch höhere Prämien.

Alle Pensionskassen müssen zunächst das anbieten, was das BVG vorschreibt (Abkürzungen siehe Seite 245).

Doch dieses Gesetz legt nur die Minimalleistungen der beruflichen Vorsorge fest: Zusätzlich erlaubt es den Pensionskassen, bessere bzw. teurere Versicherungslösungen als die gesetzliche Minimalvariante anzubieten.

Das jeweilige Pensionskassenreglement umschreibt die Punkte, die weiter gehen als das gesetzlich vorgeschriebene Minimum.

In der Schweiz gibt es rund 1800 registrierte Vorsorgeeinrichtungen, die das Obligatorium durchführen und die verschiedenste Bedingungen und Leistungen haben.

STICHWORT
Obligatorium/Überobligatorium

Das BVG ist ein Minimalgesetz. Jede Pensionskasse muss mindestens die gesetzlich vorgeschriebenen Leistungen (Obligatorium) erbringen. Geht sie über die Minimalanforderungen hinaus, nennt man diese Leistungen überobligatorisch (siehe auch das Stichwort auf Seite 158).

Der Grund für diese Vielfalt: Schon vor der Einführung des Obligatoriums existierte eine Vielzahl von Pensionskassen. Eine Gleichschaltung war auf diese Weise nicht zu erzielen, sie war aber auch nicht erwünscht.

So wurde ein «Minimalgesetz» erarbeitet: Das BVG schreibt lediglich Minimalleistungen vor, die erfüllt werden müssen.

Das macht die Sache nicht einfach: Ohne Kenntnisse der Regelungen, die in jeder einzelnen Kasse gelten, ist es nicht möglich, den Versicherungsschutz eines Beschäftigten zu ermitteln. Wie viel Lohn ist versichert? Welche Renten, welche Auszahlungen erwarten den Versicherten?

Viele Betriebe wollen ihre Angestellten besser versichern

Jede Pensionskasse kann Leistungen erbringen, die über das Obligatorium hinausgehen (siehe das Stichwort links unten).

Diese Möglichkeit nehmen viele Pensionskassen wahr. Der eine Betrieb möchte seine Versicherten bei Invalidität besserstellen – er erhöht darum die Invalidenrenten.

Das andere Unternehmen geht auf den Wunsch vieler Arbeitnehmerinnen und Arbeitnehmer ein, im Alter eine höhere Altersrente beziehen zu können – es erhöht also die Beiträge an das Alterskapital.

Und ein dritter Betrieb will auch Teilzeitangestellte mit sehr kleinem Pensum versichern – er versichert deshalb freiwillig auch tiefere Einkommen.

Im Unterschied zur AHV sind in der beruflichen Vorsorge nur die Angestellten obligatorisch versichert: Alle Personen, die das 17. Altersjahr vollendet haben und bei einem Arbeitgeber einen Jahreslohn von mehr als 21 150 Franken beziehen (Stand 2016/2017), unterstehen dem Obligatorium.

Die obligatorische Versicherung ist somit an drei wesentliche Voraussetzungen gebunden:
- an ein Minimalalter,
- an eine Tätigkeit bei einem Arbeitgeber,
- an eine Eintrittsschwelle, konkret an einen Lohn, der im Jahr mehr als 21 150 Franken beträgt.

Das Alterssparen beginnt erst im Alter 25

Der Eintritt in die Pensionskasse erfolgt mit 17 Jahren. Genauer: Wer das 17. Altersjahr vollendet hat, wird am 1. Januar des folgenden Jahres versicherungspflichtig. Versichert sind in diesem Alter gemäss Gesetz nur die Risiken Tod und Invalidität.

Das eigentliche Alterssparen beginnt erst ab dem 1. Januar nach dem vollendeten 24. Altersjahr.

Personen zwischen 17 und 24 Jahren bezahlen also nur einen kleinen BVG-Beitrag. Folge: Wer vor dem zurückgelegten 24. Altersjahr die Stelle aufgibt oder wechselt, hat keine Freizügigkeitsleistung zugut.

Die Beitragspflicht endet bei der Pensionierung (bei Frauen nach dem 64., bei Männern nach dem 65. Altersjahr) sowie bei Invalidität oder Tod.

IN DIESEM KAPITEL

- 97 Versichert sind nur «Arbeitnehmer»
- 98 Die BVG-Minimalleistungen im Überblick
- 100 Die einmonatige Nachdeckung nach Verlassen der Stelle
- 100 Ehefrau im Geschäft: Muss sie Beiträge zahlen?
- 102 So wird der versicherte Lohn festgelegt
- 103 Der Koordinationsabzug
- 108 Pensionskassenlösungen für Teilzeitler
- 109 Zwei Jobs: Keine Pensionskasse?
- 110 Der Risikoschutz für Arbeitslose
- 113 Die Versicherung der IV-Bezüger
- 113 Die Pensionskasse für Selbständigerwerbende
- 116 Was die Pensionskasse kostet
- 116 So setzen sich die Prämien zusammen
- 118 Verwaltungskosten: Es fehlt die Transparenz
- 120 Versicherungsvarianten im Vergleich
- 121 Der Einkauf in die Pensionskasse
- 122 Der Anspruch auf Information
- 126 Stellenwechsel: Bei der bisherigen Kasse bleiben?
- 128 Auf Weltreise: Was geschieht mit der Pensionskasse?

Entscheidend ist, ob Sie «Arbeitnehmer» sind

Als weitere Voraussetzung fordert das Gesetz eine Tätigkeit als «Arbeitnehmer» (Arbeitnehmerinnen sind nach der Logik der vorwiegend männlichen Gesetzgeber dabei eingeschlossen).

Um zu beurteilen, ob jemand «Arbeitnehmer» ist oder nicht, ist der AHV-Status entscheidend: Ist die Person für die entsprechende

Fortsetzung auf Seit 99

Die BVG-Minimalleistungen im Überblick

Die folgenden Zusammenfassung basiert auf dem Stand 2016/2017. Ausführliche Details finden Sie in den entsprechenden Kapiteln.

Die BVG-Versicherung ist obligatorisch für alle Arbeitnehmer und Arbeitnehmerinnen ab dem 1. Januar nach dem vollendeten 17. Altersjahr (Risiken Tod und Invalidität) bzw. vollendeten 24. Altersjahr (Altersvorsorge).

Die Unterstellung unter das BVG gilt nur für Jahreslöhne zwischen 21 150 und 84 600 Franken.

Die BVG-Altersleistungen

- Rente aus dem Kapital, das aufgrund von monatlichen Beiträgen (Altersgutschriften) und einer vom Bundesrat festgelegten Mindestverzinsung bis zum 65. (Männer) bzw. 64. Altersjahr (Frauen) gebildet wird.

Die Altersgutschriften werden pro Kalenderjahr in Prozenten des versicherten (koordinierten) Lohnes berechnet (siehe Seite 133). Der Rentenumwandlungssatz beträgt 6,8 Prozent (siehe auch Seite 140 ff.).

- Rente von 20 Prozent der Altersrente für jedes Kind eines Rentners bis zum 18. bzw. 25. Altersjahr, falls es noch in Ausbildung ist.

Die Leistungen an die Hinterbliebenen

- Rente von 60 Prozent der vollen Invalidenrente für überlebende Ehepartner (Witwe oder Witwer), die für den Unterhalt von Kindern aufkommen oder über 45-jährig sind und mindestens fünf Jahre verheiratet waren. Andernfalls erfolgt eine Abfindung in der Höhe von drei Jahresrenten.
- Renten an geschiedene Ehepartner nach über zehnjähriger Ehe.
- Waisenrenten von je 20 Prozent einer vollen Invalidenrente bis zum 18. bzw. 25. Altersjahr, falls das Kind noch in Ausbildung ist.
- Stirbt eine alleinstehende Person, besteht kein Anspruch auf Auszahlung eines Todesfallkapitals an die Erben.

Die BVG-Invalidenleistungen

- Invalidenrente aus einem Kapital, das sich aus zwei Komponenten zusammensetzt: Kapital, das die Person bis zum Beginn des Anspruchs erworben hat, plus die Summe der Altersgutschriften für die bis zum Rentenalter fehlenden Jahre, ohne Zins. Der Rentenumwandlungssatz beträgt 6,8 Prozent (siehe auch Seite 140 ff.).

Die Rente richtet sich auch nach dem Grad der Invalidität (siehe Seite 161 ff.).

Für Personen mit einem Geburtsgebrechen oder einer Jugendinvalidität, die mindestens 20, aber nicht mehr 40 Prozent beträgt, besteht bei Erhöhung des Invaliditätsgrades ebenfalls ein Anspruch auf eine Rente.

- Rente von 20 Prozent einer vollen Invalidenrente für jedes Kind eines Invaliden.

Hinterlassenen- und Invalidenrenten gemäss den Minimalvorschriften des BVG müssen der Teuerung angepasst werden, erstmals nach einer Laufzeit von drei Jahren, dann periodisch (meist alle zwei Jahre) bis zum Pensionierungsalter 64/65.

Die Leistungen beim Stellenwechsel

Die Freizügigkeitsleistung entspricht dem bis zum Austritt angesammelten und verzinsten Altersguthaben (Art. 15 FZG; andere Berechnungen für Kassen mit Leistungsprimat, Art. 16 und 17 FZG).

Fortsetzung von Seite 97

Tätigkeit bei der AHV als unselbständigerwerbend gemeldet, gilt sie als Arbeitnehmer (siehe Seite 35 ff.).

Doch aufgepasst: Mischformen sind denkbar. Denn ein Selbständigerwerbender kann nebenbei auch noch in einem Arbeitsverhältnis stehen; und es gibt Arbeitnehmerinnen und Arbeitnehmer, die nebenbei noch eine selbständige Erwerbstätigkeit ausüben. Oft ist deshalb unklar, welche Tätigkeiten der Beitragspflicht unterstellt sind und welche nicht.

In den folgenden Beispielen wird diese Pflicht bejaht:

■ **Akkordanten und Heimarbeiter**
Eine mit der Ausführung einer Arbeit betraute Person zieht Hilfskräfte bei. Ein typisches Beispiel für ein solches mehrstufiges Arbeitsverhältnis ist der Akkordant, der für die Eisenlegerarbeiten auf der Baustelle Unterakkordanten einsetzt. Hier sind Ober- wie auch Unterakkordant dem Obligatorium unterstellt.

■ Ähnlich bei der **Heimarbeit**: Der «Unternehmer» nimmt vom Auftraggeber Arbeit entgegen, legt aber nicht selber Hand an, sondern lässt sie durch Heimarbeiterinnen ausführen. Beide Parteien sind beitragspflichtig.

■ **Verwaltungsräte von Aktiengesellschaften**
In der AHV gelten Personen, die als Verwaltungsräte in einer Gesellschaft tätig sind, als Unselbständigerwerbende. Daher sind Verwaltungsratsmitglieder von Aktiengesellschaften dem BVG-Versicherungsobligatorium unterstellt.

Dies gilt auch für Alleinaktionäre, die die Betriebsleitung ihrer Gesellschaft vollständig in ihren Händen halten und auch selber hauptberuflich im Betrieb mitwirken.

■ **Behördenmitglieder**
Dem Obligatorium unterstehen auch hauptberuflich tätige Mitglieder von eidgenössischen, kantonalen oder kommunalen Parlamenten, von Gerichten oder Kommissionen mit richterlichen Befugnissen sowie von Kommissionen des Bundesrates, der kantonalen Regierungen und der Gemeindeexekutiven.

Ausnahmen sind dort gegeben, wo eine dieser Tätigkeiten im Nebenberuf ausgeübt wird, die Versicherungspflicht aber bereits im Hauptberuf besteht – was etwa beim angestellten Spitzenbeamten der Fall ist, der nebenbei noch im Verwaltungsrat eines Elektrizitätswerks sitzt.

Eine Ausnahme liegt auch dann vor, wenn aufgrund einer hauptberuflich selbständigen Erwerbstä-

---

STICHWORT

BVG-Minimum

Das BVG-Minimum wird durch die Eintrittsschwelle und den Koordinationsabzug bestimmt. Wer mehr verdient, ist zwingend pensionskassenversichert. Wer das BVG-Minimum nicht erreicht, muss nicht versichert werden.

Allerdings kann jede Pensionskasse reglementarisch eine Versicherungspflicht auch für weniger Verdienende einführen.

tigkeit keine Unterstellung unter das Obligatorium gegeben ist. Beispiel: Der selbständige Anwalt, der im Nebenamt noch Behördenmitglied ist, ist nicht BVG-pflichtig.

Um die Diskussion über die «Arbeitnehmer»-Eigenschaft zu klären, hat das Bundesgericht festgehalten, der Begriff des «Arbeitnehmers» sei nicht nur auf Personen im Sinne des Arbeitsvertragsrechts beschränkt. Vielmehr werde jede Person darunter verstanden, die unselbständigerwerbend sei.

Aus diesem Grund sei die französische Fassung des Gesetzestextes präziser als die deutsche: Das Gesetz spricht in der deutschen Fassung vom «Arbeitnehmer», in der französischen jedoch nicht vom «travailleur», sondern vom «salarié», also von einer Person, die entlöhnt wird.

Das bedeutet, dass die meisten sogenannten freien Mitarbeiter bezüglich AHV und Pensionskasse den Festangestellten gleichgestellt sind – dies jedenfalls dann, wenn sie (wie es bei freien Journalisten oder Grafikern der Fall sein kann) ihren Lohn überwiegend von einem einzigen Auftraggeber beziehen.

Keine Stelle mehr: Risikoschutz noch für einen Monat

Beendet eine versicherte Person ihr Arbeitsverhältnis, hört auch die

---

FRAGE

Muss die Ehefrau im Geschäft auch Beiträge zahlen?

Ich habe ein Fotofachgeschäft. Während ich unterwegs bin, bedient meine Frau die Kundschaft usw. Ich bezahle ihr je nach Geschäftsgang unterschiedlich hohe Beträge – ohne Lohnabrechnungen. Einen kleinen Teil des Geschäftsgewinns brauchen wir beide für die Lebenskosten. Der Rest geht auf ein Sparkonto, denn wir wollen schon bald ein eigenes Wohnhaus mit Ladenlokal kaufen. Muss meine Frau in die Pensionskasse einzahlen?

Ja. Zunächst muss man festhalten: Als Inhaber einer Einzelfirma sind Sie selbständigerwerbend; Sie sind dem Obligatorium nicht unterstellt. (Hätte Ihr Fotogeschäft die Rechtsform einer Aktiengesellschaft oder einer GmbH, wären Sie als Angestellter beitragspflichtig.)

Bei der im Geschäft mitarbeitenden Ehegattin sieht die Sache jedoch anders aus: Nach Rechtsprechung des Bundesgerichts sind die unterschiedlich hohen Beträge, welche die Frau erhält, wie Barlohn zu behandeln; demzufolge unterstehen sie auch dem Pensionskassenobligatorium. (BGE 115 Ib 37, E.5)

Der juristische Hintergrund sieht folgendermassen aus: Das Eherecht räumt der im Geschäft des Ehemannes mitarbeitenden Frau einen Anspruch auf Entschädigung ein (Art. 165 Abs. 1 ZGB). Die Absicht dahinter: Ohne eigentlichen Arbeitsvertrag geleistete Arbeit im Geschäft des Ehegatten soll arbeitsvertraglichen Verhältnissen angeglichen werden.

Zwar spricht das Gesetz von «Entschädigung», doch sind diese Beiträge wie Barlohn zu behandeln.

Versicherungspflicht auf – und sie beginnt wieder, wenn diese Person eine andere Stelle antritt.

Die Versicherungspflicht endet auch dann, wenn jemand einen Statuswechsel vollzieht. Beispiel: Die bis anhin angestellte Physiotherapeutin eröffnet ein eigenes Studio und übernimmt einen Teil der Kundschaft. Rechtlich gesehen wechselt sie jetzt von einer unselbständigen Erwerbstätigkeit zu einer selbständigen. Also: Eine Pflicht zur beruflichen Vorsorge gibt es nicht mehr.

Wichtig in diesem Zusammenhang: Auch nach dem Ende des Arbeitsverhältnisses bleibt eine austretende Person noch einen Monat lang bei der bisherigen Vorsorgeeinrichtung für die Risiken Tod und Invalidität versichert.

Diese Nachversicherung verhindert Versicherungslücken in einer kurzen Übergangszeit zwischen zwei Anstellungen.

Vorteil dieser Vorschrift: Tritt ein Schadenfall ein (Invalidität), erbringt die bisherige Pensionskasse die reglementarischen Leistungen (siehe Stichwort rechts oben).

Tritt die aus einem Betrieb ausgeschiedene Person vor Ablauf eines Monats eine neue Stelle an, muss bei einem Schadenfall zwischen Austritt und Antritt der neuen Stelle ebenfalls die bisherige Pensionskasse zahlen.

Die gesetzliche Nachdeckung gilt in jedem Fall
Nicht immer ist aber klar, ob und wann ein Arbeitsverhältnis beendet ist, wie ein Gerichtsfall zeigt:

> **STICHWORT**
>
> ### Nachdeckung
>
> Während eines Monats nach Beendigung des Arbeitsverhältnisses bleibt für die Risiken Tod und Invalidität ein Versicherungsschutz durch die bisherige Pensionskasse bestehen; während dieser Periode muss diese versicherte Person aber keine Beiträge mehr an die Pensionskasse zahlen.

Ein Arbeitnehmer tritt nach den Ferien seine Stelle nicht mehr an und wird drei Monate später invalid. Er verlangt nun von der bisherigen Pensionskasse eine Invalidenrente. Doch die Kasse muss keine Invalidenrente zahlen, hat das Bundesgericht entschieden: Nimmt ein Arbeitnehmer nach den Ferien die Arbeit nicht wieder auf und gibt er dem Arbeitgeber während längerer Zeit auch kein Lebenszeichen, liegt der Tatbestand des Verlassens der Arbeitsstelle nach Art. 337d OR vor.

> **TIPP**
>
> ### Verhindern Sie Versicherungslücken!
>
> Wer seine Stelle verliert und arbeitslos wird, kann sich bei der bisherigen Pensionskasse über die Fortsetzung der Versicherung erkundigen.
>
> Dies ist vor allem dann sinnvoll, wenn Bedarf an einem Versicherungsschutz gegen die Risiken Tod und Invalidität besteht.
>
> Beachten Sie aber: Viele Arbeitslose, die stempeln, sind bereits obligatorisch bei der Auffangeinrichtung gegen Tod und Invalidität versichert (siehe Details auf Seite 110ff.).

Konkret: Das Arbeitsverhältnis endet auf denjenigen Zeitpunkt, an dem der Arbeitnehmer die Stelle nach den Ferien wieder hätte antreten müssen.

Allerdings besteht nach diesem Zeitpunkt noch während eines Monats die gesetzliche Nachdeckung. Tritt der Schadenfall aber erst nach Ablauf dieses Monats ein (wie das hier der Fall war), so muss die ehemalige Pensionskasse nicht mehr zahlen. (Bundesgerichtsurteil 121 V 281)

Ein Spezialfall liegt auch dann vor, wenn jemand arbeitslos wird (siehe Seite 110 ff.).

Der versicherte Lohn: Oben und unten begrenzt

Das Gesetz legt für das Obligatorium einen Jahres-Mindestlohn beziehungsweise eine Eintrittsschwelle von 21 150 Franken fest. Wer weniger verdient, ist nicht beitragspflichtig.

Warum genau dieser Betrag? Ursprünglich hatte der Gesetz-

FRAGE

Invalidität nach fristloser Entlassung: Gibt es eine Rente?

Ich bin Maler. Bei einer Wohnungsrenovation ist mir ein Farbkübel umgekippt und hat den Spannteppich verunreinigt. Ich wurde fristlos entlassen. Ich habe Klage eingelegt gegen diese Entlassung und vom Arbeitsgericht Recht erhalten. Der Arbeitgeber musste mir deshalb eine Entschädigung zahlen in der Höhe von drei Monatslöhnen; das entspricht meiner Kündigungsfrist. Zwei Monate nach der fristlosen Entlassung wurde ich krank und in der Folge invalid. Habe ich Anspruch auf eine Invalidenrente der Pensionskasse?

Nein. Viele sind zwar der Ansicht, die Schadenersatzzahlung für die ungerechtfertigte fristlose Entlassung sei ein Verdienstersatz und die Versicherungspflicht bestehe weiter. Das ist aber nicht der Fall: Diese Zahlung ist kein Lohn, sondern eine Entschädigung.

Nach BVG endet die Versicherungspflicht bei der Auflösung des Arbeitsverhältnisses. Und dieses wurde zum Zeitpunkt der Entlassung beendet.

Auch die einmonatige Nachdeckung (siehe die vorhergehende Seite) greift in Ihrem Fall nicht mehr. So hat es das Bundesgericht entschieden.

Die Konsequenzen sind hart: Tritt nach Ablauf der einmonatigen Nachdeckung, aber noch innerhalb der eigentlichen Kündigungsfrist ein Schadenfall ein, besteht kein Schutz durch die Pensionskasse. Offen ist, ob Betroffene in einem solchen Fall vom Arbeitgeber eine zusätzliche Schadenersatzzahlung verlangen können. Dazu gibt es keine Rechtsprechung.

Tipp: Fristlos Entlassene sollten vor Ablauf der einmonatigen Nachdeckungsfrist eine Abredeversicherung abschliessen; dann sind sie immerhin unfallversichert (falls sie stempeln, sind sie obligatorisch versichert, siehe Seite 110 ff.).

Für den Fall von Krankheit brauchen fristlos Entlassene auch ein Krankentaggeld.

STICHWORT

Koordinationsabzug und Eintrittsschwelle

Der Koordinationsabzug entspricht ⅞ von zwölf maximalen einfachen AHV-Renten (siehe Kasten auf Seite 57) und beträgt somit für die Jahre 2016 und 2017 24 675 Franken. Dieser Betrag wird vom Lohn abgezogen, die Restsumme bildet den «versicherten Verdienst».

Beispiel: Bei einem effektiven Jahreseinkommen von 50 000 Franken beträgt der versicherte Verdienst 25 325 Franken.

Für Leute mit kleinem Einkommen beginnt die Beitragspflicht aber schon bei ⅝ der jährlichen maximalen einfachen AHV-Rente. Diese Eintrittsschwelle liegt 2016/2017 bei 21 150 Franken.

Für Versicherte mit einem effektiven Lohn zwischen 21 150 und 28 200 Franken beträgt der versicherte Verdienst immer 3525 Franken (⅛ der jährlichen maximalen einfachen AHV-Rente; Stand 2016/2017, siehe das Stichwort auf der nächsten Seite).

Die Pensionskassen können auf eigene Faust in ihrem Reglement einen tieferen Koordinationsabzug oder eine kleinere Eintrittsschwelle bestimmen, sodass beispielsweise auch Teilzeitbeschäftigte in den Genuss der Vorteile der 2. Säule kommen. Das fällt dann in den Bereich des Überobligatoriums (siehe Kästen auf den Seiten 96 und 158).

geber so überlegt: Eine maximale AHV-Rente beträgt 2350 Franken im Monat bzw. 28 200 Franken im Jahr (Stand 2016/2017).

Falls nun eine Person vor der Pensionierung nur so viel verdient hat, wird sie mit dieser Summe auch im Alter auskommen – ohne zusätzlichen Pensionskassenzustupf.

Mit der 1. BVG-Revision wurde dieser unmittelbare Bezug aufgegeben. Neu wurde eine tiefere Eintrittsschwelle ins Gesetz aufgenommen, und der Koordinationsabzug wurde verändert.

Heute gilt: Obligatorisch versichert werden muss, wer mehr als die Eintrittsschwelle verdient. Diese liegt – wie oben erwähnt – bei

Eintrittsschwelle, Koordinationsabzug und versicherter Lohn: Ein paar Rechenbeispiele

Versicherte Person	Müller	Meier	Hinz	Kunz	Manz
Effektiver Lohn	18 600.–	22 600.–	26 000.–	39 000.–	106 000.–
Eintrittsschwelle BVG	21 150.–	21 150.–	21 150.–	21 150.–	21 150.–
Koordinationsabzug	24 675.–	24 675.–	24 675.–	24 675.–	24 675.–
Errechneter Lohn	0.–	1450.–	1325.–	14 325.–	81 325.–
Versicherter Lohn BVG	0.–	3525.–	3525.–	14 325.–	59 925.–[1]

[1] Der maximale BVG-Lohn beträgt 84 600 Franken; der maximale nach BVG versicherbare Lohn beträgt somit 59 925 Franken (84 600 minus 24 675).

ALLE ANGABEN: STAND 2016/2017

21150 Franken (Stand 2016/2017). Dies entspricht neu ⅞ der jährlichen maximalen AHV-Rente.

Steigt die AHV-Rente, erhöht sich auch die Eintrittsschwelle entsprechend.

Neben der Eintrittsschwelle gibt es aber wie bis anhin den Koordinationsabzug. Dieser beträgt ⅞ der jährlichen maximalen AHV-Rente, für 2016/17 also 24 675 Franken. Auch dieser Betrag steigt bei der Erhöhung der AHV-Renten.

Alle Löhne, die entweder über der Eintrittsschwelle oder über dem Koordinationsabzug liegen, werden versichert. Dabei gelangt ein Mindestbetrag von 3525 Franken (⅛ der maximalen jährlichen einfachen AHV-Rente) zur Anwendung.

Wer weniger verdient als diese Eintrittsschwelle, untersteht nicht dem dem Pensionskassengesetz und muss auch nicht versichert werden.

Ein paar Beispiele für dieses Zusammenspiel von Eintrittsschwelle, Koordinationsabzug und versichertem Lohn sehen Sie im Kasten auf der vorhergehenden Seite unten.

Die Beitragspflicht nach BVG-Obligatorium hört beim Betrag der dreifachen maximalen AHV-Rente auf, also 2016/2017 bei 84 600 Franken (3 x 28 200.–).

Löhne, die darüberliegen, können freiwillig versichert werden. Allerdings gilt auch für die freiwillige Versicherung eine Obergrenze; sie liegt 2016/2017 bei einem Jahreslohn in der 10-fachen Höhe des oberen Maximums, also bei 846 000 Franken.

Pensionskassen machen eine Vorausberechnung

Das Festlegen des versicherten Lohnes (Gesetzessprache: des «koordinierten Lohnes») bietet dann keine Schwierigkeiten, wenn ein festes Monatsgehalt und allenfalls ein 13. Monatslohn vereinbart sind. Der so ermittelte mutmassliche Jahreslohn wird der Vorsorgeeinrichtung gemeldet; sie macht dann die Veranlagung.

Leistungen und Beiträge werden im Voraus berechnet. Eine Anpassung an einen davon abweichen-

Fortsetzung auf Seite 106

STICHWORT

Minimaler koordinierter Lohn

Eine Frau verdient monatlich 2000 Franken und erhält einen 13. Monatslohn. Ihr Jahreseinkommen beläuft sich somit auf 26 000 Franken. Zieht man den Koordinationsabzug von 24 675 Franken ab, würde ihr versicherter Jahreslohn nur gerade 1325 Franken ausmachen (Stand 2016/2017).

Für diese Summe lohnt sich ein Beitritt in die Pensionskasse kaum. Deshalb hat das Gesetz einen minimalen koordinierten Lohn eingeführt: Es handelt sich um eine fixe Summe von 3525 Franken (Stand 2016/2017). Dieser Betrag entspricht ⅛ der maximalen jährlichen Altersrente der AHV. Die Frau hat also automatisch einen versicherten Jahreslohn von 3525 Franken.

Der minimale koordinierte Lohn wurde eingeführt, damit sich bei tiefen Salären, die nur knapp über dem Lohnminimum liegen, der Eintritt in die Pensionskasse überhaupt lohnt.

So wird der versicherte Lohn berechnet

Beispiel 1: Stefan O. tritt am 1. April eine neue Arbeitsstelle an. In seinem Arbeitsvertrag sind 4500 Franken Monatslohn (brutto) und die Zahlung eines 13. Monatslohns vereinbart.
Für die BVG-Unterstellung wird der versicherte Lohn wie folgt berechnet:

13 x 4500 Franken	**Fr. 58 500.–**
Koordinationsabzug	– 24 675.–
Versicherter Lohn	**= 33 825.–**

Beispiel 2: Ruedi B. beginnt am 1. März ein dreimonatiges Praktikum als Koch. Er verdient 2500 Franken im Monat.

12 x 2500.–	**Fr. 30 000.–**
Koordinationsabzug	– 24 675.–
Versicherter Lohn	**= 5 325.–**

An sich wäre ein versicherter Lohn gegeben, doch aufgrund der bloss dreimonatigen Beschäftigungsdauer besteht keine Versicherungspflicht.

Falls aber Ruedi B. nachher das Praktikum um zwei Monate verlängert, wird er ab dem ersten Tag der Verlängerung BVG-pflichtig. Die Beitragspflicht erstreckt sich somit zumindest auf die beiden Monate der Verlängerung (Art. 1k BVV 2).

Achtung: Auch während einer Probezeit ist eine Unterstellung unter das BVG zwingend. Denn Probezeit bedeutet nicht eine Befristung des Arbeitsverhältnisses, sondern nur die Vereinbarung einer Periode, in der beide Parteien mit verkürzten Fristen kündigen können (Art. 335b OR, siehe Kasten auf Seite 112).

Beispiel 3: Mit seinem Arbeitgeber hat Fredi S. vereinbart, dass er nur dann zur Arbeit erscheint, wenn es nötig ist. Als Stundenlohn sind Fr. 23.50 vereinbart plus 8,33 Prozent Feriengeld. Dies entspricht einem Ferienanspruch von vier Wochen im Jahr. Hier ist es schwierig, den versicherten Lohn zu ermitteln. Er wäre leicht zu berechnen, wenn die Zahl der monatlichen Arbeitsstunden im Voraus bekannt wäre. Dies ist jedoch hier nicht der Fall. Wie vorgehen?

Bei solchen Schwankungen ermöglicht das Gesetz zur Ermittlung des versicherten Lohnes ein Abstellen auf kürzere Perioden, beispielsweise auf monatliche Lohnperioden.

Zeigt sich dann nach dem ersten Monat, dass der ausbezahlte Lohn höher ist als die auf einen Monat umgerechnete Eintrittsschwelle, erfolgt eine BVG-Unterstellung; diese bleibt auch dann bestehen, wenn der Lohn vorübergehend tiefer ist als die Eintrittsschwelle.

Beispiel:

37 Arbeitsstunden im 1. Monat:	
37 x 23.50	Fr. 869.50
8,33 % Feriengeld	+ 72.40
Lohn	**= 941.90**
Monatliche Eintrittsschwelle	
($1/12$ von 21 150.–)	1 763.–

Ergebnis: Eine Unterstellung unter das BVG-Obligatorium ist nicht gegeben, denn der Lohn (Fr. 941.90) ist kleiner als die Eintrittsschwelle.

Fortsetzung von Seite 104

den realen Verdienst findet nur in Ausnahmefällen statt – dies im Unterschied zur AHV, wo Ende Jahr eine genaue Abrechnung erfolgt.

Wo aber das Salär des Angestellten unterjährigen Schwankungen unterworfen ist, kann es schwierig sein, den versicherten Lohn im Voraus festzulegen. Trotzdem wird der Verdienst immer auf ein Jahr hochgerechnet, um den versicherten Lohn festzulegen – auch dann, wenn noch unklar ist, wie lange ein Arbeitsverhältnis dauern wird (siehe dazu den Kasten auf der vorhergehenden Seite).

Diese Methode kommt auch dann zur Anwendung, wenn von Anfang an klar ist, dass ein Arbeitsverhältnis kürzer als ein Jahr sein wird. Denn auch hier gilt die Versicherungspflicht. Nur Arbeitsverhältnisse, die nur für drei Monate oder noch kürzer vereinbart sind, unterstehen nicht dem Obligatorium (siehe Kasten auf Seite 112).

Auch nach oben ist der obligatorisch versicherte Lohn begrenzt:

STICHWORT

Versicherter Verdienst

Der versicherte Verdienst (auch koordinierter Verdienst) ist jener Lohnteil, der als Grundlage für die Festlegung der Pensionskassenbeiträge dient – also der Lohn zwischen 24 675 und 84 600 Franken. Und so rechnet man den versicherten oder den koordinierten Lohn aus: Bruttolohn minus den Koordinationsabzug von 24 675 Franken. Der gemäss Gesetz maximal versicherbare Jahreslohn liegt also bei 59 925 Franken (Stand 2016/17, siehe Tabelle auf Seite 103).

Nur der versicherte Verdienst untersteht dem Pensionskassengesetz. Dies heisst, dass Versicherte höchstens auf ein maximales Bruttoeinkommen von 59 925 Franken zwingend die Alters- und Risikoprämien an die Pensionskasse zahlen müssen.

Die Eckwerte des Lohnminimums und -maximums, die durch das Pensionskassenobligatorium vorgeschrieben sind, heissen Grenzbeträge oder Grenzwerte.

Wird eine höhere Lohnsumme versichert, handelt es sich um eine überobligatorische Versicherung.

Der mindestens zu versichernde Lohn (siehe dazu den Kasten auf Seite 104) beträgt 3525 Franken. Dies bedeutet, dass bei Jahreseinkommen zwischen 21 150 und 28 200 Franken immer ein Mindestlohn von 3525 Franken versichert wird.

Erst bei einem Lohn über 28 200 Franken führt der 2016/2017 gültige Koordinationsabzug von 24 675 Franken zu einem höheren versicherten Lohn.

Die Unterstellung unter das BVG hört bei 84 600 Franken auf (Stand 2016/2017, siehe Seite 104). Der gemäss BVG maximal versicherbare koordinierte Lohn liegt somit bei 59 925 Franken (Stand 2016/2017).

Höhere Löhne müssen nicht, können jedoch versichert werden. Es handelt sich dann um eine überobligatorische Versicherung.

Freiwillig versichert? Betrieb muss einverstanden sein

Bis anhin war nur die Rede von der obligatorischen Versicherung. Betroffene, die nicht dem Obligatorium unterstehen, können sich aber auch freiwillig der Versicherung unterstellen. Zwei Personenkategorien kommen hier in Frage:
- Selbständigerwerbende, die in keinem Arbeitsverhältnis stehen (siehe Seite 113 ff.) und
- Arbeitnehmerinnen und Arbeitnehmer, die aufgrund eines geringen Lohnes nicht unter das Versicherungsobligatorium der Pensionskasse fallen.

Bei der freiwilligen Versicherung von Arbeitnehmerinnen und Arbeitnehmern stellt sich jedoch ein Problem: Es handelt sich ja hier um eine überobligatorische Versicherung (sie geht weiter als das Obligatorium).

Die Folge: Der Arbeitgeber ist nicht verpflichtet, Beiträge zu entrichten! Eine freiwillige, überobligatorische Versicherung spielt somit nur, falls der Arbeitgeber einverstanden und seine Hälfte der Beiträge zu zahlen gewillt ist.

> **TIPP**
>
> **Teilzeitler ohne Pensionskasse: Fragen Sie Ihren Arbeitgeber!**
>
> Viele Teilzeitarbeitende fallen nicht unter das BVG-Obligatorium, weil sie zu wenig verdienen. Im Alter sind sie dadurch benachteiligt.
>
> **Tipp:** Wenden Sie sich als Teilzeitler an Ihren Arbeitgeber oder an den Stiftungsrat der Pensionskasse. Vielleicht lässt das Pensionskassenreglement eine freiwillige Versicherung zu.

Es kann auch umgekehrt laufen: Sieht ein Pensionskassen-Reglement die Versicherung der Teilzeitlerinnen und Teilzeitler vor, haben die Angestellten gar keine Wahl: Sie müssen in die Pensionskasse eintreten.

Denn mit der Unterschrift unter den Arbeitsvertrag haben sie die bestehende Vorsorgelösung akzeptiert – auch wenn von der Lohnhöhe her gar kein Obligatorium gegeben wäre.

Eine freiwillige Versicherung kann auch gestützt auf das Arbeitsvertragsrecht abgeschlossen sein (Art. 331 ff. OR).

Oft sind Kaderleute so für zusätzliche Leistungen versichert. Die eigentliche Pensionskasse erbringt Basisleistungen, der Rest wird unabhängig vom BVG versichert.

Die BVG-Beitragspflicht hört bei 84 600 Franken auf (Stand 2016/ 2017). Ist mehr versichert, fällt dies ins Überobligatorium – und dann müssen auch die BVG-Leistungsanforderungen nicht mehr berücksichtigt sein; sie sind durch die Basisversicherung abgedeckt.

Kleinerer Koordinationsabzug für Teilzeitbeschäftigte

Heinz S. arbeitet zu 60 Prozent. Er verdient im Monat 2500 Franken. Zusätzlich erhält er einen 13. Monatslohn. Seine Frau Evelyne arbeitet an drei halben Tagen stundenweise (30 Prozent) und verdient 2200 Franken im Monat, zuzüglich 13. Monatslohn. Wie berechnen sich die versicherten Löhne?

Variante 1: Der Koordinationsabzug kommt voll, also zu 100 Prozent zur Anwendung.

Ehemann:	in Fr.
Jahresverdienst 13 x 2500.–	32 500.–
Koordinationsabzug	– 24 675.–
Versicherter Lohn	**7 825.–**
Ehefrau:	
Jahresverdienst 13 x 2200.–	28 600.–
Koordinationsabzug	– 24 675.–
Versicherter Lohn	**3 925.–**

Variante 2: Der Koordinationsabzug wird entsprechend dem Beschäftigungsgrad (60% beziehungsweise 30%) berechnet.

Ehemann:	
Jahresverdienst 13 x 2500.–	32 500.–
Koordinationsabzug 60% (von 24 675)	– 14 805.–
Versicherter Lohn	**17 695.–**
Ehefrau:	
Jahresverdienst 13 x 2200.–	28 600.–
Koordinationsabzug 30% (von 24 675)	– 7 403.–
Versicherter Lohn	**21 197.–**

Pensionskassenlösungen gibt es auch für Teilzeitler

Eine überobligatorische Versicherung kann sinnvoll sein: Warum soll eine Person, die nur Teilzeit arbeitet und vermutlich auch nie die maximale AHV-Rente erhalten wird, im Alter nicht auch eine Pension beziehen können?

Deswegen kann es bei Teilzeitbeschäftigten angesagt sein, die Eintrittsschwelle und den Koordinationsabzug freiwillig entsprechend dem Beschäftigungsgrad zu reduzieren. Geschieht dies nicht, fallen Teilzeitler mit kleinem Pensum unter das BVG-Minimum und damit aus dem Obligatorium – was etwa dort ein Problem ist, wo Eltern reduziert arbeiten, weil beide ihre Kinder gemeinsam betreuen.

Die Musterrechnung für Heinz S. und seine Frau (links) belegt dies: Weil sich jetzt die Beiträge für das Alterskapital nach dem versicherten Lohn richten und weil sich auch die Risikoleistungen daran bemessen, fahren die beiden verheirateten Teilzeitler mit der Reduktion des Koordinationsabzuges deutlich besser und dürfen sich auf eine Rente freuen.

Gemäss Bundesamt für Sozialversicherungen (BSV) fallen immerhin noch 11 Prozent der erwerbstätigen Männer und 26 Prozent der erwerbstätigen Frauen nicht unter das BVG-Obligatorium (Stand 2010).

Verschiedene «kleine» Jobs – und keine Pensionskasse?

Was passiert mit Personen, die nicht nur an einer Stelle arbeiten, sondern verschiedene Teilzeitjobs haben, aber nirgends mehr als 21 150 Franken (Stand 2016/17) verdienen? Zum Beispiel Susanne S.: Sie arbeitet als Sekretärin in einem Büro während zweier Tage pro Woche. Sie verdient so 1500 Franken im Monat. Einen 13. Monatslohn erhält sie ebenfalls.

Daneben arbeitet Susanne S. während dreier Vormittage als ausgebildete Grafikerin im Atelier ihrer Freundin, wo sie als Lohn 1200 Franken erhält, ohne dass ein 13. Monatslohn vereinbart wäre.

Das Problem: Bei keiner der beiden Beschäftigungen fällt Susanne S. unter die BVG-Versicherungspflicht, denn sie erreicht die Eintrittsschwelle von 21 150 Franken in beiden Fällen nicht.

Werden jedoch beide Beschäftigungen zusammengezählt, wäre eine Versicherungspflicht ohne Weiteres gegeben.

FRAGE

Ich habe zwei Jobs: Gibt es für mich trotzdem eine Pensionskasse?

Ich verdiene bei einem Teilzeitjob 18 000 Franken im Jahr, beim anderen 17 000 Franken. Weil die Eintrittsschwelle bei 21 150 Franken liegt, bin ich in keiner der beiden Betriebspensionskassen versichert. Total verdiene ich aber 35 000 Franken. Habe ich eine Möglichkeit, mich einer Pensionskasse anzuschliessen?

Ja. Weil Sie insgesamt mehr verdienen als den nicht zu versichernden Sockelbetrag von 21 150 Franken (Stand 2016/2017), haben Sie zwei Möglichkeiten, sich in der 2. Säule zu versichern:

Variante 1: Sie schliessen sich freiwillig einer der beiden Pensionskassen Ihrer Arbeitgeber an. Dies ist aber nur möglich, wenn das betreffende Vorsorgereglement einen solchen Anschluss zulässt. Ist dies der Fall, können Sie sich bei dieser Vorsorgeeinrichtung für die gesamten 35 000 Franken Einkommen versichern lassen.

Die beiden Betriebe müssen dann einen Anteil an Ihre Pensionskassenbeiträge zahlen. Konkret: Ihre beiden Arbeitgeber schulden Ihnen jeweils die Hälfte der Pensionskassenbeiträge, die sich aufgrund des jeweiligen Lohnes (17 000 bzw. 18 000 Franken) ergeben. Die andere Hälfte müssen Sie wie alle anderen Pensionskassenversicherten selber zahlen.

Das Inkasso für die betreffenden Arbeitgeberbeiträge ist grundsätzlich Ihre Sache; Sie können aber die Kasse bitten, das für Sie zu übernehmen.

Variante 2: Sollte keine der beiden Pensionskassen einen freiwilligen Anschluss zulassen, haben Sie die Möglichkeit, sich der Auffangeinrichtung der beruflichen Vorsorge anzuschliessen (die Adressen der regionalen Zweigstellen finden Sie im Anhang auf Seite 244 f.). Diese Variante ist allerdings wenig verbreitet: Im Jahr 2015 machten gerade mal 168 Teilzeitler mit mehreren Arbeitgebern von dieser Möglichkeit Gebrauch.

Auch bei der Variante Auffangeinrichtung müssen die beiden Arbeitgeber ihren Anteil zahlen, und auch hier ist das Prämieninkasso grundsätzlich Ihre Sache.

Suchen Sie aber vorher unbedingt das Gespräch mit Ihren beiden Arbeitgebern. Vielleicht herrscht nicht gerade grosse Freude, wenn die Betriebe jetzt für Sie Beiträge zahlen müssen.

Die freiwillige Versicherung ist auch für Arbeitnehmende offen, die schon für einen Hauptjob versichert sind, aber dazu noch einen Nebenverdienst haben.

> Pensionskasse: Wer ist dabei? 5

Falscher Lohn versichert?

Für Versicherte lohnt es sich, den Pensionskassenausweis zu studieren und insbesondere zu prüfen, ob die richtige Lohnsumme versichert ist.

Bedenken Sie dabei: Die im Arbeitsvertrag genannte Lohnsumme ist nicht identisch mit der Summe, die im Versicherungsausweis auftauchen muss. Es wird ja nur der koordinierte Lohn versichert (siehe Kasten auf Seite 106).

Kommt dazu, dass die für die Pensionskasse massgebende Lohnsumme auch nicht identisch ist mit dem AHV-pflichtigen Einkommen: Was AHV-pflichtig ist, ist nicht unbedingt auch BVG-pflichtig.

So sind etwa Überstundenzuschläge AHV-pflichtig, müssen aber durch die Pensionskasse nicht versichert werden. Das Gleiche gilt, wenn bestimmte Lohnanteile als Spesenentschädigung ausgewiesen werden.

Zeigt sich trotz allem, dass der Arbeitgeber einen zu tiefen Lohn bei der Pensionskasse versichern liess, muss dies von der Kasse korrigiert werden. Tut sie dies nicht, sollte man die kantonale Aufsichtsbehörde um Hilfe angehen (Adressen auf Seite 240f.).

Selbst nach einem Stellenwechsel kann die geschuldete Freizügigkeitsleistung noch eingeklagt werden.

Ein typisches Beispiel dafür ist auch die Putzfrau, die jeweils stunden- oder halbtageweise arbeitet und gesamthaft bei einem durchschnittlichen Stundenlohn von 20 Franken rasch einmal 2500 Franken im Monat verdient – einen Betrag also, der längst zur Unterstellung unter das Obligatorium reichen würde, falls er bei einem einzigen Arbeitgeber verdient würde.

Beide Fälle zeigen: Im Extremfall kann eine Person voll arbeiten, jedoch beim einzelnen Arbeitsverhältnis nie das Obligatorium erreichen – auch wenn sie gesamthaft einen Verdienst erzielt, der weit über der Eintrittsschwelle von 21 150 Franken liegt.

Eine Lücke im Gesetz? Nein. Die Vorschriften bieten einen Ausweg:

Personen mit mehreren Teilzeitstellen können sich freiwillig der Pensionskasse eines der (vielen) Arbeitgeber anschliessen (siehe Kasten auf der vorhergehenden Seite).

Nur dann besteht selbst bei Erreichen der Eintrittsschwelle keine Versicherungspflicht, wenn jemand diesen Lohn als Nebenerwerb verdient und für den Hauptberuf bereits obligatorisch versichert ist – oder wenn diese Person selbständigerwerbend ist.

Arbeitslosigkeit und Pensionskasse

Das Gesetz enthält in dreierlei Hinsicht Vorschriften für Arbeitslose:
■ Fallen wegen Kurzarbeit oder in bestimmten Branchen wegen des

schlechten Wetters Arbeitstage aus, kann der Arbeitgeber eine Entschädigung über die Arbeitslosenversicherung verlangen.

Die Arbeitslosenversicherung (ALV) vergütet dem Arbeitgeber 80 Prozent der Differenz zum vollen Lohn. Der Arbeitgeber muss den Lohn für die effektiv gearbeitete Zeit und die Kurzarbeitsentschädigung am ordentlichen Zahltagstermin auszahlen.

Für die Pensionskasse bleibt jedoch der bisherige, volle Lohn massgebend – dies mindestens während der Kündigungsfrist, die der Betrieb für eine Änderungskündigung mit Lohnanpassung vom Gesetz her ohnehin einhalten müsste (Art. 8 Abs. 3 BVG).

■ Auch beim Ausscheiden aus der Pensionskasse geniessen die bis anhin Versicherten ein Privileg: Sofern die bisherige Kasse dies zulässt, können sie weiterhin im gleichen Umfang bei der Kasse verbleiben (Art. 47 BVG). Allerdings müssen sie die gesamten Prämien selber zahlen.

Ist dies nicht möglich, kann eine Freizügigkeitspolice Schutz gegen die Risiken Tod und Invalidität bieten (siehe Details auf Seite 183ff.). Klären Sie aber vor dem Abschluss ab, wie dieser Schutz im Detail aussieht – insbesondere, ob eine Rente bei Invalidität mitversichert ist; das ist nicht immer der Fall.

■ Wer nach Beendigung des Arbeitsverhältnisses arbeitslos ist und von der Arbeitslosenversicherung Taggelder bezieht, ist unter Umständen (ab einer gewissen Höhe des Arbeitslosen-Taggeldes) weiterhin gegen die Risiken Tod und Invalidität versichert. (Zudem sind arbeitslose Personen während des Bezugs von Arbeitslosengeld während Warte- und Einstelltagen sowie während der Dauer eines Beschäftigungsprogramms auch noch obligatorisch bei der Suva gegen Unfall versichert.)

Für den Versicherungsschutz ist das Taggeld entscheidend

Arbeitslose, die ALV-Taggelder beziehen, sind wie Angestellte pensionskassenversichert – aber nur gegen die Risiken Tod und Invalidität; mit den künftigen Altersrenten hat diese Deckung für Arbeitslose nichts zu tun.

Diese Versicherung zahlt also, wenn die arbeitslose Person invalid wird oder stirbt (ob Krankheit oder Unfall die Ursache war, spielt keine Rolle).

Voraussetzung für die Aufnahme in die Versicherung ist, dass die arbeitslose Person Anspruch auf Zahlungen der ALV hat und die BVG-Eintrittsschwelle erreicht.

Die Eintrittsschwelle wird auf einen Tagesgrenzbetrag umge-

Pensions- 5
kasse:
Wer ist
dabei?

TIPP

Informationen für Arbeitslose

Interessierte können das Merkblatt «Berufliche Vorsorge für arbeitslose Personen gemäss AVIG und BVG» im Internet herunterladen unter www.treffpunkt-arbeit.ch.

Gedruckte Exemplare sind gratis erhältlich bei den Regionalen Arbeitsvermittlungszentren (RAV) oder bei den Arbeitslosenkassen.

rechnet und beträgt Fr. 81.20 (Stand 2016). Das heisst: Wer ein tieferes Taggeld als diesen Betrag erhält, unterliegt nicht der obligatorischen Versicherung.

Nach oben ist das versicherungspflichtige Taggeld – auch dies wiederum in Abstimmung mit der Pensionskassenregelung – auf Fr. 324.90 plafoniert (Stand 2016).

Der BVG-pflichtige Anteil kann somit nicht grösser sein als Fr. 230.15 (weil der koordinierte Jahreslohn auf den Tag gerechnet Fr. 94.75 beträgt).

Bei arbeitslosen Personen im Zwischenverdienst (ohne BVG-Abzug) werden der Lohn sowie das restliche Stempelgeld zusammengezählt; dann entscheidet sich, ob eine Versicherungspflicht besteht oder nicht.

Bei Zwischenverdienst mit BVG-Abzug richtet sich die ALV-BVG-Pflicht einzig nach der berechneten Arbeitslosenentschädigung.

Die Höhe der Risikoprämie für Arbeitslose

Die Risikoprämie beträgt 1,5 Prozent der Brutto-Arbeitslosenentschädigung (Stand 2016). Das bedeutet konkret, dass auf alle Taggelder zwischen Fr. 81.20 und Fr. 324.90 eine Belastung von insgesamt 1,5 Prozent erfolgt. Diese Prämie wird hälftig vom Versicherten und hälftig vom Fonds der Arbeitslosenversicherung bezahlt.

Liegt das ALV-Taggeld nur geringfügig über Fr. 81.20, so beträgt das minimale versicherte Taggeld mindestens Fr. 13.55.

Die Durchführung der Versicherung erfolgt durch die «Stiftung Auffangeinrichtung BVG» (Adressen im Anhang auf Seite 244 f.).

Arbeitslose Personen, die nicht unter dieses Obligatorium fallen, können sich weiterhin bei der Pensionskasse ihres letzten Arbeitgebers gegen Tod und Invalidität versichern, falls dies die Kassenstatuten vorsehen.

Versicherungspflicht in der Probezeit

Wer ein unbefristetes Arbeitsverhältnis oder ein befristetes Arbeitsverhältnis von mindestens drei Monaten antritt, muss – falls die Eintrittsschwelle überschritten ist – obligatorisch versichert sein. Und zwar ab dem ersten Tag.

Keine Versicherungspflicht besteht, wenn das Arbeitsverhältnis von Anfang an für weniger als drei Monate vereinbart wurde (zur Temporärarbeit: siehe Seite 114). Verlängern die Beteiligten ein solches Arbeitsverhältnis später doch noch auf über drei Monate, so wird der Arbeitnehmer ab jenem Tag BVG-pflichtig, an dem die Verlängerung vereinbart wurde. Für wie lange die Verlängerung vereinbart wird, spielt dabei keine Rolle.

Auch wenn bei einem unbefristeten Arbeitsverhältnis eine Probezeit vereinbart ist, besteht eine Versicherungspflicht. Wer also in der Probezeit die Stelle wieder verlässt, hat grundsätzlich Anspruch auf eine Freizügigkeitsleistung – dies sogar dann, wenn der Arbeitgeber keine Anmeldung bei der Pensionskasse gemacht hat.

FRAGE

Versicherungspflicht für IV-Bezüger?

Ich beziehe wegen eines Rückenleidens eine halbe IV-Rente. Gleichzeitig arbeite ich halbtags und verdiene so im Jahr rund 23 000 Franken. Muss ich einer Pensionskasse beitreten?

Ja. Wer eine halbe IV-Rente bezieht und daneben einer Teilzeitbeschäftigung nachgeht, unterliegt einer Spezialregelung: Der Koordinationsabzug wird auf die Hälfte gesenkt (Art. 4 BVV 2). Damit wird bei Ihnen aufgrund Ihres Einkommens von 23 000 Franken und einem reduzierten Koordinationsabzug von 12 338 Franken (Stand 2016/2017) ein Betrag von 10 662 Franken obligatorisch versichert.

Das macht Sinn. Denn damit wird auch ein Alterskapital aufgebaut, aus dem dereinst eine Altersrente ausbezahlt wird.

Das ist aber viel teurer: Bei dieser Lösung fallen nämlich auch noch die Prämien für das Alterssparen an, und der Versicherte muss für das Alterskapital und die Risikoversicherung sowohl den Arbeitnehmer- als auch den Arbeitgeberanteil zahlen. Dafür macht die Arbeitslosenkasse in einem solchen Fall keine Abzüge.

Die Pensionskasse für Selbständigerwerbende

Selbständigerwerbende unterliegen nicht dem Pensionskassenobligatorium. Als Selbständigerwerbende gelten all jene Personen, die einen eigenen Betrieb, ein eigenes Geschäft beziehungsweise Büro führen oder an diesem als Geschäftspartner beteiligt sind.

Zu ihnen gehören die Lädelibesitzerin der Milchhandlung um die Ecke, der Architekt, die Ärztin, die Inhaber industrieller, gewerblicher oder handwerklicher Betriebe oder das Inhaberehepaar eines landwirtschaftlichen Betriebes. Diese Personen sind auch bei der AHV als Selbständigerwerbende gemeldet und zahlen AHV-Beiträge aufgrund des erzielten Reineinkommens (siehe Kapitel 2 auf Seite 41 ff.).

Für alle Selbständigerwerbenden besteht zum einen die Möglichkeit, sich bei der Vorsorgeeinrichtung ihres Berufsverbandes versichern zu lassen. Bekannt ist etwa die Pensionskasse der Ärzte oder der Architekten. Dabei muss es sich nicht um eine eigene Pensionskasse des Berufsverbandes handeln; es genügt auch, wenn sich der Berufsverband einer Sammel- oder Gemeinschaftsstiftung angeschlossen hat.

Hat der Firmeninhaber sein Personal in einer Pensionskasse versichert, so kann er sich andererseits auch selber dieser Pensionskasse anschliessen. Das Gesetz sieht aber diese Möglichkeit für Selbständigerwerbende ohne Personal nicht vor. Ihnen steht – falls überhaupt vorhanden – nur die Pensionskasse des Berufsverbandes offen.

Die von den Sozialwerken nicht gerade gehätschelten Selbständigerwerbenden können sich allenfalls der Auffangeinrichtung anschliessen.

Diese spezielle, vom Bund geschaffene Einrichtung hat den Zweck, Betriebe ohne Vorsorgeeinrichtung zwangsweise anzuschliessen, damit so das Pensionskassenobligatorium durchgesetzt wird.

Als «Nebeneffekt» dürfen sich dort auch Selbständigerwerbende ohne Personal versichern.

Auch Selbständige dürfen sich nachträglich einkaufen

Die 1. BVG-Revision hat den Selbständigerwerbenden die Möglichkeit eröffnet, sich einer ausserobligatorischen Vorsorgeeinrichtung anzuschliessen. Sie müssen sich somit nicht zwingend der Auffangeinrichtung anschliessen.

Sonst steht Selbständigerwerbenden nur die Vorsorge in der 3. Säule offen (siehe Kapitel 9).

Noch ein Detail dazu: Soweit Statuten und Reglement der Vorsorgeeinrichtung dies zulassen, dürfen auch Selbständigerwerbende freiwillig Pensionskassenbeiträge nachzahlen und die Einkaufssumme von ihrem steuerbaren Einkommen abziehen.

Dies hat das Bundesgericht im Falle eines Luzerner Rechtsanwalts entschieden. Der Anwalt hatte sich freiwillig einer Pensionskasse angeschlossen und sich für 100 000 Franken zusätzliche Versicherungsjahre erkauft.

Das Bundesgericht hält fest, dass «laufende Beträge und Einkauf demselben Zweck dienen,

Der Versicherungsschutz für Temporärangestellte

Obligatorisch in der Pensionskasse versichert ist, wer ein unbefristetes Arbeitsverhältnis eingeht oder eines von mehr als drei Monaten Dauer. Wird ein Arbeitsverhältnis von weniger als drei Monaten Dauer verlängert, besteht eine Versicherungspflicht ab dem Zeitpunkt der Verlängerung, falls die Gesamtdauer mehr als 3 Monate beträgt (siehe Kasten auf Seite 112).

Was aber gilt für temporär Arbeitende, deren Einsätze zwar meist zahlreich sind, oft aber jeweils weniger als 3 Monate dauern? Für sie gilt die Bestimmung von Art. 1k der BVV 2, die verlangt, dass die einzelnen Arbeitseinsätze zusammengezählt werden. Und: Auch wenn zwischen den einzelnen kurzen Arbeitseinsätzen Lücken bestehen, erfolgt eine Versicherung trotzdem ab Beginn des insgesamt 4. Monats.

Voraussetzung ist, dass die einzelnen Arbeitseinsätze beim gleichen Arbeitgeber oder für das gleiche Temporärunternehmen erfolgen. Und die Lücken zwischen den einzelnen Einsätzen dürfen nicht länger als 3 Monate gedauert haben.

Gesundheitsvorbehalte in der beruflichen Vorsorge

Pensionskassen dürfen beim Eintritt einer Person für bestehende gesundheitliche Leiden einen Vorbehalt anbringen (siehe Kästen auf den Seiten 163 und 165).

Wechselt jemand die Stelle und ist schon in der alten Pensionskasse ein Gesundheitsvorbehalt angebracht worden, ist die bereits abgelaufene Zeit anzurechnen. Zudem darf bei einem Pensionskassenwechsel der mit der Austrittsleistung erworbene Vorsorgeschutz nicht durch einen neuen Vorbehalt geschmälert werden.

Das bedeutet, dass die ganze Austrittsleistung, auch wenn darin überobligatorische Altersguthaben enthalten sind, für die zwingend zu erbringenden Leistungen zu berücksichtigen sind und nicht nur das reine BVG-Altersguthaben.

---

nämlich einem möglichst lückenlosen Vorsorgeschutz». Würden solche Abzüge nicht zugelassen, bliebe die vom Gesetz vorgesehene Möglichkeit, Versicherungsjahre einzukaufen, für Selbständigerwerbende toter Buchstabe.

Der versicherte Verdienst bei Selbständigerwerbenden

Wie wird der versicherte Verdienst bei Selbständigerwerbenden berechnet? Als Grundlage gilt die Selbsteinschätzung des Einkommens, das im laufenden Jahr erwartet wird. Sollte dieses wesentlich höher oder tiefer ausfallen als erwartet, kann eine Korrektur (Rektifikat) vorgenommen werden.

Und was passiert, wenn sich ein Kleinunternehmer der Vorsorgeeinrichtung seiner zwei Angestellten angeschlossen hat, die Geschäfte aber schlecht laufen und er die zwei Angestellten entlassen muss? Wird er dann aus dieser Pensionskasse rausgeschmissen?

Dies ist ein Grenzfall, der im Gesetz nicht geregelt ist. Die «Konferenz staatlicher Steuerbeamter» empfiehlt, den Firmeninhaber weiterhin und ohne zeitliche Beschränkung Beiträge an die bisherige Kasse bezahlen zu lassen.

Einzige Bedingung: Die versicherten Leistungen müssen gleich bleiben. Mit Ausnahme von teuerungsbedingten Anpassungen dürfen keine zusätzlichen Leistungsverbesserungen erfolgen, und es dürfen auch keine neuen Risiken versichert werden.

Sollte die betroffene Person später wieder neues Personal beschäftigen, müsste sie es wieder in derselben Vorsorgeeinrichtung versichern.

Auf Seite 217 ff. wird übrigens die Frage beantwortet: Sollen sich Freiberufler freiwillig einer Pensionskasse anschliessen? Oder sollen sie mit der 3. Säule sparen und selber für sich einen angepassten Risikoschutz organisieren?

Pensionskasse: Wer ist dabei? 5

Was die Pensionskasse kostet

Je nach Versicherungsvariante kostet die Pensionskasse unterschiedlich viel. Wer genug Geld hat, kann sich auch zusätzlich einkaufen – und so Steuern sparen.

Der Grundsatz ist einfach: Wer von seiner Pensionskasse viel erwartet, muss auch mehr einzahlen. Ganz nach dem Motto: Gute Leistungen haben ihren Preis.

Doch wer muss Beiträge einzahlen? Und wie viel? Und wann?

Auf diese Fragen gibt es keine generelle Antwort, denn die Pensionskassen erbringen unterschiedliche Leistungen, also beispielsweise ungleich hohe Altersrenten oder Renten bei Invalidität; deren Finanzierung kostet demgemäss unterschiedlich viel.

Das wesentlichste Merkmal bei der BVG-Finanzierung: Jede versicherte Person hat ein real existierendes «Sparkonto», also ein individuelles Sparschwein sozusagen, das sie durchs Leben begleitet. Dieses Verfahren heisst im Fachjargon Kapitaldeckungsverfahren.

Anders die AHV/IV. Sie finanziert sich nach dem Umlageverfahren (siehe dazu den Kasten auf Seite 10).

Die Prämien setzen sich aus drei Komponenten zusammen

Das Kapitaldeckungsverfahren bewirkt, dass in der Schweiz im Rahmen der Pensionskassenversicherung enorme Geldsummen angehäuft werden: Heute sind es über 800 Milliarden Franken.

Das Gesetz schreibt für die Mindestvorsorge drei Arten von Beiträgen vor:

■ **Beiträge für die Altersgutschrift**
Diese Beiträge werden auf der Basis des versicherten Lohnes (auch koordinierten Lohnes) berechnet, und zwar abhängig vom Alter: Sie beginnen bei 7 Lohnprozenten und enden bei 18 Lohnprozenten für die älteren Arbeitnehmerinnen und Arbeitnehmer (siehe Tabelle auf Seite 133).

■ **Beiträge zur Risikodeckung**
Die Risikoprämie ist umso höher, je besser die Leistungen an die Hinterbliebenen sowie bei Invalidität sind. In die Risikoprämien eingebaut ist zudem die Finanzierung des Teuerungsausgleichs.

Auch ein Teil der Verwaltungskosten der Kasse beziehungsweise der Versicherungsgesellschaft ist in den meisten Fällen in den Risikoprämien versteckt, falls sie nicht offen ausgewiesen werden.

Immerhin: Das Gesetz verlangt Transparenz bezüglich der Verwaltungskosten. Insbesondere Le-

---

STICHWORT

Altersgutschrift

Mit der Altersgutschrift sind jene Beträge gemeint, die der Versicherte und der Arbeitgeber einzahlen, damit die spätere Altersrente gesichert ist. Daneben zahlen beide noch Risikoprämien sowie einen kleineren Betrag für den Sicherheitsfonds (Sifo).

Die Altersgutschriften machen den grössten Teil der Pensionskassenprämien aus. Sie bilden das Altersguthaben.

bensversicherungsgesellschaften, die Pensionskassen (Sammelstiftungen) führen, sind nun gezwungen, Kosten und Gewinne detailliert auszuweisen.

Die Risikoprämien schwanken beim BVG-Minimum je nach Pensionskasse zwischen 2,0 und 3,5 Prozent des versicherten Lohnes.

Sind überobligatorische Leistungen versichert, können die Risikoprämien bis zu 5 Prozent des versicherten Lohnes ausmachen – je nach Pensionskasse.

Noch höher wird die Risikoprämie, wenn die Pensionskasse die Tarifierung nach Branchen differenziert (siehe Seite 119).

Sind diese Risiken bei einer Versicherungsgesellschaft versichert, zahlt die Versicherung bei günstigem Schadenverlauf (keine Schadenfälle, beispielsweise Invalidität) eine Überschussbeteiligung an die Kasse. Diese Überschussbeteiligung fällt im Prinzip ins freie Stiftungsvermögen; die Pensionskasse kann damit aber auch die Risikoprämien senken.

Individuelle Zusatzprämien sind rechtlich umstritten
In jüngster Zeit haben nun Pensionskassen, die von Versicherungen geführt werden, damit begonnen, bei gesundheitlichen Beeinträchtigungen nebst Leistungsvorbehalten auch noch individuelle Zusatzprämien vom Versicherten zu verlangen.

Ob das zulässig ist, muss bezweifelt werden. Denn die vom Gesetz geforderten Grundsätze der Planmässigkeit und der Kollektivität sind in einem solchen Fall nicht gegeben. Das Bundesgericht musste sich jedoch bis jetzt noch nicht mit einem solchen Fall befassen.

Der Versicherungsplan ist für alle Angestellten verbindlich
Das Gesetz verlangt, dass die Versicherungslösung für alle Angestellten gleich ist. Individuelle Ausnahmen sind nicht möglich.

Das heisst: Falls sich ein Betrieb für einen Versicherungsplan entschieden hat, der zum Beispiel den Angestellten bei Erwerbsunfähigkeit eine höhere Invalidenrente bringt (was auch mehr kostet), so ist dieser Plan für alle Angestellten verbindlich. Eine Einzelperson kann die erhöhte Invalidenrente nicht für sich kündigen, um so Prämien zu sparen.

Ein Einzelner kann aber vorschlagen, den Versicherungsplan zu ändern. Dazu muss man sich an die Vorsorgekommission im Betrieb wenden (siehe Kasten auf Seite 21 und Seite 24 ff.). Zu bedenken ist dabei, dass eine überobligatorische Invalidenrente sinn-

> **STICHWORT**
>
> ## Risikodeckung
>
> Beiträge an die Pensionskassen werden aufgeschlüsselt. Ein Teil des Geldes wird separat für die Deckung der Risiken Tod und Invalidität ausgeschieden und im Versicherungsausweis aufgeführt.
>
> Bei der Berechnung der Freizügigkeitsleistung beim Austritt aus der Firma sind die Risikoprämien aber nicht miteinbezogen; sie sind sozusagen verbraucht.

voll ist. Denn die Zahlungen der staatlichen Invalidenversicherung (IV) reichen bei Erwerbsunfähigkeit selten sehr weit.

■ **Beiträge an den Sicherheitsfonds**
Aus dem Sicherheitsfonds (Sifo) erhalten Pensionskassen mit ungünstiger Altersstruktur Zuschüsse. Zudem sind so bei zahlungsunfähigen Kassen obligatorische und überobligatorische Leistungen finanziert; Versicherte sollten also bei Zahlungsunfähigkeit des Arbeitgebers oder der Pensionskasse kein Altersgeld verlieren.

Der Leistungsumfang des «Sifo», wie der Sicherheitsfonds im Pensionskassenjargon genannt wird, erstreckt sich auf diejenigen Beiträge und Leistungen, die sich aufgrund eines massgebenden AHV-Lohnes in der anderthalbfachen Höhe des oberen Grenzbetrages ergeben (konkret also 126 900 Franken, Stand 2016/2017).

Im Schadenfall bezahlt der Sicherheitsfonds die Leistungen, die die Pensionskasse gemäss Reglement hätte bezahlen müssen.

Die Beitragshöhe für den «Sifo» beträgt 0,1 Prozent des versicherten Lohnes und wird nur im Obligatoriumsbereich (zwischen 24 675 und 84 600 Franken, Stand 2017) erhoben. Zudem gehen noch 0,005 Prozent des vorhandenen Alterskapitals an den Sicherheitsfonds.

Diese drei aufgezählten Abzüge sind in den Prämien, die die Versicherten zahlen, immer inbegriffen. Wie hoch sie pro Jahr sind, ist in der Regel aus dem Vorsorgeausweis ersichtlich (siehe Seite 149 ff.).

Verwaltungskosten: Es fehlt die Transparenz
Nicht im Gesetz geregelt sind die Verwaltungskosten. Sammelstiftungen erheben sie meist zusammen mit den Risikoprämien. Die Folge davon: Die Versicherten können nicht wissen, wie viel die Risikoversicherung sie effektiv kostet.

Kommt dazu, dass der Begriff Verwaltungskosten vieldeutig ist: Sind damit nur die Kosten für die reine Administration gemeint? Oder sind die Kosten für die Vermögensverwaltung inbegriffen?

Wegen dieser fehlenden Transparenz lassen sich die Verwaltungskosten kaum miteinander vergleichen.

TIPP

Aufschluss verlangen!

Alle Pensionskassenverwaltungen müssen paritätisch mit Arbeitgebervertretern und Angehörigen der Belegschaft besetzt sein.

Konsequenz: Die Versichertenvertreter können Aufschluss über die Buchführung und die Finanzierung verlangen, falls Zweifel an der Seriosität bestehen.

Mehr über diese Einfluss- und Kontrollmöglichkeiten lesen Sie im Kapitel 11 auf Seite 226 ff.

Die Lebensversicherungsgesellschaften weisen für die von ihnen geführten Sammeleinrichtungen durchschnittliche Bearbeitungskosten von nahezu 600 Franken pro versicherte Person aus.

Für zahlreiche autonome Pensionskassen liegen jedoch erfahrungsgemäss die Verwaltungskosten tiefer – teilweise sogar bei nur rund 200 Franken.

Die Pensionskassen sind verpflichtet, ihre allgemeinen Verwaltungskosten – wie auch die Vermögensverwaltungskosten – offen auszuweisen. Die Lebensversicherungsgesellschaften, die Pensionskassen führen, sind also gezwungen, Erträge, Verwaltungskosten und Gewinne auszuweisen (siehe Seite 229 ff.).

Zusammen macht der Gesamtbeitrag für die Prämien beim BVG-Minimum im Schnitt zwischen 15 und 18 Prozent des versicherten Lohnes aus; das sind etwa 7,5 bis 9 Prozent des Bruttolohnes. Der genaue Betrag hängt von diversen Faktoren ab. Eine wichtige Rolle spielt dabei das Alter, weil die Lohnprozente mit zunehmendem Alter der Versicherten höher werden (siehe Tabelle auf Seite 133).

Die Höhe der Risikoprämien ist von der Branche abhängig

Zudem sind die Risikobeiträge für die Versicherung von Tod und Invalidität unterschiedlich hoch – je nach Betrieb oder Pensionskasse. Während früher meist einheitliche Prämiensätze galten, die allenfalls nach Alter und/oder Geschlecht gestaffelt waren, kommen heute vielfach Branchentarife zur Anwendung, also Sätze, die vom jeweiligen Beruf und seinem Risikoprofil abhängen.

Beschäftigte in «gefährlichen» Branchen mit einem höheren Invaliditätsrisiko müssen dann mehr Prämien bezahlen.

Neustens werden sogar «Erfahrungstarife» auf der Basis des jeweiligen Betriebes angewendet, bei denen die Risikoprämie aufgrund des Versicherungsverlaufs der letzten paar Jahre festgelegt wird.

Das kann zu grotesken Differenzen führen. So kann die Risikoprämie für einen risikoarmen Betrieb nur 4 Prozent betragen (inklusive Verwaltungskosten), bei einem Betrieb der Baubranche aber über 15 Prozent.

Der Arbeitgeber muss mindestens die Hälfte zahlen

Wichtig bei all diesen Angaben: Der Arbeitgeber muss mindestens gleich viel zahlen wie alle versicherten Personen zusammen. Wie hoch die Beiträge der Versicherten sind, regelt das Reglement.

Üblich ist bei BVG-Kassen die hälftige Aufteilung des Totalbetrages. Bei Kassen mit überobligatorischen Leistungen ergeben sich natürlich Abweichungen. Normalerweise sind in solchen Fällen nicht nur die Risikoleistungen besser ausgebaut (beispielsweise höhere Invalidenrente). Angestrebt sind vor allem höhere Altersrenten.

Fortsetzung auf Seite 121

Versicherungsvarianten im Vergleich

Hansruedi F., geboren 1972, arbeitet seit Januar 2015 in einer Beratungsfirma und erhält einen Monatslohn von 13-mal 4500 Franken. Als Angestellter untersteht er dem Versicherungsobligatorium. Derzeit arbeitet er bloss an vier Tagen pro Woche. Eine Freizügigkeitssumme hat er bei Aufnahme der Arbeit nicht mitgebracht.

Variante A: Mit BVG-Minimalleistungen

Leistungen:	in Fr. pro Jahr
Mutmassliche Altersrente	9737.–
Mutmassliche Invalidenrente	8341.–

Jahresprämien (je hälftig Ag/An*):

Altersgutschrift	3394.–
Risikoprämie (ca. 4%, variabel je nach Versicherungsgesellschaft, inklusive Sicherheitsfonds (Sifo) und Verwaltungskosten)	ca. 1020.–

Kommentar: Günstigste Versicherungsvariante (nur Minimalleistungen nach BVG). Neben der vollen AHV-Rente würde Hansruedi F. eine Pensionskassenrente von 811 Franken pro Monat erhalten.

Variante B:
Mit reduziertem Koordinationsabzug

Leistungen:	in Fr. pro Jahr
Mutmassliche Altersrente	11 147.–
Mutmassliche Invalidenrente	9549.–

Jahresprämien (je hälftig Ag/An*):

Altersgutschrift	3884.–
Risikoprämie (ca. 4%, variabel je nach Versicherungsgesellschaft, inklusive Sicherheitsfonds und Verwaltungskosten)	ca. 1120.–

Kommentar: Da Hansruedi F. nur zu 80 Prozent arbeitet, ist der Koordinationsabzug verkleinert. Das führt (via überobligatorische Altersgutschrift und Risikoprämie) zu verbesserten Risiko- und Altersleistungen gegenüber Variante A: Er erhält aus der Pensionskasse eine Altersrente von 930 statt 811 Franken pro Monat; im Risikofall erhält er 796 Franken statt 695 Franken pro Monat.

Ag/An* = Arbeitgeber/Arbeitnehmer

Variante C:
Mit verbesserter Invalidenrente

Leistungen:	in Fr. pro Jahr
Mutmassliche Altersrente	9737.–
Mutmassliche Invalidenrente	29 250.–

Jahresprämien (je hälftig Ag/An*):

Altersgutschrift	3394.–
Risikoprämie (ca. 6%, variabel je nach Versicherungsgesellschaft, inkl. Sifo und Verwaltungskosten)	ca. 1650.–

Kommentar: Hansruedi F. ist gegen Invalidität gut versichert. Die IV-Rente der Pensionskasse macht 50 Prozent seines letzten Lohns aus, kostet aber fast doppelt so viel wie in Variante A (712 bzw. 1350 Franken). Die Altersrente ist gleich wie in Variante A (811 Fr. pro Monat).

Variante D:
Mit erhöhten Altersgutschriften

Leistungen:	in Fr. pro Jahr
Mutmassliche Altersrente	10 998.–
Mutmassliche Invalidenrente	9406.–

Jahresprämien (je hälftig Ag/An*):

Altersgutschrift	4072.–
Risikoprämie (ca. 4%, variabel je nach Versicherungsgesellschaft, inkl. Sifo und Verwaltungskosten)	ca. 1088.–

Kommentar: F. möchte im Alter nicht darben. Also führt er freiwillig mehr ans Alterskapital ab: jeweils 2 Prozent mehr als gesetzlich vorgeschrieben (9, 12, 17 und 20 statt 7, 10, 15 und 18 Prozent, siehe Tabelle auf Seite 133). Die Altersrente beträgt so 917 Franken pro Monat. Das kostet aber mehr als in Variante A (5160 statt 4414 Franken pro Jahr).

Fortsetzung von Seite 119

Doch das kostet: Die Risikoprämien sind dann zwar nur um rund 2 bis 3 Prozent höher, die Beiträge für die Altersgutschriften steigen jedoch rasch und massiv an.

Wie wirken sich ein verbesserter Risikoschutz oder erhöhte Altersrenten bei Beiträgen und Leistungen aus?

Vier Modellberechnungen zeigen die unterschiedlichen Kosten und Leistungen auf (siehe Kasten links).

Betrieb ist Schuldner – eine Schwachstelle des Systems

Der Arbeitgeber muss mindestens gleich viel an die Vorsorgeeinrichtung entrichten, wie alle versicherten Personen des Betriebes zusammen bezahlen. In der Praxis heisst das: An die Pensionskassenprämie muss er zumindest die Hälfte bezahlen.

Es steht dem Arbeitgeber jedoch frei, mehr zu zahlen. Dies ist meistens dann der Fall, wenn den Beschäftigten einheitlich ein bestimmter Prozentsatz vom Lohn abgezogen wird und der Arbeitgeber den Rest übernimmt.

Dass die Prämien vom Lohn abgezogen und weitergeleitet werden – dafür ist der Arbeitgeber verantwortlich. Das ist denn auch eine Schwachstelle im System, wie sich regelmässig zeigt. Denn es kommt immer wieder vor, dass die Patrons zwar Beiträge vom Lohn der Angestellten abziehen, aber nicht weiterleiten (siehe Kasten auf der nächsten Seite).

Gerade bei Sammeleinrichtungen, denen sich mehrere Betriebe angeschlossen haben und die organisatorisch und personell meist nichts mit dem Betrieb zu tun haben, ist dieses Manko spürbar.

Denn oftmals haben die Versicherten erst nach Monaten oder gar erst beim Konkurs des Arbeitgebers erfahren, dass die Pensionskassenbeiträge nicht mehr bezahlt wurden – meist ein sicheres Zeichen für eine aktuelle Krise im Betrieb.

Seit der 1. BVG-Revision müssen nun die Pensionskassen Beitragsausstände, die seit mehr als drei Monaten fällig sind, den betrieblichen paritätischen Vorsorgekommissionen mitteilen.

Und: Auf Anfrage von Versicherten muss die Pensionskasse jederzeit Auskunft darüber geben, ob die Beiträge bezahlt wurden oder ob Ausstände bestehen (siehe Kasten auf der nächsten Seite).

Kommt es zum Konkurs, besteht theoretisch eine Deckungslücke. Bei der AHV erfolgt in einem solchen Fall aber trotzdem eine Gutschrift auf dem individuellen Konto (siehe Ausführungen auf Seite 17 ff.), und bei der Pensionskasse springt der Sicherheitsfonds ein (siehe Seite 118).

Der Einkauf in die Pensionskasse

Das Problem ist bekannt: Wer die Arbeitsstelle wechselt, muss oft massiv nachzahlen. Den Einkauf in eine Pensionskasse finanzieren die Betroffenen entweder einmalig mit einer Einkaufssumme oder in

Raten durch zusätzliche monatliche Abzüge vom Lohn.

Dies betrifft indes nicht alle Versicherten. Denn im Grundsatz ist ein Einkauf nur dort zwingend, wo die Kasse ein klares Leistungsziel – also eine im Voraus festgelegte Rentenhöhe – versprochen hat. Diese Rente muss dann auch finanziert werden.

Leistungsorientierte Pensionskassen prüfen deshalb bei einem «Zuzüger» genau, ob die mitgebrachte Freizügigkeitssumme und die noch zu erwartenden Beiträge während der Beschäftigungszeit am Ende ausreichen, um die versprochene Rente zu erbringen.

Wo dies nicht der Fall ist, müssen Stellenwechselnde das Loch durch einen sogenannten Einkauf stopfen.

Aus dem gleichen Grund müssen Betroffene auch Lohnaufbesserungen immer wieder «einkaufen», denn für die damit gekoppelte Rentenerhöhung würde sonst das Geld fehlen.

FRAGE

Meine Firma leitet die Pensionskassen-Beiträge nicht weiter: Habe ich als Angestellter Anspruch auf Information?

Ich bin bei einer Firma angestellt, der es wirtschaftlich nicht gut geht. Unsere Löhne kommen oft verspätet. Meine Pensionskassenbeiträge werden mir zwar vom Lohn abgezogen, aber ich vermute, dass unser Chef in dieser Krisensituation das Geld gar nicht an die Pensionskasse weiterleitet. Darf ich erfahren, ob das zutrifft?

Ja. Sie können diese Information beim Stiftungsrat Ihrer Pensionskasse einholen.

Zwar ist dieser Informationsanspruch der Angestellten im Gesetz nicht klar festgehalten. Dort findet sich unter dem Titel «Information der Versicherten» lediglich die Bestimmung, dass die Sammel- und Gemeinschaftseinrichtungen das paritätische Organ informieren müssen, wenn der Arbeitgeber die Beiträge nicht weiterleitet (Art. 86b BVG).

Dass die Mitglieder dieses Organs auch die Angestellten informieren müssen, steht hingegen nicht explizit im Gesetz. Nach Ansicht des Bundesamts für Sozialversicherungen ist der Sinn des Gesetzes aber klar: Die Mitglieder des Stiftungsrats müssen zwar nicht von sich aus aktiv informieren, aber sie müssen den Angestellten korrekt Auskunft geben, wenn diese nach ausstehenden Beiträgen ihres Betriebs fragen.

Dies ergibt sich auch aus den Erläuterungen, die der Bundesrat bei der Einführung des entsprechenden Artikels abgab. Dort steht: «Weil den Versicherten die Beiträge vom Lohn abgezogen worden sind, haben sie einen Anspruch, zu wissen, ob der Arbeitgeber seine Zahlungspflicht erfüllt hat.»

Dies gilt sowohl für die Sammel- und Gemeinschaftseinrichtungen – zum Beispiel Pensionskassen der grossen Lebensversicherer, bei denen viele Betriebe angeschlossen sind – als auch für diejenigen Betriebe, die eine eigene, autonome Pensionskasse haben.

Einige leistungsorientierte Kassen lassen aber heute zu, dass auf Antrag des Versicherten die Leistung reduziert werden kann. So lässt sich ein Einkauf vermeiden.

Bei Pensionskassen nach BVG-System (Beitragsprimat), wo zum Zeitpunkt der Pensionierung einfach das Sparschwein geschlachtet wird, das während der Erwerbstätigkeit gemästet wurde, stellt sich das Problem des Einkaufs nicht. Der Grundsatz hier: Je geringer die Beiträge waren, desto kleiner fällt die Rente aus.

Nachzahlen und Einkommenssteuern sparen

Das Freizügigkeitsgesetz gibt beim Stellenwechsel das Recht zum Einkauf in die vollen Versicherungsleistungen. Das gilt sowohl für leistungs- als auch für beitragsorientierte Kassen.

Wer also nicht das ganze Erwerbsleben lang Beiträge bezahlt hat, kann die fehlenden Jahre nachzahlen, diese Einlagen vom Einkommen abziehen – und somit Einkommenssteuern sparen.

Sich einkaufen: Der Betrag ist begrenzt

Mit wie viel Geld kann man sich zusätzlich in die Pensionskasse einkaufen?

Die Rechnung wird so gemacht: Ausgehend vom jetzigen Verdienst wird ermittelt, wie viel die Person aufgrund der reglementarischen Beiträge bereits hätte sparen können, wenn sie immer in der Kasse versichert gewesen wäre.

> **FRAGE**
>
> ### Freiwillige Beiträge auch nach der Pensionierung?
>
> **Kann ich auch nach Erreichen des Pensionierungsalters Beiträge an die Pensionskasse bezahlen?**
>
> **Nein.** Erreicht man das Pensionierungsalter, darf man keine Beiträge mehr an die Pensionskasse einzahlen. Denn die Beiträge an die Pensionskasse sind steuerfrei – und diese Steuerbefreiung endet zum Zeitpunkt der ordentlichen Pensionierung.
>
> Wer aber über das Rentenalter hinaus weiterarbeitet, kann beispielsweise den Beginn des Rentenbezugs hinausschieben. Die BVG-Altersrente wird dann höher; in diesem Fall werden – je nach Pensionskasse – auch weiterhin Beiträge erhoben (siehe Seite 138 ff.).

Dabei wird vom Alter 25 ausgegangen, und es werden für alle Jahre die entsprechenden Beiträge ermittelt.

Von dieser Summe werden dann das effektiv vorhandene Altersguthaben sowie allfällige nicht in die Pensionskasse einbezahlte Freizügigkeitsgelder abgezogen – die Differenz ergibt somit die Einkaufssumme.

Ein Beispiel (siehe Tabelle auf der nächsten Seite): Der 57 Jahre alte Arnold N. hat bisher als selbständiger Grafiker gearbeitet. Heute ist er in seiner eigenen Aktiengesellschaft angestellt und muss sich vorsorgeversichern. Er verdient nun 104 000 Franken (13 x 8000 Franken). In seiner Pensionskasse liegen derzeit 34 120 Franken. Die mögliche Einkaufssumme richtet sich nach der Höhe der Beiträge ans Alterskapital, wie der Kasten unten zeigt.

Dabei wird für alle Fehljahre vom gegenwärtigen Lohn und vom aktuell geltenden Koordinationsabzug ausgegangen. Viele Pensionskassen schlagen auf die erlaubte Einkaufssumme noch eine Verzinsung von 1,5 bis 2 Prozent drauf – was die maximale Einkaufssumme erhöht.

Die maximale Einkaufssumme (hier 248 277 Franken) kann vom steuerpflichtigen Einkommen vollständig in Abzug gebracht werden.

Die maximal zulässige Einkaufssumme muss Arnold N. nicht unbedingt auf einen Schlag in die Pensionskasse einzahlen. Er kann den Betrag auch in Raten auf mehrere Jahre verteilt gestaffelt einzahlen und so jedes Jahr die entsprechende Einzahlung vom steuerbaren Einkommen abziehen. So lässt sich die Steuerprogression optimal brechen.

Diese Einkaufssumme ist aufgrund der Bestimmungen des Freizügigkeitsgesetzes berechnet worden. Nach der Logik des Freizügigkeitsgesetzes spielt es keine Rolle, in welchem Alter sich jemand in die Pensionskasse einkauft.

Aber aufgepasst: Einkäufe unmittelbar vor der Pensionierung werden in einzelnen Kantonen von der Steuerverwaltung nicht mehr zum Abzug vom Lohneinkommen zugelassen. Eine Abklärung bei der kantonalen Steuerverwaltung ist im Einzelfall notwendig.

Und noch etwas: Wurden Gelder aus der Pensionskasse zum Kauf

So berechnet sich der maximal zulässige Einkauf von Arnold N. nach Freizügigkeitsgesetz

Die Altersgutschriften für den 57 Jahre alten Arnold N. nach BVG-Skala (Pensionskasse mit Beitragsprimat):

Altersgutschrift
25.–34. Altersjahr	7%
35.–44. Altersjahr	10%
45.–54. Altersjahr	15%
55.–65. Altersjahr	18%

- effektiver aktueller Bruttolohn   in Fr. 104 000.–
- Koordinationsabzug (Stand 2016/2017)   24 675.–
- versicherter Verdienst   79 325.–

Maximaler Einkaufsbetrag für Arnold N.: 248 277 Franken

Maximal mögliches Altersguthaben, falls Arnold N. keine Beitragslücke hat:

Altersgutschrift
25.–34. Altersjahr	10 x 7%
35.–44. Altersjahr	10 x 10%
45.–54. Altersjahr	10 x 15%
55.–56. Altersjahr (Arnold N. ist 57-jährig)	2 x 18%
Summe	356%

- maximal mögliches Altersguthaben   in Fr.
  = 356% von 79 325 Franken   282 397.–
- abzüglich vorhandenes Kapital   34 120.–
- maximaler Einkauf/Restbetrag   248 277.–

von Wohneigentum bezogen, muss zuerst dieser Einkauf zurückerstattet werden, bevor ein Einkauf für fehlende Beitragsjahre möglich ist.

Einkauf in die Pensionskasse: Das Wichtigste in Kürze
- Der Einkauf ist nur bis zur Höhe der reglementarischen Leistungen möglich.
- Wer den zulässigen Betrag nicht in einem einzigen Jahr auf einmal einzahlt, sondern gestaffelt während mehrerer Jahre, kann die Steuerprogression mehr als einmal brechen und so Steuern sparen.
- Einkäufe lohnen sich vor allem in den Jahren unmittelbar vor der Pensionierung – ungefähr ab Alter 55. Denn die Rendite nimmt ab, je länger der Einkaufsbetrag in der Pensionskasse verbleibt.
- Wer Kapital für Wohneigentum vorbezogen hat, kann Einkäufe in die Pensionskasse erst dann wieder von den Steuern absetzen, wenn alle Vorbezüge zurückgezahlt sind. Es spielt dabei keine Rolle, zu welchem Zeitpunkt das Geld bezogen wurde.

Der Mindestbetrag für die Rückzahlung eines solchen Bezugs beträgt 20 000 Franken, ausser der noch nicht zurückgezahlte Teil des Bezugs beträgt weniger als 20 000 Franken.
- Einkäufe in die Pensionskasse dürfen frühestens nach drei Jahren als Kapital bezogen werden. Man kann also nicht mit 63 die Pensionskasse aufstocken, das Geld mit 65 bar beziehen und so

> **TIPP**
>
> **Einkaufen kann sich lohnen**
>
> Das Freizügigkeitsgesetz gibt grundsätzlich allen versicherten Personen die Möglichkeit, sich bei einem Stellenwechsel in die vollen reglementarischen Versicherungsleistungen der neuen Pensionskasse einzukaufen.
>
> Es gibt aber Pensionskassen, die im Reglement einen freiwilligen Einkauf auch während des Arbeitsverhältnisses erlauben. Somit können sich auch firmentreue Angestellte einkaufen, denen einige Versicherungsjahre fehlen.
>
> Vom finanziellen Standpunkt aus betrachtet, kann das durchaus interessant sein, weil man sich Stück für Stück einkaufen und so bei der Einkommenssteuer vielleicht mehr als einmal die sogenannte Progression brechen kann.
>
> Zudem erkaufen sich Versicherte mit einem Einkauf höhere Alters- und Risikoleistungen. Dazu kommt, dass Pensionskassengelder oft mit einem Zinssatz verzinst werden, der über den banküblichen Sparzinsen liegt.
>
> Fragen Sie deshalb bei der Kasse nach, ob und mit welchem Betrag Sie sich einkaufen können.
>
> **Tipp:** In Kassen, die eine Unterdeckung aufweisen, sollten Sie sich nicht freiwillig einkaufen.

Steuern sparen (sondern man muss die Rente nehmen). Das betrifft auch einen Bezug für die Finanzierung eines Eigenheims.

Bezieht jemand das Geld trotzdem innert der dreijährigen Sperrfrist, macht das Steueramt den damaligen Steuerabzug für den Einkauf rückgängig.

Ausnahme: Bei einer Scheidung wird das Pensionskassenvermögen geteilt. Wer sich dann wieder einkauft, um so die entstandene Lücke zu füllen, darf dieses Geld noch innerhalb von drei Jahren wieder bar beziehen.

Ebenso wenig müssen für Einkäufe nach einer Scheidung frühere Bezüge für die Finanzierung eines Eigenheims wieder zurückgezahlt sein.

■ Kaufen sich Selbständigerwerbende in die Pensionskasse ein, wird berücksichtigt, was sie früher in die 3. Säule eingezahlt haben (siehe Seite 210f.).

Freiwillge Einkäufe gehen ins Überobligatorium

■ Rentenkürzungen infolge Frühpensionierung kann man mit zusätzlichen Einkäufen auffangen (siehe Seite 136ff.).

■ Personen, die aus dem Ausland zuziehen und noch nie in einer Pensionskasse versichert waren, dürfen sich in den ersten 5 Jahren jährlich nicht mit mehr als mit 20 Prozent des versicherten Lohnes einkaufen.

■ Es kann vorkommen, dass jemand beispielsweise mit 60 zwangsweise frühpensioniert wird und das Pensionskassenguthaben bar bezieht. Findet eine solche Person wieder eine Stelle, kann es sein (je nach Reglement), dass sie sich in beschränktem Mass wieder in die neue Pensionskasse einkaufen kann, um Steuern zu sparen. Fragen Sie Ihre neue Kasse nach den Details.

■ Denken Sie daran, dass freiwillige Einkäufe in die Pensionskassen immer im Überobligatorium landen, was für die versicherte

Stellenwechsel: Kann man bei der bisherigen Pensionskasse bleiben?

Wer seine Stelle wechselt, wechselt in der Regel auch die Pensionskasse. Das Gesetz lässt jedoch zu, dass man weiterhin in der Pensionskasse bleiben kann, sofern die bisherige Kasse dies in ihrem Reglement vorsieht.

Ein Verbleib kann sinnvoll sein. Wer bis zum Antritt einer neuen Stelle eine Versicherungslücke hat, kann so den Versicherungsschutz aufrechterhalten. Allerdings müssen Betroffene die gesamten Beiträge selber bezahlen. Unter Umständen können auch Arbeitnehmerinnen und Arbeitnehmer, die eine neue Vollzeitstelle antreten, mit Zustimmung des neuen Arbeitgebers in der bisherigen Kasse bleiben – aus Sicht des neuen Arbeitgebers keine sehr beliebte Lösung, da sie zu zusätzlichem Verwaltungsaufwand führt.

Und: Wer selbständigerwerbend wird, aber weiter in der bisherigen Kasse bleibt, riskiert Probleme mit der Steuerverwaltung. Diese wird geltend machen, die 2. Säule stehe nicht für Selbständige ohne Personal offen.

Die unangenehme Folge für Selbständige: Die Beiträge können nicht vom Erwerbseinkommen abgezogen werden und müssen deshalb versteuert werden.

Person nachteilig ist (siehe Kasten auf Seite 142).

Viele Pensionskassen und Sammeleinrichtungen weisen sogar Rückzahlungen von Vorbezügen und Nachzahlungen von Vermögensteilungen nach der Scheidung dem Überobligatorium zu, obwohl dieses Geld ursprünglich dem obligatorischen Topf entnommen wurde.

Einige Vorsorgeberater empfehlen deshalb, die Einzahlungen in die Pensionskasse auf das Minimum zu beschränken und den Rest privat anzulegen.

Professionelle und günstige Vermögensverwaltung

■ Privat anlegen? Wer das tut, muss sich um die Anlage kümmern können und wollen. Laien kommen mit sicheren Anlagen wie Sparkonto oder Kassenobligationen zurzeit nicht auf die gleiche Rendite wie die Pensionskasse – zumal noch Steuern auf die Zinsen anfallen. Versierte Anleger erzielen vielleicht mit Aktien eine bessere Rendite – doch damit nehmen sie das Risiko von Wertverlusten in Kauf.

Das heisst: In Anlagefragen unerfahrene und auf Sicherheit bedachte Menschen fahren mit dem Einkauf besser. So besorgen sie sich gleichzeitig eine professionelle und günstige Vermögensverwaltung. Pensionskassen können dank der grossen Summen zu viel tieferen Gebühren anlegen als Einzelpersonen.

■ Pensionskassen-Einkäufe sind auch mit Geldern der Säule 3a möglich. Fraglich ist allerdings, ob das Geld in der Pensionskasse besser verzinst wird als in der 3. Säule. Transfers von 3a-Geldern in die Pensionskasse kann man nicht von den Steuern abziehen; dafür muss man für den gleichzeitigen Bezug der 3a-Gelder auch keine Steuern zahlen.

Tipp: Warten Sie mit dem Transferentscheid bis zum Alter 60. Falls die Pensionskasse dann noch Einkäufe zulässt, können Sie mit 60 die 3. Säule beziehen und in die Pensionskasse einzahlen. So könnte eine hohe Steuerersparnis resultieren, weil die Kapitalauszahlungssteuer tiefer ist als die Steuerersparnis durch den Einkauf.

Einkäufe sind in der Pensionskasse gebunden

■ Pensionskasseneinkäufe sollte man erst tätigen, wenn man im betreffenden Jahr das Maximum in die 3. Säule eingezahlt hat. Grund: Das Einkaufspotenzial in der Pensionskasse bleibt über Jahre bestehen, in der 3. Säule hingegen sind nachträgliche Einzahlungen – etwa für das vergangene Kalenderjahr – nicht möglich.

■ Eigenheimbesitzer fahren vielleicht besser, wenn sie anstelle eines Einkaufes in die Pensionskasse die Hypothek reduzieren.

■ Was man auch nicht vergessen darf: Der Umwandlungssatz könnte noch weiter sinken. Das mindert die Attraktivität von Einkäufen.

■ Nach einem Einkauf ist das Alterskapital in der Pensionskasse gebunden (falls es nicht bar bezogen wird). Das heisst: Wenn eine versicherte alleinstehende Person bei der Pensionierung die so aufgebesserte Rente nimmt und bald darauf stirbt, erhalten die Erben nichts. Denn das nicht «verbrauchte» Altersgeld bleibt in der Pensionskasse. Die Erben gehen leer aus. Das spricht gegen Einkäufe zur Aufstockung des Alterskapitals.

Auch Witwen können im Nachteil sein. Stirbt der Mann im Rentenalter, erhält die Witwe als Rente nur rund 60 Prozent der Altersrente des Mannes. Vom Grossteil des eingezahlten Kapitals hat sie nichts.

Gesundheitlich angeschlagene Menschen mit voraussichtlich geringer Lebenserwartung sollten sich also nicht freiwillig einkaufen. Bei ihnen könnte eine Diversifikation angezeigt sein: Ein gewisser Teil des frei verfügbaren Kapitals geht in die Pensionskasse, der Rest bleibt im freien Vermögen. Das lässt Spielraum für unvorhergesehene Ausgaben oder für den Fall, dass ein Kind Geld braucht. Im besten Fall profitieren später die Erben.

Auch Ehepaare können so diversifizieren: Der Partner mit der besseren Pensionskasse – zum Beispiel mit einem höheren Umwandlungssatz – kauft sich ein, der andere Partner nicht. So bleibt ein gewisser finanzieller Spielraum bestehen.

■ Alleinstehende sollten vor dem Einkauf das Reglement der Kasse studieren: Sterben Alleinstehende vor Erreichen des Rentenalters, kann es sein, dass die Pensionskasse den Erben (Eltern, Geschwister usw.) nichts auszahlt oder nur einen Teil des Alterskapitals (siehe dazu auch den Kasten auf Seite 147.

Ab auf die Weltreise: Was passiert mit der PK-Versicherung?

Verena M. verreist für fünf Monate. Mit dem Arbeitgeber hat sie vereinbart, dass sie nach der Rückkehr wieder «einsteigen» kann. Während des unbezahlten Urlaubs ist sie nicht verpflichtet, Prämien zu zahlen. Was passiert mit ihrer Pensionskasse in dieser Zeit?

Drei Lösungsvarianten bieten sich an:

■ **Variante A:** Der Arbeitgeber kann Verena M. bei der Pensionskasse abmelden. Die Kasse würde dann die Freizügigkeit auf ein Freizügigkeitskonto überweisen. Doch damit verliert Verena M. den Risikoschutz (Leistungen bei Invalidität oder Tod).

Diesen Schutz muss sie sich zusätzlich besorgen. Dies kann sie tun, indem sie sich die Freizügigkeit auf eine Freizügigkeitspolice überweisen lässt (das ist eher nicht zu empfehlen) oder diese Risiken separat versichert.

■ **Variante B** führt zum gleichen Resultat: Die Weltenbummlerin lässt ihre Mitgliedschaft bei der Pensionskasse sistieren, d.h. sich «prämienfrei» stellen.

Auch so wird der Risikoschutz zum Problem, denn die Risikoleistungen berechnen sich bloss aus dem bis anhin geäufneten Alterskapital. Eine zusätzliche Versicherung drängt sich auch hier auf.

■ **Variante C:** Der Risikoschutz bleibt bestehen, falls Verena M. mit dem Arbeitgeber vereinbart, dass die bisherigen Beiträge an die Pensionskasse weiterbezahlt werden – aber ohne die Pflicht des Betriebes, seinen halben Anteil beizusteuern.

Sie muss somit die gesamte Pensionskassenprämie selber übernehmen.

Mit dieser Variante hat die Reisende den gleichen Schutz wie bis anhin; auch das Alterskapital wächst weiter.

Möglich wäre auch, nur die Risiken zu versichern und die Beiträge an das Altersguthaben einzufrieren (falls das Reglement diese Möglichkeit zulässt).

Schwieriger würde es für Verena M., wenn sie beispielsweise als Lehrerin an einer kantonalen Schule unterrichten würde. Denn kantonale Pensionskassen sind oft leistungsorientierte Kassen: Auf die Pensionierung hin wird ein bestimmter fixer Prozentsatz vom letzten versicherten Lohn als Rente versprochen (siehe Kasten auf Seite 22).

Damit diese Leistung finanziert werden kann, muss auch das nötige Kapital zur Verfügung stehen: Fehlende Beitragsjahre müssen nachbezahlt werden. Verena M. müsste somit die Altersbeiträge für die fehlenden fünf Monate auf alle Fälle entrichten.

Pensionskasse: Wer ist dabei? 5

6 Pensionskasse: Vom Sparprozess zur Rente
So lesen Sie Ihren Versicherungsausweis

Der wichtigste Zweck jeder Pensionskasse ist die Auszahlung einer «Pension», einer Rente. Wer es sich leisten will, kann das Geld auch für den Kauf von Wohneigentum vorbeziehen.

Das Pensionskassengesetz ist ein Minimalgesetz: Wer wenig verdient und daher auch wenig an die Kasse einzahlt, darf später auch nicht mit einer grosszügigen Rente rechnen. Die BVG-Altersrente wird durch den Rentenumwandlungssatz bestimmt.

Bis Ende 2004 betrug dieser 7,2 Prozent. Beispiel: Bei einem vorhandenen Altersguthaben von 50 000 Franken ergibt ein Rentenumwandlungssatz von 7,2 Prozent eine monatliche Rente von 300 Franken (im Detail: 7,2 Prozent von 50 000, davon 1/12).

STICHWORT

Mindestzinssatz

Die Vorsorgeeinrichtungen müssen die Altersguthaben der Versicherten verzinsen. Der Mindestzinssatz für den obligatorischen Teil der Gelder wird vom Bundesrat festgelegt.

1985 bis 2002 galt ein Mindestsatz von 4 %. 2003 wurde er erstmals gesenkt – auf 3,25 %. 2004 betrug er 2,25 %, 2005 bis 2007 2,5 %, 2008 2,75 %. Für die Jahre 2009 bis 2011 betrug er 2 %, für 2012 bis 2013 1,5 %, für 2014 und 2015 1,75 %, 2016 1,25 %.

Diese Anpassung des Mindestzinssatzes hat zu Diskussionen geführt. Eine wichtige Rolle spielte dabei das Verhalten der grossen Versicherungsgesellschaften, die während Jahren – als der Mindestzinssatz noch 4 % betrug – deutlich höhere Erträge erwirtschafteten, diese jedoch nicht oder nicht vollständig an die Versicherten weitergaben.

Jetzt muss der Bundesrat den BVG-Mindestzinssatz gemäss Gesetz mindestens alle zwei Jahre überprüfen.

Wichtig: Der BVG-Mindestzinssatz gilt nur für das Obligatorium (Stichwort auf Seite 96). Bei der Verzinsung des überobligatorischen Teils hingegen dürfen die Kassen den Zinssatz nach Belieben festlegen – und sogar eine Minusverzinsung durchführen (siehe Kasten auf S. 132).

In Beitragsprimatkassen ist der Mindestzinssatz zusammen mit dem Rentenumwandlungssatz die entscheidende Bestimmungsgrösse für die spätere Altersrente.

Übrigens: Im Normalfall werden die Arbeitnehmerbeiträge den Angestellten monatlich abgezogen, und der Arbeitgeber leitet sie in regelmässigen Abständen an die Pensionskasse weiter. Doch diese unterjährigen Einzahlungen verzinsen die meisten Pensionskassen erst ab dem Folgejahr.

Das betrifft die laufenden Einzahlungen für die Altersgutschriften. Alle anderen Überweisungen wie freiwillige Einkäufe, eingehende Freizügigkeitsleistungen der vorherigen Vorsorgeeinrichtung oder nach einer Scheidung sowie Rückzahlungen aus Vorbezügen werden in der Regel ab dem Tag des Zahlungseingangs verzinst. Doch es gibt auch Sammelstiftungen, die die Einkäufe während des Jahres nicht verzinsen. Vorheriges Nachfragen lohnt sich also.

Ab 2005 wurde der Rentenumwandlungssatz schrittweise auf 6,8 Prozent gesenkt (siehe das Stichwort auf Seite 140). Bei diesem Ansatz resultiert aus 50 000 Franken Alterskapital nur noch eine Monatsrente von 283 Franken.

Gerade im Bereich der Altersrente bieten jedoch zahlreiche Vorsorgeeinrichtungen bessere Leistungen – insbesondere leistungsorientierte Kassen (siehe Stichwort auf Seite 22): Sie versprechen eine Rente in der Höhe eines bestimmten Prozentsatzes des letzten versicherten Lohnes.

Doch auch hier gilt: Bessere Leistungen erfordern höhere Beiträge.

Wie viel Geld darf der Versicherte im Alter erwarten? Die Höhe der Altersrente bestimmt sich bei den beitragsorientierten Kassen gemäss BVG-System nach der Höhe des Altersguthabens, bildlich gesprochen also nach der Dicke des Sparschweins, das im Lauf der Jahre gefüttert wurde.

Anders ausgedrückt: Das Altersguthaben wird gebildet durch die Altersgutschriften. Das sind die monatlichen Beiträge der versicherten Person und des Arbeitgebers.

Der Mindestzinssatz gilt nur für das Obligatorium

Diese Beiträge werden während der Zugehörigkeit zur Vorsorgeeinrichtung verzinst (siehe das Stichwort links).

Der vorgeschriebene Mindestzinssatz gilt aber nur für den obligatorischen Teil des Alterskapitals. Zahlen die Beteiligten freiwillig höhere Beiträge an das Alterskapital oder kauft sich eine versicherte Person in die Kasse ein, muss die Kasse diese zusätzlichen Gelder nicht zwingend mit dem gültigen BVG-Mindestzinssatz verzinsen. Das ist beispielsweise bei den sogenannten Nullzinsrun-

---

IN DIESEM KAPITEL

- **131** Der Mindestzinssatz gilt nur für das Obligatorium
- **132** Die Nullzinsrunde
- **133** Die Lohnprozente fürs Alter
- **134** Die Rentenalter von Frauen und Männern sind unterschiedlich
- **135** Die Abgangsentschädigung
- **135** Bei frühem BVG-Rentenalter droht eine AHV-Lücke
- **138** Details zum Aufschub der BVG-Rente
- **139** Pensionskassengeld: Keine Pfändung vor der Fälligkeit
- **140** Der Rentenumwandlungssatz: Wie aus dem Kapital eine Rente wird
- **141** Das Überobligatorium als Jongliermasse
- **141** Die BVG-Altersrente kommt garantiert lebenslang
- **142** Das Splitting und seine Nachteile
- **144** Rente oder Barbezug? So entscheiden Sie richtig
- **145** Die Verpfändung fürs Eigenheim
- **146** Wer erhält ein Todesfallkapital?
- **147** Die Begünstigungsordnung für das Todesfallkapital
- **149** So lesen Sie Ihren Versicherungsausweis
- **151** Musterbeispiel für einen Versicherungsausweis
- **153** Wie die Milliarden der Versicherten angelegt sind

Pensionskasse: Altersrente 6

STICHWORT

Nullzinsrunde

In Börsenkrisen (wie etwa 2002, 2008 und 2011) oder in Tiefzinsphasen verdienen viele Pensionskassen mit ihren Anlagegeldern wenig oder gar nichts – oder das Vermögen verliert sogar an Wert. Damit geraten viele Kassen in eine Unterdeckung (siehe Seite 24 ff.).

Dann sind Massnahmen angesagt. Eine Möglichkeit ist die Nullzinsrunde, bei der die Gelder der Versicherten vorübergehend nicht verzinst werden.

Dabei ist zu unterscheiden:

■ Der Zinssatz für den obligatorischen Teil des Altersguthabens ist gesetzlich festgelegt und darf im Prinzip nicht unterschritten werden. Nur in Ausnahmefällen darf er um höchstens 0,5 Prozentpunkte tiefer sein.

■ Für den überobligatorischen Teil des Altersguthabens können die Kassen die Verzinsung frei festlegen – und auch gar keinen Zins geben.

Aber: Falls ein überobligatorisches Altersguthaben vorhanden ist, kann die Kasse die beiden Beträge (obligatorisch und überobligatorisch) zusammenzählen und auch darauf null Zins geben. Das ist erlaubt.

Eine solche Nullverzinsung des gesamten Altersguthabens heisst dann konkret: Der obligatorische Teil wird zwar theoretisch wie vom Gesetz vorgeschrieben verzinst, das Total des Altersguthabens bleibt aber gleich hoch, weil dieser vorgeschriebene Zinszuwachs vom überobligatorischen Teil abgezwackt wird. Für den überobligatorischen Teil ergibt sich somit faktisch ein Negativzins.

Eine solche Verrechnung ist nur möglich, wenn ein überobligatorisches Altersguthaben vorhanden ist, für das es keinen gesetzlich festgeschriebenen Mindestzinssatz gibt. Bei einer Nullzinsrunde zahlen damit die überobligatorisch Versicherten den gesetzlich festgelegten Zins aus dem eigenen Sack.

Nullverzinsungen sind unter gewissen Umständen sogar erlaubt, wenn die Pensionskasse gar nicht in Unterdeckung ist. (Bundesgerichtsurteil 140 V 169)

---

den der Fall (siehe dazu den Kasten oben).

Einzelne Pensionskassen bieten aber auch für den obligatorischen Teil des Alterskapitals freiwillig mehr Zins; das kann sich mit der Zeit in einer spürbaren Vergrösserung des Alterskapitals und damit natürlich in einer höheren Rente ausdrücken.

Ob die Pensionskassen das Geld auf freiwilliger Basis besser verzinsen können, hängt in erster Linie davon ab, ob der zuständige Kassenwart bei der Anlage der Gelder und Vermögenswerte eine glückliche Hand hat.

Ebenfalls verzinsen muss die Kasse eine allenfalls eingebrachte Freizügigkeitsleistung, Geld also, das die versicherte Person bis zur Beendigung eines früheren Arbeitsverhältnisses als Alterskapital gespart und in die neue Firma mitgebracht hat.

Die Lohnprozente sind vom Alter abhängig

Das Gesetz sieht zur Äufnung des Alterskapitals prozentuale Mindestbeiträge vom versicherten Lohn vor (auch «koordinierter Lohn», siehe Seite 102 ff.).

Die Tabelle unten rechts zeigt, wie sich diese Prozente mit dem Alter der Versicherten verändern.

Beispiel zur Tabelle: Vom koordinierten Lohn eines 50-jährigen Mannes gehen 15 Prozent an die Kasse. Diese 15 Prozent zahlen im Normalfall Arbeitgeber und Arbeitnehmer je hälftig ein.

Diese Ansätze können auch freiwillig angehoben sein. Das führt zu höheren Prämien und im Endeffekt dann auch zu höheren Renten. Den gleichen Effekt erzielt, wer den Koordinationsabzug freiwillig verkleinert oder ganz aufhebt (siehe Kasten auf Seite 108).

Die gesamten Pensionskassen-Beiträge von Arbeitgeber und Arbeitnehmer dürfen jedoch 25 Prozent des versicherten AHV-pflichtigen Lohnes nicht übersteigen.

Zudem dürfen die reglementarischen Altersleistungen nicht höher sein als 70 Prozent des letzten versicherten Lohnes (Art. 1 BVV 2). Diese Begrenzung gilt auch für Risikoleistungen, also zum Beispiel die Invalidenrente.

Diese Begrenzung der Altersrente könnte dort Probleme geben, wo jemand im Alter seine Beschäftigung reduziert und vor der Pensionierung entsprechend weniger arbeitet. In einem solchen Fall muss jedoch auf den «Normalfall» der Jahre zuvor abgestellt werden: Entscheidend ist, welche Rentenhöhe sich aus dem Reglement ohne Reduktion des Beschäftigungsgrades ergeben würde.

Kassen dürfen verschiedene Sparpläne anbieten

Wo der Koordinationsabzug vermindert oder aufgehoben ist, kann es sein, dass die Kasse auch weniger Lohnprozente abzieht. Viele Leistungsprimatkassen verfahren so: Sie ziehen den Beschäftigten einfach einen bestimmten Prozentsatz, zum Beispiel 7 Prozent, vom Lohn ab. Die restlichen Beiträge zur Äufnung des für die späteren Leistungen nötigen Kapitals zahlt der Betrieb.

Vom Gesetz her ist es auch zulässig, dass Pensionskassen unterschiedliche Sparpläne anbieten. Die einzelnen Versicherten können dann selber für sich entscheiden, ob sie mehr oder weniger hohe Beiträge zum Alterssparen beisteuern wollen. In der Praxis ist dieses Modell allerdings noch nicht sehr weit verbreitet.

Die Schattenrechnung garantiert das BVG-Minimum

Damit aber bei diesen abweichenden Finanzierungsvarianten stets

Prozente fürs Alter

So viele Lohnprozente vom versicherten Lohn gehen gemäss BVG im Normalfall an die Pensionskasse (bei Männern und Frauen)

Altersjahr	Lohn-prozente	Arbeitnehmer-anteil [1]
25 bis 34	7,0%	3,5%
35 bis 44	10,0%	5,0%
45 bis 54	15,0%	7,5%
55 bis 64/65	18,0%	9,0%

[1] Annahme: Hälftige Aufteilung der Prämien zwischen Arbeitgeber und versicherter Person. Stand 2016/17

sichergestellt ist, dass das Obligatorium erfüllt ist, muss jede Kasse nebenbei die Schattenrechnung machen: Sie muss zusätzlich zur eigentlichen Beitrags- und Leistungsberechnung gemäss ihrem eigenen Reglement noch die Rechnung mit den BVG-Eckdaten vornehmen, denn diese müssen in jedem Fall erfüllt sein.

Führt die Schattenrechnung in einzelnen Bereichen zu Zahlungen, die höher sind, als sie das eigene Reglement vorsähe, muss die Kasse im Leistungsfall diese höheren Summen (Austritt, Rentenauszahlung usw.) zahlen.

Unterschiedliche Rentenalter für Mann und Frau

Eine Altersrente der Pensionskasse wird grundsätzlich dann fällig, wenn das Pensionierungsalter erreicht ist – bei den Männern entsprechend der AHV-Regelung nach dem zurückgelegten 65. Altersjahr. Frauen werden heute nach dem zurückgelegten 64. Altersjahr ordentlich pensioniert.

Zwar war vorgesehen, das Männer- und Frauenrentenalter gleichzusetzen – auf 65 Jahre. Doch diese Anpassung kam nicht zustande, weil die 11. AHV-Revision in der Volksabstimmung scheiterte. So bleibt es weiterhin beim unterschiedlichen Rentenalter: für Frauen beim zurückgelegten 64. Altersjahr, für Männer bei 65.

Alter 64/65 ist somit die Regel gemäss geltendem Gesetz – doch keine Regel ohne Ausnahme! Das Gesetz gibt den Kassen in diesem Punkt viel Freiheit: Sie dürfen ein anderes Pensionierungsalter einführen, und sie dürfen auf Sonderwünsche der Versicherten eingehen und sie selber entscheiden lassen, wann sie in Pension gehen wollen.

Wieso darf das Rentenalter der Frauen bei 65 liegen?

Etliche Pensionskassen haben von dieser Freiheit Gebrauch gemacht und das Rücktrittsalter für Männer und Frauen anderslautend geregelt, beispielsweise für beide Geschlechter im Alter 64 oder 65.

Kinderrenten für Pensionierte

Pensionierte Versicherte erhalten nebst ihrer eigenen Rente noch eine Kinderrente – bis das Kind das 18. Altersjahr vollendet hat. Gegebenenfalls erstreckt sich der Anspruch auf die Kinderrente bis zum vollendeten 25. Altersjahr, falls das Kind noch in Ausbildung steht oder zu mehr als 70 Prozent invalid ist (Art. 17 BVG in Verbindung mit Art. 22 Abs. 3 BVG).

Dasselbe gilt auch für diejenigen Versicherten, die sich frühpensionieren lassen (siehe Seite 138).

Übrigens: Pensionskassen können nach Rechtsprechung des Bundesgerichts im Reglement auch festlegen, dass gar keine Kinderrenten ausbezahlt werden. Voraussetzung dafür ist, dass die Altersrente so hoch ist, dass sie dem entspricht, was die BVG-Altersrente und die BVG-Alters-Kinderrenten zusammen ausmachen würden.

Dieses Vorgehen wird als «Anrechnungsprinzip» bezeichnet und gilt übrigens auch bei Invaliden-Kinderrenten. Auch diese können im Reglement ausgeschlossen werden, falls die Invalidenrente von Vater oder Mutter höher ist als die gesetzliche Minimalrente. (Bundesgerichtsurteil 136 V 313)

FRAGE

Kündigung nach 21 Jahren im gleichen Betrieb: Muss ich auf die Abgangsentschädigung verzichten?

Mehr als zwei Jahrzehnte lang habe ich meinem Chef die Treue gehalten. Jetzt bekam ich die Kündigung. Das trifft mich hart. Dazu kommt, dass der Betrieb auch keine Abgangsentschädigung für langjährige Betriebstreue zahlen will, obwohl ich 21 Jahre lang in der gleichen Firma gearbeitet habe und heute 51 bin. Muss ich mir das gefallen lassen?

Ja. Der Gesetzgeber wollte mit der Abgangsentschädigung älteren und langjährigen Mitarbeitern eine minimale Altersvorsorge garantieren. Doch seit die Pensionskasse obligatorisch ist, gibt es nicht mehr so viele Arbeitnehmerinnen und Arbeitnehmer, die Anspruch auf eine solche Abgangsentschädigung haben. Grund: Der Betrieb kann die Beiträge, die er zugunsten des Arbeitnehmers in seine Pensionskasse eingezahlt hat, mit einer allfälligen Abgangsentschädigung verrechnen.

Das ist auch bei Ihnen der Fall: Sie hatten eine Pensionskasse, und der Arbeitgeber hat dort mehr einbezahlt, als er Ihnen jetzt als Abgangsentschädigung zahlen müsste.

Eine Abgangsentschädigung erhalten heute also nur noch ältere und langjährige Arbeitnehmer, die dem Pensionskassenobligatorium nicht unterstehen oder nur einen sehr kleinen versicherten Lohn haben; das sind vor allem Teilzeitler mit kleinem Lohn.

Pensionskasse: Altersrente 6

Bei etlichen Pensionskassen gilt also das einheitliche Rentenalter 65 für Männer und Frauen. Wie geht das, wenn doch im Gesetz steht, Frauen würden mit 64 pensioniert?

Des Rätsels Lösung liegt auch hier im Anrechnungsprinzip (siehe Seite 141); dieser Mechanismus ist bei den sogenannten umhüllenden Kassen möglich, bei denen die Versicherten ein obligatorisches sowie ein überobligatorisches Altersguthaben haben. Hier können die Kassen mit dem Überobligatorium frei jonglieren, solange sie die gesetzlichen Bestimmungen fürs Obligatorium einhalten.

Setzt nun eine Pensionskasse das Rentenalter für Frauen auf 65 fest, und will eine Frau dennoch mit 64 aufhören, so gilt dies als Frühpensionierung, und die Frau muss sich diesen Entscheid mit einer Kürzung ihrer überobligatorischen Rente «erkaufen». Ihre gesetzliche Minimalrente mit dem Umwandlungssatz von 6,8 Prozent ist aber so immer noch eingehalten.

Bei frühem BVG-Rentenalter droht eine AHV-Lücke

Andere Fragen stellen sich, wenn eine Pensionskasse das einheitliche Rentenalter 64 kennt. Kündigt beispielsweise die Firma einem 64-jährigen Mann mit der Begründung, das Pensionskassen-Rentenalter sei ja nun mit 64 Jahren

> **TIPP**
>
> ### AHV nicht vergessen!
>
> Wer sich von seiner Pensionskasse vorzeitig pensionieren lässt, muss darauf achten, dass die fehlenden Beitragsjahre bei der AHV/IV gedeckt sind. Sonst droht dort eine gekürzte Rente.
>
> Dies gilt dann, wenn man sich so früh pensionieren lässt, dass zu diesem Zeitpunkt ein Vorbezug der AHV noch nicht möglich ist (siehe Seite 68ff.).
>
> Folge: Wer eine ganze AHV-Rente will, muss bei einer vorzeitigen Pensionierung durch die Pensionskasse die AHV-Beiträge bis zum regulären AHV-Pensionierungsalter weiterzahlen.

erreicht, besteht für diesen Mann noch kein Anspruch auf eine volle AHV-Rente (sondern nur auf eine gekürzte Vorbezugsrente der AHV, siehe Seite 68ff.).

Gar kein Anspruch auf eine AHV-Rente besteht, wenn die Pensionskasse das Rücktrittsalter für Männer noch tiefer ansetzt, weil Männer die AHV-Rente nur um maximal zwei Jahre vorbeziehen können. Hier droht also ein Finanzloch.

In solchen Fällen, in denen noch kein AHV-Vorbezug möglich ist, wird ein fairer Arbeitgeber bis zum Leistungsbeginn der AHV eine freiwillige Überbrückungsrente zahlen – auch wenn er dazu gesetzlich nicht verpflichtet ist.

Vorzeitige Pensionierung hat Rentenkürzung zur Folge

Grundsätzlich gilt: Eine vorzeitige Pensionierung ist stets mit einer Leistungsschmälerung, also einer kleineren Rente, verbunden. Wer einen Verlust vermeiden will, muss für die fehlenden Beitragsjahre spezielle Zahlungen an die Pensionskasse machen.

Aber Achtung: Vorzeitige Pensionierung heisst auch Rentenkürzung. Es gilt die Faustregel, dass pro Jahr der vorzeitigen Pensionierung die Rente lebenslang um 6 bis 7 Prozent kleiner wird.

Eine andere Faustregel lautet: Jedes Vorbezugsjahr vermindert den Rentenumwandlungssatz (siehe Kasten auf Seite 140) um 0,2 Prozentpunkte.

Es fallen nämlich zwei aus Sicht des Bezügers ungünstige Auswirkungen zusammen an: Zum einen wird weniger lang Alterskapital gespart, zum andern muss dieser kleinere Kapitalstock länger reichen – und zwar um die Dauer der vorzeitigen Pensionierung.

Pensionskassen-Frühpensionierte müssen einen weiteren Nachteil in Kauf nehmen: Von der AHV erhalten sie noch keine Rente oder nur eine lebenslang reduzierte.

Verschiedene Arbeitgeber fördern die vorzeitige Pensionierung, indem sie beispielsweise (freiwillig!) Überbrückungsrenten bis zum Erreichen des ordentlichen AHV-Pensionsalters auszahlen. Oder: Gut dotierte Pensionskassen versüssen ein vorzeitiges Ausscheiden mit freiwilligen Zusatzbeiträgen, sodass die Kürzung nicht so krass ausfällt.

Oft ist eine vorzeitige Pensionierung sogar betriebsweit geregelt, und es besteht für alle Beschäftigten ein Anspruch darauf. Doch das sind Ausnahmen. Ist in der Pensionskasse nichts geregelt und sind im Arbeitsvertrag keine Abmachungen enthalten, besteht grundsätzlich kein Anspruch auf solche Zusatzleistungen.

Das Alter für eine vorzeitige Pensionierung kann von der Pensionskasse frei festgelegt werden. Es darf jedoch nicht unter 58 Jahren liegen.

Vorzeitige Pensionierung ohne Rentenkürzung

Jede vorzeitige Pensionierung führt zu einer Rentenkürzung, weil ja für eine längere Rentendauer weniger Kapital zur Verfügung steht; ein Jahr vorzeitige Pensionierung bedeutet eine um 6 bis 7 Prozent tiefere Rente. Soll eine solche Kürzung vermieden werden, kann dies nur durch höhere Beiträge geschehen.

Deshalb lassen es viele Pensionskassen zu, dass im Hinblick auf eine vorzeitige Pensionierung ein Einkauf erfolgen kann.

Ein solcher Einkauf ist steuerlich sogar dann zulässig, wenn sich die versicherte Person sonst schon vollständig in die Pensionskasse eingekauft hat.

Ein Problem besteht allerdings bei Personen, die sich zwar für eine vorzeitige Pensionierung einkaufen, sich dann aber umbesinnen und trotzdem weiterarbeiten.

Dann war der Einkauf zu hoch, was die Steuerbehörden auf Trab bringt.

Die Gesetzgebung lässt in solchen Fällen einen «überschiessenden» Einkauf von maximal 5 Prozent zu.

Die Förderung des Vorruhestandes

Die Pensionskassen können eine vorzeitige Teilpensionierung versüssen: Versicherte, die sich teilpensionieren lassen (aber noch mindestens 50 Prozent des bisherigen Lohns verdienen), können weiterhin die vollen bisherigen Pensionskassenbeiträge einzahlen. Damit bleibt ihre Rente in der ursprünglich anvisierten Höhe erhalten.

Der Zwangsbezug der Altersrente ist abgeschafft

Die Pensionskassen können eine frühzeitige Pensionierung nicht erzwingen, sofern Betroffene weiterhin (an einer anderen Stelle) arbeiten wollen. Meistens ist das nach Entlassungen der Fall.

Bis 2009 konnten die Kassen per Reglement bestimmen: Arbeitnehmer müssen die Altersrente beziehen, wenn ihr Arbeitsverhältnis in der Zeitspanne zwischen dem frühestmöglichen Vorbezugsalter (hier 58 Jahre) und dem ordentlichen reglementarischen Rentenalter (hier 65 Jahre) endet.

Dieser frühzeitige Rentenbezug gegen den Willen der Betroffenen war oft mit einer lebenslangen Rentenkürzung verbunden – und er galt auch, wenn solche Versicherte wieder eine Stelle fanden.

Jetzt können solche Arbeitnehmer die Auszahlung der Freizügigkeitsleistung (also des gesamten Altersguthabens) verlangen, falls sie nach Beendigung des Arbeitsverhältnisses weiterhin arbeiten oder sich arbeitslos melden. Statt die gekürzte Altersrente zu beziehen, können sie also ihre Kasse anweisen, ihr Altersgeld der Kasse des neuen Betriebes oder – falls sie arbeitslos werden – auf ein Freizügigkeitskonto zu überweisen.

Pensionskasse: Altersrente 6

Übrigens: Auch bei einer vorzeitigen Pensionierung besteht ein Anspruch auf eine Alters-Kinderrente, sofern zum Zeitpunkt der Pensionierung noch Kinder in Ausbildung zu versorgen sind.

Die Höhe der Kinderrente wird jedoch entsprechend der Rentenkürzung infolge vorzeitiger Pensionierung proportional herabgesetzt.

Die Alters-Kinderrente wird bis zum Erreichen des 18. Altersjahres oder bei weiterer Ausbildung bis zum zurückgelegten 25. Altersjahr ausgerichtet (siehe Kasten auf Seite 134).

Wer die Rente aufschiebt, erhält einen Zuschlag

Umgekehrt ist nun auch möglich, dass Versicherte über das reglementarische Rücktrittsalter hinaus arbeiten und weiterhin Beiträge an ihre Pensionskasse bezahlen – längstens bis zum zurückgelegten 70. Altersjahr.

Das kann enorme Auswirkungen haben: So steht bedeutend mehr Kapital zur Verfügung, die Renten-Auszahlungsdauer wird kürzer – und damit steigen die Renten beträchtlich.

Zudem werden in der Regel die weiterhin eingezahlten Pensionskassenbeiträge der versicherten Person vom ausgezahlten Lohn abgezogen, was die Einkommenssteuer senkt; dies gilt selbst dann, wenn diese Person jetzt sämtliche Pensionskassenbeiträge selber zahlt.

Beides – die Förderung des Vorruhestandes wie auch die Weiterversicherung – ist jedoch freiwillig und muss von der Pensionskasse beschlossen sowie ins Reglement aufgenommen werden. Ohne diesen Schritt besteht kein Rechtsanspruch.

Der Aufschub der Rente ist nur bis zum Alter 70 möglich

Das sind die wichtigsten Details zum Aufschub der PK-Altersrente:
- Bedingung für einen Rentenaufschub ist immer, dass die Person weiterarbeitet. Dies im Gegensatz zur AHV, bei der man einen Aufschub auch dann verlangen kann, wenn man nicht mehr erwerbstätig ist.
- Der Arbeitgeber muss mit der Weiterbeschäftigung einverstanden sein.
- Das Gesetz lässt einen Aufschub nur bis zur Vollendung des 70. Altersjahrs zu. Diese Obergrenze haben auch die meisten Pensionskassen übernommen.
- Während der Weiterversicherung wird das Alterskapital weiterhin verzinst zum Satz, der auch bei allen übrigen Versicherten zur Anwendung kommt.
- Etliche Pensionskassen erhöhen den Umwandlungssatz um 0,2 Prozentpunkte pro angehängtes Jahr. Viele Pensionskassen tun das in kleineren Schritten, häufig um 0,15 Prozentpunkte pro ganzes Aufschubjahr. Oder um noch weniger.
- Arbeitet ein «Rentenaufschieber» nicht nur volle Arbeitsjahre weiter, sondern hört beispielsweise nach 3 Jahren und 7 Monaten auf, so wird der Umwandlungssatz bei den meisten Kassen entspre-

chend der Anzahl gearbeiteter Monate im letzten Jahr linear angepasst.

■ Grundsätzlich ist auch ein Teil-Rentenaufschub möglich, wenn jemand nach 65 nur noch mit einem Teilzeitpensum weiterarbeitet. Bei einer Reduktion auf ein 70-Prozent-Pensum heisst das zum Beispiel: 30 Prozent des Alterskapitals werden in eine sofort fliessende Rente umgewandelt oder bar ausgezahlt, die restlichen 70 Prozent werden aufgeschoben.

Die Prämienzahlung während der Aufschubphase
Eine wichtige Frage ist in diesem Zusammenhang auch: Müssen

Pensionskassengeld: Keine Pfändung vor Fälligkeit

Bei Pensionskassen und Freizügigkeitsguthaben gilt: Solange diese noch gesperrt beziehungsweise noch nicht fällig sind (weil das Rentenalter noch in weiter Ferne liegt und man noch arbeitet), sind sie nicht pfändbar.

Bei Pensionskassengeldern gilt dies übrigens auch für das Überobligatorium, also auch für Altersguthaben, die über dem gesetzlich festgelegten Minimalsparbetrag liegen.

Sobald aber solche Gelder zur Auszahlung kommen, sind sie grundsätzlich pfändbar. Dabei ist zu unterscheiden:

■ Fliesst Pensionskassengeld in Form einer **Altersrente** nach der Pensionierung, so ist diese Rente wie gewöhnliches Einkommen grundsätzlich beschränkt pfändbar, wobei das Existenzminimum zu beachten ist. In diesem Fall muss die Pensionskasse die ganze oder einen Teil der Rente direkt dem Betreibungsamt überweisen.

■ Das Gleiche gilt, wenn die Pensionskasse aufgrund einer Erwerbsunfähigkeit eine **Invalidenrente** zahlt.

■ Wenn man das Geld bei der Pensionierung während einer laufenden Pfändung **bar bezieht** statt in Rentenform, so ist nicht etwa die ganze Summe auf einen Schlag pfändbar. Vielmehr gilt: Das Betreibungsamt muss ermitteln, welche Rente der Schuldner statt der Kapitalabfindung bekäme; dieser Betrag ist dann wie normales Einkommen pfändbar. Dies gilt auf jeden Fall dann, wenn der Schuldner die Kapitalauszahlung für seinen Lebensunterhalt braucht.

Wurde das gesamte Pensionskassenkapital schon früher ausgezahlt, so kann es durchaus sein, dass das Amt jetzt auf die ganze Summe zugreifen darf.

■ Wird hingegen das in der Pensionskasse angesparte Kapital frühzeitig bar ausgezahlt (etwa wenn man die Schweiz endgültig verlässt oder wenn man sich selbständig macht), ist es nun unbeschränkt voll auf einen Schlag pfändbar, da es jetzt nicht mehr der Vorsorge dient, da der Berechtigte frei darüber verfügen kann.

Für die Gelder der steuerbegünstigten **3. Säule** gilt im Prinzip das Gleiche: Sie sind pfändbar, sobald der Sparer das Auszahlungsbegehren gestellt hat.

Ausführliche Infos zum Thema Pfändung finden Sie im Saldo-Ratgeber «Betreibung, Pfändung, Privatkonkurs». Sie können das 220-seitige Buch per Telefon (044 253 90 70) bestellen oder im Internet unter www.saldo.ch.

Pensionskasse: Altersrente 6

«Aufschieber» weiterhin Beiträge an die Pensionskasse zahlen? Die Branche handhabt das unterschiedlich. Es gibt dazu keine gesetzliche Vorschrift. Etliche Pensionskassen sagen: «Es werden keine Beiträge erhoben», und sie erlauben auch keine regelmässigen freiwilligen Einzahlungen mehr.

Andere Pensionskassen verlangen weiterhin Beiträge. Dann muss der Arbeitgeber mindestens gleich viel zahlen wie seine Angestellten. Daraus resultiert natürlich eine noch attraktivere Rentenerhöhung.

In der Regel stellt die Pensionskasse während der Aufschubphase nur noch die Altersgutschriften in Rechnung. Die erhobenen Lohnprozente bleiben meist gleich hoch wie für die übrigen älteren Angestellten (siehe Tabelle auf Seite 133).

Risikobeiträge zur Deckung von Tod oder Invalidität werden meist nicht mehr erhoben. Das wäre auch sinnlos, denn: Sollte eine Person während der Aufschubphase erkranken oder verunfallen und dadurch erwerbsunfähig werden, erhält sie von der Pensionskasse keine Invaliden-, sondern die normale Altersrente.

Es gibt allerdings Pensionskassen, die dennoch Risikobeiträge verlangen und dies als Solidaritätsbeitrag für die übrigen Versicherten deklarieren.

Der Umwandlungssatz: Wie aus dem Alterskapital eine Rente wird

Pensionskassen mit Beitragsprimat (BVG-System) bilden während der Erwerbstätigkeit einen Kapitalstock, das Alterskapital.

Zum Zeitpunkt der Pensionierung legt die Kasse dieses Kapital in eine Rente um. Dabei kommt ein gesetzlich festgelegter Rentenumwandlungssatz zur Anwendung (siehe Kasten links).

In jedem Jahr nach der Pensionierung zahlt die Pensionskasse eine Rente in der Höhe von 6,8 Prozent des bis zum Zeitpunkt der regulären Pensionierung (64/65) gesparten Alterskapitals aus.

Der zum Zeitpunkt der Pensionierung einmal angewandte Rentenumwandlungssatz bleibt für den jeweiligen Rentner immer gleich, er kann also während des Pensioniertenlebens nicht sinken.

Tieferer Umwandlungssatz im Überobligatorium

Der gesetzlich festgelegte Rentenumwandlungssatz von 6,8 Prozent

---

STICHWORT

Rentenumwandlungssatz

Der Rentenumwandlungssatz ist die Bestimmungsgrösse zur Festlegung der Rente bei einem gegebenen Alterskapital. Der gesetzliche festgelegte Rentenumwandlungssatz für das BVG-Obligatorium beträgt aktuell 6,8 Prozent (Stand 2016/2017).

Eine weitere Senkung des Rentenumwandlungssatzes wurde in der Volksabstimmung vom 7. März 2010 verworfen.

Die Pensionskassen dürfen aber einen tieferen Rentenumwandlungssatz anwenden, falls überobligatorisches Altersguthaben vorhanden ist (siehe Ausführungen rechts).

gilt für den Obligatoriumsbereich. Aber: Ist ein überobligatorisches Altersguthaben vorhanden, kann der Rentenumwandlungssatz auf dem gesamten Altersgeld tiefer sein (siehe Kasten auf der nächsten Seite).

Viele Kassen wenden daher auf das gesamte Alterskapital einen tieferen Rentenumwandlungssatz an. Das ist erlaubt, weil auch hier eine Verrechnung stattfinden darf.

Im Klartext: Wenn eine Sammelstiftung den Umwandlungssatz für das gesamte Alterskapital zum Beispiel auf 5,85 Prozent senkt, hält sie formell (in einer Art Schattenrechnung) den gesetzlichen Satz von 6,8 Prozent für das Obligatorium ein. Aber sie holt das Geld für diesen Schritt aus dem Überobligatorium, indem sie das Überobligatorium entsprechend tiefer umwandelt.

Das Überobligatorium als Jongliermasse

Mit dieser Verrechnung bzw. Anrechnung nutzen die Pensionskassen das Überobligatorium als Jongliermasse.

Ein Rechenbeispiel dazu mit einem Gesamt-Altersguthaben von 300 000 Franken, bestehend je zur Hälfte aus Obligatorium und Überobligatorium: Wird das gesamte Altersguthaben mit 5,85 Prozent umgewandelt, so ergibt dies eine Jahresrente von total 17 550 Franken.

Im Obligatoriumsbereich sind damit die gesetzlich vorgeschriebenen 6,8 Prozent eingehalten, doch im Überobligatorium ergibt sich nur noch ein Umwandlungssatz von 4,9 Prozent.

Die Altersrente kommt garantiert lebenslang

Und wenn das ganze Alterskapital aufgezehrt ist? Bedeutet der Umwandlungssatz von 6,8 Prozent, dass nach rund 15 Jahren der ganze Kapitalstock aufgebraucht ist und dann keine Altersrente mehr fliesst?

Nein, denn die Pensionskasse muss die Altersrente bis zum Tod der versicherten Person zahlen – ohne Wenn und Aber.

Das ist auch insofern kein Problem, als ja das noch vorhandene Restkapital weiterhin verzinst wird. Allerdings gibt es Kassen, die mit dem Argument der steigenden Lebenserwartung den Umwandlungssatz im Überobligatorium gekürzt haben (siehe Ausführungen links).

Die Altersrente bei normaler Pensionierung nach Gesetz

Alterskapital zum Zeitpunkt der Pensionierung in Franken	Monatsrente in Franken bei einem Umwandlungssatz von 6,8%
je 10 000.–	57.–
50 000.–	283.–
75 000.–	425.–
100 000.–	567.–
125 000.–	708.–
150 000.–	850.–
175 000.–	992.–
200 000.–	1133.–
225 000.–	1275.–
250 000.–	1417.–
275 000.–	1558.–
300 000.–	1700.–

Eine einmal laufende Rente – egal ob Alters-, Hinterlassenen- oder Invalidenrente – ist in der Höhe jedoch geschützt. Sie darf nicht durch eine Reglementsänderung gekürzt werden.

Einzige Ausnahme: Falls eine Überentschädigung vorliegt, darf unter bestimmten Umständen die Rente gekürzt werden (siehe Seite 166 ff.).

Warum es ab und zu eine Lebensbescheinigung braucht

Alle Rentenbezügerinnen und -bezüger (Alters-, Invaliden-, Ehegattenrente) müssen periodisch nachweisen, dass sie noch leben, also weiterhin Anspruch auf die Leistungen haben.

Wird der Lebensnachweis nicht geliefert, stellen die Pensionskassen ihre Leistungen ein. So wollen

Das Splitting und seine Nachteile

Im Jahr 2004 haben einige grosse Lebensversicherungen, die auch BVG-Sammelstiftungen führen, das sogenannte Splitting eingeführt: Sie behandeln das Obligatorium und das Überobligatorium unterschiedlich.

Ein überobligatorisches Altersguthaben hat, wer schon vor 1985 einer Einrichtung der beruflichen Vorsorge angehört hat, wer sich freiwillig eingekauft hat, wer höhere Löhne versichert hat (siehe Seite 107) oder wer auch einen kleineren Lohn unter der Eintrittsschwelle versichert hat (siehe Details auf Seite 107 f.).

Das Splitting hat zur Folge, dass diese Sammelstiftungen die jeweiligen Guthaben unterschiedlich verzinsen (siehe Seite 130 ff.) und dass sie auf dem überobligatorischen Guthaben einen tieferen Rentenumwandlungssatz anwenden.

Doch das Splitting enthält noch andere Fallen. Geschiedene Frauen beispielsweise, die vom Ehegatten einen Teil seines Vorsorgeguthabens gutgeschrieben erhalten, riskieren, dass ihre eigene Pensionskasse dieses Geld vollständig zum Überobligatorium schlägt – mit den negativen Folgen punkto Verzinsung und Rentenumwandlungssatz.

Unklar ist bei solchen Pensionskassen auch Folgendes: Wenn der gleiche Mann später wieder in die eigene Kasse einzahlt, um die durch die Scheidungsauszahlung entstandene Lücke zu füllen, kann es sein, dass die Pensionskasse dieses Geld auch wieder vollständig dem Überobligatorium zurechnet. Das wäre wegen der schlechteren Konditionen nicht im Sinne des Versicherten.

Ein anderes Problem: Wenn Versicherte Pensionskassengeld für Wohneigentum vorbeziehen, sollten sie darauf achten, aus welchem Topf die Kasse das Geld nimmt. Eine Entnahme aus dem Überobligatorium wäre im Sinne des Versicherten, die Entnahme aus dem Obligatorium bringt der Kasse Vorteile.

Die gleiche Problematik stellt sich, wenn der Vorbezug wieder zurückgezahlt wird (siehe Seite 197).

Fazit: Das Splitting führt zu zahlreichen ungelösten Problemen, die auch die Justiz noch beschäftigen werden. Namhafte Juristen halten das Splitting rechtlich schon an sich für problematisch.

Und damit ist auch die Politik gefordert: Kritiker verlangen, die Ungleichbehandlung der beiden Töpfe sei zu stoppen.

sie ungerechtfertigte Bezüge verhindern.

Vielfach genügt für den Lebensnachweis das Einsenden einer Kopie der AHV-Rentenauszahlung (siehe Seite 78 f.). Es gibt allerdings Pensionskassen, die eine formelle Lebensbescheinigung verlangen, die von der jeweiligen Wohnsitzgemeinde ausgestellt wird.

Solche Bestätigungen braucht es auch für Kinder in Ausbildung. Kinder von Altersrentnern – wie im Übrigen auch von Invaliden – erhalten ja nach Gesetz eine Kinderrente (siehe Kasten auf Seite 134). Diese beträgt im BVG-Bereich pro Kind 20 Prozent der Altersrente bzw. der Invalidenrente. Die Rente wird bis zum zurückgelegten 18. Altersjahr des Kindes ausgezahlt. Ist das Kind noch in Ausbildung, fliesst die Rente längstens bis zum zurückgelegten 25. Altersjahr.

Und genau für diesen Ausbildungsnachweis verlangen die Pensionskassen regelmässig eine Bestätigung. Eine Kopie des aktuellen Studienausweises oder eine Bestätigung der Ausbildungsstätte reicht in der Regel.

Monatliche Renten oder alles aufs Mal beziehen?

Lebenserwartung hin oder her: Wer will, kann die monatlichen Raten vergessen und den ganzen Inhalt des Sparschweins auf einmal beziehen (falls das Reglement dies zulässt).

Bei grösseren Beträgen ist der Barbezug («Alles aufs Mal») nach Erreichen des Pensionierungsalters dann sinnvoll, wenn die auf dem eigenen Haus bestehende Hypothek abbezahlt werden kann (siehe Kasten auf der nächsten Seite).

Aber Achtung: Ist das Kapital einmal bar bezogen, interessiert es die Pensionskasse nicht mehr, ob Sie nach zehn oder mehr Jahren noch genügend Geld zur Verfügung haben. Gerade bei Versicherten mit hoher Lebenserwartung kann sich deshalb ein solcher Barbezug als Bumerang erweisen.

Mehr noch: Wer das Kapital bar bezieht und relativ schnell verbraucht, riskiert Sanktionen. Der Kanton Genf etwa zahlt keine kantonale Sozialhilfe an Leute, die ihr Pensionskassengeld bar bezogen und schon ausgegeben haben.

Anspruch auf Barauszahlung ist im Gesetz geregelt

Der Anspruch auf einen Kapitalbezug ist im Gesetz geregelt (Art. 37 BVG). Jeder Versicherte kann zum Zeitpunkt seiner Pensionierung Anspruch auf die Barauszahlung von einem Viertel des Altersguthabens stellen.

Doch dieser gesetzliche Anspruch betrifft nur das BVG-Altersguthaben und nicht auch das überobligatorische Guthaben.

Viele Pensionskassen haben aber in ihrem Reglement den Anspruch ausgeweitet:

- Vielfach wird der Anspruch auf Barbezug auch für das überobligatorische Altersguthabens gewährt.
- Und gleichzeitig lassen viele Kassen auch im Obligatorium mehr Barbezug zu als nur ein Vier-

Pensions- 6
kasse:
Altersrente

tel. Faktisch heisst das: NIcht selten können Versicherte ihr ganzes Altersguthaben als Kapital beziehen.

Für Versicherte wäre es attraktiv, wenn sie das Überobligatorium wegen des schlechteren Umwandlungssatzes bar beziehen könnten, die Rente hingegen aus dem Obligatorium, wo der Umwandlungssatz oft höher ist. Doch das ist nicht möglich.

Rente oder Barbezug? So entscheiden Sie richtig

Das spricht eher für eine Rente:

■ Weil Frauen (noch) vor den Männern pensioniert werden und ihre Lebenserwartung erst noch höher ist, fahren sie mit einer Rente in der Regel besser. Ausschlaggebend ist dabei der eigene Gesundheitszustand.

■ Für eine Rente anstelle des Kapitalbezuges sollte sich ein Mann entscheiden, der mit einer weit jüngeren Frau verheiratet ist. Denn nach seinem Tod erhält die Frau bis an ihr Lebensende (oder bis zu einer Wiederverheiratung) eine Witwenrente in der Höhe von 60 Prozent der Altersrente ihres verstorbenen Mannes.

■ Die Rente bietet hohe Sicherheit: Sie kommt garantiert lebenslang.

■ Wer sich für die Rente entscheidet, muss sich nie um die richtige Anlagepolitik für sein Geld kümmern.

■ Wer nicht mit Geld umgehen und somit eine grössere Summe nicht sorgfältig verwalten kann, soll sich ebenfalls besser für eine Rente entscheiden.

Das spricht eher für den Barbezug:

■ Wer Erfahrung mit Geldanlagen hat, kann frei über die Anlageform entscheiden und mehr erwirtschaften, als die Rente der Pensionskasse ausmacht – insbesondere dann, wenn die Pensionskasse den Rentenumwandlungssatz senkt.

■ Mit dem Vorsorgekapital können Eigenheimbesitzer eine Hypothek abzahlen.

■ Der Kapitalbezug (Barbezug) ist in der Regel steuerlich günstiger, denn Renten muss man in den meisten Kantonen zusätzlich zum übrigen Einkommen voll als Einkommen versteuern. Beim Kapitalbezug wird zuerst eine einmalige Steuer fällig (getrennt vom übrigen Einkommen). Diese frisst je nach Kanton 5 bis 15 Prozent des Kapitals weg. In den folgenden Jahren muss die pensionierte Person das Kapital als Vermögen versteuern (und Erträge aus dem Vermögen als Einkommen).

■ Unverheiratete Männer mit einer Lebenserwartung, die nicht deutlich über dem Durchschnitt liegt, fahren mit dem Kapitalbezug besser.

■ Wer sich für den Kapitalbezug entscheidet, kann oft noch für die Erben etwas zur Seite legen. Bleibt das Geld hingegen in der Pensionskasse, gehen die Erben leer aus.

Das Gesetz erlaubt den Barbezug von einem Viertel des BVG-Altersguthabens (Art. 37 Abs. 2 BVG). Vom obligatorischen Altersguthaben kann also ein Viertel bar bezogen werden, während drei Viertel in Rentenform (lebenslang) ausgezahlt werden.

Verschiedene Pensionskassen lassen aber auch andere Mischformen zwischen Kapitalbezug und Rente zu. Oder auch den Bezug des ganzen Kapitals. Lassen Sie sich beraten!

Das Bundesgericht hat dazu entschieden, bei einem teilweisen Kapitalbezug müssten der obligatorische und der überobligatorische Teil des Altersguthabens entsprechend ihrem prozentualen Anteil am Gesamtguthaben vermindert werden.

Die Anmeldefrist für den Barbezug

Für den Barbezug können die Pensionskassen – egal ob nur für ein Viertel oder mehr – eine Anmeldefrist vorsehen; diese ist vielfach auf drei Jahre vor Anspruch auf die Rente festgesetzt.

Diese zeitliche Hürde kann für die Versicherten sehr mühsam sein. Eine Frau beispielsweise, die bei der Pensionierung mit 64 Jahren das angesammelte Altersguthaben bar beziehen will, muss dies spätestens mit 61 Jahren der Kasse melden.

Die Sache noch komplizierter macht das Bundesgericht; es hat entschieden, dass die Drei-Jahres-Frist zur Anmeldung des Kapitalbezugs vor dem frühestmöglichen Pensionierungsdatum zu laufen beginnt. Wenn somit eine Kasse eine vorzeitige Pensionierung im Alter 61 zulässt, muss der Kapitalbezug bereits im Alter 58 angemeldet werden (BGE 117 V 302). Dieses Urteil ist auf Kritik gestossen, denn die Bestimmung ist ein Stolperstein für viele Versicherte.

Deshalb hat das Bundesamt für Sozialversicherung, das für die berufliche Vorsorge zuständig ist, mitgeteilt, auf eine Frist zur Voranmeldung könne gar ganz verzichtet werden, falls die Kasse durch die Kapitalauszahlung nicht in finanzielle Schwierigkeiten gerate.

In der Praxis verzichten einige Kassen bereits heute auf eine Voranmeldung des Kapitalbezugs.

Achtung: Wer sich für den Kapitalbezug angemeldet hat, diesen Entscheid in letzter Sekunde aber bereut und doch die Rente will, muss bei vielen Kassen mit einem «Strafabzug» bei der Rente rechnen. Die Pensionkasse kann auch festlegen, dass der Antrag auf Kapitaloption unwiderruflich ist.

Wer sich hingegen von vornherein für die monatliche Rente entscheidet, muss nichts unternehmen.

Für die Barauszahlung brauchen Antragsteller die schriftliche Zustimmung des Ehepartners – selbst wenn sie beispielsweise nur ein Viertel des Altersguthabens bar beziehen will.

Verpfändung des Alterskapitals nur fürs Eigenheim

Das in der Kasse angehäufte Kapital können die Versicherten vor der Pensionierung nur unter wenigen Bedingungen bar beziehen (siehe Seite 187 ff.). Der Grund: Das Geld soll ohne Einschränkung der Altersvorsorge dienen. Deswegen ist es auch grundsätzlich ausgeschlossen, den Anspruch zu verpfänden.

Einzig für den Erwerb von Wohneigentum lässt das Gesetz eine Verpfändung zu. Beabsichtigt eine über 50-jährige versicherte Person, Wohneigentum zu erwerben, ist eine Verpfändung möglich bis zur Höhe der Freizügigkeitsleistung, auf die sie im Alter 50 Anspruch gehabt hätte, oder bis zur Hälfte der Freizügigkeitsleistung zum jeweiligen Zeitpunkt, falls dieser Betrag höher ist.

Wer unter 50 ist, kann die gesamte Freizügigkeitsleistung verpfänden (Details auf Seite 193 ff.). Daher wird bei den Freizügigkeitsberechnungen das Alterskapital bezogen auf Alter 50 speziell angegeben. Der Gedanke dahinter:

Ein eigenes Haus ist wohl eine der besten Möglichkeiten für die Altersvorsorge.

Die Sache hat allerdings einen Haken: Bis zum Alter von 50 Jahren hat sich auf dem Alterskonto nicht unbedingt ein sehr grosser Betrag angesammelt.

Andere Verpfändungen oder auch eine Abtretung der Forderung gegenüber der Pensionskasse sind hingegen nicht gestattet. Versicherte können also einen Rentenanspruch nicht einem Garagisten zur Sicherung des Kaufpreises für ein teures Auto verpfänden.

Wer erhält – wenn überhaupt – das Todesfallkapital?

Was passiert mit dem Altersguthaben, wenn eine versicherte Person stirbt? Diese wichtige Frage taucht immer wieder auf. Sie betrifft kinderlose, ledige Versicherte, stellt sich also jeweils dort, wo weder ein überlebender Ehegatte noch Kinder vorhanden sind.

Grundsätzlich dient das Alterskapital im Schadenfall zur Zahlung der Renten an den überlebenden Ehegatten (Witwe oder Witwer) sowie an die Kinder. Auch die Invalidenrente und die entsprechende Altersrente werden durch das Alterskapital mitfinanziert. Erfolgt keine Rentenzahlung, weil der Versicherte gestorben ist, fällt das Alterskapital im Prinzip an die Vorsorgeeinrichtung.

Doch das Gesetz enthält die Möglichkeit, dass Pensionskassen eine Begünstigung von Drittpersonen zulassen können. Konkret:

STICHWORT

Eingetragene Partnerschaft

Seit Januar 2007 gilt das Bundesgesetz über die eingetragene Partnerschaft gleichgeschlechtlicher Paare. Gleichgeschlechtliche Paare können sich nun beim Zivilstandsamt ihres Wohnsitzes registrieren lassen.

Die eingetragene Partnerschaft hat in der Sozialversicherung die gleiche Wirkung wie eine Ehe. In der beruflichen Vorsorge bedeutet dies, dass beim Tod eines Partners der Überlebende eine Partnerrente erhält, die nach gleichen Grundsätzen wie die BVG-Witwen/Witwer-Rente berechnet wird.

Wird eine Partnerschaft gerichtlich aufgelöst, sind die Ex-Partnerinnen oder Ex-Partner geschiedenen Ehepaaren gleichgestellt: Das Altersguthaben wird wie bei einer Scheidung hälftig zwischen den eingetragenen Partnern aufgeteilt.

Und für den Vorbezug für Wohneigentum oder für den vorzeitigen Bezug des Alterskapitals braucht es die schriftliche Zustimmung des eingetragenen Partners oder der eingetragenen Partnerin.

Auch bei der AHV ist die eingetragene Partnerschaft der Ehe gleichgestellt (Kasten auf Seite 52).

Eine Pensionskasse kann (muss aber nicht) in ihrem Reglement bei einem Todesfall vorsehen, dass nicht nur der überlebende Ehegatte und die Waisen, sondern auch weitere Personen Geld erhalten.

Es kann sich dabei sowohl um eine Auszahlung des Kapitals als auch um eine Rente handeln.

Bessere Regelung für Konkubinatspaare

Der betreffende Art. 20a des BVG lässt Leistungen zu

- an diejenigen Personen, die vom Versicherten «in erheblichem Masse» unterstützt worden sind,
- oder an die Person, die mit dem Versicherten die letzten fünf Jahre unmittelbar vor dem Tod ununterbrochen «eine Lebensgemeinschaft geführt hat». Dies umfasst übrigens nicht nur das heterosexuelle Konkubinat. Das Bundesgericht hat 2008 entschieden, als «Lebensgemeinschaft» gelte auch eine gefestigte Partnerschaft von Schwulen oder Lesben.
- Oder an die Person, die für den Unterhalt eines oder mehrerer gemeinsamer Kinder aufkommen muss.

Fehlen solche Personen, ist eine Begünstigung zulässig

- von Kindern, die nicht als Waisen einen Anspruch haben (also z.B des 40-jährigen Sohnes),
- von Eltern oder Geschwistern
- oder bei deren Fehlen die übrigen gesetzlichen Erben unter Ausschluss des Gemeinwesens, wobei an diese Personen nur der vom Verstorbenen einbezahlte Betrag oder die Hälfte des Vorsorgekapitals ausbezahlt wird.

Diese gesetzliche Begünstigungsordnung ist relativ starr, denn Art. 20a BVG stellt eine «Kaskadenordnung» auf: Hat die verstorbene Person eine Person der ersten Kategorie begünstig (z.B. den Lebenspartner), so haben Personen der zweiten und dritten Kategorie (z.B. die Eltern oder die erwachsenen Kinder) keinen Anspruch mehr.

Die Begünstigung ist ein Wahlrecht der versicherten Person (sie kann begünstigen, muss aber nicht). Ohne ausdrückliche Begünstigung einer Person der ers-

---

> **TIPP**
>
> ### Todesfallkapital? Freiwillige Einkäufe gut überlegen!
>
> Wer sich in seine Pensionskasse einkauft, sichert sich so einen Steuervorteil und verbessert seine Altersrente. Wenn aber solche Versicherte vor der Pensionierung sterben, so können diese Einkäufe verloren sein (siehe dazu auch Seite 123 ff.).
>
> **Deshalb der Tipp:** Fragen Sie Ihre Pensionskasse, was bei einem Todesfall vor Erreichen des Rentenalters mit Ihrem Pensionskassengeld passiert.
>
> Für Ledige gilt: Sieht das Reglement der Pensionskasse keinen Anspruch auf ein Todesfallkapital vor, bleibt nicht nur das eigentliche angesparte Altersguthaben in der Pensionskasse, sondern auch die Einkäufe.
>
> Für Verheiratete gilt: Fragen Sie Ihre Pensionskassen, ob Ihre Einkäufe die Hinterlassenenrenten effektiv erhöhen. Das ist nicht immer der Fall.

ten Kategorie, also beispielsweise des Lebenspartners, geht das Geld gemäss Reglement der jeweiligen Pensionskasse an Begünstigten der nachfolgenden Kategorien (zum Beispiel erwachsene Kinder).

«Erhebliche» Unterstützung: Nicht unter 20 Prozent

Falls das Konkubinat kürzer als fünf Jahre gedauert hat, ist eine Begünstigung des Lebenspartners dennoch möglich, falls eine «erhebliche» Unterstützung vorlag.

Dazu hat das Bundesgericht präzisiert: Eine Unterstützung von 18 Prozent ist nicht erheblich und reicht nicht aus, um einen Lebenspartner zu begünstigen.

Und diese Unterstützung muss mindestens zwei Jahre gedauert haben. Eine Einladung zu einer tollen Weltreise begründet somit keine «erhebliche» Unterstützung. (Bundesgerichtsurteile 138 V 98 und 140 V 50)

Wichtig: Die neue Regelung ist punkto Rangfolge nicht abänderbar. Es ist also nicht möglich, die Eltern oder erwachsene Kinder vor den Konkubinatspartner zu setzen, und es ist auch nicht möglich, einen Neffen – er fällt unter die übrigen gesetzlichen Erben – vor die Eltern bzw. die Geschwister zu setzen (anders als bei der Säule 3a, siehe Seite 215 ff.).

Die Pensionskassen dürfen Bedingungen stellen

Weil es sich bei der Begünstigung um überobligatorische Leistungen handelt, dürfen Pensionskassen eigene Bedingungen anbringen.

So dürfen sie etwa verlangen, dass bei einer Lebensgemeinschaft ein gemeinsamer Haushalt oder gemeinsamer Wohnsitz besteht, oder dass – wie früher – eine überwiegende Unterstützung erfolgen muss. (Bundesgerichtsurteil 138 V 86)

Zulässig ist auch, dass die Kasse eine Begünstigungserklärung zu Lebzeiten des Versicherten verlangt oder gar einen gegenseitigen Unterstützungsvertrag. Deshalb hatte eine Frau Pech, deren Lebenspartner vergessen hatte, sie bei der Kasse als Begünstigte zu melden.

Die Frau erhält nichts – obwohl sie im Testament als Alleinerbin eingesetzt war. (Bundesgerichtsurteil 9C_284/2015)

TIPP

Verlangen Sie einen Leistungsausweis!

Nicht alle Leistungsausweise sind so klar abgefasst wie der Musterausweis auf Seite 151. Viele Fragen treten vor allem dort auf, wo «Fachchinesisch» vorherrscht.

Verlangen Sie deshalb, dass Ihnen Ihre Pensionskassenverwaltung in verständlicher Sprache Aufschluss gibt über die zu erwartenden Leistungen.

Die Pensionskasse muss Ihnen auf Verlangen jederzeit die Austrittsleistung nennen; das ist das Altersguthaben, das Sie bei einem Stellenwechsel «mitnehmen» könnten.

Im Übrigen muss jede Pensionskasse ihre Versicherten von sich aus jährlich über die versicherten Leistungen informieren sowie über den Anspruch beim Stellenwechsel.

Tipp: Fragen Sie Ihre Pensionskasse, was genau Sie tun müssen, um Ihren Partner oder Ihre Partnerin begünstigen zu können!

Und: Weil die skizzierte Begünstigungsordnung nach Art. 20a BVG freiwillig ist, sollten betroffene Versicherte bei der Pensionskasse bzw. bei den Arbeitnehmervertretern vorstellig werden und beantragen, die vom Gesetz nun erlaubte Begünstigung der Konkubinatspartner ins Reglement aufzunehmen. Fehlt ein solcher Passus im Reglement, gehen Konkubinatspartner weiterhin leer aus.

Rente für Konkubinatspartner: Das Reglement beachten!

Wie schon auf Seite 147 erwähnt: Leistungen an Konkubinatspartner können auch in Form einer Hinterlassenenrente an den überlebenden Partner fliessen.

Dabei lohnt es sich aber, sehr genau die Bestimmungen der Kasse zu beachten, wie folgender Fall zeigt: Ein Mann war bei der Bundespensionskasse Publica versichert. Als er starb, verlangte seine langjährige Konkubinatspartnerin von der Publica eine Hinterlassenenrente.

Die wichtigsten Voraussetzungen waren erfüllt: Das Konkubinat hatte länger als fünf Jahre gedauert, und der Mann hatte mehr als die Hälfte zum Haushalteinkommen beigetragen.

Doch die Publica verlangt im Reglement auch, dass beide Partner zu Lebzeiten einen Unterstützungsvertrag unterzeichnen und der Pensionskasse vorlegen. Dies hatte das Paar versäumt, und deshalb erhält die Frau keine Rente.

Ein schriftlicher Vertrag sei eben nicht bloss eine Ordnungsvorschrift, deren Missachtung keine Folgen habe, sondern eine strenge Anspruchsvoraussetzung, bei der es kein Pardon gebe, sagt das Bundesgericht. (Urteil B 85/06)

So lesen Sie Ihren Versicherungsausweis

Im Normalfall erhält jede versicherte Person jährlich einen Versicherungsausweis; daraus gehen die Leistungen der Kasse hervor.

Bei leistungsorientierten Pensionskassen wäre dies nicht unbedingt nötig, denn hier macht ja die Rente meist einen bestimmten Prozentsatz des letzten Verdienstes aus (siehe Stichwort auf Seite 22).

Doch wer versteht schon, was alles auf dem Ausweis steht? Und was sich hinter den verschiedenen Zahlen versteckt? Der Musterausweis auf Seite 151 klärt auf.

Hans Muster, 1990 geboren, arbeitet bei der Firma Muster AG. Er verdient dort 5000 Franken im Monat; dazu kommt noch ein 13. Monatslohn. Die Muster AG hat beschlossen, für die Angestellten nicht die BVG-Minimalleistungen zu versichern, sondern höhere Invalidenrenten sowie höhere Ehegatten- und Waisenrenten. Zudem sind die Sparbeträge höher als gesetzlich vorgeschrieben.

Und das sind die Erklärungen zu den einzelnen Punkten im Musterausweis auf Seite 151:

Pensionskasse: Altersrente 6

1 Koordinationsabzug
Vom Bruttolohn von 65 000 Franken wird der volle Koordinationsabzug (100 %) abgezogen.

Vom gemeldeten Lohn werden somit für das Jahr 2015 24 675 Franken abgezogen, was einen versicherten Lohn von 40 325 Franken ergibt.

Davon gehen alle weiteren Berechnungen aus.

2 Voraussichtliches Alterskapital mit Zins
Ausgehend vom heutigen Alter wird berechnet, welcher Betrag sich auf dem Konto von Hans Muster ansammeln würde, falls er bis zur Pensionierung immer gleich viel verdienen würde.

Hans Muster ist 1990 geboren und beginnt 2015 zu arbeiten. Bis zur Pensionierung hat er somit maximal 40 Beitragsjahre (angenommenes Rücktrittsalter 65).

Alle Beiträge während dieser 40 Jahre zusammengezählt und verzinst, definieren das voraussichtliche Alterskapital von 428 290 Franken im Alter 65.

Bei der Zinsprojektion rechnen die Kassen unterschiedlich
Eine Verzinsung ist hier also eingerechnet. Und zwar für das laufende Jahr (2015) mit den gesetzlich vorgeschriebenen 1,75 Prozent. Für die Folgejahre rechnet diese Pensionskasse mit einer Verzinsung von 3,5 Prozent, was ein vergleichsweise hohes Alterskapital ergibt.

Andere Pensionskassen rechnen in ihren Ausweisen auch für die Zukunft nur mit dem aktuell gültigen gesetzlichen Mindestzinssatz.

Die Summe von Beiträgen und Zinsen würde Hans Muster als Alterskapital zur Verfügung stehen, falls er bis zum Alter 65 konstant gleich viel verdienen würde. Von diesem Betrag berechnen sich die Altersrente (29 124 Franken pro Jahr) sowie eine allfällige Pensionierten-Kinderrente (5825 Franken pro Jahr) **3**.

3 Die voraussichtliche Altersrente ist unter Anwendung des Rentenumwandlungssatzes von 6,8 Prozent berechnet. Jährlich stehen Hans Muster somit im Alter 65 29 124 Franken zur Verfügung, was einer monatlichen Rente von 2427 Franken entspricht.

Hätte Hans Muster zum Zeitpunkt der Pensionierung Kinder unter 18 beziehungsweise 25 Jahren (siehe Kasten auf Seite 134), so würde eine zusätzliche Rente von 20 Prozent der Altersrente pro Kind entrichtet; das wären 5825 Franken im Jahr bzw. 485 Franken im Monat.

In dieser Kasse sind die Altersgutschriften erhöht
Übrigens: In der Tabelle auf Seite 133 stehen die Lohnprozente für die Altersgutschrift, die gemäss Gesetz abgezogen werden (7 %, 10 %, 15 % und 18 %, abhängig vom Alter, je hälftig von Arbeitgeber und Arbeitnehmer zu zahlen). Die im Musterausweis versicherte

Fortsetzung auf Seite 152

Profond Vorsorgeeinrichtung
8800 Thalwil

Hans Muster
Mustergasse 11
8000 Zürich

1.1.2015

Vorsorge-Ausweis
Gültig ab 1.1.2015

Personaldaten

Personalien	Hans Muster, geb. 20.12.1990, ledig
AHV-Nr.	756.1234.5678.97
Anschluss:	Muster AG
Koordinationsabzug	100 % — **1**
Eintrittsdatum Profond	1.1.2015

Grunddaten

Gemeldeter Jahreslohn	Fr.	65 000.00
Versicherter Jahreslohn — **1**	Fr.	40 325.00
Aktuelles Altersguthaben	Fr.	0.00
Eingebrachte Freizügigkeitsleistung/Einkauf	Fr.	0.00

Alterskapital/Altersleistungen

Voraussichtliches Alterskapital mit Zins im Alter 65 — **2**	Fr.	428 290.00
– daraus resultierende jährliche Altersrente	Fr.	29 124.00
– daraus resultierende Pensionierten-Kinderrente — **3**	Fr.	5 825.00

Todesfall-Leistungen

Jährliche Witwen-/Witwerrente (Partnerrente) — **4**	Fr.	12 108.00
Einfache jährliche Waisenrente	Fr.	4 044.00

Jährliche Invaliditäts-Leistungen

Invalidenrente mit Wartefrist 24 Monate	Fr.	20 172.00
Invaliden-Kinderrente mit Wartefrist 24 Monate — **5**	Fr.	4 044.00
6		

Finanzierung — **7**

Jährliche Altersgutschrift	Fr.	3225.60
Jährliche Risikoprämie (inkl. Sicherheitsfonds)	Fr.	1129.20
Verwaltungskosten	Fr.	160.80
Total pro Jahr	Fr.	4515.60
Monatliche Prämie der versicherten Person maximal (x 12)	Fr.	188.15

Pensions- **6**
kasse:
Altersrente

Fortsetzung von Seite 150

Firma hat aber höhere Sparbeträge bzw. Lohnabzüge beschlossen, was sich später positiv auf die Altersrente auswirken wird. Konkret sind es 8%, 11%, 16% und 18%, je nach Alter.

Die Angaben im Musterausweis zum Alterskapital und zur Altersrente gehen weiter als das BVG-Obligatorium, sind also überobligatorisch.

Würden nur die gesetzlich vorgeschriebenen Mindestbeiträge bezahlt, wären das voraussichtliche Alterskapital, die Altersrente und die Pensionierten-Kinderrente um 8,3 Prozent tiefer.

Die Invalidenrente: 50 Prozent des versicherten Lohnes

4 Die **Todesfall-Leistungen** sind bei dieser Pensionskasse besser als vom Gesetz vorgeschrieben. Sie kommen dann zum Tragen, wenn die versicherte Person vor Erreichen des Pensionsalters sterben sollte.

Die Ehegatten- bzw. Lebenspartnerrente beträgt hier 30 Prozent des versicherten Jahreslohnes (also 30% von Fr. 40 325.–).

Das sind 12 108 Franken pro Jahr bzw. 1009 Franken pro Monat.

Würde die Ehegatten- bzw. Lebenspartnerrente nur auf der Basis des gesetzlichen Minimums berechnet, resultierten nur 9684 bzw. 807 Franken.

Auch die Waisenrente ist überobligatorisch und macht 10 Prozent des versicherten Jahreslohnes aus; im konkreten Fall sind das 4044 Franken pro Jahr bzw. 337 Franken pro Monat. Basierend auf dem gesetzlichen Minimum läge die Waisenrente nur bei 3228 bzw. 269 Franken.

5 Die **Invaliditätsleistungen** sind ebenfalls überobligatorisch. Die Invalidenrente beträgt 50 Prozent des versicherten Lohnes, und das sind 20 172 Franken pro Jahr bzw. 1681 Franken pro Monat. Das gesetzliche Minimum läge nur bei 16 140 bzw. 1345 Franken.

Eine Invaliden-Kinderrente beträgt 20 Prozent davon, also 4044 Franken im Jahr bzw. 337 Franken im Monat (im obligatorischen Teil: Fr. 3228.– bzw. Fr. 269.–).

6 **Wartefrist** von 24 Monaten: Die Pensionskasse geht davon aus, dass die Firma Muster AG eine Kollektiv-Taggeldversicherung hat, die während 720 Tagen Leistungen erbringt. Daher kann der Leistungsbeginn zurückverlegt werden; sonst droht eine Überversicherung, die zu Leistungskürzungen führen würde.

Eine solche Verlängerung der Wartefrist auf 24 Monate hat tiefere Risikoprämien zur Folge.

7 Finanzierung der beruflichen Vorsorge

Die im Musterausweis auf Seite 151 genannten Beträge machen im Jahr total Fr. 4515.60 aus. Davon zahlt Hans Muster die Hälfte, nämlich Fr. 188.15 im Monat (erläuternde Ausführungen zu den einzelnen Posten siehe S. 116 ff.).

Auch hier der Vergleich mit dem Obligatorium: Wären nur gerade die obligatorischen Risikoleistungen und lediglich die gesetzlichen Sparbeträge versichert, würde das den Mann Fr. 171.35 pro Monat kosten.

Wie die Milliarden der Versicherten angelegt sind

Etwa 800 Milliarden Franken: So gross ist heute gemäss Schätzungen das Vermögen, das die Pensionskassen verwalten. Im Vollausbau (wenn alle Werktätigen von Beginn ihrer Erwerbstätigkeit an in einer Kasse sind) werden es schätzungsweise 1,2 Billionen oder 1 200 000 Millionen Franken sein.

Beim Investieren dieser Summen haben sich die Kassen an Richtlinien zu halten, die im Gesetz und den dazugehörigen Verordnungen festgehalten sind. In den letzten Jahren haben die Anlagen in Aktien wie auch in wAnlagestiftungen im Schnitt stark zugenommen; hingegen ist der Anteil an Liegenschaften rückläufig.

Kritiker werfen den Pensionskassen oft vor, sie würden für ihre Versicherten zu wenig Rendite erwirtschaften, weil sie die ihnen anvertrauten Gelder nicht aggressiv genug investierten.

Es gibt aber durchaus Pensionskassen, die in guten Börsenjahren erhebliche Aktiengewinne erzielen – und dann stellt sich die Frage, ob auch der einzelne Versicherte davon profitiert.

Das kommt auf die Kasse an, lautet die Antwort: Fliessen die Gewinne in die freien Stiftungsmittel und wird das Alterskapital weiterhin nur mit dem vorgeschriebenen Minimalzins verzinst, hat der Versicherte in der Tat nichts von den Börsengewinnen. Erst wenn die Kasse Extragutschriften macht oder gar die Beitragssätze senkt, profitieren auch die Versicherten.

Keine Mitbestimmung bei der Anlagestrategie

In der Regel haben die Versicherten zur Anlagestrategie der eigenen Pensionskasse nichts zu sagen. Sie können also nicht selber wählen, wie ihr Geld angelegt wird.

Nur ganz wenige Kassen bieten dem einzelnen Versicherten die Möglichkeit an, zwischen verschiedenen Anlagestrategien zu wählen – und das auch nur im überobligatorischen Bereich. Profitieren können also nur die Gutverdienenden.

Die gesetzlich vorgeschriebene Minimalverzinsung und der gesamte Sparprozess stehen einer aggressiven Anlagestrategie entgegen. Denn wer entsprechende Gewinne machen will, müsste im Notfall auch entsprechende Verluste hinnehmen können. Doch das steht im Widerspruch zu dem vorgeschriebenen Kapitalbildungsprozess.

Und auch das Freizügigkeitsgesetz schreibt Mindestleistungen vor, die gegen schwankungsreiche Anlagestrategien sprechen.

Immer weniger Rentengeld steckt im eigenen Betrieb

Anvertrautes Geld haben die Kassen auch als Finanzanlage in die eigene Firma investiert; im Jahr 2014 waren das rund 1,8 Milliarden Franken. Das ist knapp ein Viertelprozent des Gesamtvermögens aller Pensionskassen.

Gerade bei solchen Anlagen oder Forderungen ist es jedoch früher immer wieder zu schmerzlichen Verlusten gekommen.

Zulässig sind Investitionen in die eigene Firma indes im Prinzip nur, soweit sie sichergestellt sind: Was als Freizügigkeitsleistung oder als laufende Renten für alle Beschäftigten ausbezahlt werden müsste, braucht somit Sicherheiten.

Eine der Möglichkeiten: Der Betrieb verpfändet der Pensionskasse sein Wertschriftendepot oder Immobilien. Einschränkung: Fabrikliegenschaften, die dem Betrieb gehören und zur betriebseigenen Produktion dienen, dürfen nicht als Sicherheit eingesetzt werden.

Möglich sind auch ungesicherte Anlagen im eigenen Betrieb; diese dürfen maximal 5 Prozent des Vermögens betragen.

Tipp: Achten Sie darauf, dass Ihre Pensionskasse nicht zu hohe Vermögensverwaltungskosten hat. Mehr also 0,5 Prozent des gesamten Anlagevermögens sollten es nicht sein.

**Pensions-   6
kasse:
Altersrente**

7 Die Leistungen bei Tod und Invalidität
Pensionskassen bieten auch Risikoschutz

Die berufliche Vorsorge soll nicht nur das Leben im Alter materiell absichern. Die Pensionskassen bieten auch finanziellen Beistand bei Tod (für die Hinterbliebenen) und Invalidität (für die betroffene Person und ihre Angehörigen).

Die grosse Vielfalt im System der schweizerischen Sozialversicherung führt zu komplizierten Verhältnissen. Denn bei Tod und Invalidität können von verschiedenen Versicherungen Zahlungen fällig werden; die wichtigsten sind im Kasten (unten) aufgeführt.

Somit fallen verschiedene Leistungen zusammen. Die AHV/IV gewährt jeweils die finanzielle Basis. Dazu kommen zusätzliche Gelder: Ist die Invalidität auf einen Unfall zurückzuführen, zahlt die Unfallversicherung eine weitere Rente. Sie deckt – zusammen mit der IV-Rente – bis zu 90 Prozent des vorherigen Verdienstes. Allenfalls kommt noch eine Rente von der Pensionskasse dazu.

Ist hingegen eine Krankheit Ursache der Invalidität, ist nebst der IV auch die Pensionskasse leistungspflichtig. Stammt die Arbeitsunfähigkeit aus dem Militärdienst, so zahlt die Militärversicherung.

Niemals mehr als 90 Prozent des letzten Lohnes

Übersteigen die Versicherungsgelder gesamthaft einen bestimmten Betrag, so erfolgt normalerweise eine Rentenkürzung. Dabei werden in erster Linie die Renten der Unfallversicherung und der Pensionskasse gekürzt.

In beiden Fällen (Tod und Invalidität) gilt: Wenn alle Renten zusammen 90 Prozent des vorherigen effektiven Verdienstes (inklusive absehbare Lohnentwicklung) übersteigen, dürfen sie auf 90 Prozent gekürzt werden; abgestellt wird also auf den mutmasslich entgangenen Lohn.

Beachten Sie aber: Leistungsverweigerungen oder -kürzungen der Unfallversicherung (beispielsweise infolge Nichttragens der Sicherheitsgurte) oder der Militärversicherung muss die Pensionskasse nicht ausgleichen. Denn ein solcher Versicherungsfall ist schuldhaft herbeigeführt, die Ren-

---

Wer zahlt bei Tod und Invalidität?

Leistungen im Todesfall für die Hinterbliebenen
- AHV (sie stellt den materiellen Sockel).
- Pensionskassengelder (vom früheren Lohn und vom Reglement abhängig).
- Bei Unfalltod: Gelder aus der Unfallversicherung (zusammen mit der AHV bis maximal 90 Prozent des vorherigen Verdienstes).

Leistungen bei Invalidität
Zu Beginn:
- Gelder aus der Unfall- oder Taggeldversicherung (360 bzw. 720 Tage lang, bis maximal 80 Prozent des vorherigen Verdienstes; bei krankheitsbedingter Arbeitsunfähigkeit nur, falls eine Krankentaggeldversicherung abgeschlossen wurde, sonst Lohnfortzahlungspflicht des Arbeitgebers gemäss Arbeitsvertragsrecht).

Nach 360 Tagen:
- IV (sie stellt den materiellen Sockel).
- Invalidenrente aus der Pensionskasse und/oder Rente aus der Unfallversicherung.

ten dürfen demnach gekürzt werden und weniger als 90 Prozent des letzten Lohnes betragen (Art. 25 Abs. 2 BVV 2, siehe auch Rechenbeispiele am Schluss dieses Kapitels auf Seite 166 ff.).

Weitere Infos zum Thema enthält der Saldo-Ratgeber «Unfall-Opfer: Das sind ihre Ansprüche». Sie können das 190-seitige Buch über Tel. 044 253 90 70 oder im Internet (www.saldo.ch) bestellen.

Im Todesfall: Das erhalten die Hinterbliebenen

Das Gesetz nennt in den Artikeln 18 bis 22 BVG verschiedene Pensionskassenleistungen, die beim Tod einer versicherten Person fällig werden (das Folgende gilt übrigens nicht nur für die Ehe, sondern auch für die eingetragene Partnerschaft):

■ **Die Rente an den überlebenden Ehepartner**, also an die Witwe oder an den Witwer. Dabei gilt: Ein Rentenanspruch besteht auch dann, wenn ein Bezüger einer Altersrente (also ein Pensionierter) stirbt; und er besteht auch dann, wenn ein Bezüger einer Invalidenrente stirbt.

Eine Einschränkung: Die Ehepartnerrente wird nur dann ausbezahlt, wenn die Witwe oder der Witwer für den Unterhalt von einem oder mehreren Kindern aufkommen muss oder wenn sie/er das 45. Altersjahr bereits zurückgelegt hat und die Ehe mindestens fünf Jahre gedauert hat.

Sind diese Bedingungen nicht erfüllt, erfolgt anstelle einer Rente eine Kapitalabfindung in der Höhe von drei Jahresrenten (Art. 19 Abs. 2 BVG).

■ **Waisenrente:** Kinder der verstorbenen Person haben Anspruch auf eine Waisenrente (siehe nächste Seite). Pflegekinder bekommen diese Rente nur, falls die verstorbene Person für ihren Unterhalt aufgekommen ist.

IN DIESEM KAPITEL

156 Mehr als 90 Prozent des letzten Lohnes gibt es nie
158 Witwen-, Witwer- und Waisenrenten: Das sind die Bezugsbedingungen
159 Witwenrente von nur 42 Prozent: Ist das erlaubt?
160 Auch geschiedene Ehepartner haben Ansprüche
160 Invalidität und Jobwechsel: Welche Pensionskasse zahlt?
161 Das sind die BVG-Leistungen bei Invalidität
161 So wird der Invaliditätsgrad festgelegt
162 Der Anspruch bei Geburtsgebrechen
163 Keine Pensionskassenzahlungen für HIV-Positive?
164 Achten Sie auf Ihre Taggeldversicherung!
164 Die Invalidenrente kann höher sein als die Altersrente
165 Leiden verschwiegen: Kann mir die Pensionskasse kündigen?
165 Der Teuerungsausgleich bei den BVG-Renten
166 Die Kürzung bei Überversicherung
166 Die Pensionskasse muss auch nach einem Unfall zahlen
168 Kassen dürfen den sogenannten «Resterwerb» anrechnen
170 Zunahme der Invalidität: Welche Pensionskasse zahlt?

Pensionskasse: Tod und Invalidität — 7

Diese Voraussetzungen müssen erfüllt sein

Witwen-, Witwer- und Waisenrenten werden nur ausbezahlt,

■ falls die verstorbene Person zum Zeitpunkt des Todes in einer Pensionskasse versichert war. Dies ist während des Arbeitsverhältnisses der Fall. Kraft Gesetz besteht nach der Auflösung des Arbeitsverhältnisses ein Versicherungsschutz noch während eines weiteren Monats,

■ falls die Person bei Eintritt der Arbeitsunfähigkeit, deren Ursache später zum Tod geführt hat, einer Pensionskasse angehörte

■ oder falls die Person zum Zeitpunkt des Todes bereits eine Alters- oder Invalidenrente der Vorsorgeeinrichtung bezog.

STICHWORT

Überobligatorische Leistungen

Das BVG legt einen Mindestrahmen für die berufliche Vorsorge fest; er gilt für alle Versicherten, ist aber nicht flexibel.

Mit den überobligatorischen Leistungen haben die Pensionskassen die Möglichkeit, den Versicherten gegenüber grosszügiger zu sein. Umgekehrt haben die Versicherten mit den überobligatorischen Leistungen die Chance, sich quasi eine Versicherung à la carte zuzulegen, falls die Pensionskasse diese Möglichkeit zulässt. Das kostet allerdings höhere Prämien.

Was zum Beispiel eine überobligatorische, verbesserte Invalidenrente ausmachen kann, sehen Sie aus dem Beispiel «Variante C» im Kasten auf Seite 120.

Auch die Invalidenrente im Musterausweis auf Seite 151 ist überobligatorisch.

Wer aus der Pensionskassse ausgetreten ist und sein Geld auf einem Freizügigkeitskonto parkiert hat, geniesst diesen Versicherungsschutz nicht mehr (siehe Seite 184).

Die Höhe der Ehepartner- bzw. Waisenrenten richtet sich

■ beim Tod einer bereits eine Rente beziehenden Person nach der Höhe der Invalidenrente – davon bekommt der überlebende Ehepartner gemäss Gesetz 60 Prozent, Waisen je 20 Prozent;

■ beim Tod einer erwerbstätigen Person nach der Höhe der voraussichtlichen Altersrente. Auch hier: Von diesem Wert bekommt der überlebende Ehepartner gemäss Gesetz 60 Prozent, Waisen je 20 Prozent.

Aber: Warum eine Witwenrente – trotz der 60-Prozent-Vorschrift im Gesetz – trotzdem nur 42 Prozent der Altersrente ausmachen darf, steht im Kasten rechts.

Dazu noch ein Detail: Es kommt immer wieder vor, dass eine Pensionskasse beschliesst, die künftigen Witwenrenten zu senken. Zum Beispiel von 70 auf 60 Prozent.

Gilt diese Kürzung dann auch für Männer, die bereits im Rentenalter stehen? Und die sich absichtlich für die Altersrente entschieden haben im Bewusstsein, dass ihre Frauen mit 70 Prozent der Altersrente gut abgesichert sind?

Die Antwort ist ja. Denn die Ehegattenrente ist erst geschuldet, wenn solche Rentner vor ihrer Frau sterben. Solange sie leben, haben

FRAGE

Witwenrente von nur 42 Prozent: Ist das erlaubt?

Laut Gesetz beträgt die Witwenrente mindestens 60 Prozent der Altersrente. Doch meine Pensionskasse zahlt eine Witwenrente nur in der Höhe von 42 Prozent der Altersrente aus? Ist das zulässig?

Ja. Denn die gesetzliche Bestimmung, dass die Hinterlassenenrente für Witwen und Witwer 60 Prozent der Altersrente betragen muss, gilt nur für das BVG-Obligatorium.

Zahlreiche Pensionskassen richten jedoch überobligatorische Leistungen aus. Liegt das Altersguthaben höher als vom Gesetz vorgeschrieben (beispielsweise weil höhere Beiträge einbezahlt wurden oder der Koordinationsabzug gesenkt wurde), so resultiert daraus auch eine höhere Altersrente. Und wenn nun von dieser höheren, überobligatorischen Altersrente «nur» 42 Prozent für die Hinterlassenenrente genommen werden, ist dieser Betrag immer noch höher als die gesetzliche Rente mit 60 Prozent, die nur aus den minimalen Altersgutschriften berechnet wird.

Dieser Vorgang heisst «Anrechnungsprinzip». Ob dabei die Mindestvorgabe des Gesetzes erfüllt bleibt, wird über die Schattenrechnung kontrolliert. Dabei wird die reglementarische Leistung, also die Höhe der Witwenrente von 42 Prozent, mit dem gesetzlichen Anspruch (60 Prozent vom reinen BVG-Altersguthaben) verglichen.

Liegt die reglementarische Rente höher, ist das Gesetz erfüllt. Ist sie tiefer, liegt ein Gesetzesverstoss vor und die Pensionskasse muss den Fehlbetrag bezahlen.

Ein Rechenbeispiel dazu:

Ein Versicherter hat ein Altersguthaben von	500 000.–
Das gesamte Altersguthaben setzt sich zusammen aus:	
Obligatorisches Altersguthaben	300 000.–
Überobligatorisches Altersguthaben	200 000.–
Die reglementarische Altersrente beträgt 6,4 % von 500 000.–	32 000.–
Die daraus berechnete Jahres-Witwenrente (42 % von 32 000.–)	13 440.–
Die obligatorische jährliche Witwenrente beträgt 60 % der Altersrente aus dem obligatorischen Altersguthaben von 300 000.– (mit Umwandlungssatz 6,4 %)	11 520.–
Fazit: Das Obligatorium (11 520.–) ist erfüllt, weil 13 440.– höher ist.	

ihre Frauen noch keinen Anspruch auf die Witwenrente. Nach dem Tod dieser Rentner richtet sich die Höhe der Witwenrente nach dem dannzumal gültigen Reglement der Pensionskasse. Denn künftige Leistungen kann die Pensionskasse jederzeit ändern, solange sie nicht das gesetzliche Minimum unterschreitet.

Deshalb müssen Rentner solche Reduktionen der Witwenrente akzeptieren.

Übrigens: Es kann durchaus vorkommen, dass eine versicherte Person stirbt, die weder eine Witwe bzw. einen Witwer noch Waisen hinterlässt. Was dann mit dem Todesfallkapital geschieht, steht auf Seite 146 ff.

Auch geschiedene Ehepartner haben Ansprüche

Eine geschiedene Ehefrau oder ein geschiedener Ehemann ist nach dem Tod des geschiedenen Ehegatten der Witwe oder dem Witwer gleichgestellt, falls
- ihre Ehe mindestens zehn Jahre gedauert hat und
- falls im Scheidungsurteil eine Rente oder eine Kapitalabfindung für eine lebenslange Rente zugesprochen wurde.

Die Witwe oder der Witwer wie auch der geschiedene Ehepartner erhalten je eine volle Rente (sofern alle anderen Voraussetzungen erfüllt sind (Art. 18 und 19 BVG, Art. 20 BVV 2).

Die Rente der Pensionskasse kann gekürzt werden, falls der geschiedene Ehepartner zusammen

Invalidität und Jobwechsel: Welche Pensionskasse zahlt?

Wurden die Freizügigkeitsgelder an den Versicherten ausbezahlt oder auf eine neue Pensionskasse übertragen, ist im Schadenfall trotzdem die frühere Pensionskasse leistungspflichtig, sofern der Beginn der Arbeitsunfähigkeit, die zum Tod (oder zur Invalidität) führte, noch aus dem alten Arbeitsverhältnis datiert.

Eine bereits übertragene Freizügigkeitsleistung müssen Betroffene in einem solchen Fall an die frühere Pensionskasse zurückzahlen.

Gerade die Frage, welche Pensionskasse nach einem Kassenwechsel zahlen muss, ist einer der schwierigsten Punkte in der beruflichen Vorsorge: Es kommt immer wieder vor, dass jemand von der Invalidenversicherung (IV) eine Rente zugesprochen erhält – und zwar nachdem er eine Stelle aufgegeben oder die Stelle gewechselt hat.

Im Grundsatz gilt: Leistungspflichtig ist immer jene Kasse, bei der die Person zum Zeitpunkt der erstmaligen Arbeitsunfähigkeit, die dann zur Invalidität geführt hat, versichert war. Entscheidend ist also der Zeitpunkt des «Beginns» der Behinderung.

Dies gilt selbst dann, wenn eine leichte Behinderung (von angenommenen 20 Prozent) beispielsweise vor zehn Jahren einsetzte und damals noch kein Rentenanspruch bestand, weil eine BVG-Rente ja erst ab einer 40-prozentigen Invalidität ausgerichtet wird (siehe Übersicht auf der Seite rechts oben).

Führt diese Behinderung erst Jahre später zur Invalidität, muss trotzdem die damalige Pensionskasse zahlen – selbst wenn die betroffene Person in der Zwischenzeit mehrmals die Stelle gewechselt hat.

Die damalige Pensionskasse kann sich somit nicht um ihre Leistung drücken mit der Begründung, die Person sei schon lange ausgetreten.

Umgekehrt gilt: Bessert sich der Gesundheitszustand und kann die Person wieder voll arbeiten, wird unter Umständen diese Kette – juristisch spricht man von einem Kausalzusammenhang – unterbrochen.

Doch wie lange eine solche Periode voller Arbeitsfähigkeit dauern muss, wird vom Bundesgericht mal so, mal anders entschieden. Einmal sind es bloss 30 Tage, ein anderes Mal muss die Arbeitsfähigkeit mehrere Monate gedauert haben, damit eine Leistungspflicht der früheren Kasse erlischt.

mit Leistungen anderer Sozialversicherungen mehr erhält, als ihm im Scheidungsurteil zugesprochen wurde (siehe dazu Seite 191 ff.).

Die BVG-Leistungen bei Invalidität

Eine Invalidenrente wird dann ausbezahlt, wenn die versicherte Person invalid ist und daher nichts mehr oder weniger als vorher verdient. Aus der beruflichen Vorsorge fliessen infolgedessen
- eine Invalidenrente und
- Invaliden-Kinderrenten, sofern Kinder vorhanden sind (mit den Altersbeschränkungen, die im Kasten auf S. 134 beschrieben sind).

Die Invalidität muss nach BVG mindestens 40 Prozent betragen (siehe Übersicht oben rechts); Voraussetzung ist auch, dass man zum Zeitpunkt des Ereignisses, das zur Invalidität geführt hat, versichert gewesen ist.

So wird der Invaliditätsgrad festgelegt

Die Invalidität wird nicht nach der Art der Behinderung bemessen. Vielmehr wird darauf abgestellt, wie hoch die Lohneinbusse ist, die durch die Behinderung entstanden ist. Diese Abklärung macht meist die Invalidenversicherung (IV). Sie setzt dann den Grad der Invalidität fest (siehe Seite 81 f.).

Die Pensionskasse richtet sich in der Regel nach dem Invaliditätsgrad, den die Invalidenversicherung (IV) festlegt.

Nun sind aber IV und Pensionskasse zwei voneinander unabhängige Institutionen. Es kann also

Invaliditätsgrad und Höhe der BVG-Rente

Rentenabstufung

Grad der Invalidität	Rente
Bis 39,9 %	Keine
40 bis 49,9 %	¼-Rente
50 bis 59,9 %	½-Rente
60 bis 69,9 %	¾-Rente
Ab 70 %	Ganze Rente

durchaus passieren, dass die eine Institution eine Invalidität bejaht, während die andere gegenteiliger Meinung ist.

Dies geschieht zwar in der Praxis relativ selten; gerade bei psychisch bedingter Invalidität sind allerdings unterschiedliche Ansichten häufig. Denn die Pensionskassen haben die Tendenz, Menschen mit psychischen Leiden als arbeitsfähig anzusehen: Bei derartigen Leiden, die medizinisch nicht hieb- und stichfest nachweisbar sind, lehnen sie dann eine Rente ab. Im Zweifelsfall bleibt dann nur der Gerichtsweg offen.

Immerhin hat das Bundesgericht den Grundsatzentscheid gefällt, dass sich der Invaliditätsbegriff der beruflichen Vorsorge zumindest im obligatorischen Bereich mit demjenigen der IV decken muss. Im überobligatorischen Bereich hingegen können Kassen abweichende Regeln treffen und den Invaliditätsbegriff erweitern. (BGE 115 V 215 E. 4; 115 V 208 E.2b und 2c)

Erweitern kann zum Beispiel heissen: Die Pensionskasse zahlt schon dann eine IV-Rente, wenn

Der Anspruch bei Geburtsgebrechen

Personen mit Geburtsgebrechen oder Kindheitsinvalidität haben in einem beschränkten Mass Anspruch auf BVG-Leistungen, falls diese im Anschluss an eine Berufstätigkeit effektiv erwerbsunfähig werden und eine Invalidenrente verlangen.

Voraussetzung ist, dass das Geburtsgebrechen oder die Jugendinvalidität bei Stellenantritt mindestens 20, aber nicht mehr als 40 Prozent ausmachte. Erhöht sich der Invaliditätsgrad dann während der Erwerbstätigkeit auf über 40 Prozent, besteht ein Rentenanspruch (Art. 23 lit. b und c BVG).

Mit dieser Lösung wird der Grundsatz durchbrochen, dass eine Pensionskasse nicht leistungspflichtig wird, wenn jemand bereits vor dem Stellenantritt eine Arbeitsunfähigkeit von über 20 Prozent aufwies.

jemand im bisherigen Beruf nicht mehr tätig sein kann – obwohl eine Umschulung möglich wäre.

Invalidenrente: Neue Abstufung im BVG

Das BVG kannte bis Ende 2004 nur eine grobe Einteilung für die Rentenabstufung: Bis zu einem Invaliditätsgrad von 50 Prozent wurde keine Rente fällig. Bei einem Invaliditätsgrad zwischen 50 und 66⅔ Prozent wurde eine halbe Rente ausbezahlt, über 66⅔ Prozent eine ganze. Die 1. BVG-Revision von 2005 hat diesen Widerspruch zur Invalidenversicherung abgeschafft und eine Leistungspflicht bei einer Invalidität schon ab 40 Prozent gebracht, wofür eine Viertelsrente fällig wird.

Pensionskassen richten somit nach dem IV-Raster Viertels-, halbe, Dreiviertels- und ganze Renten aus (siehe Tabelle auf der vorhergehenden Seite).

Selbstverständlich können die Pensionskassen bereits heute (und auch künftig) im Sinne einer überobligatorischen Leistung die Invalidenrente grosszügiger ausgestalten beziehungsweise über die gesetzlich vorgegebene Abstufung hinausgehen – indem sie beispielsweise eine halbe Rente schon ab einem Invaliditätsgrad von 40 Prozent gewähren.

Denkbar ist auch, dass die Invalidenrente exakt dem Invaliditätsgrad entspricht (55 % invalid = 55 %-Rente).

Beginn und Ende des Leistungsanspruchs

Der Anspruch auf Invalidenleistungen aus der Pensionskasse beginnt zum gleichen Zeitpunkt, in dem auch die Invalidenversicherung (IV) eine Rente zu entrichten anfängt. In diesem Punkt funktioniert also die Koordination zwischen der 2. und der 1. Säule.

Die IV beginnt mit ihren Rentenzahlungen dann, wenn die betroffene Person ein ganzes Jahr lang zu mindestens 40 Prozent erwerbsunfähig war.

Der Grund für diesen aufgeschobenen Leistungsbeginn ist darin zu suchen, dass zuerst einmal klar sein muss, ob die Beeinträchtigung bleibt oder ob sie bloss vorübergehend ist. Arbeitnehmerinnen und Arbeitnehmer erhalten in diesen 360 bzw. 720 Tagen meistens Taggeldzahlungen der Kranken- oder Unfallversicherung oder allenfalls eine (zeitlich beschränkte) Lohnfortzahlung vom Arbeitgeber. Taggeldversicherungen sind aus diesem Grund oft auf eine Leistungsdauer von 720 Tagen abgeschlossen. Deshalb setzen auch die Kassen den eigenen Leistungsbeginn auf diesen späteren Zeitpunkt an (siehe Kasten auf der nächsten Seite.)

Immerhin sind die Versicherten bei längerer Arbeitsunfähigkeit in

> **FRAGE**
>
> ## Keine Pensionskassenzahlungen für HIV-Positive?
>
> **HIV-Positive müssen auf der Anmeldung – gemäss den Formularen der meisten Vorsorgeeinrichtungen – Auskunft über ein bestehendes Leiden geben. Dürfen also Vorsorgeeinrichtungen den Aufnahmewilligen die Leistungen kürzen, wenn bekannt ist, dass diese HIV-positiv sind?**
>
> **Nein.** Zumindest im Bereich der BVG-Minimalleistungen geniesst jede Person den gleichen Schutz. Bei den Kassen mit Minimalleistungen kann die Leistungspflicht nicht ausgeschlossen werden.
>
> Anders bei überobligatorischen Leistungen: Hier kann sich die Kasse oder die hinter ihr stehende Versicherungsgesellschaft weigern, für bereits bestehende Risiken Leistungen über das Obligatorium hinaus zu versichern – allerdings nur während maximal fünf Jahren (Art. 331c OR). Eine Prämienreduktion gibt es deswegen allerdings nicht.
>
> Konkret: Sollte der medizinische Befund ein Leiden ergeben, kann die Pensionskasse einen Gesundheitsvorbehalt anbringen. Das heisst: Haben Sie beispielsweise einen Vorbehalt wegen Bandscheibenproblemen, erhalten Sie bei Invalidität infolge Bandscheibenproblemen nicht die volle Rente gemäss Reglement, sondern lediglich die tiefere gesetzlich vorgeschriebene Rente.
>
> Nach Ablauf dieser fünf Jahre entfällt der Vorbehalt, und die Person ist voll versichert, selbst wenn sie nachher an der diagnostizierten Krankheit erkranken sollte.
>
> In der Praxis verlangen die Pensionskassen häufig keine Tests oder Arztbesuche, sondern lassen die Neueintretenden einen Gesundheitsfragebogen ausfüllen.
>
> Dabei ist es wichtig, dass Sie diese Fragen wahrheitsgetreu beantworten. Andernfalls müssten Sie sich den Vorwurf der Anzeigepflichtverletzung gefallen lassen, falls Sie ein bestehendes Leiden nicht angeben. In diesem Fall könnte die Pensionskasse die Leistung im überobligatorischen Bereich verweigern – selbst wenn sie bei der Aufnahme keinen Vorbehalt angebracht hat.
>
> Es gibt übrigens Pensionskassen, die keine Gesundheitsprüfungen vornehmen.
>
> **Beachten Sie auch:** Sollte Ihr Betrieb in nächster Zeit die Pensionskasse wechseln, darf die neue Pensionskasse einen bestehenden Vorbehalt nicht verschärfen oder ausdehnen. Und sie darf die neue Vorbehaltsdauer von fünf Jahren nicht wieder von vorne laufen lassen, sondern muss die bereits «abgesessene» Zeit anrechnen (siehe auch Kasten auf Seite 115).

TIPP

Achten Sie auf Ihre Kollektiv-Taggeldversicherung!

Überprüfen Sie in Ihrem Arbeitsvertrag oder durch eine Rückfrage auf dem Personalbüro, wie gut Ihre Kollektiv-Kranken-Taggeldversicherung ist. Sie sollte auf 720 Tage angelegt sein; nur die wenigsten Arbeitgeber zahlen nämlich bei Krankheit den Lohn zwei Jahre lang.

Aber Achtung: Selbst mit einer Taggeldversicherung mit einer Laufzeit von 720 Tagen sind Sie nicht vor einer Kündigung des Arbeitsverhältnisses geschützt. In der Regel ist das punkto Taggeld aber kein Problem – denn die allermeisten Versicherungen zahlen der betroffenen krankgeschriebenen Person weiterhin ihr Taggeld, längstens aber bis zum Ablauf der Nachdeckung von 720 Tagen.

Tipp: Achten Sie darauf, dass der Versicherungsschutz der Kollektiv-Kranken-Taggeldversicherung schon in der Probezeit gilt; das ist nicht bei allen Versicherungsgesellschaften der Fall.

Wer nicht über seinen Betrieb taggeldversichert ist, kann dies bei einer Krankenkasse oder einer privaten Versicherungsgesellschaft nachholen. Auch Selbständigen sei empfohlen, für sich selber eine Taggeldversicherung abzuschliessen.

Mehr zum Thema Taggeldversicherung steht im K-Tipp-Ratgeber «So sind Sie richtig versichert». Sie können ihn über die Telefonnummer 044 253 90 70 oder im Internet über www.ktipp.ch bestellen.

---

den meisten Fällen von der Prämienpflicht befreit.

Ein Aufschub des Leistungsbeginns der Pensionskasse ist aber nur dann zulässig, wenn tatsächlich eine Taggeldversicherung besteht. Ist dies nicht der Fall, muss die Kasse – wie vom Gesetz vorgesehen – nach einer einjährigen Arbeitsunfähigkeit mit ihren Zahlungen beginnen – genauso, wie es auch die IV tut.

Dies gilt selbst dann, wenn zwischen der Arbeitgeberfirma und der Pensionskasse vertraglich ein späterer Leistungsbeginn vereinbart ist.

Ein solcher späterer Leistungsbeginn ist durchaus sinnvoll, denn das verbilligt die Risikobeiträge.

Wird das Arbeitsverhältnis während der Auszahlung von Krankentaggeldern gekündigt, besteht für Versicherte das Recht auf Übertritt in eine Einzelversicherung. Damit endet die vom Arbeitgeber mitfinanzierte Taggeldversicherung, und damit darf auch die Pensionskasse den Leistungsanspruch nicht mehr hinausschieben.

Die Invalidenrente kann höher sein als die Altersrente

Der Anspruch auf eine Invalidenrente erlischt mit dem Tod der versicherten Person oder bei Wegfall der Invalidität.

Tritt eine invalide Person in das Rentenalter ein, erhält sie weiterhin eine Invalidenrente; ein Wechsel zu einer Altersrente findet nicht statt. Also ist in einem solchen Fall auch kein Barbezug der Altersrente möglich.

Allerdings kann die Pensionskasse in ihrem Reglement vorsehen, dass eine laufende Invalidenrente bei Erreichen des Rücktrittsalters durch eine Altersrente abgelöst wird.

Das kann für die Betroffenen eine böse Überraschung bedeuten: Ist nämlich – was oft vorkommt – eine Invalidenrente höher als das BVG-Minimum, kann eine Altersrente tiefer sein. Im Pensionsalter erhält dann diese Person eine kleinere Rente ausbezahlt.

Übrigens: Invaliden- und Ehegattenrenten können die Betroffenen – wie auch die Altersrente – als Kapitalabfindung beziehen, sofern diese Möglichkeit im Reglement der Pensionskasse vorgesehen ist (Art. 37 Abs. 3 BVG).

FRAGE

Krankheit verschwiegen: Kann mir die Pensionskasse kündigen?

Als Kadermitarbeiter bin ich im überobligatorischen Bereich der Pensionskasse gut versichert – mit einer hohen Invalidenrente. Beim Ausfüllen des Fragebogens habe ich aus Angst vor unangenehmen Fragen eine Krankheit und frühere Behandlungen verschwiegen. Muss ich jetzt mit der Kündigung der überobligatorischen Leistungen rechnen?

Ja. Falls Sie etwas verschwiegen oder falsch angegeben haben, kann das böse Folgen haben – denn Sie haben Ihre «Anzeigepflicht» verletzt. Falls die Pensionskasse das erfährt, kann sie vom Vorsorgevertrag zurücktreten. Folge: Im Schadenfall erhalten Sie keine überobligatorische Invalidenrente.

Selbst wenn Sie aus einem anderen Grund invalid werden als dem verschwiegenen, werden unter Umständen keine Leistungen ausgerichtet.

Die Konsequenzen von Falschdeklarationen regeln die Kassen im Reglement. Nur wenn im Reglement keine detaillierte Regelung enthalten ist, kommen ersatzweise die Regelungen des Versicherungsvertragsgesetzes (VVG) zur Anwendung. Dort sind die Konsequenzen einer Falschdeklaration etwas weniger gravierend: Ein Rücktritt erfolgt dann nur, wenn das verschwiegene Leiden anschliessend auch zur Invalidisierung führt.

Konkret: Wenn Sie ein Knieproblem verschweigen und wegen des Knieproblems arbeitsunfähig und in der Folge invalidisiert werden, kann die Pensionskasse in jedem Fall vom Vertrag zurücktreten, und sie muss Ihnen damit nicht die reglementarischen Leistungen, sondern nur die tieferen gesetzlichen Leistungen auszahlen.

Falls Sie jedoch nicht wegen des Knieleidens, sondern aus einem anderen Grund (zum Beispiel Tumorerkrankung) invalid werden, richten sich die Konsequenzen nach dem Pensionskassenreglement. Dieses darf auch für einen völlig anderen Invalidisierungsgrund eine Leistungskürzung vorsehen. Sagt das Reglement dazu nichts aus, gelten die Bestimmungen des VVG, und die Leistung darf nicht verweigert werden.

Tipp: Es lohnt sich nicht, ein bekanntes, aktenkundiges Leiden zu verschweigen. Kommt es zum Leistungsfall, fliegt der Schwindel meist auf.

Der Teuerungsausgleich bei den Renten

Und der Teuerungsausgleich? Die Ehepartner-, Waisen- und Invalidenrenten müssen die Pensionskassen von Gesetzes wegen erstmals nach drei Jahren und anschliessend periodisch (in der Regel alle zwei Jahre) der Teuerung anpassen – im Unterschied zu den Altersrenten, bei denen das Gesetz keinen Teuerungsausgleich verlangt.

Die Indexierung der Ehepartner-, Waisen- und Invalidenrenten hört aber beim Erreichen des Rentenalters auf und ist auf die obligatorischen Mindestleistungen gemäss BVG beschränkt. Es gibt allerdings Kassen, die auch die überobligatorischen Ehepartner-, Waisen- und Invalidenrenten freiwillig ganz oder zumindest teilweise der Teuerung anpassen.

Überversicherung: Die Pensionskasse darf kürzen

Im Schadenfall sind oft mehrere Versicherungsträger leistungspflichtig. Die diversen Zahlungen können sich deshalb zu einem Betrag summieren, der höher ist als

---

FRAGE

Unfall: Muss auch die Pensionskasse eine Rente zahlen?

Ich bin am Arbeitsplatz verunfallt und erhalte jetzt sowohl von der Unfallversicherung Suva als auch von der staatlichen Invalidenversicherung eine Rente. Ich habe dann auch die Pensionskasse angefragt, ob ich etwas zugut habe. Dort sagte man mir jedoch, das Reglement sehe bei Unfall keine Zahlungen vor. Habe ich trotzdem einen Anspruch?

Ja. Schon vor Jahren hat das Eidgenössische Versicherungsgericht festgelegt, dass die Pensionskassen Zahlungen nach einem Unfall nicht verweigern dürfen; die entsprechende Verordnungsvorschrift wurde damals aufgehoben.

Grundsätzlich besteht somit auch bei unfallbedingter Invalidität eine Leistungspflicht – und nicht nur bei Krankheit.

Falls das Reglement Ihrer Kasse dazu etwas anderes sagt, ist das unerheblich und zu korrigieren.

Im konkreten Fall ist es hingegen möglich, dass die PK nur eine reduzierte Rente zahlt. Grund: Die Unfallversicherung und die Invalidenversicherung zahlen zusammen bereits 90 Prozent des letzten versicherten Lohnes. Die Pensionskasse muss aber 90 Prozent des mutmasslich entgangenen Lohnes ersetzen.

Die Pensionskasse muss also noch die Differenz zwischen 90 Prozent des versicherten Lohnes bis hinauf zu 90 Prozent des mutmasslichen Lohnes zahlen, den der Verunfallte jetzt erzielen würde. (Es kann aber sein, dass die Kasse gemäss Reglement noch mehr zahlt, nämlich bis 100 Prozent.)

Noch eine Einschränkung: Die Leistungspflicht der Kasse nach einem Unfall gilt nur für den obligatorischen Teil. Wo hingegen Vorsorgeeinrichtungen freiwillig eine überobligatorische (bessere) Versicherung anbieten, können sie für diesen Teil den Unfall ausschliessen.

Überversicherung: Die Pensionskasse zahlt weniger

Das Beispiel Marianne F.: Die Versicherte ist nach einem Unfall invalid. Sie hat ein 14-jähriges Kind. Sie erhält Rentenzahlungen der Eidg. Invalidenversicherung (IV), der Unfallversicherung sowie der Pensionskasse.
Und so wird gerechnet:

	in Fr.
Mutmasslich entgangener Verdienst im Jahr 2016	74 100.–
Theoretischer Bezug von Kinderzulagen (12 x 200)	+ 2400.–
Entgangener Verdienst total im Jahr 2016 *(im Monat 6375.-)*	**= 76 500.–**
Überentschädigungsgrenze gemäss Reglement (90 %)	68 850.–
Anrechenbare Einkünfte (Rentenzahlungen)	
Rente der Invalidenversicherung *(im Monat 1824.-)*	21 888.–
Kinderrente der Invalidenversicherung *(im Monat 729.60)*	+ 8755.20
Rente der Unfallversicherung *(im Monat 2384.-)*	+ 28 608.–
Invalidenrente der Pensionskasse *(im Monat 1609.85)*	+ 19 318.20
Invaliden-Kinderrente der Pensionskasse *(im Monat 322.-)*	+ 3864.–
Total anrechenbare Rentenleistungen *(im Monat 6869.45)*	**= 82 433.40**
Berechnung der Überversicherung	
Anrechenbare Rentenleistungen	82 433.40
90 % des entgangenen Einkommens	– 68 850.–
Differenz zur Überentschädigungsgrenze *(im Monat 1131.95)*	**13 583.40**
Gekürzter Anspruch von der Pensionskasse	
(19 318.20 plus 3864.– minus 13 583.40)	9598.80
Gekürzter Anspruch von der Pensionskasse im Monat	**799.90**

Die Pensionskasse zahlt also nur Fr. 9598.80 und damit deutlich weniger, als der Anspruch ausmachen würde. Wäre Marianne F. nur teilinvalid und würde sie keiner weiteren Erwerbstätigkeit nachgehen, könnte ihr zudem auch das zumutbarerweise noch erzielbare Resterwerbseinkommen angerechnet werden, was zu einer weiteren Kürzung führen würde (siehe Seite 168 ff.).

---

der vorherige Lohn. Dann liegt ein Fall von Überversicherung vor.

Das Gesetz lässt zur Vermeidung einer Überversicherung Kürzungen von Pensionskassenrenten zu. Jede Vorsorgeeinrichtung kann im Reglement festhalten, wie sie eine Überversicherung verhindern will.

Grundsätzlich ist eine Überversicherung gegeben, falls mehr als 90 Prozent des mutmasslich entgangenen Verdienstes durch Versicherungsgelder gedeckt sind. Das Vorgehen beim Kürzen ist gesetzlich geregelt (Art. 34a Abs. 2 BVG, Art. 24 ff. BVV 2). Ein Rechenbeispiel (siehe Tabelle oben): Die

1972 geborene Marianne F. ist nach einem Unfall arbeitsunfähig. Der behandelnde Arzt meldet sie der Invalidenversicherung an. In der Folge veranlasst die IV diverse medizinische Abklärungen. Auch ein Versuch zur Wiedereingliederung ins Berufsleben wird durchgeführt.

Doch die Wiedereingliederung erweist sich als unmöglich. Nach Ablauf eines Jahres wird Marianne F. zu 100 Prozent invalid erklärt. Das gibt eine ganze IV-Rente.

Weil sie nur während weniger Jahre seit ihrer Einreise in die Schweiz an die AHV gezahlt hat, erhält sie bloss eine IV-Teilrente von 1824 Franken pro Monat. Dazu bekommt sie eine IV-Kinderrente für ihr 14-jähriges Kind (Fr. 729.60). Zusammen ergibt das eine IV-Leistung von Fr. 2553.60 pro Monat.

Weil sie nach einem Unfall invalid wurde, erhält Marianne F. auch von der Unfallversicherung Suva eine monatliche Rente; diese beträgt 2384 Franken.

Die Pensionskasse ihrerseits müsste gemäss Reglement eine Rente von Fr. 1931.85 zahlen.

Überversicherung: Die Kinderrenten werden berücksichtigt

Somit ergibt sich ein anrechenbarer Betrag aus Rentenzahlungen von monatlich Fr. 6869.45 (1824.– und 729.60 von der IV plus 2384.– von der Unfallversicherung plus 1609.85 und 322.– von der Pensionskasse).

Die Pensionskasse hat nun für Marianne F. den mutmasslichen entgangenen Verdienst der Summe der diversen Renten gegenübergestellt. Das Resultat: Die Kasse darf ihre Zahlung jeden Monat um Fr. 1131.95 kürzen und zahlt monatlich nur Fr. 799.90 aus.

Das Beispiel zeigt, dass in einer solchen Überversicherungsberechnung auch Kinderrenten berücksichtigt werden. Zudem müssen beim hypothetischen Einkommen, das die Versicherte ohne Invalidität erzielen würde, auch Kinderzulagen eingerechnet werden.

Kürzung der IV-Rente: Pensionskassen dürfen den «Resterwerb» anrechnen

Bei der Überentschädigungsrechnung dürfen Pensionskassen Renten- und Kapitalleistungen anderer Sozialversicherungen anrechnen. Nicht angerechnet dürfen jedoch Leistungen aus privat finanzierten Policen, beispielsweise aus einer Erwerbsunfähigkeits-Versicherung.

Ebenfalls darf ein Resterwerbseinkommen angerechnet werden. Das heisst: Könnte ein Rentenbezüger ein Resterwerbseinkommen erzielen, verzichtet er jedoch darauf, darf die Pensionskasse auch dieses Verzichtseinkommen anrechnen (Art. 24 Abs. 2 BVV2).

Die Kürzung einer Rente richte sich auch nach dem «zumutbarerweise noch erzielbaren Erwerbs- oder Ersatzeinkommen», heisst es dazu im Gesetz.

Dazu das Rechenbeispiel eines IV-Bezügers, dessen Invaliditätsgrad offiziell bei 75 Prozent liegt: Er erhält damit von der staatlichen

IV eine volle Rente (siehe Seite 82), könnte aber rein theoretisch noch 25 Prozent seines letzten Lohnes dazuverdienen.

Und genau mit diesem Argument kürzt die Pensionskasse seine Invalidenrente von 2512 auf 1664 Franken pro Monat.

Und so wurde gerechnet: Das Valideneinkommen (siehe Seite 81) des Mannes liegt gemäss IV-Entscheid bei 4919 Franken, 90 Prozent davon sind 4427 Franken. Von der IV erhält er 1533 Franken. Weil er zu 75 Prozent invalid ist, könnte er noch 25 Prozent von 4919, also 1230 Franken verdienen. Zusammen mit der IV-Rente sind das 2763 Franken.

Also füllt seine Pensionskasse nur noch die Lücke zwischen den Einkünften (2763.–) und der 90-Prozent-Grenze (4427.–); das sind 1664 Franken. Und das, obwohl seine reglementarische Rente von der Pensionskasse bei 2512 Franken läge.

Dieses schematische Vorgehen ohne detaillierte Einzelfallprüfung ist höchst umstritten. Denn im Gesetz steht das Wort «zumutbarerweise». Was aber ist zumutbar?

Das Bundesamt für Sozialversicherungen (BSV) hat den Pensionskassen empfohlen, «jeden Fall einzeln zu beurteilen», um ungerechtfertigte Kürzungen zu vermeiden.

Dabei seien nicht nur Art und Ausmass der Behinderung der betroffenen Personen zu berücksichtigen, sondern auch der «tatsächliche» Arbeitsmarkt, also die effektiven Jobangebote für eine teilinvalide Person in der betreffenden Wohnregion.

Pensionskassen halten sich nicht an die BSV-Empfehlung

Allerdings halten sich nicht alle Vorsorgeeinrichtungen an diese Empfehlung des BSV. Viele weigern sich, vor jeder Kürzung genau hinzuschauen; sie wollen sich grundsätzlich rein schematisch nach dem IV-Grad und dem von der IV festgelegten hypothetischen Einkommen (Valideneinkommen, siehe Seite 81) richten.

Für die Praxis heisst das: Betroffene Rentenbezüger müssen entweder einen Job suchen (was für Teilinvalide besonders schwierig ist), sich bei der Arbeitslosenkasse melden und Taggelder beantragen (falls sie die Bedingungen fürs Stempelgeld überhaupt erfüllen) oder Ergänzungsleistungen beantragen beziehungsweise zur Fürsorge gehen.

Das Bundesgericht erkannte eine Unzumutbarkeit

Immerhin: In einem konkreten Fall hat das Bundesgericht auf Unzumutbarkeit entschieden:

Ein Feinmechaniker war 26 Jahre lang bei der gleichen Firma angestellt. Nachdem er eine IV-Rente erhielt, arbeitete er noch 30 Prozent, bis ihn die Firma entliess. Dann fand er keine Stelle mehr.

Die Pensionskasse wollte ihm die Rente kürzen, weil er noch ein Erwerbseinkommen erzielen könne. Gegen diesen Entscheid wehrte sich der Mann erfolgreich. Das Bundesgericht fand, nach der langen Betriebszugehörigkeit sei ein Stellenwechsel mit grösseren Eingewöhnungsschwierigkeiten und Betreuungsaufwand seitens des neuen Arbeitgebers verbunden.

Wenn schon die langjährige Arbeitgeberin nicht bereit gewesen sei, den Mann weiter zu beschäftigen, so sei es unwahrscheinlich, dass ein anderer Arbeitgeber dies tun würde. (Bundesgerichtsurteil 9C_1033/2012, siehe auch Urteil 9C_456/2014)

So können sich Betroffene wehren:

■ Die Pensionskasse muss die Kürzung der Rente mit einer Vorankündigungsfrist von drei bis fünf Monaten bekannt geben.

■ Zudem muss Ihnen die Kasse vor der Kürzung die Möglichkeit zu einer Stellungnahme einräumen. Verlangen Sie eine Aufschiebung, falls diese Vorankündigungsfrist nicht eingehalten wird.

■ Die Kürzung beruht auf einer «Kann»-Formel im Gesetz. Die Pensionskasse kann kürzen, muss aber nicht. In der Tat gibt es Pensionskassen, die in solchen Fällen nicht kürzen.

■ Verlangen Sie, dass die Pensionskasse Ihren Fall genau prüft. Wenden Sie ein, das von der Invalidenversicherung im IV-Entscheid

Zunahme der Invalidität: Welche Pensionskasse zahlt?

Colette M. war bis Juli 1985 bei der Firma G. tätig, versichert war sie bei der BVG-Sammelstiftung der Basler Versicherung. Ab dem 15. August 1985 arbeitete Colette M. bei der Firma L. und war bei der Vita-Pensionskasse versichert.

Seit 1984 war Colette M. wegen einer Krankheit in Behandlung. 1987 erfolgte eine Anmeldung an die IV, die ihr rückwirkend und nach Ablauf der 360-tägigen Wartefrist ab 1. August 1986 eine halbe und ab 1. November eine ganze IV-Rente zusprach.

Die Basler Versicherung machte nun geltend, sie hafte nur für eine halbe Rente, da erst später – und nach Ablauf der Nachdeckung – eine Verschlimmerung der Invalidität eingetreten sei, die zu einer ganzen IV-Rente geführt habe. Für die spätere Erhöhung der Invalidität sei die Vita zuständig.

Dieses Verdikt akzeptierte Colette M. nicht. Und das Eidgenössische Versicherungsgericht gab ihr recht: Die Zunahme einer Arbeitsunfähigkeit gehöre zum versicherten Risiko derjenigen Kasse, die auch schon beim Eintritt der Arbeitsunfähigkeit zahlen musste. Eine «Aufteilung» derselben Invalidität dürfe nicht erfolgen.

Deshalb muss die Basler Versicherung eine ganze IV-Rente zahlen. (Bundesgerichtsurteil 118 V 39)

Die Vita müsste jedoch bezahlen, wenn aus einem anderen Grunde am neuen Arbeitsplatz eine Erhöhung des Invaliditätsgrades eingetreten wäre. Dann wäre neben der bereits bestehenden Leistungspflicht der bisherigen Pensionskasse die zusätzliche Leistungspflicht der neuen Vorsorgeeinrichtung gegeben.

Wenn unklar ist, welche Vorsorgeeinrichtung zu zahlen hat, müssen beide Pensionskassen gemeinsam eingeklagt werden. Das Gericht entscheidet dann, welche leistungspflichtig ist.

festgelegte «Valideneinkommen» (also der Verdienst, der rein theoretisch ohne Behinderung noch möglich wäre) sei angesichts der realen Umstände zu hoch.

- Falls eine Pensionskasse den neuen Rentenentscheid mit der Kürzung beispielsweise Mitte Jahr bekannt gibt und dann sogar rückwirkend eine Rückforderung für zu viel bezahlte Renten stellt, so dürfte sie mit dieser Forderung nicht durchkommen. Dagegen sollten Sie sich wehren.

Die Kürzung nach Erreichen des Rentenalters

Die beschriebene Kürzung infolge Überentschädigung war bis Ende 2010 nur bis zum Erreichen des Rentenalters zulässig.

Und nach der Pensionierung? Mit der Pensionierung ändert sich für eine invalide Person einiges: Die IV-Rente der Invalidenversicherung wird durch eine Altersrente der AHV abgelöst, die Pensionskasse kann ihre IV-Rente ebenfalls durch eine Altersrente ablösen (oder weiterhin eine Invalidenrente auszahlen). Und die Unfallversicherung (oder die Militärversicherung) bezahlt weiterhin ihre bisherige Rente aus.

Es werden also formal unterschiedliche Renten ausgerichtet. Und bisher galt der Grundsatz, dass Renten, die aus unterschiedlichen Gründen ausbezahlt werden, nicht zusammengerechnet werden dürfen.

Auf Anfang 2011 ist eine Verordnungsänderung in Kraft getreten. Jetzt können nach Art. 24 Abs. 2bis BVV 2 auch unterschiedliche Renten zusammengerechnet werden – und die Pensionskasse darf ihre Altersrente kürzen. Die Kürzungsgrenze liegt weiterhin bei 90 Prozent des mutmasslich entgangenen Verdienstes.

Allerdings muss dieser Betrag auch nach der Pensionierung der Teuerung angepasst werden.

8 Die Freizügigkeit beim Stellenwechsel
So wird die Austrittsleistung berechnet

Das persönliche Alterskapital begleitet die Versicherten ein Leben lang – wie ein Schatten. Wechselt jemand die Stelle, muss die Freizügigkeitsleistung an die neue Kasse überwiesen werden. Eine Barauszahlung ist nur in wenigen Fällen möglich.

Wer vor dem Inkrafttreten des neuen Freizügigkeitsgesetzes die Stelle wechselte, hat oft viel Geld verloren, weil unter altem Recht viele Pensionskassen ihre Arbeitgeberbeiträge und damit einen Teil des angesparten Alterskapitals zurückbehalten durften.

Seit Januar 1995 gilt eine Freizügigkeitsregelung, die im «Bundesgesetz über die Freizügigkeit in der beruflichen Alters-, Hinterlassenen- und Invalidenvorsorge» (FZG) festgehalten ist. Darin ist die Berechnung der Freizügigkeit für den ganzen Bereich der beruflichen Vorsorge und für alle Kassentypen verbindlich geregelt.

Gesamthaft betrachtet ist die Freizügigkeit jetzt höher als unter dem alten Recht. Allerdings: Einfacher ist die Sache nicht geworden. Denn noch immer ist die Berechnung des Freizügigkeitsbetrages abhängig vom Kassentypus.

Je nach Kassentypus wird anders gerechnet

Einfach ist die Freizügigkeitsberechnung bei BVG-Kassen mit Beitragsprimat (Definition Seite 22): Wie bis anhin kann beim Stellenwechsel das gesamte Alterskapital mitgenommen werden, das bis zu diesem Zeitpunkt angespart worden ist. Dazu gehören die eigenen Beiträge, die Arbeitgeberbeiträge plus eine allenfalls eingebrachte Freizügigkeitsleistung, das alles zuzüglich Zins. Einen Verlust gibt es also nicht.

Das Freizügigkeitsgesetz dehnt nun diesen Anspruch auf Kassen aus, die zwar nach BVG-System funktionieren, aber überobligatorische Altersgutschriften kennen: Wer also beispielsweise mit einem reduzierten Koordinationsabzug versichert ist (siehe Beispiel im Kasten auf Seite 108) oder erhöhte Altersgutschriften erhält, darf ebenfalls alles in die neue Kasse mitnehmen.

Auf grundsätzlich andere Art berechnet sich die Freizügigkeit bei den leistungsorientierten Kassen; das sind Pensionskassen mit Leistungsprimat. In solchen Vorsorgeeinrichtungen wird ja im Hinblick auf die Pensionierung eine Rente versprochen, die einen bestimmten Prozentsatz des zuletzt bezogenen Lohns ausmacht.

Diese versprochenen Leistungen sind nur möglich, wenn sie

STICHWORT

Freizügigkeit

Beim Stellenwechsel treten Arbeitnehmerinnen und Arbeitnehmer normalerweise aus der Pensionskasse des bisherigen Betriebes aus und in die Versicherung des neuen Arbeitgebers ein. Dabei erhalten sie eine Austrittssumme (oder Alterskapital), die sich Freizügigkeit oder Freizügigkeitsleistung nennt. Das wiederholt sich bei jedem Stellenwechsel.

durch genügend Kapital gedeckt sind. Nach Lohnanpassungen wird daher jeweils auch das benötigte Deckungskapital entsprechend höher.

Die Folge: Lohnerhöhungen – und sei es auch nur der Teuerungsausgleich – müssen jeweils immer eingekauft, das heisst nachfinanziert werden.

Der «Barwert» ist das neue Zauberwort

Das Freizügigkeitsgesetz knüpft an diesen Sachverhalt an: Es legt fest, dass die Freizügigkeitsleistung «dem Barwert der erworbenen Leistungen» entspricht.

Wer also beispielsweise mit 45 Jahren seine Stelle wechselt, erhält als Freizügigkeit den Barwert der bis zu diesem Zeitpunkt erworbenen Leistungen.

Alles klar? Leider nein. Das Problem liegt bei der Berechnung des Barwertes.

Die Umrechnungstabelle muss im Reglement stehen

Zwar schreibt das Gesetz genau vor, mit welchen Faktoren die Berechnung der erworbenen Leistungen vorzunehmen ist (siehe Formel im Kasten auf Seite 175).

Dann kommt aber noch ein Umrechnungsfaktor ins Spiel, mit dem die erworbene Leistung zu multiplizieren ist. Erst das ergibt dann den auszuzahlenden Barwert. «Der Barwert ist nach anerkannten Regeln der Versicherungsmathematik zu ermitteln», heisst es dazu unbestimmt im Gesetz.

IN DIESEM KAPITEL

172 Je nach Kassentypus wird anders gerechnet
173 Barwert und Umrechnungsfaktor
175 So wird der Barwert ermittelt
176 Beispiel für eine Umrechnungstabelle
177 Die Vergleichsrechnung
177 Freizügigkeit ohne neue Stelle: Wohin mit dem Geld?
178 Auffangeinrichtung und «Zentralstelle 2. Säule»
178 Zahlen Sie nur so viel ein, wie nötig ist
179 Die Ansprüche bei einer Firmenliquidation
182 Teilliquidation bei Unterdeckung
183 Mit Freizügigkeitsgeld an die Börse? Es drohen Verluste!
183 Freizügigkeit: Das Konto ist die bessere Wahl
185 Unzufrieden mit der Sammelstiftung: Die Versicherung wechseln?
187 Der Barbezug der Freizügigkeit
191 Die Teilung bei der Scheidung
193 Kassengeld fürs Eigenheim
196 Der Vorbezug hat steuerliche Nachteile
198 Verpfändung ist die elegantere Möglichkeit

Folge: Weil jede Pensionskasse unterschiedliche Leistungen versichert hat, ist es ihr selber überlassen, wie sie die «erworbenen Leistungen» umrechnet (im Kasten auf Seite 175 kommt zum Beispiel der Umrechnungsfaktor 5,7 zur Anwendung).

Die Vorsorgeeinrichtung muss also umschreiben, wie sie die versicherte Leistung in einen Barwert umwandelt. Dies geschieht durch die Aufnahme einer entsprechenden Tabelle ins Reglement. Die

> **STICHWORT**
>
> ### Umrechnungsfaktor
>
> Für die Berechnung der Freizügigkeit wird zuerst die «erworbene Leistung» ermittelt (siehe Formel im Kasten auf der Seite rechts).
>
> Die «erworbene Leistung» ist aber nur ein theoretischer Wert. Der Barwert der Freizügigkeit ergibt sich erst, wenn die «erworbene Leistung» mit einem Umrechnungsfaktor multipliziert wird. Dieser Faktor wird von den einzelnen Vorsorgeeinrichtungen festgelegt und muss in den Reglementen enthalten sein.
>
> Ein Beispiel für eine solche Tabelle finden Sie auf Seite 176.

leistungsorientierten Kassen müssen somit in ihrem Reglement eine Umrechnungstabelle haben, die nach versicherungsmathematischen Regeln erarbeitet ist.

Wenn die Vergleichsrechnung gemacht ist...

Diese Berechnung des Barwerts führt vor allem für ältere Versicherte zu spürbaren Verbesserungen. Die alte «goldene Fessel», die jahrzehntelang ältere Arbeitnehmer an den Arbeitsplatz gebunden hat, weil sonst Verluste drohten, ist damit gesprengt.

Bei jüngeren Versicherten hingegen ist die erworbene Versicherungsleistung unter Umständen sehr klein. Aus diesem Grund sieht das Gesetz eine zweite Rechnung vor, nach welcher die Freizügigkeit zumindest Folgendes umfassen muss:

- die eingebrachte Freizügigkeitsleistung, und zwar verzinst,
- die eigenen Beiträge,
- zuzüglich pro Altersjahr ab Alter 20 einen jährlichen Zuschlag von 4 Prozent von den vom Arbeitnehmer einbezahlten Beiträgen, im Maximum jedoch 100 Prozent (Art. 17 FZG).

Abgestellt wird also auf das effektive Alter einer Person und nicht auf die Dauer der Beschäftigung. Somit ist mit 45 Jahren der maximale Zuschlag erreicht (25 Jahre zu 4 Prozent Zuschlag).

Keine Rolle spielt, wie viel der Arbeitgeber an Beiträgen gezahlt hat. Diese sind durch die altersabhängige Gutschrift abgegolten.

...wird die höhere Summe ausbezahlt

Beispiel: Esther G., 26 Jahre alt, arbeitete ein Jahr lang bei einer Gemeinde; sie war der kantonalen Pensionskasse angeschlossen. Beim Stellenantritt brachte sie eine Freizügigkeitsleistung von 3800 Franken mit.

An Prämien bezahlte sie in diesem Jahr 2150 Franken.

Die Komponenten für die Mindestleistung sind somit (in Franken):

Eingebrachte Freizügigkeit	3800.–
Zins (Annahme 1,5% auf die eingebrachte Freizügigkeit)	57.–
Eigene Beiträge	2150.–
Zuschlag für 6 Altersjahre von je 4% gemäss Gesetz (24% x 2150)	516.–
Total Mindestbeitrag somit	**6523.–**

Diesen Mindestbetrag von 6523 Franken hat Esther G. zugut, falls der nach der Barwertberechnung

Die Freizügigkeit: So wird der Barwert ermittelt

Das Freizügigkeitsgesetz schreibt für leistungsbezogene Kassen vor, dass bei einem Austritt die Ansprüche der Versicherten dem «Barwert der erworbenen Leistungen» entsprechen. Die «erworbene Leistung» wird wie folgt berechnet:

Erworbene Leistung = versicherte Leistung $\times \dfrac{\text{anrechenbare Versicherungsdauer}}{\text{mögliche Versicherungsdauer}}$

Was kompliziert scheint, ist jedoch bis hierhin einfacher als befürchtet. Ein Berechnungsbeispiel: Gino P. hat eine Altersrente von 60 000 Franken versichert (= versicherte Leistung). Er bekommt also dereinst aufgrund des jetzigen Lohnes eine monatliche Rente von 5000 Franken.

Das zur Deckung für diese Altersrente notwendige Kapital (Deckungskapital) wird über all die Jahre seiner möglichen Beschäftigung bis zur Pensionierung angespart. Gino P. ist jetzt 45 Jahre alt und trat mit 25 Jahren in den Betrieb ein, nach 20 Jahren verlässt er ihn. Die Kasse beginnt mit dem Alterssparen im Alter 25. Die Rechnung:

Erworbene Leistung = 60 000.– $\times \dfrac{20 \text{ Jahre}}{40 \text{ Jahre}}$ = 30 000.–

Von diesen 30 000 Franken «erworbener Leistung» wird nun der Barwert berechnet. Hat beispielsweise eine Pensionskasse für dieses Alter einen Umrechnungsfaktor von 5,7 bzw. 570 Prozent im Reglement, beträgt der Barwert somit 171 000 Franken. Dies ist die Freizügigkeitsleistung, die mitgegeben werden muss (Beispiel für eine Umrechnungstabelle siehe die nächste Seite).

ermittelte Betrag tiefer ist. Das heisst: Bei einem Austritt muss die Vorsorgeeinrichtung eine Vergleichsrechnung machen, um festzustellen, ob der Barwert oder die Mindestsumme nach obigem Beispiel höher ausfällt.

Zur Auszahlung als Freizügigkeit gelangt dann jeweils die höhere Summe.

Auf jeden Fall muss jedoch derjenige Betrag ausbezahlt werden, der sich aus der BVG-Schattenrechnung ergibt (BVG-Altersguthaben). Das bedeutet, dass insgesamt drei Rechnungen zu machen sind; die höchste der so errechneten Summen muss dann die Pensionskasse mitgeben (siehe dazu den Kasten auf Seite 177).

Eintritt oder Austritt: Die Rechnung bleibt gleich

Das Freizügigkeitsgesetz legt weiter fest, dass Eintritts- und Austrittsleistung gleich hoch sein müssen (Art. 10 FZG).

Konkret: Für eine neu eintretende Person muss die Eintrittsleistung nach den gleichen Kriterien berechnet werden, nach denen auch die Freizügigkeit berechnet würde, wenn diese Person jetzt aus der Kasse austräte.

Muss sich somit eine versicherte Person in eine Pensionskasse

Beispiel für eine mögliche Umrechnungstabelle

Die Tabelle auf dieser Seite zeigt beispielhaft, wie bei einer leistungsbezogenen Kasse aus der erworbenen Leistung der sogenannte Barwert, also die Freizügigkeitsleistung, berechnet werden könnte (siehe die Formel im Kasten auf der vorhergehenden Seite).

Doch Vorsicht: Jede Kasse mit Leistungsprimat muss selber eine solche Tabelle erstellen und ins Reglement einbauen. Deshalb sind von Kasse zu Kasse Abweichungen möglich.

Ein Rechenbeispiel, wie es sich bei dieser Pensionskasse ergeben würde: Eine Frau verlässt die Kasse mit 36 Jahren, und sie hat bis zu diesem Zeitpunkt eine erworbene Leistung von 17 050 Franken (Annahmen: versicherte Leistung 62 000 Franken, 11 von 39 möglichen Beitragsjahren, siehe die Formel auf der vorhergehenden Seite). Für dieses Alter beträgt der Umrechnungsfaktor in dieser Kasse 7,121.

Wenn man also die erworbene Leistung (17 050 Franken) mit dem Faktor 7,121 multipliziert, ergibt dies einen Barwert von 121 413 Franken. Das wäre der Betrag der Freizügigkeitsleistung, den die Frau bei einem Stellenwechsel «mitnehmen» könnte.

Umrechnungsfaktor für die Ermittlung des Barwerts
(gilt für Männer und Frauen)

Alter	Faktor	Alter	Faktor
25	5,326	45	8,650
26	5,529	46	8,835
27	5,738	47	9,021
28	5,887	48	9,210
29	6,036	49	9,400
30	6,189	50	9,735
31	6,342	51	10,080
32	6,496	52	10,435
33	6,650	53	10,801
34	6,806	54	11,177
35	6,963	55	11,567
36	7,121	56	11,970
37	7,281	57	12,384
38	7,443	58	12,820
39	7,608	59	13,275
40	7,773	60	13,759
41	7,943	61	14,278
42	8,115	62	14,843
43	8,290	63	15,472
44	8,469		

einkaufen, wird der Barwert des Einkaufs gleich berechnet wie der Barwert der Freizügigkeit.

Allerdings: Wer von einer Pensionskasse mit mittleren Leistungen in eine Pensionskasse mit guten Leistungen wechselt, muss sich nach wie vor einkaufen.

Das Freizügigkeitsgesetz enthält aber nicht nur die Pflicht, sich in die Pensionskasse einzukaufen, sondern auch das Recht: Wer das will und es sich finanziell auch leisten kann, darf sich in die maximale Leistung (und damit in die maximale Rente) einkaufen, selbst wenn die Pensionskasse dies eigentlich gar nicht verlangt.

Auch hier unterscheidet das Gesetz nicht zwischen leistungs-

und beitragsorientierten Kassen. Somit ist auch bei BVG-Kassen ein Einkauf für fehlende Beitragsjahre möglich.

Auf diese Weise können die Versicherten ihre Pensionskassenleistungen steuerbefreit aufbessern, das heisst, solche Einzahlungen in eine Beitragskasse kann man in der Steuererklärung vom Einkommen abziehen (siehe Seite 121 ff.).

Freizügigkeit ohne neue Stelle

Wenn eine versicherte Person ihre bisherige Arbeitsstelle verlässt, so muss ihre bisherige Pensionskasse die Freizügigkeitssumme überweisen – in der Regel in die Pensionskasse des neuen Arbeitgebers. Doch genau das ist nicht möglich:

- wenn der Ex-Angestellte keine neue Arbeitsstelle antritt, etwa

Die Vergleichsrechnung: Barwert oder Mindestleistung?

Welche Leistung ist für die versicherte Person günstiger? Das Freizügigkeitsgesetz schreibt vor, dass der Barwert mit der Mindestleistung und dem BVG-Altersguthaben verglichen und die höhere Summe ausbezahlt werden muss. Ein Beispiel: Ernst K. trat 2005 (im Alter von 49 Jahren) in die Kasse ein. Von seiner früheren Kasse bringt er 86 585 Franken Freizügigkeitsleistung mit. Nach drei Jahren verlässt er die Kasse; mögliche Versicherungsdauer ab Eintritt: 16 Jahre. Umrechnungsfaktor gemäss der Barwerttabelle seiner Pensionskasse: 10,8.

Barwert nach Freizügigkeitsgesetz	in Fr.
Versicherte Leistung (Rente im Pensionsalter)	35 263.–
Erworbene Leistung (anrechenbare Versicherungsdauer 3 Jahre, mögliche Versicherungsdauer 16 Jahre)	+ 6 611.–
Barwert (erworbene Leistung x Faktor 10,8)	**71 399.–**
Mindestanspruch gemäss Freizügigkeitsgesetz	
Eingebrachte Freizügigkeit inkl. Zins (Annahme 2,5 %, 3 Jahre)	93 242.–
Eigene Beiträge	+22 283.–
Zuschlag 4 % (gem. Gesetz) ab Alter 20 (maximal 100 %)	+22 283.–
Mindestbetrag	**137 808.–**
Mindestbetrag gemäss Art. 15 FZG	
BVG-Altersguthaben	**42 818.–**

Resultat: Der Mindestanspruch gemäss Freizügigkeitsgesetz ist höher als der Barwert oder das BVG-Mindestguthaben, also muss die Kasse 137 808 Franken mitgeben.

Pensionskasse: Freizügigkeit 8

wegen eines Auslandaufenthaltes oder wegen Arbeitslosigkeit,
- wenn bei Teilzeitarbeit der neue Lohn jetzt zu klein ist und daher keine BVG-Beitragspflicht mehr besteht
- oder wenn die betreffende Person die Erwerbstätigkeit aufgibt, ohne das Pensionskassengeld zu beziehen.

Falls dies zutrifft, muss die bisherige Pensionskasse das Geld auf einem Freizügigkeitskonto einer Bank oder auf einer Freizügigkeitspolice bei einer Versicherung «parkieren» (siehe Seite 183 ff.).

In beiden Fällen (neue Kasse oder Konto beziehungsweise Police) kann dieses «Umparkieren» viel Verdruss bescheren. Denn oft dauert es nicht nur Wochen, viel häufiger sogar Monate, bis die bisherige Kasse das Geld an die neue Vorsorgeeinrichtung überweist (siehe Kasten auf der Seite 180). Das ist unter Umständen sehr ärgerlich, denn so kann zum Beispiel die neue Vorsorgeeinrichtung die Veranlagung nur unvollständig vornehmen.

Ebenso unerfreulich ist, dass die neue Vorsorgeeinrichtung beziehungsweise die Bank mit der Verzinsung erst beginnt, wenn das Geld effektiv eingetroffen ist.

Die Funktion der «Auffangeinrichtung»

Es gibt immer wieder Versicherte, die ihre Freizügigkeitsleistung schlicht vergessen. Und es kann auch vorkommen, dass die Kasse das Geld nicht an eine neue Vorsorgeeinrichtung übertragen kann.

Hat die begünstigte Person kein Freizügigkeitskonto errichtet, muss die Kasse spätestens zwei Jahre nach dem Austritt die Freizügigkeit an die «Stiftung Auffangeinrichtung

---

TIPP

Zahlen Sie nur so viel ein, wie nötig ist!

Tritt jemand eine neue Stelle an, muss die bisherige Kasse die gesamte Freizügigkeitsleistung an die neue Kasse überweisen. Da gibt es nichts zu rütteln.

Etwas anders sieht es aus, wenn eine Person, die ihr Freizügigkeitsgeld bei einer Bank zwischenparkiert hat (etwa nach einer Berufspause), eine neue Stelle antritt.

In diesem Fall muss man allenfalls bestehende Freizügigkeitskonten auflösen und dieses Geld ebenfalls in die neue Pensionskasse mitbringen. Eine Überweisung auf die neue Pensionskasse ist aber nur so weit vorgeschrieben, als dies für die Finanzierung der Eintrittsleistung (Einkauf) notwendig ist. Das trifft insbesondere bei Leistungsprimatkassen zu. Bei Beitragsprimatkassen wird der Versicherte in der Regel die ganze Freizügigkeit mitbringen müssen.

Deshalb der Tipp: Erkundigen Sie sich zuerst bei Ihrer neuen Pensionskasse, wie hoch Sie sich einkaufen müssen. Und fragen Sie, ob Sie die Möglichkeit haben, den nicht benötigten Anteil weiterhin auf dem Freizügigkeitskonto zu belassen.

BVG» überweisen (siehe das Stichwort rechts).

Wer also nach Jahren plötzlich eine Freizügigkeitsleistung sucht, kontaktiert zuerst einmal die zuständige Geschäftsstelle der Auffangeinrichtung. Die Adressen finden Sie im Anhang auf Seite 244.

Ende 2015 bestanden bei der Stiftung Auffangeinrichtung rund 600 000 Freizügigkeitskonten mit 2,7 Milliarden Franken – Gelder, die von den Versicherten «vergessen» wurden.

Oft sind es ausländische Arbeiter, die in ihre Heimat zurückkehren und nicht wissen, dass sie vielleicht nach einigen Stellenwechseln bei einer Vorsorgeeinrichtung noch Gelder liegen haben.

Die Zentralstelle für vergessene Guthaben

Für solche Fälle ist die «Zentralstelle 2. Säule» geschaffen worden (Art. 24 FZG). Ihr sind sämtliche im Rentenalter nicht abgerufenen Freizügigkeitsgelder zu melden (Adresse auf Seite 245).

Verlieren Pensionskassen und Freizügigkeitsstiftungen schon früher den Kontakt mit ihren ehemaligen Versicherten, müssen sie die Berechtigten umgehend der Zentralstelle melden.

Die Zentralstelle ihrerseits ist mit der Zentralen Ausgleichsstelle der AHV verbunden. Über die AHV kann dann in vielen Fällen der Kontakt zu den Versicherten hergestellt werden. Denn an die AHV erinnern sich gerade Ausländer, die in der Schweiz beschäftigt waren, eher.

STICHWORT

Auffangeinrichtung

Die Auffangeinrichtung ist eine gesamtschweizerische Institution, bei der jene Betriebe zwangsweise angeschlossen werden, die für ihre Mitarbeiterinnen und Mitarbeiter keine Pensionskasse zur Verfügung stellen. In der Auffangeinrichtung können sich auch Selbständigerwerbende ohne Personal versichern.

Austrittsgelder (Freizügigkeitsleistungen), die bei einer Pensionskasse liegen bleiben, ohne dass der Besitzer sich um eine Überweisung bemüht, müssen nach zwei Jahren ebenfalls an die Auffangeinrichtung überwiesen werden.

Die Besitzer können solche Freizügigkeitsguthaben jederzeit auf eine neue Pensionskasse oder auf ein anderes Freizügigkeitskonto bei einer Bank übertragen lassen. Das kann aber mit Bearbeitungskosten verbunden sein.

Die Ansprüche bei einer Firmenliquidation

Wenn Firmen Stellen abbauen, verlieren viele ihre Arbeit. Doch was erhalten Versicherte, die aus wirtschaftlichen Gründen auf der Strasse stehen, von der Pensionskasse?

Das Freizügigkeitsgesetz legt die Freizügigkeitsleistung für alle verbindlich fest. Eine Unterscheidung nach dem Austrittsgrund gibt es nicht.

Und: Das Gesetz räumt bei einer Teil- oder Gesamtliquidation des Betriebes bzw. der Vorsorgeeinrichtung einen Rechtsanspruch auf das freie Stiftungskapital ein.

Dabei kommt der Grundsatz zur Anwendung, dass das freie Vermögen einer aufzulösenden Pen-

---

Pensions- 8
kasse:
Freizügigkeit

TIPP

Verspätete Überweisung? Sie erhalten Verzugszins!

Wer ersetzt den Zinsausfall, wenn die Überweisung ohne Verschulden der versicherten Person zu lange dauert? Das Freizügigkeitsgesetz sagt klar: Die säumige Kasse muss die Freizügigkeitsleistung bis zum Datum der Überweisung weiterhin verzinsen.

Die Höhe des Verzugszinses wird vom Bundesrat festgelegt. Der Zinssatz lag bis Ende 1999 bei 5 Prozent. In den Jahren 2000 bis 2004 lag er jeweils ein Viertelprozent über dem BVG-Mindestzinssatz, seit 2005 ein Prozent darüber. Somit galten bzw. gelten folgende Zinssätze:

- 2005 bis 2007: 3,5 %
- 2008: 3,75 %
- 2009 bis 2011: 3 %
- 2012 und 2013: 2,5 %.
- 2014 und 2015: 2,75 %
- 2016: 2,25 %.

Eine Pensionskasse muss den Verzugszins bezahlen, wenn sie die Zahlung nicht innert 30 Tagen ausführt, nachdem sie alle notwendigen Angaben für die Überweisung der Freizügigkeitsleistung erhalten hat.

Notwendige Angaben sind: Zahlungsempfänger, Kontonummer, ggf. Vertragsnummer (bei Sammel- und Gemeinschaftseinrichtungen).

Am besten ist es, wenn Sie Ihrer bisherigen Pensionskasse einen entsprechenden Einzahlungsschein zustellen, auf dem alle diese Angaben ersichtlich sind.

---

sionskasse den Begünstigten folgt.

Freies Vermögen entsteht etwa durch Gewinne, die wegen der fehlenden Freizügigkeit anfielen, durch überdurchschnittliche Werterträge oder auch nach einem günstigen Risikoverlauf (also keine Invaliditäts- oder Todesfälle).

Dieses freie Vermögen soll der Vorsorgeeinrichtung zur Erfüllung ihres Zwecks dienen. Mit einer Totalliquidation fällt der Zweck der Pensionskasse dahin; das freie Stiftungsvermögen ist deshalb zu verteilen.

Ein Stellenabbau ist oft eine Teilliquidation

Den gleichen Anspruch gewährt das Freizügigkeitsgesetz auch bei einer Teilliquidation, wenn also beispielsweise nur einzelne Betriebsabteilungen geschlossen werden. Auch hier besteht für die Entlassenen ein Anspruch auf einen Teil des freien Vermögens.

Wann ist eine Teilliquidation gegeben? Eine Angabe dazu ist im Gesetz nicht enthalten. Die Aufsichtsbehörden nehmen jedoch bei einem Stellenabbau von mehr als 10 Prozent pro Jahr eine Teilliquidation an (Details im Kasten auf Seite 182).

Wird somit das Personal um mehr als 10 Prozent abgebaut, können die Betroffenen einen Anspruch auf freies Vermögen anmelden.

Abbau in Schüben: Auch das ist eine Teilliquidation

Wird ein Unternehmen restrukturiert und werden dabei ganze Abteilungen geschlossen, so geht das Freizügigkeitsgesetz von einer Teilliquidation aus (Art. 23 FZG).

Das musste auch Adrian Gasser, Patron der Spinnerei an der Lorze in Baar ZG und Stiftungsratspräsident der Pensionskasse, erfahren: Das Personal der Spinnerei wurde in drei Schüben von 260 auf 30 Personen abgebaut.

Ein typischer Fall einer Teilliquidation, befand die Aufsichtsbehörde Zug. Das freie Stiftungsvermögen sollte auf die Entlassenen aufgeteilt werden. Doch Patron Gasser lieferte keinen Verteilungsplan. Daraufhin suspendierte die Aufsichtsbehörde den gesamten Stiftungsrat und setzte einen Sachwalter ein. Dieser musste das freie Vermögen ermitteln und einen Teilliquidationsplan erstellen.

Stille Reserven schlummern auch bei Immobilien

Freies Vermögen stellen jedoch nicht nur die bilanzmässig ausgewiesenen freien Mittel dar. Gerade bei Stiftungen mit Immobilienbesitz sind oft stille Reserven vorhanden, falls die Liegenschaften unter ihrem Verkehrswert bilanziert sind.

Diese stillen Reserven müssen aktiviert werden: Alles Eigentum muss somit neu bewertet werden. Von einer solchen Erhöhung der Aktiven profitieren dann letzten Endes die Versicherten.

Seit Anfang 2006 müssen Pensionskassen nunmehr nach einheitlichen Grundsätzen bilanzieren. Diese Bilanzierungsvorschriften heissen FER 26. Sie regeln die Zulässigkeit von Rückstellungen und die Bewertung von Immobilien. Versteckte oder stille Reserven sind in den Pensionskassen kaum mehr möglich.

TIPP

Haben Sie Ihre Stelle verloren? Das müssen Sie vorkehren

Das müssen Sie tun, wenn Sie Ihren Job aus wirtschaftlichen Gründen verlieren:
■ Sammeln Sie frühzeitig Beweise, die belegen, dass eine Entlassung aus wirtschaftlichen Gründen vorliegt (Firmennachrichten, interne Mitteilungen, Zeitungsmeldungen und so weiter).

Wirtschaftliche Gründe liegen dann vor, wenn die Firma Stellen abbaut, weil sie gewisse Geschäftsbereiche einstellt oder mit einer andern Firma fusioniert, oder weil die Geschäfte ganz allgemein schlecht gehen.
■ Klären Sie ab, ob auch andere Kolleginnen und Kollegen vom Stellenabbau betroffen sind (Gruppenentlassung) oder ob Sie eine Einzelentlassung trifft.

■ Teilen Sie nach der Kündigung Ihrer Pensionskasse auf schriftlichem Wege mit, dass Sie einen Anspruch auf einen Anteil am freien Stiftungsvermögen erheben, da Ihre Entlassung im Rahmen einer Teilliquidation erfolgt sei.
■ Sind Sie unsicher, ob Sie einen Anspruch auf einen Anteil am freien Stiftungsvermögen erheben können, oder wissen Sie nicht, wie Sie vorgehen sollen, dann sprechen Sie mit Ihren Arbeitnehmervertretern im Stiftungsrat oder lassen Sie sich bei Gewerkschaften, bei der kantonalen Aufsichtsbehörde (Adressen siehe Seite 240f.) oder beim kantonalen Versicherungsgericht (Adressen siehe Seite 242ff.) beraten.

Pensionskasse: Freizügigkeit 8

Das BVG schreibt vor, dass nicht nur das freie Stiftungsvermögen verteilt werden muss. Es besteht auch ein Anspruch auf Schwankungsreserven und versicherungstechnische Rückstellungen.

Hat die Pensionskasse Wertschwankungsreserven, so muss einem austretenden Versichertenkollektiv ein Anteil mitgegeben werden, damit dieser in die neue Pensionskasse übertragen werden kann.

Beim Anspruch auf einen Anteil am freien Stiftungsvermögen handelt es sich um einen individuellen oder kollektiven Anspruch, beim Anspruch auf die Rückstellungen immer um einen kollektiven Anspruch. Der Stiftungsrat entscheidet, ob er die freien Mittel individuell oder kollektiv überträgt. Werden sie individuell übertragen, so werden sie auf dem Altersguthaben gutgeschrieben. Beim kollektiven Übertrag entscheidet dann die

Teilliquidation bei Unterdeckung: Verlust für Versicherte

In Börsenkrisen rutschen viele Pensionskassen in eine Unterdeckung (siehe Seite 24 ff.). Eine Unterdeckung liegt dann vor, wenn die vorhandenen Aktiven (Anlagen, Vermögen) die versprochenen Leistungen (Renten, Austrittsleistungen usw.) nicht mehr decken, also zu wenig Geld vorhanden ist.

Kommt es in einem solchen Fall zu einer Teilliquidation der Firma, beispielsweise weil eine Betriebsabteilung geschlossen oder verkauft wird, hat dies für alle Versicherten, die jetzt den Betrieb verlassen müssen, dramatische Folgen: Die vorhandene Unterdeckung wird anteilmässig auf alle Versicherten verteilt.

Liegt der Deckungsgrad beispielsweise bei 90 Prozent, erfährt das individuelle Altersguthaben der austretenden Versicherten eine Kürzung um 10 Prozent des reglementarischen Anspruchs. 200 000 Franken Altersguthaben schrumpfen so beispielsweise auf 180 000 Franken.

Voraussetzung ist, dass die Belegschaft «erheblich vermindert» wird. Als erhebliche Verminderung der Belegschaft gilt in der Regel ein Abbau von 10 Prozent der Angestellten – auch dann, wenn die Entlassungen schubweise auf mehrere Monate verteilt erfolgen. Dabei ist die Betriebsgrösse die Messlatte, und es wird laut Bundesamt für Sozialversicherungen auf den Einzelfall abgestellt.

So kann zum Beispiel ein Kleinbetrieb mit bis zu 10 Beschäftigten 30 Prozent seiner Mitarbeitenden abbauen, ohne dass es zu einer Teilliquidation der Kasse kommt. Sogar bis zur Betriebsgrösse von 200 Beschäftigten ist ein Personalabbau von 10 Prozent noch ohne Teilliquidation möglich.

Jede Pensionskasse muss ein Reglement zur Teilliquidation führen.

Für die verbleibenden Versicherten bleibt das Altersguthaben jedoch auf dem alten Stand. Tritt also in der Folge eine Einzelperson aus, muss der austretenden Person die volle Freizügigkeit mitgegeben werden.

Wer bei einer Unterdeckung somit nicht im Rahmen einer Teilliquidation, sondern «regulär» ausscheidet, hat Anspruch auf die volle Freizügigkeitsleistung.

Mit Freizügigkeitsgeld an die Börse? Es drohen Verluste!

Die Banken geben die Möglichkeit, das Freizügigkeitsgeld sogenannten Anlagestiftungen anzuvertrauen. Diese investieren den Sparbatzen der Versicherten an den Börsen und versprechen so eine bessere Rendite als mit einem traditionellen Freizügigkeitskonto.

In der Tat: Läuft es an den internationalen Finanzmärkten gut, kann der Ertrag hoch sein. Beispiel: Die entsprechenden Fondsanteile der Credit Suisse (Mixta-BVG, Valor 287 570) erlebten 1997 einen markanten Wertzuwachs um 18 Prozent, 1998 waren es plus 8,9 Prozent, 1999 plus 10 Prozent und in den Jahren 2003 bis 2006 plus 8,6, plus 3,5, plus 13,0 und plus 6,8 Prozent. 2012 bis 2014 waren es plus 6,4, plus 5,75 Prozent und plus 8,1 Prozent.

Aber Achtung: Schneidet die Anlagestiftung schlecht ab, müssen Anleger auch mit einem Verlust rechnen – wie das beim Mixta-BVG im Jahr 1994 geschah (minus 5,4 Prozent) und dann wieder in den Jahren 2001 (minus 6,1 Prozent) und 2002 (minus 8,7 Prozent) sowie 2008 (minus 14,7 Prozent).

Das Bundesgericht hat im Oktober 1996 im Fall der Freizügigkeitsstiftung der Bank Pictet entschieden, dass bei der Wahl einer solchen Risiko-Anlagestrategie weder ein Anspruch auf einen Minimalzins noch auf die Rückzahlung des Freizügigkeitskapitals in der eingebrachten Höhe besteht.

Mit andern Worten: Im schlimmsten Fall hat der Anleger weniger Geld als vorher – was ihm bei einem Freizügigkeitskonto mit einem jeweils festen Zins nicht passieren kann.

Tipp: Fondsanlagen brauchen einen langen Zeithorizont; sie sind also im Grundsatz nur für Sparerinnen und Sparer geeignet, die das Geld mehrere Jahre lang investiert lassen können. Bei Freizügigkeitsgeldern ist aber der lange Zeithorizont meistens nicht gegeben, weil sie nach einem erneuten Stellenantritt im Prinzip in die neue Pensionskasse transferiert werden müssen.

Deswegen sind Fonds in der Regel zu riskant, und es empfiehlt sich, das Freizügigkeitskapital auf einem normal verzinsten Konto zu lagern.

Pensionskasse: Freizügigkeit 8

Konto oder Police?
Sie haben die Wahl

Das Altersguthaben begleitet eine versicherte Person von Stelle zu Stelle – quasi wie ein Schatten.

Doch was passiert mit diesem Geld, wenn die versicherte Person die Stelle verlässt und nicht sofort eine neue antritt? Während einer gewissen Zeit wird jede Vorsorgeeinrichtung das «Sparschwein» neue Stiftung, was mit diesen Geldern passiert.

weiter hüten. Allein schon die administrative Abwicklung braucht eine gewisse Zeit. Doch beliebig lang kann sie dies nicht tun. Sie ist verpflichtet, die Freizügigkeit an die neue Vorsorgeeinrichtung zu übertragen.

Konkret: Sie muss das Geld überweisen. Aber wohin? Die versicherte Person hat zwei Varianten zur Auswahl:

■ Sie kann bei einer Bank ein Freizügigkeitskonto eröffnen und das Geld von dort aus allenfalls in

eine Anlagestiftung geben (siehe Kasten vorhergehende Seite) oder
■ sie kann bei einer Versicherungsgesellschaft eine Freizügigkeitspolice beantragen (eher nicht zu empfehlen, siehe die Ausführungen auf Seite 211 ff.).

Die Freizügigkeitskonten werden je nach Bank unterschiedlich verzinst; Mitte 2016 lagen die Sätze zwischen 0,1 und 0,4 Prozent.

Die aktuellen Zahlen werden regelmässig in der Zeitschrift K-Geld publiziert. Sie finden sie auch im Internet unter www.kgeld.ch (→ Service → Aktuelle Zinsen).

Tipp: Ein Transfer des Freizügigkeitskontos zu einer Bank, die die Gelder höher verzinst, ist jederzeit möglich und in den meisten Fällen kostenlos.

Noch ein Detail: Verlässt jemand die Stelle, ohne eine neue anzutreten, dürfen Pensionskassengelder laut Gesetz auf zwei unterschiedliche Freizügigkeitsstiftungen aufgeteilt werden. Aber: Ist das Geld einmal bei einer Freizügigkeitseinrichtung angelangt, ist ein nachträgliches Splitten auf zwei Konten verboten. Erlaubt ist jetzt nur noch der Transfer der gesamten Summe zu einem anderen Anbieter.

Übrigens: Freizügigkeitsgelder kann man nach der Pensionierung auf dem Konto lassen, auch wenn man nicht weiterarbeitet. Ein späterer Bezug kann sich lohnen, um die Steuerprogression bei der Auszahlung von Vorsorgegeldern zu brechen. Männer müssen ihr Freizügigkeitsgeld erst mit 70 beziehen, Frauen spätestens mit 69.

Das Freizügigkeitskonto bietet keinen Risikoschutz

Freizügigkeitskonten bei einer Bank bieten in der Regel keinen Risikoschutz. Wer sich auch noch gegen die beiden Risiken Invalidität und Tod versichern will, muss dies separat tun – zum Beispiel mit einer zusätzlichen separaten Risikoversicherung ausserhalb des BVG-Systems. Oder indem er eine Freizügigkeitspolice eröffnet; hier ist der Risikoschutz in der Regel inbegriffen (es kann aber sein, dass die Invalidenrente nicht versichert ist, erkundigen Sie sich vorher).

Die versicherte Person darf selber wählen, wie sie die Freizügigkeit deponieren will.

Und wie ist das Freizügigkeitsgeld abgesichert, das bei Banken auf einem Freizügigkeitskonto

Fortsetzung auf Seite 186

TIPP

Korrekte Abrechnung verlangen!

Verlangen Sie von Ihrer Vorsorgeeinrichtung bei einem Stellenwechsel eine Abrechnung mit detaillierten Angaben darüber, wie Ihre Freizügigkeitssumme berechnet wurde.

Prüfen Sie auch, ob die bisherige Vorsorgeeinrichtung die Freizügigkeitsleistung bis zur effektiven Überweisung verzinst hat.

Sie haben gemäss Art. 24 FZG einen Anspruch darauf, dass Ihnen die Kasse jederzeit Ihre Austrittsleistung (Freizügigkeitsbetrag) berechnet; von sich aus muss es die Kasse mindestens alle drei Jahre tun.

FRAGE

Wir sind mit unserer Sammelstiftung unzufrieden: Sollen wir die Versicherung wechseln?

Unser Betrieb hat keine eigene Kasse, sondern ist der Sammelstiftung einer Versicherungsgesellschaft angeschlossen. Doch der Service ist schlecht. Zudem sind die künftigen Renten massiv gekürzt worden, weil der Rentenumwandlungssatz herabgesetzt wurde. Auch hält sich die Pensionskasse nicht an die Höhe des Mindestzinses, sondern wendet einen tieferen Mindestzinssatz an. Sollen wir zu einer anderen Versicherung wechseln?

Diese Situation ist gar nicht so selten. Unter normalen Umständen würden bei einem so schlechten Service Konsequenzen gezogen.

Doch aufgepasst: Gegen einen Wechsel haben sich Versicherungen abgesichert. Denn in den Vertragsbedingungen wird für den Fall einer Vertragsauflösung ein «Abzug vom Rückkaufswert» in Aussicht gestellt. Dieser Abzug kann bis zu 8 Prozent betragen. Die Angestellten riskieren also bei einem kollektiven Kassenwechsel, von ihrem Alterskapital bis zu 8 Prozent zu verlieren. Dies gilt auch, wenn nur das BVG-Minimum versichert ist. Zudem verlangen Sammeleinrichtungen heute oft, dass in einem solchen Fall auch Rentnerinnen und Rentner ausscheiden und auf die neue Vorsorgeeinrichtung übertragen werden.

Immerhin besteht zusätzlich ein Anspruch auf einen Anteil an den Rückstellungen sowie am freien Stiftungsvermögen. Dies hat das zuständige Aufsichtsamt in einer Weisung über das Verfahren bei Auflösung von Anschlussverträgen festgelegt.

Tipp 1: Vor einer Kündigung des Anschlussvertrages muss abgeklärt werden, welche Konsequenzen eine Kündigung hat. Müssen bei einer Kündigung die Rentner mitgenommen werden, muss mit der neuen Pensionskasse abgeklärt werden, ob sie die Rentner übernehmen will, denn sie trägt nun die Risiken der Langlebigkeit und der Teuerungsanpassung der betreffenden Renten.

Übernimmt die neue Pensionskasse die Rentner nicht und besteht eine Bestimmung im bestehenden Anschlussvertrag, dass diese bei einem Pensionskassenwechsel auch übertragen werden, kommt kein Wechsel zustande.

Tipp 2: Klären Sie ab, ob die bisherige Pensionskasse freies Stiftungsvermögen hat; darauf haben Sie einen Anspruch.

Tipp 3: Lassen Sie sich von spezialisierten Firmen beraten; denken Sie jedoch daran, dass Prämienvergleiche zwischen verschiedenen Pensionskassen zwar sinnvoll, aufgrund unterschiedlicher Leistungen und Aufschlüsselung der Prämien aber oft sehr anspruchsvoll sind.

Tipp 4: Falls eine Sammelstiftung wesentliche Änderungen durchführt, dürfen Betriebe auch ohne Einhaltung der vereinbarten Kündigungsfrist (meist 6 Monate) kündigen. Gründe sind nach Gesetz die massive Anhebung der Beiträge für die Risikoversicherung und Verwaltungskosten usw. (Erhöhung um mehr als 10 % innert 3 Jahren), eine massive Senkung des Rentenumwandlungssatzes oder Ähnliches. Ist dies der Fall, gilt eine Kündigungsfrist von 30 Tagen. Aber Achtung: Das Schicksal der Rentnerinnen und Rentner muss geklärt sein!

Pensionskasse: Freizügigkeit — 8

Fortsetzung von Seite 184

liegt? Was würde geschehen, wenn die Bank in Konkurs gehen sollte?

Die gleiche Frage stellt sich bei den unabhängigen Freizügigkeitsstiftungen, die ja verpflichtet sind, das Geld der Sparer auf Banken anzulegen.

Während die eigentlichen Pensionskassengelder den Schutz des Sicherheitsfonds geniessen, ist das bei Freizügigkeitsgeldern leider nicht der Fall. Sollte die Bank in Konkurs gehen, so sind nur bis zu 100 000 Franken über ein Konkursprivileg abgesichert. Das widerspricht dem Prinzip, wonach der Vorsorgeschutz der Pensionskassenversicherten immer aufrechtzuerhalten ist.

Aber: Sind Freizügigkeitsguthaben in Anlagefonds angelegt, so fallen diese Vermögen bei einem Bankenkonkurs nicht in die Konkursmasse und wären damit für den Sparer nicht verloren, weil sie als Sondervermögen gelten.

Tipp: Wer gar kein Risiko eingehen will, achtet darauf, dass er möglichst bei keiner Bank mehr als 100 000 Franken deponiert hat.

Anders sieht es aus, wenn das Freizügigkeitsguthaben bei einer Versicherungsgesellschaft liegt. Freizügigkeitspolicen müssen wie Lebensversicherungen jederzeit zu 100 Prozent gedeckt sein. Sollte die Versicherung in Konkurs gehen, würde der Versichertenbestand zu einer andern Gesellschaft transferiert – notfalls auf Anweisung des Aufsichtsamts. Allerdings lohnen sich Freizügigkeitspolicen für Sparer wegen der hohen Kosten nicht.

Systemfehler mit bösen Folgen für die Betroffenen

Der Systemfehler, wonach Vorsorgegelder bei Freizügigkeitsstiftungen nicht durch den Sicherheitsfonds gedeckt sind, wurde übrigens den rund 100 Versicherten zum Verhängnis, die ihr Geld bei der unabhängigen Fina Freizügigkeitsstiftung geparkt hatten. Sie wurden Opfer von mutmasslichen Betrügern, die der Stiftung Geld entzogen. Der Fehlbetrag beträgt mehrere Millionen Franken.

Versicherungsschutz: Die Kasse muss informieren

Die bisherige Pensionskasse muss das ausscheidende Mitglied über die diversen Vorsorgemöglichkeiten nach dem Austritt informieren.

Wird die Person nicht auf alle Möglichkeiten aufmerksam gemacht und tritt ein Schadenfall ein, so haftet unter Umständen sogar die bisherige Pensionskasse: In diesem Sinn hat das Eidgenössische Versicherungsgericht entschieden, als eine Vorsorgeeinrichtung eine austretende Person nicht über die Möglichkeit der Aufrechterhaltung des Versicherungsschutzes informiert hatte. (BGE 117 V 33, E. 3)

Kann die Freizügigkeitsleistung nicht überwiesen werden und erfolgt auch keine Angabe über die Eröffnung eines Freizügigkeitskon-

Die Begünstigungsordnung für Freizügigkeitskapital

Die Begünstigungsordnung für Gelder aus Freizügigkeitskonten und -policen (Art. 15 FZV) sieht im Todesfall die folgende Reihenfolge vor:

1. Die Hinterlassenen (überlebender Ehepartner und Kinder bis 18 beziehungsweise 25 Jahre).

2. Personen, die vom Versicherten in erheblichem Masse unterstützt worden sind, oder die Person, die mit dem Versicherten in den letzten fünf Jahren unmittelbar vor dem Tod ununterbrochen «eine Lebensgemeinschaft geführt hat» (gemeint ist nicht nur das Konkubinat, sondern auch gleichgeschlechtliche Partnerschaften) oder die für den Unterhalt eines oder mehrerer gemeinsamer Kinder aufkommen muss.

3. Die Kinder des Verstorbenen, die nicht als Waisen einen Anspruch haben (zum Beispiel die 40-jährige Tochter), die Eltern oder die Geschwister.

4. Die übrigen gesetzlichen Erben, unter Ausschluss des Gemeinwesens.

Dazu heisst es im Gesetz, dass die Versicherten den Kreis der Hinterlassenen (Punkt **1**) mit Personen nach Punkt **2** «erweitern» können.

Es können somit nebst den Hinterlassenen, also Ehepartner und Kinder, die Anspruch auf Rentenleistungen gemäss BVG hätten, auch Personen begünstigt werden, für die die verstorbene Person massgeblich aufgekommen ist, oder auch Konkubinatspartner. Die Rangordnung der Zuteilung muss hier bei der Begünstigung nicht eingehalten werden. Dies im Unterschied zur gesetzlichen Begünstigungsordnung im BVG nach Art. 20a BVG (siehe Seite 146 ff.).

---

tos, muss die alte Kasse das Geld spätestens nach zwei Jahren an die «Auffangeinrichtung BVG» überweisen (Adressen Seite 244).

Dort werden gesamtschweizerisch die Freizügigkeitsgelder gesammelt, deren Berechtigte sich beim Stellenwechsel nicht um die Überweisung gekümmert haben. Auch muss unter Umständen eine Meldung an die «Zentralstelle 2. Säule» erfolgen (siehe Seite 245).

Stirbt der Inhaber eines Freizügigkeitskontos, so gilt die Begünstigungsordnung, die im Kasten oben beschrieben ist.

Der Barbezug der Freizügigkeit

Das ganze Pensionskassengeld beziehen und damit auf eine Weltreise gehen – davon träumen viele, doch das geht nicht: Das Gesetz lässt einen Barbezug der Freizügigkeitsleistung nur sehr eingeschränkt zu.

Punkto Barbezug des Freizügigkeitskapitals gelten die folgenden sieben Punkte:

■ Der Kapitalbezug ist möglich, falls die anspruchsberechtigte versicherte Person **die Schweiz definitiv verlässt**. Sie muss dazu einen Nachweis erbringen. Die Pensionskassen und Freizügigkeitseinrichtungen verlangen eine Bescheinigung über die erfolgte Abmeldung am bisherigen Wohnsitz bzw. über die Anmeldung am neuen ausländischen Wohnsitz.

Aber: Verlässt eine versicherte Person die Schweiz und zieht in ein EU- oder EFTA-Land (EFTA-Staaten Island, Liechtenstein und Norwegen), so darf bei einem Wegzug die Freizügigkeitsleistung aus dem BVG-Obligatorium nicht mehr ohne Weiteres ausbezahlt werden.

Die Pensionskasse bzw. die Freizügigkeitseinrichtung muss vielmehr über die Verbindungsstelle des Sicherheitsfonds BVG prüfen lassen, ob die ausreisende Person im neuen Staat einer staatlichen obligatorischen Versicherung für die Risiken Alter, Invalidität und Tod untersteht.

Versicherung im Ausland? Kein Barbezug möglich

Massgeblich sind die betreffenden nationalen sozialversicherungsrechtlichen Gesetzgebungen, die sich teils sehr stark voneinander unterscheiden. Ist im fremden Land eine entsprechende Versicherung gegeben, darf das obligatorische BVG-Guthaben nicht bar bezogen werden. Der Versicherte muss dazu ein offizielles Antragsformular zur Abklärung der Sozialversicherungspflicht im betreffenden EU/EFTA-Staat ausfüllen und dem Sicherheitsfonds BVG zukommen lassen.

Der Antrag kann frühestens 90 Tage (oder teilweise noch später) nach erfolgter Ausreise aus der Schweiz gestellt werden. Die Antragsformulare inklusive Merkblätter mit detaillierten Ausführungen für die einzelnen Zuzugsstaaten sind auf der Homepage der «Verbindungsstelle» unter dem Link

Bei Ehepaaren braucht es zwei Unterschriften

Ein Barbezug von Pensionskassengeldern ist nur möglich, wenn der andere Ehepartner zustimmt und das Auszahlungsgesuch mitunterschreibt. Das soll verhindern, dass Pensionskassengelder zulasten des Partners einfach «verschwinden».

Zahlt eine Pensionskasse eine Freizügigkeit bar aus, ohne dass der Ehepartner unterschrieben hat, riskiert sie, dass sie die entsprechende Summe ein zweites Mal auszahlen muss.

Auch bei einer Scheidung kommt dieser Vorschrift Bedeutung zu: Keiner der Ehepartner kann das Pensionskassengeld einfach «wegzaubern» (Art. 5 Abs. 2 FZG). Bei einer Ehescheidung muss ja das während der Ehe erworbene Pensionskassenguthaben je hälftig geteilt werden. In der Vergangenheit ist immer wieder vorgekommen, dass durch eine vorherige Barauszahlung diese Teilung verunmöglicht wurde. Auch deswegen braucht es die Unterschrift des Ehepartners. All dies gilt auch für die eingetragene Partnerschaft.

Allerdings: Die Unterschrift ist nicht in allen Fällen nötig. Bei einem Antrag auf Kapitalauszahlung anstelle einer Rente ist nach neuester Bundesgerichtspraxis die Unterschrift des Ehepartners nur für jenen Teil notwendig, der das obligatorische BVG-Altersguthaben betrifft.

Der Auszahlung des überobligatorischen Altersguthabens hingegen müsste der Ehepartner vom Gesetz her nicht zustimmen – doch die Vorsorgeeinrichtungen verlangen in der Regel die Doppelunterschrift. Dies gilt auch bei Bezügen ab einem Freizügigkeitskonto.

«Barauszahlung» in diversen Sprachen abrufbar: www.verbindungsstelle.ch (diese Stelle ist bei der Zentralstelle 2. Säule angegliedert, Adresse auf Seite 245).

Guthaben im Bereich des überobligatorischen Teils des BVG werden hingegen nach wie vor ohne Einschränkung ausgezahlt, falls die Person nachweislich endgültig ins Ausland geht.

Dazu eine Ergänzung: Falls jemand auswandert und das Altersgeld bezieht, dann aber wider Erwarten doch wieder zurückkehrt, so muss er das bezogene und allenfalls noch vorhandene Geld nicht seiner ehemaligen Pensionskasse zurückzahlen. Er kann es auch nicht auf ein Freizügigkeitskonto einzahlen. Aber er kann sich damit in die Pensionskasse eines neuen Arbeitgebers einkaufen.

Barbezug für die Gründung des eigenen Unternehmens

■ Der Kapitalbezug ist möglich, wenn sich jemand **selbständig macht**. Selbständigerwerbende unterliegen nicht (mehr) dem Versicherungsobligatorium.

Der Nachweis geschieht durch eine Bestätigung der AHV-Ausgleichskasse oder der Steuerverwaltung, wonach die Person als selbständigerwerbend gemeldet ist.

Dabei gilt: Das Bezugsrecht für die Starthilfe muss innerhalb eines Jahres ausgeübt werden. Spätere Bezüge sind aber noch im Rahmen von Investitionsvorhaben möglich, hat das Bundesgericht im Jahr 2008 entschieden.

> **FRAGE**
>
> **Kann ich Pensionskassengeld für die Gründung einer GmbH benützen?**
>
> **Nach längerer Arbeitslosigkeit werde ich mit zwei Kollegen eine GmbH gründen. Kann ich zu diesem Zweck mein Pensionskassengeld beziehen?**
>
> **Nein.** Sie sind auch als Gesellschafter einer GmbH Unselbständigerwerbender. Deshalb können Sie sich Ihr Pensionskassenguthaben nicht auszahlen lassen. Nur bei der Aufnahme einer selbständigen Erwerbstätigkeit hat man Anrecht auf einen Barbezug.
>
> Allenfalls können Sie aber das Pensionskassengeld über einen Umweg beziehen. Lässt es die von Ihnen beabsichtigte Tätigkeit zu, nehmen Sie erst mal die Arbeit als Selbständigerwerbender auf und gründen erst im Nachhinein die GmbH. Zwar müssen Sie sich so zweimal bei der AHV ummelden, doch Sie kommen zumindest zum benötigten Startkapital.

Ein Barbezug ist also sogar möglich, wenn ein Unternehmer Aktienkapital braucht, um seine bestehende Einzelfirma in eine Aktiengesellschaft umzuwandeln.

Allerdings: Geht es einem Betrieb wirtschaftlich schlecht, bietet das erwähnte Urteil des Bundesgerichts keine Handhabe, seine Pensionskasse zu plündern, um den Untergang der Firma abzuwenden.

Für Gelder, die auf einem Freizügigkeitskonto liegen, gelten punkto Aufnahme der Selbständigkeit die gleichen Regeln.

■ Der Kapitalbezug ist möglich, wenn die **Austrittsleistung** weniger als einen Jahresbeitrag der versicherten Person ausmacht. Wer also weniger als die für ein ganzes Jahr berechnete Prämie als Austrittsleistung erhält, kann diese ohne Weiteres beziehen (Art. 5 FZG).

■ Ein Barbezug der Freizügigkeit ist auch für den **Kauf von Wohneigentum** möglich. Dabei gelten die gleichen Grundsätze wie beim Vorbezug des Altersguthabens, das noch in der Pensionskasse liegt (siehe Seite 193 ff.).

■ *Kein* Barauszahlungsgrund ist **Arbeitslosigkeit**. Erst wenn während der Arbeitslosigkeit auch einer der vier bereits genannten Barauszahlungsgründe gegeben ist, können die Betroffenen das Pensionskassengeld beziehen.

■ Bei **Invalidität** ist entscheidend, ob die Person weiterhin der beruflichen Vorsorge unterstellt ist oder nicht. Ist sie nicht mehr unterstellt, kann sie die Auszahlung des Freizügigkeitsgeldes verlangen (jedoch nur, wenn es auf einem Freizügigkeitskonto parkiert ist, aber nicht, wenn es noch bei der Pensionskasse liegt).

■ Bei **Selbständigerwerbenden**, die sich der beruflichen Vorsorge freiwillig unterstellt haben, sieht die Sache nochmals etwas anders aus. Nach jahrelangem Hin und Her hat das Bundesgericht entschieden, dass Selbständige eine Barauszahlung jederzeit beantragen können: Weil keine Pflicht zur Unterstellung unter die berufliche Vorsorge bestehe, lasse sich somit eine freiwillige Unterstellung auch jederzeit rückgängig machen. (EVG 117 V 160, Erw. 5 und 6 sowie BGE 134 V 170)

Selbständigerwerbende dürfen jedoch ihre einbezahlten Gelder frühestens nach drei Jahren wie-

Freizügigkeitskonto: Witwen/Witwer und der geschiedene Ehepartner müssen Guthaben teilen

Ein 57-jähriger Mann starb, ohne einer Pensionskasse angeschlossen zu sein. Sein Vorsorgegeld befand sich auf einem Freizügigkeitskonto. Nun schlug die Bank vor, das Geld hälftig zwischen seiner Witwe und der von ihm geschiedenen Ex-Frau aufzuteilen. Die Witwe klagte auf die ganze Summe.

Das Bundesgericht liess jedoch die Witwe abblitzen und sprach der geschiedenen Frau die Hälfte zu.

Begründung des Gerichts: Die gesetzlichen Bestimmungen über die berufliche Vorsorge räumen sowohl der Witwe als auch der geschiedenen Frau unter bestimmten Voraussetzungen Anspruch auf Renten ein. Erfüllen beide die jeweiligen Voraussetzungen, sind sie gleich zu behandeln.

Und: Über die konkrete Aufteilung der Freizügigkeitsleistung entscheide in erster Linie das Reglement der Freizügigkeitsstiftung.

Weil das Reglement aber in diesem konkreten Fall auf die Regeln der beruflichen Vorsorge verweise, seien jene Bestimmungen massgebend – und die beiden Frauen müssten das Geld teilen. (Urteil vom 6.3.1996, in SZS 1998, Seite 304)

der von der Vorsorgeeinrichtung als Kapital beziehen.

Haben sich Selbständige freiwillig einer Pensionskasse angeschlossen, können sie also das ganze Sparkapital vorzeitig beziehen, falls sie es als Starthilfe oder für den Ausbau des Geschäfts brauchen.

Aber: Geht es einem Betrieb schlecht, bietet das erwähnte Verdikt des Bundesgerichts keine Handhabe, seine Pensionskasse zu plündern, um den Untergang der Firma abzuwenden.

Noch ein Detail: Gestützt auf diese Gerichtspraxis wollte ein Arzt nur einen Teil seines Guthabens beziehen, um einen Privatkredit abzuzahlen, den er vor Jahren für die Eröffnung seiner Praxis aufgenommen hatte. Das hat ihm das Bundesgericht verweigert. Ein Teilbezug sei in solchen Fällen nicht möglich. (Bundesgerichtsurteil 9C_301/2009)

Scheidung: So wird das Guthaben geteilt

Eine Ehescheidung oder die Auflösung einer eingetragenen Partnerschaft hat Auswirkungen auf die Pensionskasse. Die beiden Partner haben Anspruch auf einen Ausgleich.

Bei der Berechnung der Ansprüche jedes Ehegatten gilt der Grundsatz, dass die während der Ehe aufgebaute Altersvorsorge zwischen den beiden Ehegatten zu teilen ist.

Dies gilt selbst dann, wenn die Ehe nur kurz gedauert hat. Einschränkung: Hat sich ein Ehegatte während der Ehe aus eigenem Vermögen in die Pensionskasse eingekauft, muss dieser Einkauf nicht geteilt werden.

In Ausnahmefällen kann das Gericht auf die Teilung verzichten – wenn sie «offensichtlich unbillig» wäre, wie es im Gesetz heisst.

Dies hat das Bundesgericht abgesegnet bei einer Frau, die nach einer Teilung im Alter kaum über die Runden gekommen wäre. Ihr Mann hatte als Selbständiger keine Pensionskasse, da gab es gar nichts zu teilen.

Das Gericht befand aber, dass er vermögend sei. Deshalb musste ihm die Frau nichts von ihrer eigenen Pensionskasse abgeben. (BGE 135 III 153)

FRAGE

Aufteilung trotz Gütertrennung?

Meine Frau und ich haben bei der Heirat einen Ehevertrag geschlossen und Gütertrennung vereinbart. Kann ich so bei einer Scheidung die Aufteilung meines Pensionskassenguthabens verhindern?

Nein. Falls Ihre Frau auf der Aufteilung besteht, erfolgt die Aufteilung des Pensionskassenguthabens nach den zwingenden Vorschriften des Pensionskassen- und des Scheidungsrechts. Das Güterrecht hat da keinen Einfluss. Das während der Ehe erworbene Altersguthaben muss geteilt werden.

Auf diese Aufteilung kann nur im gegenseitigen Einverständnis verzichtet werden – und wenn ein anderweitiger Ausgleich stattfindet.

Auch in der AHV wird das Splitting durchgeführt – und zwar in jedem Fall, unabhängig vom Willen der Betroffenen.

Pensionskasse: Freizügigkeit 8

FRAGE

Muss das Scheidungsgeld zwingend in die Pensionskasse?

Ich wurde kürzlich geschieden. Von der Pensionskasse meines Ex-Mannes erhalte ich 112 000 Franken. Ich würde dieses Geld gerne auf einem Freizügigkeitskonto parkieren. Da ich aber erwerbstätig bin, müsse die Scheidungsabfindung zwingend an meine Pensionskasse überwiesen werden, heisst es. Stimmt das?

Im Prinzip ja. Ihr Wunsch ist zwar verständlich, denn viele Kassen weisen solche Scheidungsabfindungen dem überobligatorischen Teil des Pensionskassenguthabens zu.

Ab 2017 schreibt das revidierte Scheidungsrecht nun vor, dass bei einem Vorsorgeausgleich der übertragene Betrag entsprechend seiner «Herkunft» wiederum als BVG- bzw. überobligatorisches Altersguthaben auf dem Konto der berechtigten Person verbucht werden muss. Das gilt auch für jene Einzahlungen, die ein geschiedener Ehegatte in die Pensionskasse vornimmt, um einen ausbezahlten Betrag aus Vorsorgeausgleich wieder zu decken.

Aber nicht immer ist bekannt, wie hoch die beiden Bestandteile BVG-Guthaben und überobligatorisches Guthaben sind. In einem solchen Fall regelt die Verordnung eine prioritäre Zuweisung an das BVG-Altersguthaben. Das hat für Versicherte eine erfreuliche Konsequenz: Dieses Guthaben muss mit dem Mindestzinssatz verzinst und mit dem gesetzlichen Rentenumwandlungssatz in eine Rente umgewandelt werden.

Ist die berechtigte Person nicht in einer Pensionskasse versichert, kann sie das Geld auf ein Freizügigkeitskonto übertragen lassen. Es besteht auch die Möglichkeit, das Scheidungsgeld an die Stiftung Auffangeinrichtung (Adresse siehe Seite 244) zu übertragen und später dann von ihr daraus eine Rente zu beziehen.

Für eine richtige Teilung muss bekannt sein, um wie viel die Pensionskassenansprüche bzw. Freizügigkeitsgelder jedes Ehepartners während der Ehe zugenommen haben. Das ist dann mehr oder weniger klar, wenn jeder Partner mit Kontenauszügen oder Versicherungsausweisen nachweisen kann, wie hoch seine Ansprüche bei der Heirat waren. Dann lässt sich das Erworbene leicht berechnen.

Schwierig wird es, wenn die Partner sehr lange verheiratet waren und diese Zahlen nicht bekannt sind und die Pensionskasse auch nicht helfen kann.

Für diesen Fall gilt es, eine überschlagsmässige Rechnung zu machen. Anhand einer vom Eidgenössischen Departement des Innern erstellten Tabelle wird dann ermittelt, um wie viel das Pensionskassenguthaben jedes Partners während der Ehe zugenommen haben könnte.

Was vor der Heirat angespart wurde, müssen die Partner nicht ausgleichen.

Teilung bei Scheidung:
Das Geld bleibt in der 2. Säule

Diese Rechnung wird sowohl für den Ehemann als auch für die Ehefrau gemacht – falls beide ein Pensionskassenkapital haben.

Anschliessend wird je die Hälfte dem andern Partner angerechnet. Die Pensionskasse muss auf Anweisung des Richters diesen Betrag auszahlen.

Aber Achtung: Es erfolgt keine Barauszahlung, vielmehr müssen die Gelder in der 2. Säule bleiben. Eine nicht erwerbstätige Ehefrau muss in einem solchen Fall ein Freizügigkeitskonto oder eine Freizügigkeitspolice eröffnen, wohin dann das Geld verlagert wird (siehe Kasten links).

Und noch eine Komplizierung bringt das neue Scheidungsrecht: Kann der Scheidungsrichter den Anspruch nicht feststellen oder ist dieser umstritten, weist er die Sache an den Sozialversicherungsrichter. Die Scheidung selbst kann dann trotzdem ausgesprochen werden, doch die Regelung des Vorsorgeausgleichs bleibt aufgeschoben, bis das Sozialversicherungsgericht seinen Entscheid gefällt hat.

Bei einer Scheidung kommt es somit oft vor, dass die Teilung des Guthabens auf einer Schätzung beruht (siehe auch den Kasten auf Seite 204).

Der Sozialversicherungsrichter muss sich dabei an den vom Scheidungsrichter festgelegten Teilungsschlüssel halten. Anders ausgedrückt: Der Scheidungsrichter beschliesst die Grundsätze der Teilung, und der Sozialversicherungsrichter berechnet dann die detaillierten Ansprüche.

Ab 2017 besteht die Pflicht, auch bei einem bereits eingetretenen Leistungsfall das Pensionskassenguthaben zu teilen. Der Scheidungsrichter muss berechnen, wie hoch das Pensionskassenguthaben zum Scheidungszeitpunkt ist und dieses dann teilen. Wird bereits eine lebenslange Invalidenrente oder eine Altersrente ausgerichtet, muss der Rentenbarwert berechnet werden, der dann in Abhängigkeit vom Alter zu einem Leistungsanspruch der Ehegatten führt. Das ist eine komplizierte Berechnung, doch wird dadurch die Versorgungssicherheit des anspruchsberechtigten Partners verbssert.

Alle Details zum Thema Scheidung finden Sie im Saldo-Ratgeber «Das Handbuch zu Trennung und Scheidung». Sie können das Buch über Tel. 044 253 90 70 oder im Internet (www.saldo.ch) bestellen.

Pensionskassengeld für das Eigenheim

Wer seinen Traum von der eigenen Wohnung oder vom eigenen Haus verwirklichen will, kann dafür sein Altersguthaben beziehen. Für folgende Zwecke können Versicherte

> **TIPP**
>
> ### Die Verzinsung bei der Scheidung
>
> Den im Scheidungsurteil einem Ehegatten zugesprochenen Anspruch auf Pensionskassengelder des andern Partners muss die Pensionskasse spätestens 30 Tage, nachdem das Ehescheidungsurteil rechtskräftig geworden ist, übertragen.
>
> Bis zu diesem Datum hin muss sie das Pensionskassenguthaben mit dem normalen, reglementarischen Zins verzinsen. Das kann unter Umständen sehr lange dauern, wenn die Parteien lange streiten und den ganzen Instanzenweg der Gerichtsbarkeit durchlaufen.
>
> Sollte die Pensionskasse die erwähnten 30 Tage ungenutzt verstreichen lassen, muss sie das Guthaben mit dem Zinssatz von Verzugszinsen verzinsen (siehe Kasten auf Seite 180).

FRAGE

Kann die Pensionskasse den Vorbezug zurückverlangen?

Vor ein paar Jahren habe ich zusammen mit meiner Lebenspartnerin ein Haus gekauft. Zu diesem Zweck haben wir beide unser Pensionskassenkapital bezogen. Kann die Kasse das Geld zurückfordern, falls einer von uns beiden sterben sollte?

Das hängt vom Reglement Ihrer Pensionskasse ab. Die Erben des Bezügers müssen das Guthaben an die Pensionskasse zurückzahlen, falls sie nach deren Reglement keine Hinterbliebenenleistungen bekommen – also weder eine Rente beziehen noch ein Todesfallkapital erhalten.

Viele Pensionskassen verzichten zwar auf eine Rückforderung, weil sie das aufwendige Verfahren scheuen.

Aber: Falls die Kasse auf einer Rückzahlung besteht, müsste der überlebende Partner unter Umständen das Haus verkaufen.

Sie sollten deshalb bei beiden Pensionskassen abklären, ob und in welchem Umfang sie Leistungen an hinterbliebene Konkubinatspartner ausrichten. Jener Partner, dessen Kasse nichts zahlt, sollte eine Todesfallrisiko-Police abschliessen und darin seinen Lebenspartner als Begünstigten einsetzen. Die Höhe der Todesfallsumme ist so festzulegen, dass nach Abzug der bei Auszahlung fälligen Steuern genügend Geld übrig bleibt, um den Vorbezug zurückzuzahlen.

Keine Rückzahlung ist geschuldet, wenn das Wohneigentum an eine Person übergeht, die einen reglementarischen Anspruch auf Pensionskassenleistungen hat. Sieht beispielsweise eine Pensionskasse vor, auch an erwachsene Kinder eines Versicherten Leistungen auszurichten, beispielsweise ein Todesfallkapital, muss ein Vorbezug nicht zurückbezahlt werden, wenn die Liegenschaft auf diesen Nachkommen übergeht.

Erfolgt der Übertrag jedoch zu Lebzeiten und würde der Nachkomme die Liegenschaft in der Folge verkaufen, müsste eine Rückzahlung des Vorbezugs erfolgen, denn dem Versicherten soll ja eine ungekürzte Leistung ausgerichtet werden.

auf ihr Geld zurückgreifen – sofern es sich um Eigenbedarf handelt:
- für den Kauf oder Bau von Wohneigentum (Alleineigentum, Miteigentum, Gesamteigentum mit Ehepartner);
- für wertvermehrende Investitionen wie Fassadenisolation oder Umbau sowie für werterhaltende Renovationen, jedoch nicht für den allgemeinen Unterhalt;
- für die Reduktion von Hypothekenschulden (nicht jedoch für die «normale» Bezahlung von Hypothekarzinsen);
- für den Erwerb von Anteilscheinen von Wohngenossenschaften oder ähnlichen Beteiligungen (Art. 30c BVG und Art. 331e OR).

Der Mindestbezug beträgt 20 000 Franken, ausser bei Anteilscheinen für Wohngenossenschaften und Ähnlichem (Art. 7 WEFV). Er ist alle fünf Jahre möglich.

Eine wichtige Einschränkung dazu: Der Vorbezug fürs Eigenheim ist gemäss Gesetz nicht mehr möglich, wenn die versicherte Person drei Jahre oder kürzer vor der Pensionierung steht (das Reglement kann ihn dann aber trotzdem erlauben).

Der Vorbezug ist nur für den Hauptwohnsitz möglich
Wichtig: Das Haus oder die Eigentumswohnung muss der versicherten Person und deren Familie als Wohnsitz dienen. Zweitwohnung und Ferienhaus können also nicht mit Pensionskassengeldern finanziert werden; auch der Kauf eines Objekts zur Weitervermietung liegt nicht drin.

Ebenfalls nicht möglich ist ein Bezug für Komfortsteigerungen am Eigenheim (zum Beispiel Bau eines Schwimmbades oder einer Garage).

Für den Anbau eines Wintergartens hingegen kann man Pensionskassenkapital im Normalfall einsetzen. Üblicherweise ist ein Wintergarten fest mit dem Haus verbunden. Zudem wird er von den Besitzern ganzjährig zum Wohnen benutzt – dient also nicht lediglich als Abstellplatz für Pflanzen und Gerümpel. Unter diesen Voraussetzungen kann man von der Pensionskasse einen Vorbezug verlangen.

TIPP

Pensionskassengeld für das Eigenheim: Die Gebühr muss im Reglement erwähnt sein!

Eine Versicherte wollte von ihrer Pensionskasse einen Teil des Alterskapitals zum Kauf einer Eigentumswohnung beziehen. Doch die Kasse machte die Auszahlung der 30 000 Franken von der Bezahlung von Bearbeitungskosten von 300 Franken abhängig.

Damit war die Versicherte nicht einverstanden. Um jedoch das dringend benötigte Geld zu erhalten, bezahlte sie trotzdem.

Im Nachhinein verlangte sie von der Kasse die Bearbeitungskosten zurück mit der Begründung, der Barbezug zum Erwerb von Wohneigentum sei ein gesetzlicher Anspruch, und Bearbeitungskosten seien im Gesetz nicht vorgesehen. Am Schluss landete der Streit vor Bundesgericht. Dieses gab der Frau recht. Zwar dürfe eine Vorsorgeeinrichtung grundsätzlich Bearbeitungskosten verlangen, falls ein überdurchschnittlicher Aufwand betrieben werden müsse, entschied das Bundesgericht. Dies sei bei einem Bezug für Wohneigentum der Fall.

Doch müsse für die Erhebung einer Kostenpauschale eine reglementarische Grundlage vorhanden sein. Und die fehlte im Reglement der Vorsorgeeinrichtung. (Bundesgerichtsurteil 124 II 570)

Mittlerweile verlangen etliche Kassen 200 bis 600 Franken. Es gibt auch Kassen, die den Auftrag erst dann an die Hand nehmen, wenn die Gebühr bezahlt ist.

Das Gleiche gilt übrigens auch für den Fall, dass Versicherte Pensionskassenkapital auf einem Freizügigkeitskonto parkiert haben und es für den Hauskauf von dort vorbeziehen.

Auch Vorbezüge für den Einbau von Sonnenkollektoren oder einer Wärmepumpenheizung mit Erdsonde sind möglich, weil es sich dabei um wertvermehrende Investitionen handelt.

Übrigens: Weist die Pensionskasse eine Unterdeckung auf, so kann sie die Auszahlung eines Vorbezuges zeitlich verzögern und betragsmässig einschränken. Dient der Vorbezug zur Rückzahlung der Hypothek, kann die Kasse den Vorbezug bei Unterdeckung sogar ganz verweigern (Art. 6a WEFV).

Ein Vorbezug birgt übrigens finanzielle Risiken. Muss das Eigenheim später zu einem tieferen Preis verkauft werden, ist nicht nur das Eigenkapital verloren, sondern vielfach auch das vorbezogene Pensionskassenkapital. Gerade die zurzeit tiefen Hypothekarzinsen verleiten dazu, jetzt Hauseigentum zu kaufen. Ziehen die Zinsen wieder an, könnte es für viele Hausbesitzer eng werden – und sie müssen das Haus vielleicht zu einem schlechten Preis verkaufen. Und so kann auch ein Teil des vorbezogenen Pensionskassengeldes verloren gehen.

Der Vorbezug hat steuerliche Nachteile

Ein Bezug von Pensionskassengeldern wird im Grundbuch eingetragen. Erfolgt später ein Verkauf der Immobilie, muss der bezogene Betrag wieder in die Kasse zurück. Und: Beide Ehepartner bzw. eingetragenen Partner müssen dem Bezug schriftlich zustimmen.

Der Vorbezug von Pensionskassengeld hat einen entscheidenden Nachteil: Die spätere Altersrente wird dadurch viel kleiner.

Und auch die Leistungen der Pensionskasse bei Tod und Invalidität können entsprechend tiefer ausfallen. Bietet nämlich eine Kasse nur gerade die gesetzlich vorgeschriebenen Mindestinvalidenrente, so ist diese von der Höhe des Alterskapitals abhängig

---

FRAGE

Darf ich Pensionskassengeld für die Reservation einer Wohnung beziehen?

Ich möchte eine Eigentumswohnung kaufen, die noch nicht erstellt ist. Die Reservation kostet 10 000 Franken. Der eigentliche Kaufpreis von 450 000 Franken wird dann tranchenweise bei Vertragsunterzeichnung und gemäss Baufortschritt fällig. Darf ich bereits für die Reservation Gelder von der Pensionskasse beziehen?

Nein. Für die Reservation können Sie keine Gelder von Ihrer Pensionskasse beanspruchen.

Der Vorbezug von Geldern aus der beruflichen Vorsorge ist nur möglich, wenn sichergestellt ist, dass das Geld auch tatsächlich für selbstgenutztes Wohneigentum eingesetzt wird. Von einer Reservation können aber Käufer und Verkäufer jederzeit wieder zurücktreten.

Die eigentlichen Teilzahlungen hingegen lassen sich mit Pensionskassengeldern finanzieren. Sobald der Kaufvertrag unterzeichnet und der Grundbucheintrag erfolgt ist, können Sie sich von Ihrer Pensionskasse einen Vorbezug auszahlen lassen. Die Vorsorgeeinrichtung wird dann einen entsprechenden Vermerk im Grundbuch veranlassen.

Bauen mit Pensionskassengeld: Erwarten Sie nicht zu viel!

Wie viel Pensionskassengeld steht für einen Hauskauf effektiv zur Verfügung?

Bis zum Alter 50 kann das erworbene Alterskapital vollständig für diesen Zweck bezogen werden; nach diesem Stichtag entweder das Kapital im Alter 50 oder die Hälfte des gesamten Kapitals – je nachdem, welcher Betrag höher ist. Deshalb wird auf Vorsorgeausweisen auch immer die Höhe des Altersguthabens im Alter 50 angegeben.

Viel Geld wird das nur selten sein. Beispiel: Ein Mann, der ab seinem 25. Altersjahr nach BVG-Minimum versichert ist und 60 000 Franken verdient, kann im Alter von 35 Jahren rund 36 000 Franken beziehen, mit 40 rund 60 000, mit 45 knapp 100 000 und mit 50 knapp 150 000 Franken. Für Frauen liegen die Zahlen zurzeit noch leicht höher, weil sie bis 2004 früher in Altersklassen mit höheren Lohnprozenten kamen.

Übrigens: Bei der Finanzierung einer Wohnimmobilie bzw. bei der Vergabe der Hypothek verlangen die Banken einen Eigenmittel-Anteil von in der Regel 20 Prozent. Bis 2012 war es möglich, diesen vorgeschriebenen 20-Prozent-Anteil vollständig aus Pensionskassenmitteln zu finanzieren.

Jetzt verlangen die Banken, dass mindestens 10 Prozent wirkliches Eigenkapital ist, also Geld aus dem privaten Vermögen des Käufers.

– und das wird kleiner, falls ein Teil in einem Haus steckt.

Es gibt aber allerdings viele Pensionskassen, die eine überobligatorische Invalidenrente im Reglement haben. Dann ist diese in der Regel nicht mehr vom Alterskapital abhängig, sondern vom aktuell versicherten Lohn (zum Beispiel 70 Prozent) – und dann sinkt die Invalidenrente nach einem Barbezug nicht.

Das Gesetz verlangt übrigens, dass die Kasse die Versicherten über diese Konsequenzen informiert. Gleichzeitig muss die Pensionskasse eine zusätzliche Risikoversicherung anbieten oder vermitteln.

Auch in Bezug auf die Steuern ist ein Vorbezug sorgsam zu überlegen: Geld von der Pensionskasse wird nämlich besteuert. Wie gross die kantonalen Unterschiede sind, sehen Sie in der Tabelle auf Seite 208.

Ein Trost: Wenn man das Haus wieder verkauft, darf man die Rückerstattung dieser Steuerbeträge verlangen – allerdings ohne Zins (Art. 14 WEFV). Dazu muss man aber das bezogene Geld für den Hausbau der Pensionskasse zurückzahlen.

Wer mit seinem Pensionskassengeld eine bestehende Hypothek amortisieren möchte, muss ebenfalls vorher abschätzen, welche steuerlichen Konsequenzen dieser Bezug hat: Hypotheken sind ja als Schuld vom Vermögen und die Zinsen als Aufwendungen vom Einkommen steuerlich abziehbar. Wird die Hypothek jedoch kleiner, steigen das Einkommen und das Vermögen – und das Steueramt langt dementsprechend kräftiger zu.

Pensionskasse: Freizügigkeit 8

Konsequenz: Ein Vorbezug zum Erwerb von Wohneigentum ist nur dann sinnvoll, wenn man damit einen Teil des zum Kauf notwendigen Eigenkapitals beschaffen will. Oder wenn ein Erbe oder eine andere Anwartschaft in Aussicht steht.

Tipp: Passen Sie beim Zurückzahlen des Vorbezugs auf! Ein Vorbezug ist aus dem obligatorischen und aus dem überobligatorischen Altersguthaben möglich. Viele Pensionskassen verzinsen aber überobligatorische Guthaben schlechter als obligatorische. Auch die Altersrenten aus dem überobligatorischen Teil sind in der Regel tiefer (siehe Seite 141 ff.).

Wenn man einen Vorbezug zurückzahlt, sollte man deshalb darauf achten, dass die Kasse höchstens denjenigen Betrag dem überobligatorischen Guthaben anrechnet, der diesem Topf beim Bezug auch effektiv entnommen wurde.

Ein Beispiel: Ein Eigenheimbesitzer bezieht 100 000 Franken aus der Pensionskasse. 30 000 Franken stammen aus seinem überobligatorischen Guthaben.

Wenn er später 50 000 Franken zurückzahlt, muss die Pensionskasse mindestens 15 000 Franken dem obligatorischen Guthaben gutschreiben. So verlangt es das Bundesamt für Sozialversicherungen.

Elegantere Möglichkeit: Die Verpfändung

Für den Kauf von Wohneigentum können die Versicherten den Anspruch auf die Leistungen der Pensionskasse auch verpfänden. Mit der Verpfändung ändert sich an den Leistungen der Vorsorgeeinrichtung nichts. Für das durch die Verpfändung sichergestellte Darlehen muss allerdings ein Zins bezahlt werden; das muss man sich also leisten können.

Eine Verpfändung ist problemlos, solange kein Leistungsfall eintritt. Wird aber die versicherte Person pensioniert oder invalid oder stirbt sie, ist das für die Leistung notwendige Kapital verpfändet.

Die Pensionskasse hat somit keine Möglichkeit, beispielsweise

---

FRAGE

Wechsel vom Haus in eine Wohnung: Kann ich das Pensionskassengeld parkieren?

Für die Finanzierung meines Hauses habe ich seinerzeit 110 000 Franken aus der Pensionskasse bezogen. Nun möchte ich dieses Haus verkaufen und mit dem Geld später eine Eigentumswohnung erwerben. Muss ich das bezogene Pensionskassengeld umgehend in die Kasse zurückzahlen? Oder kann ich den Betrag auf einer Bank parkieren, bis ich eine geeignete Wohnung gefunden habe?

Ja, Sie können das Geld vorläufig auf das Freizügigkeitskonto einer Bank einzahlen.

Grundsätzlich gilt zwar: Das vorbezogene Kapital muss beim Verkauf einer Liegenschaft in die Pensionskasse zurückgezahlt werden.

Diese Vorschrift gilt aber gemäss Gesetz nicht, wenn das in der Liegenschaft investierte Pensionskassengeld innert zwei Jahren erneut in selbstgenutztes Wohneigentum investiert wird.

die volle Invalidenrente auszuzahlen. Die versicherte Person muss zuerst die Verpfändung rückgängig machen. Das kann nur mit einer Rückzahlung des Darlehens geschehen, das durch die Verpfändung sichergestellt worden ist.

So kann sich die an sich elegante Lösung der Verpfändung zu einem Bumerang entwickeln.

Barbezug bis zum «offiziellen» Eintritt der Invalidität

Bezieht eine arbeitsunfähige Person bereits eine Invalidenrente der Pensionskasse, ist ein Barbezug von Pensionskassengeldern für Wohneigentum nicht mehr möglich.

Aber: Solange die staatliche Invalidenversicherung (IV) den Rentenbeginn offiziell noch nicht festgelegt hat, ist der Vorbezug noch erlaubt, hat das Bundesgericht 2008 entschieden.

Die IV-Rente beginnt frühestens nach Ablauf eines Jahres, nachdem die Arbeitsunfähigkeit mindestens 40 Prozent betragen hat. Während dieser «Wartefrist» können also noch Pensionskassengelder für den Kauf von Wohneigentum vorbezogen werden.

Das Bundesgericht ist der Meinung, bis zum «offiziellen» Entscheid der IV liege keine Invalidität vor. (Bundesgerichtsurteil 135 V 13)

Fazit: So können Arbeitsunfähige selber entscheiden, ob sie vor Rentenbeginn noch eine Wohnung kaufen sollen; das führt allerdings zu einer tieferen Invalidenrente der Pensionskasse.

Aber: Dürfen Betroffene, die einen Vorbezug gemacht haben, diesen auch wieder zurückzahlen, wenn absehbar ist, dass sie demnächst eine IV-Rente zugesprochen erhalten? Ja, sagt das Bundesgericht. So lasse sich eine Kürzung der späteren Pensionskassen-Invalidenrente verhindern. (Bundesgerichtsurteil 9C_419/2011)

Übrigens: Der Bezug von Vorsorgegeldern für den Kauf von Wohneigentum ist auch ab einem Freizügigkeitskonto möglich.

Pensionskasse: Freizügigkeit 8

9 Die 3. Säule: Zustupf für das Alter
Privat vorsorgen und Steuern sparen

AHV und Pensionskasse sind obligatorisch – die 3. Säule hingegen ist freiwillig. Doch Vorzugszinsen und der Steuerbonus machen die 3. Säule zu einem attraktiven Vorsorgeinstrument.

Einzahlungen in die 3. Säule sind ein gutes Investment – aus drei Gründen:

- Die Sparerinnen und Sparer erhalten einen Vorzugszins, der sich deutlich von den normalen Zinsen für Sparkonten abhebt.
- Die 3. Säule ist steuerbegünstigt; das erhöht die Rendite markant. Eine Faustregel besagt, dass ein Drittel der Einzahlung in Form von Steuerersparnis wieder zum Sparer zurückfliesst. Das gilt insbesondere bei steuerbaren Einkommen von rund 100 000 Franken und mehr; wer weniger verdient, profitiert entsprechend weniger (falls er sich Einzahlungen überhaupt leisten kann).

Die Steuerpflicht tritt immer erst zum Zeitpunkt des Bezugs beziehungsweise bei Erreichen des AHV-Alters ein (siehe Seite 208 f.).

- Die 3. Säule (auch Säule 3a genannt) ist ein langfristiges Sparinstrument; das Geld ist «gebunden», steht also dem Sparer im Prinzip frühestens fünf Jahre vor Erreichen des AHV-Alters zur Verfügung (siehe Seite 206 ff.). So kommt der Zinseszinseffekt voll zum Tragen.

3. Säule: Wer darf wie viel einzahlen?

In die steuerlich begünstigte Säule 3a können Sparfreudige nicht à discrétion einzahlen:

- Für Selbständigerwerbende, die keiner Pensionskasse angeschlossen sind, liegt das Maximum bei 20 Prozent des steuerbaren Reingewinns (aber höchstens 33 840 Franken, Stand 2016/2017).
- Erwerbstätige mit Pensionskasse dürfen maximal 6768 Franken einzahlen (Stand 2016/2017).
- Der Betrag von 6768 Franken gilt auch für Teilzeitlerinnen und Teilzeitler, falls sie einer Pensionskasse angeschlossen sind.
- Teilzeitler ohne Pensionskasse können bis 20 Prozent ihres Erwerbseinkommens einzahlen.

Für die Einzahlung ist der Nettolohn massgebend

Die Einzahlungslimiten der Säule 3a richten sich also nach dem «Erwerbseinkommen». Gemeint ist der sogenannte Nettolohn I, also der Bruttolohn nach Abzug von AHV/IV/EO/ALV (und nicht das AHV-pflichtige Einkommen, das im Lohnausweis an erster Stelle kommt und als «Bruttolohn» bezeichnet wird).

STICHWORT

Säule 3a und Säule 3b

Wenn allgemein von der 3. Säule die Rede ist, so ist dies etwas ungenau. Denn die 3. Säule hat genau genommen zwei Beine:
- die private, steuerbegünstigte Säule 3a (Thema dieses Kapitels) und
- die private Säule 3b. Darunter fallen beispielsweise das simple Sparen mit dem Sparkonto oder mit einer Lebensversicherung.

Auch Arbeitslose dürfen in die 3. Säule einzahlen

Arbeitslose, die vorübergehend arbeitslos sind und ALV-Taggelder beziehen, dürfen grundsätzlich in die 3. Säule einzahlen. Dabei gilt Folgendes:

- War eine arbeitslose Person im betreffenden Kalenderjahr noch erwerbstätig (egal wie lang), darf sie in diesem Jahr den vollen Betrag von 6768 Franken einzahlen. Bedingung ist, dass das gesamte Einkommen (Lohn und Arbeitslosenentschädigung zusammen) mindestens 6768 Franken ausmacht.
- War jemand vorher angestellt und jetzt das ganze Jahr arbeitslos, so gilt die Abzugsberechtigung von 6768 Franken ebenfalls, falls die Arbeitslosenentschädigung mindestens 6768 Franken ausmacht. Sonst darf man entsprechend weniger abziehen.
- Bei arbeitslosen Teilzeitlern ohne Pensionskasse beträgt die Einzahlungslimite 20 Prozent des in diesem Jahr erzielten Erwerbs- und Ersatzeinkommens. Mit «Ersatzeinkommen» sind Arbeitslosentaggelder gemeint, die nun an die Stelle des Lohnes treten.

Selbst bei längerer Arbeitslosigkeit sind Einzahlungen im Rahmen der Limiten statthaft, weil auch hier die Arbeitslosentaggelder als Erwerbseinkommen zählen.

Einzahlungen sind generell erst dann nicht mehr erlaubt, wenn keine Arbeitslosentaggelder mehr fliessen, weil die Person ausgesteuert wird.

IN DIESEM KAPITEL

- 200 Wer in die 3. Säule einzahlen darf – und wer nicht
- 202 Die wichtigsten Tipps zum Einzahlen
- 203 Rentiert die 3. Säule auch für junge Sparer?
- 204 Teilung der 3. Säule bei der Scheidung
- 206 Wann ist ein Vorbezug möglich?
- 208 Die Besteuerung der Auszahlung
- 209 3a-Sparen: Bank statt Versicherung!
- 210 Der Transfer zwischen den Säulen
- 212 Hände weg von Fondspolicen!
- 213 3a-Sparen mit Anlagefonds
- 215 Die Begünstigung im Konkubinat

Hausfrauen können von der 3. Säule nicht profitieren

Voraussetzung für die Einzahlungen in die Säule 3a ist also stets eine Erwerbstätigkeit. Den Nichterwerbstätigen steht die 3. Säule demnach nicht offen. Das betrifft insbesondere Hausfrauen und Hausmänner sowie Invalide. Ein paar Spezialfälle dazu:

- Wer eine volle Rente der staatlichen Invalidenversicherung (IV) bezieht, darf im Prinzip keine Beiträge leisten. Bezüger einer ganzen IV-Rente dürfen aber trotzdem einen AHV-pflichtigen Nebenverdienst haben (siehe Kasten auf Seite 83). Sollte dies der Fall sein, können sie 20 Prozent vom so erzielten Erwerbseinkommen einzahlen.
- Es kann vorkommen, dass jemand einerseits einer unselbständigen Teilzeitarbeit nachgeht, daneben aber auch noch als Selbständigerwerbender Geld verdient. Zum Beispiel ein Arzt: Als Spital-

angestellter ist er einer Pensionskasse angeschlossen, als Praxisinhaber ist er aber ein Selbständigerwerbender.

Hier gilt: Der Arzt kann für die 3. Säule pro Jahr nur den «kleinen» Betrag von maximal 6768 Franken (Stand 2016/2017) steuerbefreit einzahlen.

■ Dasselbe gilt, wenn sich ein gut verdienender selbständiger Firmeninhaber bei der Kasse seines Personals versichert: Neben seinen Pensionskassenbeiträgen kann er an die 3. Säule nur noch den (kleineren) Betrag für Angestellte einzahlen.

■ Frühpensionierte, die das AHV-Alter noch nicht erreicht haben, aber bereits eine Rente der Pensionskasse erhalten, können weiterhin bis zum Erreichen des AHV-Alters einzahlen, falls sie einen Nebenjob haben (20 Prozent des Erwerbseinkommens, maximal 33 840 Franken, Stand 2016/17).

Details zum Einzahlen: Die wichtigsten Tipps

■ Äufnen Sie die 3. Säule bei der Bank und nicht bei der Versicherung (siehe Ausführungen auf der Seite 211 ff.).

■ Zahlen Sie nach Möglichkeit früh im Jahr ein; so profitieren Sie länger vom Vorzugszins.

■ Die Einzahlungen sind freiwillig. Niemand ist verpflichtet, der Bank immer den gleichen Betrag zu zahlen. Wer zwischendurch ein oder auch mehrere Jahre aussetzt, erleidet dadurch keine besonderen Nachteile.

■ Auch sehr junge Leute dürfen in die Säule 3a einzahlen, sobald sie erwerbstätig und einer Pensionskasse angeschlossen sind – obwohl sie bis zum Alter 25 in der Pensionskasse noch nicht fürs Alter sparen, sondern nur Risikobeiträge zahlen (siehe Seite 97).

Fortsetzung auf Seite 204

FRAGE

Säule 3a: Geld beziehen und gleich wieder einzahlen?

Ich bin 61 Jahre alt und verfüge über zwei Vorsorgekonten der 3. Säule. Nun möchte ich eines der beiden auflösen, auf das andere aber weiterhin steuersparend einzahlen. Ist das zulässig?

Ja. Beachten Sie aber:
■ Das erste Konto darf frühestens fünf Jahre vor Erreichen des AHV-Alters aufgelöst werden.
■ 3a-Konten müssen jeweils vollständig aufgelöst werden; Teilbezüge sind nicht zulässig (ausser für Wohneigentum).

■ Um auf ein zweites oder drittes 3a-Konto einzuzahlen, müssen Sie weiterhin über ein AHV-pflichtiges Erwerbseinkommen verfügen.

Der Steuerspareffekt kann bei diesem Vorgehen beachtlich sein: Das bezogene Geld müssen Sie nämlich nur zum reduzierten Satz auf Kapitalleistungen versteuern, und dies erst noch getrennt vom übrigen Einkommen. Die Einzahlung dürfen Sie dagegen voll vom steuerbaren Einkommen in Abzug bringen.

Rentiert die 3. Säule auch für junge Sparer?

Ich bin 25 und möchte etwas für meine Altersvorsorge tun. Ich könnte rund 500 Franken monatlich beiseitelegen. Soll ich das Geld in die Säule 3a einzahlen oder anders investieren?

Für sehr junge Menschen eignet sich die Säule 3a nur beschränkt. Denn: Je länger die einzelne Jahreseinzahlung investiert bleibt, desto tiefer ist die Rendite.

Das zeigt die Tabelle: Sie zahlen heute 6000 Franken in die Säule 3a ein und erhalten dafür jedes Jahr im Schnitt 2,5 Prozent Zins (Annahme). Da Sie den eingezahlten Betrag voll von Ihrem steuerbaren Einkommen abziehen dürfen, erzielen sie zusätzlich eine einmalige Ersparnis von 1500 Franken. Dies bei einem angenommenen Grenzsteuersatz von 25 Prozent (abhängig vom Kanton), was einem steuerbaren Einkommen von rund 50 000 Franken entspricht.

Bei der Auszahlung mit Alter 65 – also nach 40 Jahren – sind rund 8 Prozent Steuern auf die Kapitalleistung fällig. Unter dem Strich resultiert so bloss eine jährliche Rendite von 3 Prozent.

Die Tabelle zeigt auch, dass die Rendite bei einer Laufzeit von 20 Jahren (3,6 Prozent) beziehungsweise 5 Jahren (6,8 Prozent) höher wird. Je kürzer die Laufzeit, desto besser die Rendite.

Eine kürzere Laufzeit kommt aber für junge Leute nicht in Frage, weil 3a-Gelder bis 5 Jahre vor Erreichen des AHV-Alters gebunden sind – ausser zum Beispiel für den Kauf von Wohneigentum. Dann ist die Laufzeit kürzer – und die Rendite damit auch für junge Leute ansehnlich.

Die drei Beispiele in der Tabelle sind jeweils mit dem gleichen Grenzsteuersatz gerechnet. Wer aber später mit dem 3a-Sparen anfängt und gleichzeitig Jahr für Jahr mehr verdient, erzielt eine noch bessere Rendite, weil dann auch der Grenzsteuersatz und damit die Steuerersparnis steigt.

Fazit: Bei einem Anlagehorizont von 40 Jahren ist die 3a-Rendite für Junge nicht berauschend. Bei einer so langen Zeitspanne könnten nach aller bisherigen Erfahrung Aktien beziehungsweise Aktienfonds besser rentieren – auch ohne den Steuervorteil der 3. Säule.

Tipp: 3a-Gelder kann man auch in Wertschriften investieren (siehe S. 213 ff.).

SO RENTIERT DIE 3. SÄULE

Lesebeispiel: Einmalige Einzahlung Fr. 6000.–. Nach 20 Jahren beträgt die jährliche Nettorendite 3,6 %.

Einzahlung	6000.–
Steuereinsparung [1]	–1500.–
Effektiver Kapitaleinsatz	4500.–
Laufzeit 40 Jahre	
Kapital nach 40 Jahren inkl. Zins [2]	16 110.–
Steuern bei Auszahlung [3]	–1290.–
Nettokapital nach Steuern	14 820.–
Nettorendite pro Jahr auf das effektiv eingesetzte Kapital	**3,0 %**
Laufzeit 20 Jahre	
Kapital nach 20 Jahren inkl. Zins [2]	9830.–
Steuern bei Auszahlung [3]	–790.–
Nettokapital nach Steuern	9040.–
Nettorendite pro Jahr auf das effektiv eingesetzte Kapital	**3,6 %**
Laufzeit 5 Jahre	
Kapital nach 5 Jahren inkl. Zins [2]	6790.–
Steuern bei Auszahlung [3]	–540.–
Nettokapital nach Steuern	6250.–
Nettorendite pro Jahr auf das effektiv eingesetzte Kapital	**6,8 %**

[1] Annahme: Grenzsteuersatz 25 %
[2] Annahme: Durchschnittszins 2,5 %
[3] Annahme: 8 %

> **TIPP**
>
> ### 3. Säule bei Scheidung teilen
>
> Seit Anfang 1997 dürfen bei einer Ehescheidung auch Anteile der 3. Säule an den andern Ehepartner übertragen werden. Bis zu diesem Zeitpunkt war dies aufgrund des Abtretungsverbotes nicht möglich: Bei der güterrechtlichen Auseinandersetzung wurden bis dahin 3a-Guthaben zwar rechnerisch berücksichtigt, konnten aber nicht effektiv auf ein anderes Konto transferiert werden.
>
> Jetzt gilt also: Gelder der 3. Säule können von der berechtigten Person ganz oder teilweise abgetreten oder vom Gericht dem Ehegatten beziehungsweise der Ehegattin zugesprochen werden.
>
> Ähnliche Lösungen gibt es auch für Versicherungspolicen (siehe zum Thema Scheidung auch die Ausführungen auf Seite 192 f.).
>
> Hintergrund: Gelder der Säule 3a zählen zur sogenannten Errungenschaft, die bei der Scheidung im Prinzip unter den beiden Partnern aufgeteilt wird (sofern die Einzahlungen vom Lohn getätigt wurden und nicht beispielsweise aus geerbtem Vermögen).

Fortsetzung von Seite 202

Sollte sich jemand schon in jungen Jahren selbständig machen, gelten die Einzahlungslimiten für Selbständigerwerbende (siehe Seite 200).

Allerdings: Einzahlungen in jungen Jahren sind finanziell weniger attraktiv als spätere Einlagen, wie der Kasten auf der vorhergehenden Seite zeigt.

■ Bei doppelt verdienenden Ehepaaren dürfen beide unabhängig voneinander einzahlen. Ein Übertrag vom Konto des einen Partners auf das Konto des anderen ist im Normalfall nicht möglich (aber bei Scheidung, siehe Kasten links).

■ Wer in einem früheren Jahr den maximal erlaubten Betrag nicht eingezahlt hat, darf dies in einem späteren Jahr nicht nachholen (im Gegensatz zur 2. Säule, wo nachträgliche Einkäufe erlaubt sind, siehe Seite 121 ff.). Dieses Nachholen ist auch nicht gestattet, wenn man einen Vorbezug für den Kauf von Wohneigentum getätigt hat.

Die Einzahlungslimiten darf man nicht überschreiten

■ Nach Erreichen des AHV-Alters – 65 für Männer, 64 für Frauen – darf man im Prinzip nicht mehr einzahlen. Wer allerdings zum Beispiel Mitte 2017 pensioniert wird, darf Anfang 2017 noch den vollen Betrag überweisen.

■ Zu dieser Regel gibt es aber eine Ausnahme: Wer über das ordentliche Pensionierungsalter hinaus arbeitet, kann bis zur effektiven Erwerbsaufgabe weiter in die Säule 3a einzahlen sowie den (auch gestaffelten) Bezug um maximal fünf Jahre aufschieben: Frauen somit bis zum 69. Altersjahr, Männer bis zum 70.

Wer weiter arbeitet, aber nichts mehr in die Pensionskasse einzahlt, kann die «grosse» Einzahlung von 20 Prozent des Erwerbseinkommens machen – wie Selbständige (siehe Seite 200).

■ Es ist erlaubt, zwei oder allenfalls mehr Konten für die 3. Säule bei verschiedenen Banken (oder auch bei der gleichen Bank) zu eröffnen. Das ermöglicht später einen gestaffelten Bezug, und dadurch ist es in vielen Kantonen sowie bei der Bundessteuer möglich, die Steuerprogression zu brechen (siehe Seite 208f.). Mehr als fünf Konten zu eröffnen, ist allerdings nicht sinnvoll.

Ein gestaffelter Bezug ist auch möglich, wenn man mehrere Konten bei der gleichen Bank hat.

■ Freiwillige Mehrzahlungen an die Säule 3a sind nie statthaft. Zahlt man zu viel ein, wird das zuständige Steueramt den Sparer oder die Sparerin auffordern, bei der Bank den zu viel eingezahlten Betrag zurückzuverlangen.

■ Hat eine versicherte Person mehrere 3a-Konten eröffnet, so darf die gesetzlich limitierte Beitragshöhe ge-samthaft auch in diesem Fall nicht überschritten werden. Es ist also nicht möglich, den Maximalansatz für die steuerwirksamen Abzüge mit mehreren 3a-Bankkonten zu unterlaufen.

Bankenpleite: Kantonalbanken bieten mehr Schutz

■ Sparguthaben der 3. Säule sind bei einer Stiftung deponiert, die das Geld wiederum bei einer Bank anlegt. Bei einem Konkurs der Bank geniessen solche Gelder ein Konkursprivileg bis zur oberen Grenze von 100 000 Franken.

Kantonalbankkunden sind in einer komfortableren Lage, weil

FRAGE

Schmälert die Prämienbefreiung den Steuerabzug?

Ich habe eine gemischte Lebensversicherung und zahle im Jahr 5184 Franken ein; sie läuft im Rahmen der Säule 3a. Letztes Jahr war ich arbeitsunfähig und bekam von der Versicherung 2000 Franken als Prämienbefreiung zurück. Nun hat mir die Versicherung auf dem Vorsorgeausweis für den Steuerabzug der 3. Säule nicht 5184 Franken ausgewiesen, sondern 2000 Franken weniger. Ist das korrekt?

Ja. Die Lebensversicherungsgesellschaft darf nur Beiträge bescheinigen, die effektiv in die 3. Säule eingezahlt wurden. Falls Sie während des Versicherungsjahres einen Teil Ihres einbezahlten Geldes zurückerhalten, so müssen die Gesellschaften diese Summe auf der «Bescheinigung über Vorsorgebeiträge» abziehen.

Unangenehme Folge für Sie: Sie konnten in der Steuererklärung nur 3184 Franken abziehen und müssen folglich mehr Steuern zahlen.

Informierte Versicherte mit einer gemischten 3a-Lebensversicherung können diesen Nachteil aber legal umgehen: Wer unter dem Titel Prämienbefreiung Geld zurückerhält, kann diesen Betrag umgehend (noch im gleichen Jahr) auf ein 3a-Konto bei einer Bank einzahlen.

So können Betroffene dann trotzdem den vollen Steuerabzug erreichen, falls sie vorübergehend arbeitsunfähig waren.

Aber: Warten Sie mit dieser Einzahlung an die Bank nicht, bis der Vorsorgeausweis der Versicherung bei Ihnen eintrifft – dann ist es nämlich für eine nachträgliche Einzahlung des Fehlbetrages in der Regel zu spät.

die meisten Kantonalbanken über eine Staatsgarantie verfügen.

Achtung: Eigentlich sind Spargelder auch bei der Postfinance sicher, weil hier der Bund geradesteht. Ausgerechnet bei den 3a-Konten gilt diese Staatsgarantie aber nicht, weil hier die «Postfinance Vorsorgestiftung der UBS AG» Vertragspartner ist.

Sind 3a-Gelder in Wertschriften angelegt, so gelten sie als geschütztes Sondervermögen und fallen nicht in die Konkursmasse. Denn sie sind Eigentum ihres Inhabers und werden von der Bank nur treuhänderisch verwaltet.

Die Auszahlung der 3. Säule

Wer in die Säule 3a einzahlt, kann über dieses Geld nicht mehr frei verfügen. Deshalb ist hier auch von der «gebundenen Vorsorge» die Rede. Folge: Der Bezug dieser Sparkapitalien ist im Normalfall frühestens fünf Jahre vor Erreichen des AHV-Alters möglich. Männer dürfen also die Gelder ihrer 3. Säule im Prinzip ab Alter 60 beziehen, Frauen ab Alter 59. Das gilt auch, wenn die Person vorher arbeitslos wird.

Spätestens bei Erreichen des AHV-Alters muss das Geld definitiv bezogen werden (ausser man arbeitet weiter, siehe Seite 204). Es ist also im Prinzip nicht erlaubt, 3a-Konten über das AHV-Alter hinaus weiterbestehen zu lassen (anders als bei der Freizügigkeit der 2. Säule, siehe Seite 184).

Der Vorbezug für den Kauf von Wohneigentum

In folgenden Ausnahmefällen ist ein Vorbezug von Geldern der 3. Säule möglich:

- Beim Kauf von selbst bewohntem Wohneigentum (inklusive Anteilscheine an einer Wohnbaugenossenschaft), für wertvermehrende Investitionen oder zur Rückzahlung von Hypotheken.

Ein (Teil-)Vorbezug für Wohneigentum ist nur alle fünf Jahre möglich. Wird das Wohneigentum später verkauft, besteht hier – anders als bei der 2. Säule, siehe

---

TIPP

Nutzen Sie die Zinsunterschiede!

Die Zinssätze der Säule 3a sind gesetzlich nicht geregelt (es gibt also keinen Mindestzinssatz wie bei der 2. Säule, siehe Seite 130 ff.); sie unterstehen den Regeln der freien Marktwirtschaft. Die Sätze der Banken für 3a-Gelder sind deshalb unterschiedlich. Sie bewegen sich zurzeit (September 2016) zwischen 0,0 und 0,75 Prozent.

Nutzen Sie dies aus: Ein Transfer der Gelder von einer Bank auf eine andere ist in der Regel kostenlos. Meist ist der Übertrag auch ohne Kündigungsfrist möglich; allerdings gibt es Banken, die eine Kündigungsfrist von bis zu einem halben Jahr verlangen.

Bei einem Bankwechsel muss jeweils das ganze Konto saldiert und übertragen werden.

Übrigens: Ein Wechsel des 3a-Kontos zu einer anderen Bank ist auch kurz vor dem Rentenalter noch möglich – dann also, wenn man das 3a-Geld schon bar beziehen könnte (Männer ab 60 Jahren, Frauen ab 59).

Im Rentenalter sind aber solche Transfers nicht mehr erlaubt, sondern nur noch der Barbezug.

Kasten auf Seite 194 – keine Rückzahlungspflicht.

Möglich ist beim Erwerb von Wohneigentum auch die Verpfändung von 3a-Guthaben mittels indirekter Amortisation (siehe Kasten auf Seite 224).

Konkret: Die Amortisationsrate (etwa für die zweite Hypothek mit Rückzahlungsverpflichtung) wird an die Bank überwiesen und der Hypothekargläubiger akzeptiert den Kontostand als Sicherheit. Das ist steuerlich zusätzlich interessant, weil so die steuermindernden Schuldzinsen (anders als bei der direkten Amortisation) immer gleich hoch bleiben.

Für den Kauf von Wohneigentum ist auch ein Teilbezug von 3a-Geldern ab einem einzelnen Bankkonto möglich. Hier sieht das Gesetz keinen Mindest-Bezugsbetrag vor wie bei Pensionskassengeldern, wo ein Mindestbezug von 20 000 Franken vorgeschrieben ist (siehe Seite 194).

Anders als bei Pensionskassenguthaben werden Vorbezüge aus der Säule 3a für Wohneigentum nicht im Grundbuch eingetragen.

Der Vorbezug für den Schritt in die Selbständigkeit

■ Ein Vorbezug ist auch möglich, wenn sich die versicherte Person selbständig macht. Entscheidend ist hier, dass die AHV den Status der Selbständigkeit anerkennt.

Der Vorbezug ist in der 3. Säule auch möglich, wenn eine selbständigerwerbende Person das Metier wechselt – wenn also zum Beispiel ein Coiffeur Beizer wird.

TIPP

Steuern sparen mit der 3. Säule

Wer Gelder in die Säule 3a einzahlt, darf diesen Betrag (bis zur erlaubten Höchstgrenze, siehe Seite 200) in der Steuererklärung vom Einkommen abziehen. Das steuerbare Einkommen wird also kleiner, die Steuerrechnung fällt tiefer aus.

Mehr noch: Die Guthaben in der 3. Säule müssen nicht als Vermögen deklariert werden und auch Zins und Zinseszins beziehungsweise Kapitalerträge sind einkommens- und verrechnungssteuerfrei.

Dabei gilt: Je mehr Einkommen eine Person hat, desto höher fällt die Steuerersparnis aus.

Wie die Auszahlung der 3. Säule steuerlich behandelt wird, steht auf Seite 208 f.

Eine Faustregel besagt: Die durch den Steuervorteil während der Aufbauzeit eingesparte Summe ist grösser als die Steuer, die bei der Auszahlung anfällt. Und: Je grösser das 3a-Guthaben ist, desto lohnender kann der gestaffelte Bezug sein.

Einschränkung: Ein Bezug ist nur innerhalb des ersten Jahres nach dem Schritt in die Selbständigkeit beziehungsweise nach dem Wechsel des Metiers möglich.

■ Ein Vorbezug ist möglich, wenn die versicherte Person zu mindestens 70 Prozent invalid wird und demzufolge eine ganze Rente der staatlichen Invalidenversicherung (IV) bezieht. Aber: Erfolgt das 3a-Sparen über die Versicherung (siehe Seite 211 ff.) und ist dort eine Invalidenrente beziehungsweise die Prämienbefreiung bei Erwerbsunfähigkeit mitversichert, so ist

Fortsetzung auf Seite 209

Die Besteuerung von Kapitalauszahlungen aus Pensionskasse und Säule 3a

Die Tabelle zeigt, wie viel Steuern bei einer Kapitalleistung von 100 000 beziehungsweise 500 000 Franken in den Kantonshauptorten anfallen (inkl. Bundessteuer). Die Säulen 2 und 3a werden gleich besteuert. Annahmen: keine Kinder, allfällige Kirchensteuern sind nicht berücksichtigt. Angaben in Franken, Stand 2016. Die Zahlen gelten jeweils für 65-jährige Männer und 64-jährige Frauen.

	Kapitalauszahlung 100 000 Franken		Kapitalauszahlung 500 000 Franken	
	Tarif für Verheiratete	Tarif für Unverheiratete	Tarif für Verheiratete	Tarif für Unverheiratete
Aarau AG	3482.–	4965.–	38 138.–	41 293.–
Appenzell AI	2913.–	3723.–	27 562.–	27 882.–
Herisau AR	5869.–	7875.–	39 512.–	49 565.–
Bern BE	3927.–	4782.–	38 619.–	42 485.–
Liestal BL	3694.–	3875.–	33 412.–	33 732.–
Basel BS	5144.–	5325.–	47 062.–	47 382.–
Freiburg FR	5116.–	5660.–	56 257.–	57 122.–
Genf GE	3209.–	4675.–	35 925.–	39 434.–
Glarus GL	5114.–	5295.–	33 912.–	34 232.–
Chur GR	3244.–	4375.–	24 562.–	48 204.–
Delsberg JU	5114.–	6245.–	39 671.–	48 480.–
Luzern LU	4312.–	5409.–	40 560.–	41 699.–
Neuenburg NE	5952.–	6133.–	44 393.–	44 713.–
Stans NW	4511.–	5668.–	38 417.–	38 737.–
Sarnen OW	5513.–	5694.–	35 908.–	36 228.–
St. Gallen SG	5574.–	6273.–	36 212.–	39 122.–
Schaffhausen SH	2807.–	3965.–	31 299.–	31 619.–
Solothurn SO	4028.–	5174.–	38 568.–	39 376.–
Schwyz SZ	1758.–	2772.–	36 410.–	49 219.–
Frauenfeld TG	5654.–	6887.–	36 612.–	42 192.–
Bellinzona TI	4294.–	4475.–	29 812.–	37 288.–
Altdorf UR	4137.–	4318.–	29 027.–	29 347.–
Lausanne VD	5967.–	7473.–	57 196.–	63 490.–
Sion VS	4594.–	4775.–	45 968.–	46 288.–
Zug ZG	2124.–	3517.–	30 766.–	30 873.–
Zürich ZH	4774.–	4955.–	41 410.–	56 337.–

QUELLE: BRAINGROUP AG ZÜRICH

Fortsetzung von Seite 207

ein Vorbezug in der Regel nicht möglich.
- Ein Vorbezug ist möglich, wenn die Person stirbt (dann können die Erben die Auszahlung verlangen) und
- wenn der Sparer die Schweiz definitiv verlässt.

Arbeitslosigkeit ist kein Grund, die 3. Säule vorzubeziehen.

Übrigens: Bei Verheirateten und eingetragenen Partnern muss für den Vorbezug von Geldern der 3. Säule immer die unterschriebene Einverständniserklärung des anderen Ehegatten beziehungsweise Partners vorliegen.

Die Besteuerung der Auszahlung

Bei der Auszahlung der 3. Säule (Sparsumme inkl. Zinsen bzw. Kapitalgewinne) ist eine vergleichsweise milde, von Kanton zu Kanton unterschiedlich hohe, progressive Besteuerung zum Sondertarif (getrennt vom übrigen Einkommen) fällig – egal, aus welchem Grund der Bezug beziehungsweise die Auszahlung erfolgt.

Diese Steuer frisst zwischen 5 und 10 Prozent des ausgezahlten Betrages weg (das ist auch abhängig von der Auszahlungssumme).

Die Höhe der Besteuerung (von Kanton zu Kanton und auch von Gemeinde zu Gemeinde unterschiedlich) sehen Sie links.

Massgebend für die Besteuerung ist das Steuerdomizil des Sparers und nicht der Sitz der Bank. Es könnte sich also – rein finanziell betrachtet – lohnen, vor dem Bezug zu zügeln.

Wer mehrere Konten hat, sollte sie gestaffelt (über mehrere Jahre verteilt) auflösen; in den meisten Kantonen sowie beim Bund kann das eine markante Steuerersparnis bringen. Es lohnt sich also, sich schon im Alter 59 (Frauen) bzw. Alter 60 (Männer) Gedanken über die gestaffelte Auszahlung zu machen.

Alle Kapitalbezüge aus 2. und 3. Säule werden addiert

Kapitalauszahlungen von Ehegatten im gleichen Jahr werden in der Regel zusammengezählt. Dazuaddiert werden ebenfalls Barbezüge von PK-Geld sowie Barbezüge von Freizügigkeitsgeld, falls diese im gleichen Jahr erfolgen.

Mehr zum Thema Steuern steht im K-Tipp-Ratgeber «So sparen Sie Steuern». Sie können ihn über Tel. 044 253 90 70 oder im Internet über www.ktipp.ch bestellen.

Noch ein Detail: Die gestaffelte Auszahlung bzw. Auflösung eines einzigen 3a-Kontos in Raten ist nicht möglich. Wer ein Konto auflöst, muss jeweils das ganze angelegte Geld beziehen. Eine solche Staffelung ist also nur möglich, wenn man mehrere Konten hat.

Fürs 3a-Sparen: Die Bank der Versicherung vorziehen!

Bis hierher war in diesem Kapitel nur vom Banksparen die Rede. Banksparen heisst: Man eröffnet ein Konto, zahlt freiwillig ein (oder auch nicht) und erhält einen Zins gutgeschrieben. Mehr bietet das Banksparen nicht.

Daneben gibt es die Möglichkeit, die 3. Säule mittels einer Lebensversicherung (Sparversicherung) zu äufnen. Dieses Versicherungssparen ist in der Regel die schlechtere Lösung.

Die Lebensversicherung kombiniert den Sparprozess mit einer Abdeckung der Risiken Tod und allenfalls Invalidität; sie wird oft auch als «gemischte Versicherung» bezeichnet. Bei den Einzahlungen an eine Versicherung gelten dieselben massgeblichen Einzahlungslimiten und Steuervorteile wie beim 3a-Banksparen.

Ein Transfer zwischen den zwei Säulen ist nur selten erlaubt

Viele haben begonnen, neben ihren Beiträgen an die Pensionskasse auch Beiträge an die 3. Säule zu zahlen, um so die Vorteile der Steuerbefreiung maximal auszunützen.

Jetzt kann sich aber das Problem stellen, dass jemand seine Erwerbstätigkeit unterbricht – und plötzlich fehlt das Geld, um weiterhin bei der 3. Säule die abgemachten Beiträge einzuzahlen.

Da liegt die Frage auf der Hand: Kann man diese 3.-Säule-Beiträge aus den Mitteln der 2. Säule abzweigen?

Nein, meint die «BVG-Kommission der Konferenz staatlicher Steuerbeamter». Dieser Transfer von Geldern von der 2. Säule in die 3. Säule ist unzulässig – und auch von einem Freizügigkeitskonto aus nicht erlaubt.

Möglich ist aber, die 3a-Einzahlungen an die Bank einzustellen. So entfällt die Doppelbelastung durch die beiden Säulen.

Ein Geldtransfer von der Säule 3a ins individuelle Sparen, also in die Säule 3b, ist ebenfalls nicht erlaubt. Denn auch hier gilt grundsätzlich: Was einmal in der Säule 3a ist, bleibt bis zum Pensionierungsalter gesperrt – ausser bei den Möglichkeiten für den Vorbezug (siehe Seite 206 ff.).

Mehr Glück haben Versicherte, die sich mit hohen Einkaufssummen in überobligatorische Leistungen einkaufen müssen oder können: Das Gesetz erlaubt, den Einkauf in die Pensionskasse (siehe Seite 121 ff.) aus Mitteln der 3. Säule zu finanzieren.

Ein solcher Transfer ist zulässig und steuerneutral: Betroffene müssen beim Bezug der 3a-Gelder keine Steuern bezahlen, dürfen die Einzahlung in die PK aber auch nicht von den Steuern abziehen.

Ein solcher Transfer der Vorsorgeguthaben setzt jedoch die vollständige Auflösung des 3a-Kontos voraus. Ein bloss teilweiser Bezug ab einem Konto der 3. Säule ist gesetzlich nicht zulässig.

Übrigens: Ein solcher Transfer gilt nicht als Rückzahlung für Vorbezüge.

Spezielle Regelung für Selbständigerwerbende

Selbständigerwerbende, die sich in die Pensionskasse voll einkaufen wollen und vorher die höheren steuerbefreiten Beiträge an die Säule 3a (für Selbständigerwerbende) eingezahlt haben, dürfen die Differenz zwischen dem Selbständigen- und dem Unselbständigenbeitrag nicht einkaufen.

Denn sonst würden sie für die Dauer der eingekauften Jahre doppelt von der zulässigen Steuerbefreiung profitieren. Ihnen wird also angerechnet, was sie vorher «zu viel» in die Säule 3a einbezahlt haben, denn der höhere Beitrag darf nur einbezahlt werden, wenn jemand keiner PK angehört.

Sparen mit der Versicherung ist sehr teuer

Aus diesen Gründen ist von einer 3a-Sparversicherung abzuraten:

■ Bei der Lebensversicherung ist in der Regel ein Todesfallkapital mitversichert. Stirbt die versicherte Person, erhalten die Erben die vereinbarte Summe ausgezahlt. Heute schwatzen viele Versicherungsvertreter gerade jungen Leuten Sparversicherungen auf – und damit zahlen diese jungen Kunden für eine völlig unnötige Versicherungsdeckung.

Wenn nämlich junge Leute ohne Unterstützungspflicht sterben, gerät niemand in finanzielle Not. Vielmehr geht die versicherte Todesfallsumme an ihre Eltern – und die haben das meist gar nicht nötig.

Wer nicht bis zum Ende durchhält, verliert viel Geld

■ In der Regel mitversichert ist die Prämienbefreiung bei Erwerbsunfähigkeit. Das heisst: Kann die versicherte Person wegen Invalidität nichts mehr verdienen, erreicht sie ihr Sparziel trotzdem, weil jetzt die Versicherung quasi die Prämien weiterzahlt. Das ist der einzige echte Vorteil der Lebensversicherung – doch dieses Ziel ist auch anders zu erreichen (siehe S. 213).

■ Die Absicherung dieser Risiken kostet; entsprechend kleiner ist der Anteil der eingezahlten Prämie, der effektiv in den Spartopf geht und dort verzinst wird. Kommt noch dazu, dass die Versicherungsgesellschaften hohe Kosten für Verwaltung und Provisionen der Verkäufer von den Prämien abzwacken. Dieser Sparweg ist also sehr teuer; Banksparen hingegen ist spesenfrei.

■ Wer sich für die Sparversicherung entscheidet, ist nicht mehr flexibel; die Prämien müssen (anders als bei der Bank) regelmässig bezahlt werden.

Wer die Zahlungen vor Ablauf der vertraglich abgemachten Laufzeit einstellt und sein Geld zurückfordert, erleidet grosse finanzielle Verluste. Gerade in den ersten drei Jahren ist der sogenannte Rückkaufswert null oder sehr gering. Aber auch nach zehn Jahren fällt der Rückkaufswert noch enttäuschend aus.

Einen Geldverlust erleidet man auch, wenn man die Versicherungssumme herabsetzt oder die Police prämienfrei stellt.

Tiefer Rückkaufswert: Weniger Geld für ein Haus

■ Der tiefe Rückkaufswert macht sich gerade bei einem Hauskauf negativ bemerkbar. Viele junge Leute sparen mit der 3. Säule, weil sie die Absicht haben, dieses Geld dereinst für den Erwerb von Wohneigentum einzusetzen (siehe Seite 206 f.). Müssen junge Leuten nun dazu eine Lebensversicherung auflösen, erhalten sie in der Regel nicht einmal so viel Geld zurück, wie sie eingezahlt haben.

Wer hingegen zur Bank ging, kann dieses Geld komplett für den Hauskauf einsetzen – inklusive Zins und ohne Belastung mit hohen Kosten.

Das getrennte Vorgehen ist vorzuziehen

Gerade junge Menschen sollten also flexibel bleiben und zur Bank gehen. Oft kommt es auch vor, dass junge Leute eine berufliche Auszeit nehmen – und dann bleibt es ohne finanzielle Folgen, wenn sie ein paar Jahre lang bei der Bank nichts (oder weniger, als sie dürften) einzahlen.

Insbesondere junge Frauen sollten auf keinen Fall eine Police kau-

---

TIPP

Fondspolicen von Feierabendverkäufern: Hände weg

Wenn Versicherungsvertreter, sogenannte «unabhängige» Makler, angebliche «neutrale» Finanzberater oder ähnliche Verkäufer auf die Säule 3a zu reden kommen, betonen sie jeweils zuerst den Steuerspareffekt. Das ist gerechtfertigt.

Doch anschliessend wollen sie meist eine 3a-Versicherungslösung verkaufen – und da lautet der Tipp klar: Hände weg! (Siehe Erläuterungen auf Seite 211 ff.)

Seit etlichen Jahren verhökern diese Verkäufer vorzugsweise Fondspolicen. Das sind Sparversicherungen, wie sie auf Seite 211 ff. beschrieben sind – mit dem Unterschied, dass die Spargelder nicht konventionell verzinst werden, sondern via Anlagefonds an der Börse platziert werden.

Dass Verkäufer die Versicherung empfehlen, hat einen einzigen Grund: So verdienen sie attraktive Verkaufsprovisionen. Wenn ein Berater hingegen fürs 3a-Sparen die Bank empfiehlt, verdient er wenig oder nichts.

Kommt noch dazu: Fondspolicen sind für Anleger ein schlechtes Geschäft, weil vom einbezahlten Betrag bis zu einem Viertel für die Abschlusskosten (Provision), für die jährlichen Verwaltungskosten und für den Versicherungsschutz draufgehen.

Deshalb die Tipps:

■ Stellen Sie Verkäufer, die sich unter einem fadenscheinigen Grund bei Ihnen melden und Ihnen dann für die 3. Säule eine Versicherung (Fondspolice) empfehlen, gleich vor die Tür.

■ Meiden Sie Feierabendverkäufer, die Fondspolicen verkaufen. Solche Policen werden heutzutage sehr aggressiv im Verwandten- und Kollegenkreis verkauft. Die Verkäufer – oft von berüchtigten Verkaufsorganisationen – verschweigen in der Regel sogar, dass Fondspolicen Sparversicherungen sind, die alle beschriebenen Nachteile haben. Vielmehr verkaufen sie sie als reines Fondssparen – und das ist klar falsch.

■ Lösen Sie nie ein bestehendes 3.-Säule-Konto bei der Bank auf, um dieses Geld in eine Versicherungspolice zu investieren.

fen. Wenn sie später Kinder kriegen und den Job aufgeben, müssen sie die Police zwangsläufig kündigen oder prämienfrei stellen, weil sie nichts mehr verdienen und folglich auch nicht mehr einzahlen dürfen – und verlieren so viel Geld.

■ Wer zusätzlich zum 3a-Sparen die Risiken Tod und/oder Invalidität absichern möchte, sollte getrennt vorgehen: Sparen bei der Bank, sich versichern bei der Versicherung. In der Regel ist die so erzielbare Rendite höher.

Und die als Versicherungsvorteil geschilderte Prämienbefreiung bei Erwerbsunfähigkeit lässt sich problemlos durch eine entsprechend ausgestaltete Erwerbsausfallversicherung ersetzen.

Übrigens: Sogar reine Risikoversicherungen (also die Erwerbsunfähigkeitsversicherung oder eine Todesfallrisikopolice) können im Rahmen der Säule 3a abgeschlossen werden – mit dem entsprechenden Steuerspareffekt, weil die Prämien vom steuerbaren Einkommen abgezogen werden dürfen.

Börsenrisiko:
3a-Sparen mit Fonds

Neben dem reinen und bis anhin besprochenen Kontosparen (mit konventioneller Verzinsung) gibt es für Risikofreudige auch die Variante Wertschriftensparen. Hier platziert die Vorsorgestiftung der Bank das 3a-Geld der Kundinnen und Kunden an der Börse.

Anders ausgedrückt: Der Sparer kauft und verkauft mit Geld aus seinem persönlichen 3a-Konto Fondsanteile (hier BVG-Ansprüche genannt). Das ist auch möglich mit Geld, das in früheren Jahren auf dem betreffenden Konto eingezahlt wurde.

Aufgrund der Entwicklung in der Vergangenheit lässt sich sagen, dass Wertschriftensparen auf lange Sicht meistens mehr abwirft als Kontosparen mit einem festen Zins.

Beim Wertschriftensparen gibt es keine Zinsgarantie

Wer sich für das Wertschriftensparen interessiert, muss Folgendes beachten:

■ Auch hier wachsen die Bäume nicht in den Himmel. Floppt die Börse, droht sogar ein Minus in der Wertentwicklung. Dieses Kursrisiko hat gerade das Jahr 2008 brutal in Erinnerung gerufen. Denn eine Garantie, dass zumindest die einbezahlte Summe oder gar eine Mindestverzinsung gesichert ist, gibt es hier nicht.

■ Fürs Wertschriftensparen müssen Sie ebenfalls ein 3a-Konto eröffnen. Auf dem Antrag können Sie dann die Variante «Wertschriftensparen» ankreuzen und sich für einen (oder mehrere) Fonds entscheiden.

Voraussetzung ist
ein langer Anlagehorizont

■ In der Regel haben die Banken mehrere eigene Fonds zur Auswahl. Bei der Wahl des Fonds sollten Sie in erster Linie auf den Aktienanteil achten. Je grösser der Aktienanteil ist (erlaubt sind im Prinzip maximal 50 Prozent), desto markanter können die Kurssprünge nach oben ausfallen. Ein hoher Aktienanteil erhöht aber auch das Risiko und damit die Gefahr von Kursverlusten.

- Um die Schwankungen der Börsen auszugleichen, sollten Sie nur dann ins Wertschriftensparen einsteigen, wenn Sie das Geld mindestens fünf Jahre lang liegen lassen können, im Idealfall acht bis zehn Jahre.

Jüngere Leute, die ihr 3a-Geld in absehbarer Zeit für den Kauf von Wohneigentum einsetzen möchten, sollten also nicht in Fonds investieren: Das Gleiche gilt für ältere Sparer ab rund 55 Jahren.

- Bedenken Sie, dass die Banken bei den 3a-Fonds recht hohe Gebühren verlangen; die «Neue Zürcher Zeitung» sprach gar von «gefrässigen Fondsanbietern». Einen Ausweg bieten sogenannte Indexfonds. Bei diesen sind die Gebühren tiefer. Erkundigen Sie sich!

- Achten Sie beim Thema Kosten auch auf die Depotgebühren. Diese sind in letzter Zeit stark erhöht worden (was allerdings durch die Senkung der Fondsverwaltungskosten teilweise kompensiert wurde).

Vor der Pensionierung: Das müssen Sie jetzt tun

- Vor der Pensionierung sollten Sie die Fondsanteile rechtzeitig verkaufen, damit allenfalls aufgelaufene Gewinne wieder aufs sichere Konto fliessen und damit im Trockenen sind; das Geld geht dann zurück auf das normale Konto.

Mit einem schrittweisen Verkauf reduziert man das Risiko, die Fondsanteile am Auszahlungstermin zu einem ungünstigen Kurs verkaufen zu müssen.

Grund: Ein Bezug der 3. Säule ist bei Erreichen des AHV-Alters zwingend, und damit auch der Verkauf der Fondsanteile – selbst wenn die Kurse zu diesem Zeitpunkt im Keller sind (ausser man arbeitet weiter, siehe Seite 204).

Bei einigen wenigen Banken ist es möglich, die betreffenden Wertschriftenanteile ins private Depot zu übernehmen, wenn die 3. Säule aufgelöst werden muss; so entfällt der Verkaufszwang zu ungünstigen Kursen.

Beim Verkauf der Fondsanteile können Spesen (Rücknahmekosten) anfallen.

- Sie haben vor der Pensionierung auch die Möglichkeit, Ihr Spargeld aus aktienlastigen Fonds in Fonds umzulagern, die weniger Aktien und mehr Obligationen haben und damit auch kleineren Schwankungen unterworfen sind.

- Wer sein 3a-Geld nach ethischen und ökologischen Kriterien anlegen will, hat auch «grüne» Fonds zum Thema Nachhaltigkeit zur Verfügung.

Fonds sind für Junge und Risikofreudige

Fazit: Wer auf Nummer sicher gehen will, lässt sein 3a-Geld besser auf dem festverzinsten Konto. Wer hingegen risikofreudig ist und dazu noch jung, investiert eher in Fonds mit einem hohen Aktienanteil.

Aber: Lassen Sie sich bei der Auswahl der Fonds nicht von tollen Einjahresergebnissen und schönen Prospekten blenden, sondern achten Sie auf die Wertentwicklung über mehrere Jahre (und auf die Kosten). Die Performance in der Vergangenheit ist zwar keine Prognose für die Zukunft, gibt Ihnen aber doch einen Hinweis auf das Können der jeweiligen Fondsmanager.

Und: Sie können auch zwei Konten eröffnen – zum Beispiel ein «gewöhnliches» und eines für die Fondslösung.

Tipp: Die Zeitschrift K-Geld veröffentlicht regelmässig die aktuellen Zinssätze der 3a-Konten sowie die Performance-Zahlen der 3a-Vorsorgefonds.

Die aktuellen Zinssätze finden Sie auch im Internet unter www.saldo.ch (→ Service → Aktuelle Zinsen). Laufend aktualisierte Performance-Angaben zu den 3a-Wertschriftenlösungen bietet die Website des VZ Vermögenszentrums (vzch.com/vergleiche).

Die Konkubinatspartnerin begünstigen: So geht es

Die Vorsorge im Bereich der Säule 3a ist ein Bestandteil des Gesetzes über die berufliche Vorsorge – und sie hat deshalb den gleichen Zweck: Es soll im Hinblick auf das Alter Kapital gespart werden, wobei auch eine Risikoversicherung eingebaut sein kann, falls man bei der Versicherung spart (siehe Seite 211 ff.).

Wie für die Regelung beim Todesfallkapital (siehe Seite 146 ff.) existiert auch für die Säule 3a eine Begünstigungsordnung. Gemäss Gesetz (BVV 3) fällt das Kapital beim Tod des 3a-Sparers an die folgenden Personen in der nachstehenden Reihenfolge:
1. den überlebenden Ehegatten,
2. die direkten Nachkommen sowie die natürlichen Personen, die vom Versicherten in erheblichem Mass unterstützt worden sind, oder die Person, die mit diesem in den letzten fünf Jahren bis zum Tod «ununterbrochen eine Lebensgemeinschaft geführt hat» (Konkubinat) oder die für den Unterhalt eines oder mehrerer gemeinsamer Kinder aufkommen muss,
3. die Eltern,
4. die Geschwister,
5. die übrigen Erben (das können auch testamentarisch eingesetzte Erben wie beispielsweise ein Tierheim sein).

Begünstigungsregelung: Im 3a-Bereich abänderbar

Aber: Im Unterschied zur Begünstigungsregelung im Pensionskassenbereich (siehe Seite 146 ff.) können 3a-Sparer die Reihenfolge der Begünstigten in den Punkten 3 bis 5 abändern, also beispielsweise einen Neffen vor die Eltern setzen.

Für Konkubinatspaare heisst das: Eine Begünstigung stellt nach einem fünfjährigen Zusammenleben kein Problem dar.

Um aber klare Verhältnisse zu schaffen, sollten Konkubinatspaare trotzdem gegenüber der Bank oder Versicherung eine Begünstigungserklärung abgeben (falls eine solche nicht ohnehin verlangt wird).

Eine Begünstigungserklärung braucht es zwingend, wenn jemand die Reihenfolge in den Punkten 3 bis 5 abändern möchte. In diesen Punkten der Reihenfolge ist auch eine beliebige Zuteilung des vorhandenen Kapitals möglich.

Die 3a-Begünstigung kann das Erbrecht nicht aushebeln

Ledige und kinderlose Männer haben allerdings ein Problem, wenn sie eine Freundin für das ganze 3a-Geld begünstigen möchten. Denn nach Ansicht der Mehrheit der Rechtsgelehrten kann die 3a-Begünstigung das Erbrecht nicht aushebeln.

Das heisst: Wenn ein lediger, kinderloser Mann stirbt und die Eltern noch leben, erben diese seinen gesamten Nachlass. Das gilt allerdings nur, wenn ein Testament fehlt. Andernfalls haben die Eltern einer ledigen, kinderlosen Person mindestens Anspruch auf den Pflichtteil. Er beträgt für jeden Elternteil ein Viertel des Nachlasses.

Und das gilt eben selbst dann, wenn der ledige, kinderlose Mann seine Freundin für das ganze 3a-Geld begünstigt hat. Die Konsequenzen daraus:

■ Falls der Mann kein Testament gemacht hat, können die Eltern als Alleinerben mit einem Erbenschein in der Hand bei der Bank die gesamte Summe herausverlangen. Begünstigung der Freundin hin oder her. Dabei spielt es auch keine Rolle, wie lange das Konkubinat schon gedauert hat. Die Chance ist gross, dass die Eltern ihren Anspruch im Streitfall gerichtlich durchsetzen könnten.

■ Hat er ein Testament verfasst, seine Freundin dort als Erbin eingesetzt und sie gegenüber der Bank bezüglich des 3a-Kontos als Begünstigte erklärt, hätten seine Eltern aber immer noch Anspruch auf ihren Pflichtteil.

■ Falls also der ledige Mann keine wesentlichen sonstigen Vermögenswerte hinterlässt, um daraus den Pflichtteil der Eltern zu berappen, haben die Eltern zusammen einen Anspruch auf die Hälfte des 3a-Guthabens.

■ Falls die Bank dennoch die ganze Summe ohne weitere Abklärungen und vorschnell der Freundin ausbezahlt hat, riskiert sie, dass sie den Eltern noch einmal Geld auszahlen muss. Unter bestimmten Umständen kann allenfalls die Freundin verpflichtet werden, einen Teil des Geldes zurückzugeben.

3a-Risikoversicherungen fallen nicht in den Nachlass

Das Gesagte gilt auch in anderen Konstellationen. Etwa wenn ein geschiedener Mann mit zwei Kindern seine neue Lebenspartnerin punkto 3a-Geld begünstigt. Die Chance ist gross, dass seine Kinder ihren Pflichtteil dennoch erhalten – notfalls aus dem 3a-Vermögen.

Denkbar ist auch, dass ein Lediger stirbt, der überschuldet ist. Weil allfällig vorhandenes Geld der 3. Säule zum Nachlass gehört, ist es wahrscheinlich, dass die

Gläubiger darauf zugreifen können – Begünstigung der Freundin hin oder her.

Und wie sieht es mit den Lebensversicherungen aus, die im Rahmen der 3. Säule abgeschlossen wurden? Hier gilt es zu unterscheiden:

- Handelt es sich um eine reine Todesfallrisiko-Police, die zum Beispiel im Todesfall des Versicherten 200 000 Franken auszahlt, fällt die ausbezahlte Summe nicht in den Nachlass und geht ohne Diskussion an die begünstigte Person. Es ist möglich, reine Todesfallrisiko-Versicherungen im Rahmen der 3. Säule abzuschliessen, damit man die Prämien in der Steuererklärung abziehen kann.
- Ähnlich ist es bei gemischten Versicherungen im Rahmen der Säule 3a, die die Risikoversicherung mit dem Sparen kombinieren. Auf die bei solchen Versicherungen übliche Todesfallsumme hat nur die begünstigte Person Anspruch, die Erben hingegen nicht.

Bei der allfälligen Berechnung der Pflichtteile wird aber der Rückkaufswert der gemischten 3a-Versicherung mitgerechnet. Dieser Wert umfasst die einbezahlten Prämien minus die (hohen) Kosten der Versicherung.

Der Erbverzichtsvertrag wäre ein möglicher Ausweg

Damit stellt sich die Frage: Was sollen Betroffene tun?

- 3a-Sparer sollten sich bei ihrer Bank erkundigen, ob das Geld im Todesfall an die begünstigte Person ausbezahlt wird.
- Ledige können im Testament die Eltern auf den Pflichtteil setzen. So ist sichergestellt, dass die begünstigte und testamentarisch bedachte Freundin mindestens die Hälfte erhält.
- Eine vollständige Zuteilung des 3a-Sparguthabens an eine Konkubinatspartnerin ist nur gesichert, wenn keine pflichtteilsgeschützten Erben vorhanden sind. Oder wenn diese in einem notariell beurkundeten Erbverzichtsvertrag ausdrücklich auf dieses Geld verzichten.

Ebenfalls keine Probleme gibt es, wenn allfällige Pflichtteilsansprüche aus dem übrigen Vermögen der Erbschaft befriedigt werden können.

Übrigens: Wenn ein Lediger Pensionskassengeld auf einem Freizügigkeitskonto hat, gilt das Gesagte nicht. Das Bundesgericht hat klar festgehalten, dass solche Gelder nicht in die Erbmasse fallen. Also ist die Begünstigung einer Konkubinatspartnerin via Freizügigkeitskonto ohne Einschränkung möglich (siehe Kasten auf Seite 187). Ihr Anspruch gilt unabhängig vom Erbrecht.

Vorsorge für Selbständige: Pensionskasse oder 3. Säule?

Viele Firmeninhaber sind Angestellte ihrer eigenen Firma und deshalb pensionskassenversichert. Doch Selbständige ohne Angestellte, zum Beispiel Anwälte, Ärzte, Architekten, Vermögensverwalter, Künstler oder Unternehmensberater, müssen sich ihre soziale Absicherung selber organisieren. Dazu können sie sich freiwillig einer Pensionskasse anschliessen und Beiträge zahlen. Oder mit der 3. Säule individuell vorsorgen.

Eine erste Aussage lautet: Bei gleich hohen Sparbeiträgen und gleicher Verzinsung des Altersgeldes fahren alleinstehende Selbständige mit der 3. Säule besser (siehe Kasten unten).

Der Grund: Ein für sie passender Risikoschutz ist günstiger als das, was die Pensionskasse für ihr volles Risikoschutzpaket verlangt. Also geht entsprechend mehr Geld in den Spartopf.

Dritte Säule: Flexible Lösung und Steuervorteile

Sparen und Versichern mit der 3. Säule hat noch weitere Besonderheiten:

■ Die Sparer sind flexibel. Haben sie ein entsprechendes Konto bei einer Bank, können sie diese jederzeit wechseln und eine Bank suchen, die ihr Geld besser verzinst. Auch Zahlungsunterbrüche sind problemlos möglich.

■ Man kann auch Wertschriften kaufen und so die Rendite langfris-

---

Vergleich: Die 3. Säule bringt 50 364 Franken mehr

Ob sich für Selbständige das Vorsorgesparen über eine Pensionskasse oder mit der 3. Säule mehr lohnt, sieht man an diesem Beispiel:

Annahme: Arzt (35), Single, Jahreseinkommen 120 000 Franken. Davon will er pro Jahr 20 Prozent in die Vorsorge investieren. Das sind 24 000 Franken. Das Spargeld wird sowohl bei der Pensionskasse als auch auf dem 3.-Säule-Konto konstant mit 1,75 Prozent verzinst.

Schliesst sich der Arzt zum Beispiel der VSAO-Vorsorgestiftung an – eine Pensionskasse für selbständige Ärzte –, umfasst der Schutz eine Erwerbsunfähigkeitsrente bei Invalidität.

Für den Todesfall ist er so zwingend versichert: Die Pensionskasse zahlt den Angehörigen eine Ehegatten- und Kinderrente. Der Arzt zahlt aber auch an die Verwaltungskosten der Pensionskasse mit.

Bei Erreichen des Pensionierungsalters beträgt sein Altersguthaben in der 2. Säule 847 536 Franken.

Spart der Arzt hingegen mit der 3. Säule, muss er als Alleinstehender nur eine Rente bei Invalidität versichern, aber keine Hinterlassenenleistungen für die Witwe und allenfalls für Kinder. Er schliesst sich dafür der Kollektivlösung des Schweizerischen Kaderverbandes in St. Gallen an. So fährt er günstiger Denn im Alter 65 hat er 897 900 Franken auf dem Konto – und das Invaliditätsrisiko ist ebenfalls abgedeckt.

Das sind 50 364 Franken mehr als bei der Pensionskasse.

Wäre der Arzt verheiratet und würde zur Absicherung seiner Familie ein abnehmendes Todesfallkapital von 300 000 Franken versichern, würde der Sparvorteil der 3. Säule immer noch 36 654 Franken betragen.

tig optimieren. Es ist durchaus möglich, dass man so eine bessere Rendite erzielt als eine Pensionskasse.

- 3.-Säule-Sparer können mehrere Konten eröffnen und diese in den letzten Jahren vor der Pensionierung gestaffelt auflösen. Das spart Steuern (siehe Seite 209).
- Man kann auch mit einer Vorsorgeversicherung sparen. Das ist aber teuer und meist mit einem unflexiblen, langjährigen Versicherungsvertrag verbunden. Löst man den Vertrag frühzeitig auf, hat man Verluste.
- Wer sein Geld in der 3. Säule für einen Hauskauf einsetzen will, kann dafür das ganze angesparte Guthaben bis auf den letzten Rappen beziehen. Bei der Pensionskasse ist ein entsprechender Vorbezug für den Erwerb einer Immobilie begrenzt.

Die Nachteile der Lösung mit dem 3.-Säule-Konto

- Selbständigerwerbende müssen sich um das Sparen bzw. den Abschluss der Vorsorgeversicherung selbst kümmern – oder allenfalls einen Berater beiziehen.
- Im Alter kann man sein 3a-Guthaben nur bar beziehen, nicht in Form einer Rente. Bei der Pensionskasse sind in der Regel beide Varianten oder eine Mischform möglich.

Aber: Wenn ein Freiberufler will, kann er beispielsweise bis Alter 60 in die 3. Säule einzahlen und sich zu diesem Zeitpunkt doch noch einer Pensionskasse anschliessen und sich (auch teilweise) mit Geld aus der 3. Säule einkaufen. Steuerlich gesehen ist das attraktiv. Zudem hat er so im Alter 65 die Wahl zwischen Renten- und Kapitalbezug.

Die zweite Aussage lautet: Die Lösung mit der 3. Säule ist nur bis zu einem Einkommen von rund 170 000 Franken attraktiv.

Grund: Selbständigerwerbende ohne Pensionskasse dürfen pro Jahr maximal 20 Prozent ihres Erwerbseinkommens und höchstens 33 840 Franken in die dritte Säule einzahlen (Stand 2016/17). Bei der Pensionskasse gibt es keine solche Limite. Denn dort können bis zu 25 Prozent des Einkommens eingezahlt werden. Zudem ist kein Höchstbetrag festgelegt.

Wer also sehr viel verdient und das Maximum in die Vorsorge investieren will, fährt mit einer Pensionskassenlösung besser.

Für Selbständigerwerbende, die sich freiwillig einer Pensionskasse anschliessen wollen, bieten einige Berufsverbände passende Lösungen an. Ärzte und Anwälte haben die Wahl zwischen mehreren verschiedenen Stiftungen, Schreinern steht die Pensionskasse Schreinergewerbe offen.

Die Stiftung Auffangeinrichtung nimmt jeden Selbständigen auf, ist aber eher teuer. Das liegt daran, dass sich dort die «schlechten Risiken» sammeln, also Kunden, die von anderen Pensionskassen nicht aufgenommen wurden.

10 Altersvorsorge: Der Staat kassiert mit
Steuerfrei sind nur die bezahlten Prämien

Beitragszahlungen an AHV und Pensionskasse müssen nicht als Einkommen versteuert werden – die Renten hingegen zu 100 Prozent.

Beiträge der versicherten Personen an die AHV/IV sowie an die Pensionskasse unterliegen nicht der Steuerpflicht.

Das bedeutet: Auf dem Lohnausweis, den die Versicherten als Basis für die Steuererklärung nehmen, sind die Beiträge an AHV/IV sowie an die Pensionskasse vom Bruttolohn bereits abgezogen.

Steuerbefreit sind auch die Beiträge der Arbeitgeber: Unternehmen dürfen also ihre Beiträge vollumfänglich als Personalaufwand vom Betriebsertrag abziehen.

Versicherte geniessen somit eine Steuerbefreiung für die laufenden Beiträge an die berufliche Vorsorge, sofern die BVG-Beiträge auf gesetzlicher oder reglementarischer Grundlage beruhen.

Von dieser Regelung profitieren auch Selbständigerwerbende, die sich freiwillig einer Pensionskasse angeschlossen haben (Art. 81 BVG).

Das Gesagte gilt während des gesamten Arbeitslebens: Lohnabzüge für AHV/IV sowie die Beiträge an die Pensionskasse sind während der ganzen Berufstätigkeit steuerbefreit.

Auch die Verzinsung des BVG-Alterskapitals wird nicht besteuert. Das gilt für Bundes-, Kantons- und Gemeindesteuern.

Doch aufgeschoben ist nicht aufgehoben: Im Alter – wenn AHV und Pensionskasse zu zahlen beginnen – macht der Fiskus dann doch die hohle Hand. Rentenzahlungen der AHV, der IV und der Pensionskasse sind zu 100 Prozent als Einkommen zu versteuern.

Eine Einkommensbesteuerung erfolgt auch bei der Barauszahlung von BVG-Altersguthaben sowie bei Barbezügen von Freizügigkeitsgeldern – allerdings zu einem reduzierten Tarif und getrennt vom übrigen Einkommen.

Die Pensionskassen sind ebenfalls von der Besteuerung ausgenommen. Lediglich auf Liegenschaften müssen sie eine Liegenschaftssteuer nach kantonaler Gesetzgebung zahlen.

Wie die 3. Säule (die Säule 3a) steuerlich behandelt wird, steht auf Seite 207 ff.

STICHWORT

Steuerbefreiung

Beiträge an die Pensionskasse sind grundsätzlich steuerbefreit. Sie sind nicht als Einkommen zu versteuern; das steuerbare Einkommen ist um diese Beiträge reduziert.

Lässt die Pensionskasse einen Einkauf zu oder ist er gar zwingend vorgeschrieben, dürfen Betroffene auch die dafür eingezahlten Beiträge vom Einkommen abziehen; diese Gelder sind ebenfalls steuerbefreit.

Einkäufe in die Pensionskasse sind steuerbefreit

Bei Kassen mit Leistungsprimat müssen Versicherte oft nachzahlen: Sie müssen sich einkaufen (siehe Seite 121 ff.). Ist der Einkauf im Reglement der Vorsorgeeinrichtung zwingend vorgesehen, können die Betroffenen die dafür aufgebrachten Zahlungen voll vom Lohn abziehen.

Die versicherte Person muss allerdings beim Ausfüllen der Steuererklärung selber daran denken. Vorteil: Das steuerbare Jahreseinkommen ist somit um diese Zahlungen kleiner.

Das Gleiche gilt, wenn sich eine Person freiwillig in die Pensionskasse einkauft; Voraussetzung ist, dass solche freiwillige Einlagen in die 2. Säule reglementarisch und gesetzlich zulässig sind.

Selbständigerwerbende und 2. Säule
Selbständigerwerbende können sich freiwillig der beruflichen Vorsorge unterstellen. Einem Anschluss an die Pensionskasse, in der auch ihr Personal versichert ist, steht nichts im Wege. Sie geniessen dann die gleichen steuerlichen Vorteile wie Angestellte.

Für die Selbständigerwerbenden ohne Personal ist primär eine Vorsorge im Rahmen der 3. Säule vorgesehen und auch steuerbegünstigt (siehe Kapitel 9).

Allerdings gibt es da Ausnahmen: Gewisse selbständigerwerbende Berufsgruppen (zum Beispiel Journalisten, Ärzte ohne Personal oder Grafiker) können sich der Kasse ihres Berufsverbandes anschliessen. Und schliesslich steht die Auffangeinrichtung allen Selbständigerwerbenden offen (siehe dazu Seite 113ff.).

Das folgende Beispiel zeigt, dass auch Selbständigerwerbende, die nur vorübergehend kein Personal haben, trotzdem nicht auf die Vorzüge der beruflichen Vorsorge verzichten müssen.

Versicherungsschutz gibt es auch ohne Personal
Marianne S. ist Inhaberin eines Rahmenateliers. Sie hat einen Mann angestellt, der für sie die Auslieferung der Bilder besorgt. Als dieser Mann kündigt, will Marianne S. vorübergehend keine neue Hilfskraft mehr einstellen, weil der Geschäftsgang rückläufig ist.

Sie hatte sich vor Jahren freiwillig bei der Pensionskasse versichert, in der auch ihr Angestellter versichert war.

Kann sie nun als Selbständigerwerbende ohne Personal weiterhin an die Pensionskasse Beiträge zahlen? Ja, das geht. Die «BVG-Kommission der Konferenz staatlicher Steuerbeamter» empfiehlt in solchen Fällen, Selbständigerwerbende – auch wenn sie vorübergehend ohne Personal sind – weiter-

---

IN DIESEM KAPITEL

220 Die Beiträge an AHV und Pensionskasse sind steuerbefreit
221 Selbständigerwerbende: So können sie Steuern sparen
222 Beiträge an die Pensionskasse sind AHV-pflichtig
222 Alle Renten sind als Einkommen zu versteuern
223 Wegzug ins Ausland: Die Quellensteuer beim Barbezug
224 Steuern sparen mit 3. Säule und indirekter Amortisation

10 Steuern

hin unbeschränkt in der beruflichen Vorsorge zu behalten.

Bedingung ist aber, dass die versicherten Leistungen gleich bleiben. Der Versicherungsschutz darf somit nicht verbessert werden: Die Betroffenen dürfen weder die Deckung erhöhen noch neue Risiken versichern (siehe auch Seite 217 ff.).

Spezialfall: Berufspause mit Risikoschutz
Cornelia M. macht mal Pause: Sie kündigt ihre Arbeitsstelle, um sich der Muse zu widmen und ihre Klaviertechnik zu verfeinern. Bis zur vorgesehenen Wiederaufnahme der Berufsarbeit hat sie deshalb ein Freizügigkeitskonto bei einer Bank eröffnet. Für den Risikoschutz bezahlt sie der Bank eine Prämie. Ist diese Zahlung steuerbefreit?

Ja. Zweck von Freizügigkeitskonten und -policen ist, den Vorsorgeschutz der 2. Säule zu erhalten.

Demzufolge können im Rahmen der 2. Säule Beiträge in Abzug gebracht werden, die zur Deckung der Risiken Tod und Invalidität eingezahlt werden: Cornelia M. kann also die Beiträge vom Resteinkommen abziehen.

Beiträge an die 2. Säule sind AHV-pflichtig
Beiträge der versicherten Person an die berufliche Vorsorge unterliegen der AHV-Pflicht.

Ein Beispiel: Wer 100 000 Franken verdient und 5000 Franken an die Pensionskasse einzahlt, zahlt AHV-Beiträge auf der Basis von 100 000 Franken und nicht von 95 000 Franken.

Dies ist auch der Grund, weshalb bei Selbständigerwerbenden nur die Hälfte der Pensionskassenbeiträge – der «Arbeitgeberanteil» quasi – als Geschäftsaufwand anerkannt wird. Die andere Hälfte – der «Arbeitnehmeranteil» – unterliegt der AHV-Beitragspflicht.

Beispiel: Bei 20 000 Franken Gewinn und 2000 Franken Zahlung an die Pensionskasse (2 x 1000) muss ein Selbständigerwerbender die AHV auf der Basis von 19 000 Franken berechnen.

Alle Renten sind als Einkommen zu versteuern
Wer Leistungen von der AHV, der IV oder von einer Pensionskasse bezieht, muss diese als Einkommen versteuern. Dies gilt sowohl für Invaliden- und Altersrenten als auch für einmalige Kapitalauszahlungen, also für den Barbezug des über die Jahre angehäuften Sparbatzens nach Erreichen des Pensionierungsalters.

Bei der BVG-Rente läuft die Besteuerung so: Alle Kantone sowie der Bund besteuern die Renten

---

STICHWORT

AHV-Pflicht

Zahlungen an die Pensionskasse sind AHV-pflichtig. Das heisst: Bei der Festlegung der AHV-Abzüge werden die Pensionskassenbeiträge beim Lohn mitgerechnet (im Gegensatz zur Einkommenssteuer, wo die Pensionskassenbeiträge abgezogen werden dürfen).

Ab ins Ausland: Die Quellensteuer beim Barbezug

Wer seinen Wohnsitz ins Ausland verlegt hat und dann das Pensionskassenkapital bar bezieht, bezahlt eine Quellensteuer. Diese richtet sich nach dem Steuerrecht am Sitz der Pensionskasse oder der Freizügigkeitseinrichtung (Bank oder Versicherung).

Je nach Kanton ist der Steuersatz unterschiedlich hoch.

Beispiel: Für eine Auszahlung von 600 000 Franken ins Ausland wird eine Quellensteuer zwischen 27 925 Franken (Kanton Schwyz) und 84 925 Franken (Kanton Graubünden) fällig (Stand Mitte 2016).

Sofern Sie als Arbeitnehmer im neuen Land gegen Alter, Tod und/oder Invalidität pflichtversichert sind, ist der Bezug des gesetzlichen oder obligatorischen Sparanteils (BVG) Ihres Pensionskassenguthabens frühestens ab Alter 59 (Frauen) oder 60 (Männer) möglich (siehe Seite 187 ff.).

Falls Sie noch während der letzten drei Jahre Einkäufe in Ihre Pensionskasse gemacht haben, sind diese Beträge während drei Jahren blockiert.

Wird ein solcher Kapitalbezug im Ausland noch einmal besteuert und der dortigen Steuerverwaltung gemeldet, können Betroffene die bezahlte Quellensteuer in der Schweiz zurückfordern.

Allerdings: Falls das neue Wohnsitzland kein Doppelbesteuerungsabkommen mit der Schweiz hat, besteht kein Rückforderungsanspruch. Kein Anspruch besteht auch dann, wenn der Antragsteller in der Schweiz zuletzt bei einer öffentlich-rechtlichen Pensionskasse versichert war.

Übrigens: Bei **Rentenzahlungen** ins Ausland wird die Quellensteuer nicht abgezogen, falls ein Doppelbesteuerungsabkommen zwischen der Schweiz und dem betreffenden Land existiert.

Die Vorsorgeeinrichtung muss sich in diesem Fall aber vergewissern, dass der Rentenempfänger seinen Wohnsitz wirklich im betreffenden Staat hat; dies muss sie anhand einer Lebens- bzw. Wohnsitzbestätigung periodisch nachprüfen.

Besteht kein Doppelbesteuerungsabkommen, unterliegen die ins Ausland ausbezahlten Pensionskassenrenten der Quellensteuer. Dann werden Pensionskassenrenten vom Bund mit 1 Prozent besteuert. Hinzu kommt je nach Kanton ein Quellensteuerabzug von 5 bis 20 Prozent der Bruttorente.

Diese Steuer kann in der Regel zurückgefordert werden, weil die laufenden Renten im jeweiligen Land direkt besteuert werden.

Tipp: Auf www.liberty-vorsorge.ch finden Sie weitere Informationen sowie einen Quellensteuer-Rechner für Kapitalauszahlungen.

von Pensionskassen grundsätzlich voll zu 100 Prozent. Wer vor 2001 pensioniert wurde, muss beim Bund und in den meisten Kantonen jedoch lediglich 80 Prozent seiner Pensionskassenrente als Einkommen versteuern.

Natürlich führt die fehlende Steuerharmonisierung dazu, dass Rentnerinnen und Rentner je nach Kanton unterschiedlich zur Kasse gebeten werden (wie übrigens auch beim Barbezug, siehe Tabelle auf Seite 208).

Bei der BVG-Rente läuft die Besteuerung so: Alle Kantone sowie der Bund besteuern die Renten von Pensionskassen grundsätzlich voll zu 100 Prozent. Wer vor 2001 pensioniert wurde, muss beim Bund und in den meisten Kantonen jedoch lediglich 80 Prozent seiner Pensionskassenrente als Einkommen versteuern.

Dazu ein konkretes Beispiel: Ein verheirateter Rentner, der zusammen mit der AHV auf ein Bruttoeinkommen von 60 000 Franken pro Jahr kommt, zahlt in der steuergünstigen Stadt Zug nach allen zulässigen Abzügen nur 1937 Franken Einkommenssteuer, in Lausanne hingegen satte 6956 Franken; darin inbegriffen sind jeweils 250 Franken Bundessteuer (Stand Mitte 2016).

Übrigens: Empfängerinnen und Empfänger von Ergänzungsleistungen zur AHV/IV müssen diese nicht versteuern.

Steuerersparnis dank Wohneigentum: Indirekte Amortisation einer Hypothek mit der 3. Säule

Mit der indirekten Hypothekenamortisation kann man legal Steuern sparen. Voraussetzung ist, dass man Wohneigentum besitzt.

Konkret: Man vereinbart mit der Bank, dass die Hypothek der Liegenschaft nach einer vereinbarten Frist ganz oder teilweise amortisiert werden muss.

Nun bezahlt man während Jahren die Maximalbeträge an die Säule 3a. Dieses Vorsorgevermögen und die gutgeschriebenen Zinsen müssen nicht versteuert werden. Nach Ablauf der vereinbarten Frist wird das Geld aus der Säule 3a bezogen und der Bank als Amortisationssumme gegeben. Dieser Bezug unterliegt der Steuer.

Wäre die Amortisation im selben Zeitraum aus dem privaten Vermögen bezahlt worden, hätte man während Jahren die Zahlungen zuerst als Einkommen und dann als Vermögen versteuern müssen; dazu kommt der Zinsertrag.

Das Beispiel: Silvia S. und Peter M. haben ihr ganzes Vermögen in den Kauf eines Hauses gesteckt. Von der Bank haben sie eine Hypothek aufgenommen, von der sie jährlich 8000 Franken zurückzahlen müssen. Dies während 12 Jahren. Dazu kommt noch der Schuldzins.

Bezahlen die beiden die Amortisation aus dem Einkommen, müssen diese Abzahlungen zuerst als Einkommen versteuert werden. Die Steuer macht je nach Kanton und Gemeinde rasch einmal 25 Prozent aus.

Anders beim Sparen in der Säule 3a: Die Einzahlung ist steuerfrei. Silvia S. und Peter M. amortisieren nun nicht jährlich, sondern zahlen regelmässig auf ein Bankkonto der Säule 3a ein. Die Hypothekarschuld verringert sich so zwar nicht, und es muss immer der Hypothekarzins auf die ganze Hypothek bezahlt werden.

Die so gesparten Steuern ergeben aber schnell mal einen Betrag, der höher ist als die Mehrzinsen auf die Hypothek.

Wenn Silvia S. und Peter M. noch über ein Vermögen verfügen, das sie versteuern müssen, so können sie bei der Vermögenssteuer zusätzlich während der ganzen Zeit die volle Hypothek als Schuld abziehen.

Die Steuerbefreiung nach der Pensionierung

Ein spezieller Fall ist die versicherte Person, die ein Freizügigkeitskonto hat, zum Zeitpunkt der Pensionierung aber ihr Geld nicht braucht und es liegen lässt. Ist dieses Konto weiterhin von der Vermögenssteuer befreit?

Ja. Das Gesetz sieht vor, dass das Freizügigkeitsgeld mindestens fünf Jahre vor und spätestens fünf Jahre nach Erreichen des ordentlichen AHV-Rentenalters ausgezahlt werden kann (Art. 16 Abs. 1 FZV, siehe Seite 183f.).

Wer das Freizügigkeitsgeld bei seiner Pensionierung nicht nötig hat, kann es somit noch während maximal fünf Jahren steuerbefreit auf dem Freizügigkeitskonto liegen lassen; dies gilt auch, wenn man nicht arbeitet.

Finanziell ist das wegen der steuerlichen Privilegierung sehr attraktiv. Und es kann auch helfen, die Steuerprogression beim Bezug zu brechen, wenn man beispielsweise noch 3a-Konten hat (die ja in der Regel bis Alter 65 aufgelöst werden müssen).

Doch spätestens mit Alter 70 (Frauen 69) muss die Person das Geld beziehen beziehungsweise auf ein «gewöhnliches» Sparkonto transferieren.

Das Kapital muss also von der 2. Säule ins Privatvermögen wandern, denn der steuerbegünstigte Sparprozess ist nun abgeschlossen. Das Gesagte gilt natürlich nicht nur für Freizügigkeitskonten bei der Bank, sondern auch für Freizügigkeitspolicen bei einer Versicherung. Nach Erreichen des Pensionierungsalters ist es nicht mehr möglich, weitere Beiträge an die berufliche Vorsorge zu zahlen (ausser man arbeitet weiter, siehe Seite 138ff.).

Weitere wichtige Informationen zum Thema Steuern finden Sie im K-Tipp-Ratgeber «So sparen Sie Steuern». Sie können ihn über Telefon 044 253 90 70 oder im Internet auf www.ktipp.ch bestellen.

11 Die Rechtsmittel: So wehren Sie sich
Die Mitbestimmung in der Pensionskasse

Bei Angelegenheiten der Pensionskasse dürfen die Angestellten mitreden. Doch die paritätische Zusammensetzung des Stiftungsrates löst nicht alle Probleme.

Pensionskassen müssen die Rechtsform einer Stiftung oder einer Genossenschaft des privaten Rechts haben. Insbesondere Stiftungen sind häufig.

Daneben haben die Pensionskassen des Bundes, der Kantone und der Gemeinden eine eigene Rechtsform des öffentlichen Rechts.

Auch Banken und Versicherungsgesellschaften führen Pensionskassen, denen eine Vielzahl von Betrieben angeschlossen sind: Es handelt sich um Sammelstiftungen (siehe das Stichwort auf Seite 28). Sie sind privatrechtlich organisiert.

Für die Pensionskassen des privaten Rechts – ob BVG-Kassen mit Minimalleistungen oder Kassen mit überobligatorischen Leistungen – fordert das Gesetz die paritätische Zusammensetzung des Stiftungsrates.

Diese paritätische Zusammensetzung soll eine wirkliche Mitbestimmung der Belegschaft ermöglichen, und zwar auch dann, wenn der Arbeitgeber allenfalls höhere Anteile an die Pensionskasse entrichtet als die Versicherten.

Stiftungsräte aus der Basis haben einen schweren Stand

Die paritätische Verwaltung soll auch verhindern, dass der Arbeitgeber oder allenfalls seine Kaderleute in der Kasse einseitig nur die

---

STICHWORT

Paritätische Verwaltung

Stiftungsräte von Pensionskassen des privaten Rechts müssen paritätisch zusammengesetzt sein, also mit mindestens gleich vielen Arbeitnehmervertretern wie Arbeitgebervertretern.

Schwachpunkt: Die Arbeitnehmervertreter sind oft überfordert.

Sammeleinrichtungen, bei denen mehrere Arbeitgeber angeschlossen sind, müssen ebenfalls einen paritätisch zusammengesetzten Stiftungsrat haben.

Früher bestand in Sammeleinrichtungen keine Parität auf oberster Ebene, was dazu führte, dass die Interessen der Arbeitnehmer und der zahlreichen angeschlossenen Kleinfirmen in grossen Sammeleinrichtungen nicht durchgesetzt werden konnten.

Schliesst sich ein Arbeitgeber einer Sammeleinrichtung an, muss auf betrieblicher Ebene eine paritätische Vorsorgekommission gebildet werden. In dieser sitzen gleich viele Arbeitnehmer- wie Arbeitgebervertreter.

Diese Vorsorgekommission entscheidet über den Anschluss an die Sammelstiftung und allenfalls die Kündigung eines solchen Anschlusses und beschliesst den Vorsorgeplan.

Alle anderen Belange obliegen dem obersten Organ der Sammelstiftung, also dem Stiftungsrat.

eigenen Interessen verfolgen. Diese Gefahr besteht vor allem dann, wenn sich Fragen zur Anlagepolitik der Pensionskassengelder stellen: Soll beispielsweise der eigene Betrieb ein Darlehen bekommen, vielleicht sogar zu einem sehr günstigen Zins? Oder sollen Kadermitglieder von der Pensionskasse günstige Hypotheken erhalten?

Der paritätisch zusammengesetzte Stiftungsrat muss auch zu anderen heiklen Fragen Stellung nehmen: Was geschieht zum Beispiel mit dem freien Stiftungsvermögen?

Doch die Praxis der paritätischen Mitbestimmung zeigt: Gegenüber der geeinten Front von Arbeitgebervertretern, verstärkt durch Kaderleute als «Arbeitnehmer»-Vertreter, haben Stiftungsräte aus der Basis wenig Chancen, die Interessen der «Büezer» zu wahren. Im allerschlimmsten Fall werden sie sogar entlassen.

Die Arbeitgeber sitzen am längeren Hebel

Beispiele aus der Praxis zeigen denn auch: Obwohl die Verwaltung der Pensionskassen paritätisch, also mit gleich vielen Delegierten der Arbeitgeber- und der Arbeitnehmerseite, bestückt ist, sitzen die Arbeitgeber am längeren Hebel.

Dazu kommt, dass die Firmenangehörigen, die sich beispielsweise in der Personalabteilung täglich mit Pensionskassenfragen herumschlagen müssen, meist einen grossen Wissensvorsprung haben.

Erfolgt erst noch die gesamte Verwaltung extern, so verkommt die paritätische Verwaltung oft zu einem Kopfnickergremium. Denn wer ist schon dem Fachwissen und der (oftmals vermeintlichen) Kompetenz eines externen Beraters gewachsen?

Das grösste Pensionskassenchaos aller Zeiten leistete sich die Bundesverwaltung. Während Jahren wurde geschnitzert und gebastelt, Austritte wurden nicht richtig berechnet und falsche Löhne versichert.

Schliesslich häuften sich über 100 000 Dossiers an, die einzeln nachgerechnet werden mussten, weil sie Fehler aufwiesen.

Zwar kam niemand zu Schaden, denn der Bund (und damit die Steuerzahler) stand für die Leistungen gerade. Mittlerweile sind diese Pendenzen aufgearbeitet.

Doch: Wer hat noch Vertrauen in Pensionskassen, wenn ein derartiges Debakel möglich ist?

IN DIESEM KAPITEL

- **226** Die Stiftungsräte aus der Basis haben einen schweren Stand
- **229** So müssen die Pensionskassen für Transparenz sorgen
- **229** Für Fehler müssen sämtliche Stiftungsräte geradestehen
- **232** Die Rechtsmittel bei AHV und IV
- **233** So berechnen Sie die Beschwerdefrist
- **235** Der Rechtsweg bei Streitigkeiten mit der Pensionskasse
- **235** Die Aufsichtsbehörde als Notbremse
- **239** Das Recht auf Vertretung durch einen Anwalt
- **239** Der Rechtsweg in der 3. Säule

Noch stärker wird das Vertrauen der Versicherten erschüttert, wenn die Verantwortlichen der Versuchung des grossen Geldes erliegen; wo viel Geld auf einem Haufen zusammenkommt, lockt nämlich der Missbrauch.

Wenn das Geld der Versicherten versickert...
Eine typische Situation: Die Verantwortlichen des Betriebes leiten die vom Lohn abgezogenen Beiträge der Versicherten nicht weiter und verwenden sie zum Stopfen anderer Finanzlöcher.

Oder es werden Pensionskassengelder – hart an der Grenze zum (Un-)Erlaubten – in Anlagen investiert, die keine Sicherheit bieten.

An Beispielen dazu mangelt es nicht; sie werden regelmässig in den Medien erwähnt.

Eine erste Sicherung gegen solche Missgriffe sollte bei der pari-

Der Fall Omag: Die Mitbestimmung versagt

Im März 1989 übernahm der Aargauer Geschäftsmann Werner Hoefliger die Omag Produktions AG in Mels SG. Zwei Jahre später war die Omag bankrott – und in der Pensionskasse fehlten über acht Millionen Franken: Hoefliger hatte Pensionskassengelder für eigene Immobiliengeschäfte im Tessin investiert (siehe auch Seite 30).

Der Fall Omag zeigt exemplarisch, wie die paritätische Verwaltung oft nur eine schöne Fassade ist. Zwar sitzen tatsächlich gleich viele Delegierte der Arbeitgeber- und Arbeitnehmerseite im Stiftungsrat, doch allzu oft mangelt es den Delegierten der Belegschaft an Kompetenz.

Die Arbeitnehmervertreter bei der Omag beispielsweise erklären einhellig, sie seien überfordert gewesen. Einer von ihnen erinnert sich: «Wir sind frisch und jung reingerutscht und haben vom Ganzen eigentlich nicht viel verstanden.»

Dazu kommt ein weiteres Problem: Wenn es dem Betrieb schlecht geht, ist der Arbeitnehmer in einem Zwiespalt: Er ist ja gleichzeitig Stiftungsrat und Arbeitnehmer und somit abhängig vom Betrieb. Also wird er – um den Arbeitsplatz zu retten – unter Umständen bereit sein, in der Pensionskasse Konzessionen zu machen, die er als Stiftungsrat gar nicht machen dürfte, etwa indem er sich einverstanden erklärt, dem gefährdeten Betrieb einen Kredit aus dem Pensionskassenvermögen zu gewähren.

Deshalb wird oft die Forderung laut, die Arbeitnehmervertreter sollten betriebsfremde, kompetente Leute in den Stiftungsrat delegieren können. Doch viele Arbeitgeber winken ab: Lieber verzichten sie auf eigene externe Vertreter, als dass sie den Arbeitnehmern das gleiche Recht zugestehen, ebenfalls externe Vertreter in den Stiftungsrat zu delegieren.

Der Fall Omag ist kein Einzelfall. Inzwischen sind verschiedene weitere Pensionskassenpleiten aufgrund eines unzulässigen Verhaltens der Organe passiert, so etwa in den letzten Jahren die Vera/Pevos-Pleite (Schadensumme 150 Millionen Franken), die Sammelstiftung Provitas (44 Millionen), die Trehag-Pensionskasse (33 Millionen), die Performa-Sammelstiftung (32 Millionen) oder der First Swiss Pension Fund (33 Millionen Schaden).

tätischen Verwaltung liegen. Eine zusätzliche Sicherung ist die jährliche Kontrolle, bei der eine qualifizierte Revisions- und Kontrollstelle die Buchhaltung prüft.

Letztlich kann auch die kantonale oder eidgenössische Aufsichtsbehörde einschreiten – falls es nicht zu spät ist.

Mehr Transparenz – weniger Missbräuche

Das Gesetz gewährt den Vorsorgeeinrichtungen einen gewissen Spielraum – nicht nur in Bezug auf die Leistungen. Auch bei den Details der Durchführung kann eine Kasse bessere und schlechtere Lösungen treffen. Unabdingbar ist aber, dass sämtliche Betroffenen so weit wie möglich Kenntnis über die Tätigkeit der Kasse haben.

Das sind die Forderungen, die in diesem Zusammenhang zu stellen und zu erfüllen sind:

■ Die Pensionskasse muss die Versicherten regelmässig mit einem aktuellen **Vorsorgeausweis** über die zu erwartenden Leistungen der Pensionskasse im Alter sowie bei Tod oder Invalidität informieren. Ändern sich die Einkommensverhältnisse (Lohnerhöhung, Beschäftigungsgrad), ändern sich auch die Renten.

■ Hat eine Kasse den Risikobereich bei einer kommerziellen Versicherung abgedeckt («halbautonome Kasse»), so ist der **Versicherungspartner** bekannt zu geben.

Zahlt die Versicherung bei günstigem Schadenverlauf Prämien zurück, so muss die Kasse Auf-

Auch Arbeitnehmer-Stiftungsräte sind haftbar

Alle mit der Durchführung der beruflichen Vorsorge betrauten Personen haften für ihr Tun oder Nichttun. Im Klartext: Auch Vertreter der Belegschaft im Stiftungsrat haften für Beschlüsse, die widerrechtlich sind oder finanzielle Einbussen zur Folge haben. Dabei ist unerheblich, wie im Einzelfall gestimmt wurde.

Denn kommt ein nicht gesetzmässiger Beschluss zustande oder besteht die Gefahr einer Vermögenseinbusse der Pensionskasse, müssen auch die in der Abstimmung unterlegenen Stiftungsräte und Stiftungsrätinnen sofort aktiv werden und den Beschluss anfechten oder die Aufsichtsbehörde einschalten.

Ein konkreter Fall: Im Jahr 2015 hat das Bundesgericht eine Haftung der Stiftungsräte der in Konkurs gegangenen Sammelstiftung First Swiss Pension Fund bejaht.

Arbeitnehmervertreter im Stiftungsrat müssen nun persönlich für 3,6 bis 4,6 Millionen Franken plus Zinsen geradestehen, die von Geschäftsführern veruntreut worden waren.

Die Bundesrichter warfen den Stiftungsräten vor, sich bei Amtsantritt zu passiv verhalten und so «eine Vergrösserung des Schadens billigend in Kauf genommen» zu haben. Pikant: Weder Revisionsstelle noch Stiftungsaufsicht hatten bis zu diesem Zeitpunkt die kriminellen Machenschaften entdeckt.

Die Bundesrichter machen in der Begründung ihres Urteils auch klar: Für die Haftung eines Stiftungsrates gibt es keine Karenzfrist. Sprich: Ein Stiftungsrat steht ab dem ersten Tag seines Mandats «in der vollen Pflicht». Deshalb müsse sich ein Stiftungsrat schon ein genügend umfassendes Bild der Vorsorgeeinrichtung verschaffen, bevor er das Mandat übernehme. Auf die persönlichen Kenntnisse des Stiftungsrats kommt es nicht an.

Den Geschäftsbericht zu lesen, genügt gemäss Bundesgericht nicht. (Urteil 9C_245/2014

FRAGE

Die Ausbildung selber zahlen?

Ich bin als Arbeitnehmervertreter in den Stiftungsrat meiner Pensionskasse gewählt worden – ohne eine entsprechende Schulung. Nun will ich mich über meine Rechte und Pflichten informieren. Muss ich diese Kosten selber bezahlen?

Nein. Ein Stiftungsrat als oberstes Organ einer Pensionskasse fällt wichtige Entscheide. Er trägt die Verantwortung für die korrekte Abwicklung der beruflichen Vorsorge und verwaltet ein nicht unbedeutendes Vermögen. Dazu braucht es eine Aus- und Weiterbildung sowie den Erfahrungsaustausch mit anderen Stiftungen.

Stiftungsräte haben Anspruch auf eine von der Vorsorgeeinrichtung bezahlte Aus- und Weiterbildung. So will es das Gesetz (Art. 51a Abs. 2 BVG). Sie können also beantragen, dass sie Kurse besuchen können, die von der Pensionskasse bezahlt werden. Und der Zeitaufwand muss entschädigt werden, falls die Ausbildung nicht während der Arbeitszeit erfolgt.

schluss geben über die Verwendung dieser Rückvergütungen.
- **Aufschluss über den Geschäftsgang:** Jährlich muss die Kasse eine detaillierte Aufstellung über ihre finanzielle Lage veröffentlichen, verbunden mit einer Auflistung der Anlagen (Wertpapiere, Forderungen, Liegenschaften usw.).

Die Kasse muss darin Hinweise auf stille Reserven geben (etwa bei Liegenschaften, von denen ein tieferer Wert in der Abrechnung enthalten ist als der effektive Verkehrswert). Wertberichtigungen nach unten (wenn zum Beispiel Aktienwerte oder Liegenschaften im Wert sinken) sind vorzunehmen und auszuweisen.

Mit der 1. BVG-Revision sind aufgrund des Malaise bei Sammeleinrichtungen, die keinen Aufschluss über die Verwendung der erzielten Gewinne geben konnten oder wollten, griffige Vorschriften beschlossen worden.

Bei Pensionskassen ist jetzt nachprüfbar, wohin Gewinne gingen. Dies gilt auch für die von Versicherungsgesellschaften geführten Kassen, bei denen so vieles im Argen lag.
- **Bekanntgabe des Deckungsgrades:** Wie verhalten sich die vorhandenen Aktiven zu den eingegangenen Verpflichtungen (Altersguthaben, Freizügigkeitsleistungen, Deckungskapital für laufende Renten)? Wie viele Rückstellungen für Kursschwankungen (sogenannte Schwankungsreserven) bestehen? Aus diesen Angaben ist ersichtlich, wie sicher die Kasse ist, ob die Anlagestrategie den vorhandenen Mitteln Rechnung trägt oder ob sie zu risikoreich ist. Je höher der Aktienanteil, desto mehr Rückstellungen (Schwankungsreserven) sind notwendig.
- **Buchungs- und Bewertungsgrundsätze:** Für die Buchhaltung und den Jahresabschluss gibt es für alle Kassen einheitliche Buchungs- und Bewertungsgrundsätze (im Fachjargon: «GAAP FER 26»). Das ermöglicht es, Aussagen in der Jahresrechnung richtig zu interpretieren.

Wertpapiere müssen zum Kurswert bewertet werden. Bei Liegenschaften ist der Ertragswert von Interesse: Welche Mietzinseinnahmen kommen herein? Über die Mietzinseinnahmen kann man mit einem Kapitalisierungssatz den Ertragswert berechnen (Kapitalisierungssatz in der Regel: Zinssatz für die 1. Hypothek plus 2 Prozent). Ist die Liegenschaft über- oder unterbewertet?

■ Aufschluss über die **Verwaltungskosten**: Was kostet das Betreiben der Kasse und wer bezahlt das? Dabei sind die Kosten für die Vermögensverwaltung und die allgemeinen Verwaltungskosten separat auszuweisen. Sammelstiftungen müssen auch ihren Werbeaufwand bekannt geben.

Pensionskassen mit überdurchschnittlich hohem Verwaltungsaufwand sind suspekt. Faustregel: Im Durchschnitt beträgt der Verwaltungsaufwand pro versicherte Person in grösseren Kassen etwa 300 Franken pro Jahr. Begleicht die Kasse den Aufwand aus dem freien Stiftungsvermögen, steht dieses Geld nicht mehr für Rentenverbesserungen zur Verfügung.

Auch über die Kosten der Vermögensverwaltung müssen die Pensionskassen jetzt nähere Angaben machen.

■ Aufschluss über die **Tätigkeit des Stiftungsrates**, soweit die gesetzliche Geheimhaltungspflicht nicht betroffen ist: Verlangt jemand Auskunft, verschanzen sich Pensionskassenverwaltungen oft hinter dem «Amtsgeheimnis». Diese Geheimhaltungspflicht machen sie gerne geltend, auch bei Auskünften, die nicht geheim sind. Geheim zu halten sind nur alle personenbezogenen Daten (Beiträge und Leistungen) – mehr nicht.

Die Rechtsmittel bei der AHV/IV und bei der Pensionskasse

Wer mit einem Entscheid der Versicherung nicht einverstanden ist, kann ihn vor Gericht anfechten. Doch dazu sollte man die Funktionsweise des Justizapparates kennen.

Jede versicherte Person hat das Recht, eine Beschwerde (bei Ungereimtheiten bei der AHV/IV) oder eine Klage (bei Unregelmässigkeiten bei der Pensionskasse) einzureichen. Denn schliesslich sind es eigene Gelder, die man jahrelang an die Altersvorsorge abgeliefert hat. Hat der oder die Versicherte genügend Beweise, um den Anspruch auf eine bessere Leistung zu untermauern, so lohnt sich der Rechtsweg immer.

Der Rechtsweg bei der AHV: Zuerst Einsprache erheben

Wie in nahezu allen Zweigen der Sozialversicherung teilt auch die AHV-Ausgleichskasse den Anspruch auf eine Leistung im Rahmen einer «Verfügung» mit.

Beispiel: «Mit Wirkung ab 1. 11. 2017 wird die folgende monatliche Leistung der AHV ausgerichtet: Ordentliche Altersrente: 1765 Franken.»

Die Höhe der Rente wird also von der Behörde selber definiert. In aller Regel geschieht dies korrekt, denn die AHV-Ausgleichskassen sind gut koordiniert und arbeiten qualifiziert. Nur: Fehler können sich immer einschleichen.

Wie können sich Betroffene gegen einen Fehler wehren? Jeder Verfügung liegt eine Rechtsmittelbelehrung bei. Darin steht, wo, wie und innerhalb welcher Frist Beschwerde gegen die Verfügung erhoben werden kann. Das Beschwerdeverfahren ist im AHV-Gesetz und im ATSG geregelt (Abkürzungen: siehe Seite 245).

Allerdings sind dort nur wenige Vorschriften enthalten. Diese we-

---

Wenn der Arbeitgeber die AHV-Beiträge nicht zahlt…

Steckt eine Firma in einer Krise oder in den roten Zahlen, kommt es immer wieder vor, dass die AHV/IV-Beiträge nicht an die Ausgleichskasse weitergeleitet werden. Da Kleinbetriebe beispielsweise mit den AHV-Kassen vierteljährlich abrechnen, kann es durchaus eine gewisse Zeit dauern, bis ein solcher Schwindel auffliegt. Bis dann die Kasse ihre Beiträge auf dem Betreibungs- und Gerichtsweg durchgesetzt hat, dauert es nochmals Monate, wenn nicht Jahre.

Der Arbeitgeber beziehungsweise die verantwortlichen Personen können dafür mit Gefängnis oder Busse bestraft werden. Den Versicherten werden die nicht bezahlten Beiträge trotzdem gutgeschrieben (Art. 138 Abs. 3 AHVV).

Übrigens: Die Tatsache, dass der Arbeitgeber die AHV-Beiträge nicht an die Ausgleichskasse weiterleitet, berechtigt die Angestellten nicht, die Arbeitsleistung zu verweigern.

Wer aus diesem Grund «streikt», riskiert sogar, dass ihm der Betrieb fristlos kündigt.

Die Arbeit verweigern dürfen Angestellte nur, wenn der Lohn ausbleibt.

nigen Vorschriften müssen aber zwingend eingehalten werden. Für die restlichen Vorschriften sind dann die Kantone zuständig. So kommt es zu einem Nebeneinander von Bundesrecht und kantonalem Recht. Viele Kantone haben für AHV- und IV-Rekurse ein Reglement erlassen.

Als Erstes müssen Betroffene bei der Verwaltungsstelle, die die Verfügung erlassen hat, innert 30 Tagen Einsprache erheben. Diese Stelle prüft dann nochmals, ob alles mit rechten Dingen zugegangen ist.

Liegt ein Fehler vor, wird die Einsprache gutgeheissen und die Verfügung zurückgenommen. Meint aber die Verwaltung, alles sei korrekt, weist sie die Einsprache ab. Dann müssen Betroffene wiederum innert 30 Tagen Beschwerde bei der zuständigen kantonalen Gerichtsinstanz einreichen.

Die Regeln für das AHV-Beschwerdeverfahren

Die Bedingungen für eine Beschwerde sind gemäss Gesetz so formuliert:
- Das Verfahren muss einfach, rasch und kostenlos sein.
- Die Beschwerde muss eine kurze Zusammenfassung des Sachverhaltes, ein Rechtsbegehren sowie eine Begründung enthalten. Falls eine Beschwerde diese Anforderungen nicht erfüllt, kann sie zur Verbesserung an die beschwerdeführende Partei zurückgewiesen werden.
- Die Beschwerdeinstanz muss von Amtes wegen den Sachverhalt ermitteln und die notwendigen Beweise einholen. Sie ist frei in der Würdigung der Beweise.
- Die Beschwerdeinstanz ist nicht an die Begehren der Parteien gebunden. Sie kann auch zu Ungunsten der beschwerdeführenden Partei entscheiden. Beabsichtigt sie dies, muss sie der betroffenen Person vorgängig die Gelegenheit zu einer Stellungnahme und zu einem Beschwerderückzug geben.
- Auf Antrag muss eine Verhandlung öffentlich erfolgen; die Parteien können sich von einem Anwalt oder einer Anwältin vertreten lassen.

Für eine betroffene Person ist es ohne Weiteres möglich, selber eine Beschwerde zu formulieren und einzureichen. Man kann die Beschwerde sogar handschriftlich verfassen. Die Beschwerde muss aber in einer Landessprache und –

So berechnen Sie die Einsprache- und Beschwerdefrist

Die Beschwerdefrist beginnt am Folgetag, nachdem man die Verfügung erhalten hat. Falls eine eingeschriebene Verfügung auf der Post abgeholt wird, beginnt die Frist am Tag nach der Aushändigung. Darauf muss der Beschwerdebrief innerhalb der 30 folgenden Kalendertage bei der Post abgestempelt oder am Schalter des Gerichts abgegeben werden.

Innerhalb der 30-tägigen Frist zählen auch alle Samstage, Sonntage und Feiertage mit. Fällt der 30. Tag auf einen Samstag, Sonntag oder Feiertag, läuft die Frist um 23.59 Uhr am folgenden Werktag ab.

Wann verjährt der Anspruch auf AHV-Leistungen?

Hat jemand eine Rente oder eine Hilflosenentschädigung nicht bezogen, verjährt der Anspruch auf Nachzahlung nach fünf Jahren; diese Verjährungsfrist gilt ab Ende des Monats, für den die Leistung hätte erbracht werden müssen (Art. 24 Abs. 1 ATSG).

---

sicherheitshalber – in der am Gerichtsort gesprochenen Sprache formuliert sein.

Empfänger von Verfügungen erhalten eine Frist von 30 Tagen (ab Zustellungsdatum) für das Einreichen einer Beschwerde (siehe Kasten auf Seiten 233).

Wichtig: Reichen Sie die Beschwerde unbedingt per eingeschriebenen Brief ein. So haben Sie im Zweifelsfall einen Beleg zur Hand.

Alle Betroffenen können eine Beschwerde erheben

Wer darf überhaupt Beschwerde einlegen? Das Gesetz gibt allen, die durch eine Verfügung «berührt» sind, das Recht zur Beschwerde (Art. 59 ATSG).

Klar ist, dass neben dem Hauptbeteiligten, also dem Rentenempfänger, auch dessen Witwe Beschwerde einlegen darf; sie ist ja auch Betroffene.

Das Bundesgericht hat in der Rechtsprechung präzisiert, dass letztlich jede Person, die von der Verfügung betroffen ist und ein schutzwürdiges Interesse an ihrer Aufhebung oder Änderung hat, zur Beschwerde legitimiert ist.

Was die Beschwerde enthalten muss

Die Beschwerde muss eine kurze Darstellung des Sachverhalts, ein Rechtsbegehren und eine kurze Begründung enthalten, weshalb der Betroffene mit der Verfügung nicht einverstanden ist. Sie muss eigenhändig unterschrieben sein und spätestens am 30. Tag nach Zustellung der Verfügung der Post übergeben werden. Die angefochtene Verfügung sowie allfällige weitere Beweismittel müssen der Beschwerde beigelegt werden.

Die Rechtsmittelbelehrung informiert Sie darüber, an welche Instanz Sie die Beschwerde richten müssen. In der Regel ist es das kantonale Versicherungsgericht.

Der Rechtsweg bei der IV: Zuerst kommt ein Vorbescheid

Kommt es zu einer Invalidität, richtet die Ausgleichskasse eine Invalidenrente aus. Der Entscheid über die Auszahlung kommt von der kantonalen IV-Stelle. Zuständig ist die IV-Stelle jenes Kantons, in dem die versicherte Person wohnt.

Als Erstes schickt die Invalidenversicherung (IV) der versicherten Person einen Vorbescheid, der über den vorgesehenen Endentscheid informiert (Art. 57a IVG). Gegen diesen Vorbescheid können die Betroffenen innert einer Frist von 30 Tagen Einwand erheben –

entweder schriftlich oder im Rahmen eines persönlichen Gesprächs bei der IV-Stelle.

Die Verwaltung prüft dann anhand der Einwände nochmals ihren Entscheid. Anschliessend erlässt die Verwaltung die Verfügung, gegen die Betroffene innert 30 Tagen Beschwerde beim zuständigen kantonalen Versicherungsgericht einreichen können.

Das Beschwerdeverfahren betreffend IV-Leistungen ist kostenlos; kommt der Fall hingegen vor Versicherungsgericht, kostet dieses Verfahren zwischen 200 und 1000 Franken (Art. 69 Abs. 1bis IVG).

Das Gericht verlangt für die Behandlung einen Kostenvorschuss, der jedoch zurückbezahlt wird, falls die versicherte Person vor Gericht obsiegt.

Der Rechtsweg bei der Pensionskasse

Die Pensionskasse bezahlt eine zu kleine Freizügigkeitsleistung; zwei Kassen schieben sich gegenseitig die Pflicht zu, eine Invalidenrente zu entrichten, oder der Arbeitgeber meldet einen Angestellten erst nach Monaten bei der Pensionskasse an: Probleme gibt es in der beruflichen Vorsorge zuhauf.

Vielfach lässt sich ein Fehler beheben, indem man beim Verantwortlichen der Pensionskasse oder beim Arbeitgeber vorspricht.

Wenn sich jedoch Versicherte auf der einen Seite und Arbeitgeber/Pensionskasse auf der andern Seite nicht einigen können, muss der Streitfall vor Gericht ausgefochten werden.

Bei Streitigkeiten zwischen Versicherten, Arbeitgebern und Vor-

Die Aufsichtsbehörde als Notbremse

Befindet sich ein Angestellter in einem ungekündigten Arbeitsverhältnis, ist es für ihn schwierig, Arbeitgeber oder Pensionskasse einzuklagen. Wer riskiert schon gerne seine Stelle?

In einem solchen Falle bietet sich der Gang zur Aufsichtsbehörde an, die über die Geschäftstätigkeit der Pensionskassen wacht. Sie kann bei der Durchsetzung von Ansprüchen behilflich sein.

Eigentlich ist es die unmittelbare Aufgabe der Aufsichtsbehörde, Pensionskassen auf die Erfüllung der gesetzlichen Erfordernisse hin zu prüfen und eine Kontrolle über die Geschäftstätigkeit auszuüben (Art. 62 BVG). Die Aufsichtsbehörde verfügt über Druckmittel, die sie gegenüber renitenten Kassen einsetzen kann. (Sie finden die Adressen der BVG-Aufsichtsbehörden auf der Seite 240f.)

Von grosser Bedeutung ist die Aufsichtsbehörde, wenn es um die Erhaltung von Pensionskassenvermögen geht: Ist es erlaubt, Vermögen aus der Pensionskasse abzuziehen? Dürfen die hochspekulativen Anlagen realisiert werden, die vom Stiftungsrat mit knapper Mehrheit bewilligt wurden?

Eine Aufsichtsbehörde muss notfalls auch rasch und unzimperlich Massnahmen durchsetzen. Die Amtsenthebung eines Stiftungsrates fällt beispielsweise unter die möglichen Massnahmen. Oder die Blockierung von Pensionskassenkonten.

FRAGE

Wann verjähren Forderungen gegen die Pensionskasse?

Wie lange kann ich zuwarten, bis ich eine Forderung an die Vorsorgeeinrichtung geltend machen muss?

Forderungen auf periodische Leistungen, insbesondere Renten, verjähren nach fünf Jahren. Nichtperiodische Leistungen verjähren nach den allgemeinen Verjährungsbestimmungen gemäss den Regeln des Obligationenrechts, also nach zehn Jahren.

Unter diese Bestimmung fiel früher auch das sogenannte Rentenstammrecht. Wer also früher zehn Jahre lang gar keinen Anspruch auf eine Rente anmeldete, verlor diesen Anspruch gänzlich und definitiv.

Jetzt ist das Rentenstammrecht unverjährbar: Wer an sich einen Anspruch auf eine Pensions-kassenleistung hätte, diesen aber nicht geltend gemacht hat, kann ihn jederzeit nachholen, eine diesbezügliche Verjährung tritt nicht ein.

Genauer: Das Rentenstammrecht, also das grundsätzliche Recht, überhaupt eine Rente zu beziehen, kann nicht mehr verjähren, wenn die versicherte Person bei Eintritt des Versicherungsfalls die Vorsorgeeinrichtung noch nicht verlassen hat.

Der «Eintritt des Versicherungsfalls» ist der Zeitpunkt, ab dem der versicherten Person nach Entscheid der Invalidenversicherung erstmals ein Rentenanspruch zusteht.

Ein Spezialfall: Wann verjährt eine Forderung auf eine höhere Freizügigkeitsleistung beim Austritt?

Wohl kein seltener Fall. Ist eine Freizügigkeitsleistung falsch berechnet worden, verjährt der Anspruch auf Korrektur nach zehn Jahren.

Ist jedoch eine Freizügigkeitsleistung einfach «vergessen» worden (beispielsweise ein Freizügigkeitskonto bei einer Bank), muss das Geld spätestens nach zehn Jahren, nachdem die Bank vom Kontoinhaber keine Nachricht mehr erhielt, dem Sicherheitsfonds überwiesen werden. Bis zum 100. Altersjahr kann dann der «Besitzer» das Guthaben beim Sicherheitsfonds abholen.

sorgeeinrichtungen muss man eine Klage beim zuständigen kantonalen Versicherungsgericht einreichen (Adressen auf Seite 242 ff.). Dies gilt auch bei Streitigkeiten mit Freizügigkeitseinrichtungen – Bank oder Versicherungsgesellschaft – sowie bei Konflikten um die 3. Säule.

Mit anderen Worten: Anders als bei Beschwerden gegen AHV- und IV-Verfügungen wird ein Konflikt mit einer Pensionskasse im Klageverfahren ausgetragen.

Solche Klagen sind sonst nur in zivilrechtlichen Auseinandersetzungen üblich, während wir uns hier im Sozialversicherungsrecht befinden. Das Klageverfahren ist somit ein Fremdkörper im Sozialversicherungsrecht.

Das Gericht muss den Sachverhalt abklären

Pensionskassen regeln die Ansprüche und Leistungen nicht in einer Verfügung, wie es im sonstigen Sozialversicherungsrecht üblich ist. Wenn keine Einigung über den Anspruch des Versicherten erzielt werden kann, bleibt nur noch die Klage. Aber: Das Gericht muss den Sachverhalt von Amtes wegen feststellen. Das ist im Interesse von rechtsunkundigen Personen: Sie müssen nicht von Anfang an alle Beweise selber vorlegen und sie verlieren nichts, wenn sie nicht von Anfang an die richtigen Beweisanträge stellen.

Auch hier schreibt das Gesetz ein einfaches, rasches und für das kantonale Verfahren in der Regel kostenloses Gerichtsverfahren vor (Art. 73 Abs. 1 BVG). Die klagende Partei muss in den meisten Fällen selbst dann keine Gerichtskosten übernehmen, wenn sie den Prozess gegen ihre Pensionskasse verliert.

Im Verfahren vor Bundesgericht fallen Gerichtskosten an. Wer Beschwerde erhebt, muss einen Kostenvorschuss leisten, der jedoch zurückbezahlt wird, falls die versicherte Person vor dem Gericht mit ihrer Forderung durchkommt.

Mutwillige Prozessführung kann teuer werden

Lässt sich die klagende Partei durch eine Anwältin oder einen Anwalt vertreten, muss sie jedoch die Anwaltskosten selber berappen, falls sie in diesem Streitfall unterliegt.

Zugunsten der Pensionskasse wird hingegen nur in Ausnahmefällen eine Parteientschädigung ausgesprochen; der Anwalt der Pensionskasse muss somit nicht durch den unterliegenden Kläger bezahlt werden.

Nur bei mutwilliger Prozessführung können dem Kläger Kosten auferlegt werden.

Bei welcher Instanz muss man klagen? Zuständig ist ein von den

---

Klage gegen die Pensionskasse: Wo einreichen?

Klara M. verlässt die Firma Z. in Neuenburg. Die Pensionskasse – eine Sammelstiftung in Zürich – berechnet ihr eine falsche Freizügigkeitsleistung und zahlt ihr die falsche Summe aus. Klara M. stellt fest, dass ihr während Jahren zu wenig Beiträge an das Alterskapital gutgeschrieben wurden.

Sie wendet sich an die Personalabteilung des Mutterhauses in Bern, wo sie aber an die Pensionskasse verwiesen wird. Diese wiederum beruft sich auf die Angaben, die sie von der Personalabteilung erhalten hat. Eine Lösung kommt nicht zustande.

Für Klara M. stellen sich zwei Fragen: Hat der Arbeitgeber zu wenig Gelder in die Pensionskasse eingezahlt? Und: Wo muss sie klagen? Die Forderung von Klara M. betrifft eine höhere Freizügigkeitsleistung. Dies ist eine Sache der Pensionskasse.

Die Klage kann also entweder am Ort des Beklagten – das wäre der Sitz der Pensionskasse in Zürich – oder am Ort des Betriebes (Neuenburg) deponiert werden, und zwar beim zuständigen Versicherungsgericht. Keine Rolle spielt, dass der Sitz des Mutterhauses in Bern ist.

Kantonen bezeichnetes Gericht (Art. 73 Abs. 1 BVG). In den meisten Kantonen ist dies das kantonale Versicherungsgericht.

Der Klageort richtet sich nach dem Sitz des Beklagten (Pensionskasse) oder nach dem Firmensitz des Betriebes, bei dem der Kläger arbeitete (Art. 73 Abs. 3 BVG).

Für Versicherte bestehen somit zwei mögliche Gerichtsstände: einer am Sitz der beklagten Pensionskasse, ein anderer am Sitz des Betriebes (siehe Kasten auf der vorhergehenden Seite).

Hat ein Unternehmen mit eigener Pensionskasse die Risikoversicherung einer Lebensversicherungsgesellschaft übertragen, ist einzig und alleine die Pensionskasse einzuklagen – dies selbst dann, wenn es die Versicherungsgesellschaft war, die sich weigerte, beispielsweise eine Invalidenrente auszuzahlen. Das Rechtsverhältnis besteht somit nur zwischen der versicherten Person und der Pensionskasse.

Ein kantonaler Gerichtsentscheid in einer AHV/IV- oder Pensionskassen-Streitigkeit kann mit einer Beschwerde an das Bundesgericht in Luzern (Zweite sozialrechtliche Abteilung) weitergezogen werden.

Auch dem höchsten Gericht steht eine umfassende «Überprüfungsbefugnis» zu. Das heisst, dass der Sachverhalt wiederum von Amtes wegen festgestellt werden muss; das Gericht ist nicht an die Anträge der Parteien gebunden.

Die Ombudsstelle: Eine Alternative zum Gerichtsweg

Die Stiftung «Ombudsman der Privatversicherung und der Suva» vermittelt bei Streitigkeiten zwischen Versicherungsgesellschaften und Versicherten. Sie kann aber keine richterliche oder schiedsrichterliche Funktion übernehmen, und sie kann keine Versicherungsgesellschaft verbindlich zu einem bestimmten Verhalten oder zu einer Leistung zwingen.

Die Ombudsstelle ist auch zuständig für Fragen der beruflichen Vorsorge – allerdings nur, wenn es um Versicherte geht, die einer Sammelstiftung einer Lebensversicherungsgesellschaft angehören (Adresse auf Seite 240).

Für Probleme mit anderen Pensionskassen ist diese Ombudsstelle nicht zuständig.

Einen eigentlichen Pensionskassen-Ombudsman gibt es weiterhin nicht – obwohl ihn die Branche seit Jahren in Aussicht stellt.

Die Fristen bei Pensionskassenstreitigkeiten

Auch bei den Fristen unterscheidet sich das Klageverfahren in Sachen Pensionskasse vom Beschwerdeverfahren bei der AHV/IV.

Das Gesetz sieht für Forderungen auf periodische Beiträge und Leistungen eine Verjährungsfrist von fünf Jahren vor, für «andere» Forderungen (wie sie das BVG nennt) zehn Jahre (Art. 41 BVG).

Handelt es sich um Rentenansprüche, verjähren die Forderungen also nach fünf Jahren, da es sich um eine periodische Leistung handelt. Erst nach zehn Jahren würde hingegen eine Forderung nach einer höheren Freizügigkeitsleistung verjähren, weil diese Leistung nicht periodisch erfolgt.

Wird gegenüber einer Pensionskasse ein Rentenanspruch geltend gemacht, so kann dieser Anspruch höchstens für fünf Jahre rückwärts erhoben werden, selbst wenn er bereits früher entstanden ist. Die vor diesem Zeitraum entstandenen Rentenansprüche sind verjährt; das gilt aber nicht für das Rentenstammrecht (siehe Kasten auf Seite 236).

Das Recht auf Vertretung durch einen Anwalt

Im Streit über Rentenleistungen der AHV/IV oder über Leistungen der Pensionskasse ist es häufig notwendig, eine rechtskundige Person beizuziehen. Damit stellt sich die Frage nach den Kosten.

Kann die Streitsache ohne ein Gericht gelöst werden, muss die Person in den meisten Fällen die eigenen Anwaltskosten selber übernehmen. Kommt es zu einem Gerichtsfall, so werden die Anwaltskosten je nach Ausgang des Verfahrens aufgeteilt.

Gewinnt die versicherte Person den Prozess, muss ihr die Gegenseite – AHV-Kasse oder Pensionskasse – die Anwaltskosten ersetzen. Verliert man den Prozess, muss man die Anwaltskosten selber bezahlen.

Zwei Erleichterungen gibt es im Sozialversicherungsprozess: Die Anwaltskosten der Pensionskasse oder der AHV-Ausgleichskasse müssen nicht ersetzt werden, selbst wenn diese Parteien im Prozess gewinnen.

Zudem werden keine Gerichtskosten verlangt, ausser es handelt sich um eine Beschwerde, die absolut überflüssig und chancenlos ist.

Und noch etwas: Wer sich keinen Anwalt leisten kann, hat das Recht auf einen unentgeltlichen Rechtsbeistand. Dann zahlt der Kanton die Anwaltskosten, selbst wenn der Kläger oder die Klägerin unterliegt. Voraussetzung: Die versicherte Person muss bedürftig sein und der Prozess darf nicht von vornherein aussichtslos erscheinen.

Der Rechtsweg in der 3. Säule

Die Säule 3a ist ein Bestandteil der beruflichen Vorsorge. Bis zur 1. BVG-Revision musste ein Streit über Ansprüche der 3. Säule auf dem Zivilrechtsweg ausgefochten werden, was riskant und vor allem kostspielig war.

Nun richten sich diese Verfahren nach Art. 73 BVG und damit nach dem Sozialversicherungsrecht. Die Folge: Der Sachverhalt wird von Amtes wegen festgestellt, das Verfahren ist meist kostenlos.

Zuständig sind in erster Instanz die kantonalen Sozialversicherungsgerichte.

12 Beratungs- und Anlaufstellen
Die wichtigsten Adressen

Beratungsstellen für Pensionskassenfragen
Für Fragen zur beruflichen Vorsorge:
Verein für unentgeltliche Auskünfte für Versicherte der Pensionskassen (BVG-Auskünfte). Beratungsstellen in:
Bern: Eigerplatz 2
Brugg: Hauptstrasse 3 (Lesezimmer der Stadtverwaltung)
Frauenfeld: Rathaus
Genf: Ageas, Avenue Henri Dunant 11, 2. Stock
Lausanne: Avenue Louis-Ruchonnet 1, (Gebäude Bénévolat-Vaud)
Luzern: Taubenhausstrasse 38
St. Gallen: Bahnhofplatz 1
Winterthur: Metzggasse 2 (Frauenzentrale)
Zürich: Sozialzentrum, Ausstellungsstrasse 88

Besprechungstermin ist überall der erste Mittwoch des Monats (ausser Jan. und Aug.), 17 bis 19 Uhr (in Genf 17.30 bis 19.30 Uhr). Die Gratisberatung erfolgt ohne Voranmeldung und dauert ca. 15 Minuten.
Unterlagen mitbringen!
Internet: www.bvgauskuenfte.ch

Verein für BVG- und Pensionskassen-Auskünfte
Sekretariat der GGG
Gerbergasse 24, 4. Stock
4051 Basel
Telefonische Beratungen auch in Liestal, Telefonabfrage der Termine über Tel. 061 261 02 62.

Besprechungstermin ist der erste Montag des Monats von 17 bis 18.30 Uhr. Die Beratung (ohne Voranmeldung) dauert ca. 15 Minuten und kostet 10 Franken.
www.pensionskassenauskuenfte.ch

Ombudsman der Privatversicherung und der Suva
Postfach 2646
8022 Zürich
Tel. 044 211 30 90
www.ombudsman-assurance.ch

Bundes-Aufsichtsbehörde für die berufliche Vorsorge
Oberaufsichtskommission Berufliche Vorsorge OAK BV
Seilerstrasse 8
Postfach, 3001 Bern
Tel. 058 462 48 25
www.oak-bv.admin.ch

Kantonale BVG-Aufsichtsbehörden
Adressliste aller kantonalen Aufsichtsbehörden im Internet:
www.bsv.admin.ch (→ Themen → Berufliche Vorsorge und 3. Säule → Links).

AG
BVG- und Stiftungsaufsicht Aargau (BVSA)
Schlossplatz 1, Postfach 2427
5001 Aarau
Tel. 062 544 99 40
www.bvsa.ch

AI, AR, GL, GR, SG, TG und TI
Ostschweizer BVG- und Stiftungsaufsicht
Poststrasse 28, Postfach 1542
9001 St. Gallen
Tel. 071 226 00 60
www.ostschweizeraufsicht.ch

BE und FR
Bernische BVG- und Stiftungsaufsicht (BBSA)
Belpstrasse 48, Postfach
3000 Bern 14
Tel. 031 380 64 00
www.aufsichtbern.ch

BL und BS
BVG- und Stiftungsaufsicht
beider Basel (BSABB)
Eisengasse 8
Postfach
4001 Basel
Tel. 061 205 49 50
www.bsabb.ch

GE
Autorité de surveillance des
fondations et des institutions
de prévoyance (ASFIP)
Case postale 1123
1211 Genève 1
Tel. 022 907 78 78
www.asfip-ge.ch

GL und GR
(siehe AI, AR...)

JU
(siehe VD)

LU, NW, OW, SZ, UR und ZG
Zentralschweizer BVG-
und Stiftungsaufsicht ZBSA
Bundesplatz 14, 6002 Luzern
Tel. 041 228 65 23
www.zbsa.ch

NE
(siehe VD)

SG
(siehe AI, AR...)

SH
(siehe ZH)

SO
BVG- und Stiftungsaufsicht
Rötistrasse 4
Postfach 548
4501 Solothurn
Tel. 032 627 27 08
www.stiftungsaufsicht.so.ch

TG
(siehe AI, AR...)

TI
(siehe AI, AR...)

VD, VS, NE und JU
Autorité de surveillance LPP et
des fondations de Suisse
occidentale (AS-SO)
Avenue de Tivoli 2
Case postale 5047
1002 Lausanne
Tel. 021 348 10 30
www.as-so.ch

ZH
BVG- und Stiftungsaufsicht des
Kantons Zürich (BVS)
Stampfenbachstrasse 63
Postfach
8090 Zürich
Tel. 058 331 25 00
www.bvs.zh.ch

Rechtsprechung des Bundes

Bundesgericht
Schweizerisches Bundesgericht
Avenue du Tribunal fédéral 29
1000 Lausanne 14
Tel. 021 318 91 11
www.bger.ch

Bundesgericht
Zweite sozialrechtliche Abteilung
Schweizerhofquai 6, 6004 Luzern
Tel. 041 419 35 55
www.bger.ch

Bundesverwaltungsgericht
Bundesverwaltungsgericht
Postfach, 9023 St. Gallen
Tel. 058 465 26 26
www.bvger.ch

Kantonale Versicherungsgerichte

Eine Adressliste mit den kantonalen Versicherungsgerichten inkl. Telefonnummer finden Sie im Internet auf der Homepage des Aufsichtsamtes unter www.bsv.admin.ch (→ Themen → Berufliche Vorsorge und 3. Säule → Links).

AG
Obergericht des Kantons
Aargau
Versicherungsgericht
Obere Vorstadt 38
5000 Aarau
Tel. 062 835 39 60

AI
Verwaltungsgericht des Kantons
Appenzell I. Rh.
Unteres Ziel 20
9050 Appenzell
Tel. 071 788 95 51

AR
Verwaltungsgericht des Kantons
Appenzell A. Rh.
5-Eck-Palast
Postfach 161, 9043 Trogen
Tel. 071 343 63 88

BE
Verwaltungsgericht des Kantons
Bern
Sozialversicherungsrechtliche
Abteilung
Speichergasse 12, 3011 Bern
Tel. 031 636 23 10

BL
Kantonsgericht Basel-Landschaft
Abteilung
Sozialversicherungsrecht
Bahnhofplatz 16, 4410 Liestal
Tel. 061 552 57 14

BS
Sozialversicherungsgericht
Birsigstrasse 45
Postfach, 4002 Basel
Tel. 061 205 58 58

FR
Kantonsgericht Freiburg
Verwaltungsrechtliche Abteilung
Augustinergasse 3
1700 Freiburg
Tel. 026 304 15 00

GE
Cour de justice du canton
de Genève
Chambre des assurances
sociales
Rue du Mont-Blanc 18
Case postale 1955
1211 Genève 1
Tel. 022 388 23 32

GL
Verwaltungsgericht des Kantons
Glarus
Spielhof 6
8750 Glarus
Tel. 055 646 53 70

GR
Verwaltungsgericht des Kantons
Graubünden
Obere Plessurstrasse 1
7001 Chur
Tel. 081 257 39 90

JU
Tribunal cantonal jurassien
Cour des assurances
Château
2900 Porrentruy
Tel. 032 420 33 00

LU
Verwaltungsgericht des Kantons
Luzern
Sozialversicherungsrechtliche
Abteilung
Hirschengraben 19
6002 Luzern
Tel. 041 228 51 11

NE
Tribunal cantonal neuchâtelois
Cour de droit public
Rue du Pommier 1
2001 Neuchâtel
Tel. 032 889 61 60

NW
Verwaltungsgericht des Kantons
Nidwalden
Abteilung Versicherungsgericht
Marktgasse 4, Postfach 1244
6371 Stans
Tel. 041 618 79 70

OW
Verwaltungsgericht des Kantons
Obwalden
Poststrasse 6
Postfach 1260, 6061 Sarnen
Tel. 041 666 62 38

SG
Versicherungsgericht des
Kantons St. Gallen
Wassergasse 44
9001 St. Gallen
Tel. 071 229 25 25

SH
Obergericht des Kantons
Schaffhausen
Versicherungsgericht
Frauengasse 17
8200 Schaffhausen
Tel. 052 632 74 22

SO
Versicherungsgericht des
Kantons Solothurn
Amthaus 1
4502 Solothurn
Tel. 032 627 73 20

SZ
Verwaltungsgericht des Kantons
Schwyz
Kollegiumstrasse 28
Postfach 2266
6431 Schwyz
Tel. 041 819 26 65

TG
Verwaltungsgericht des Kantons
Thurgau
Versicherungsgericht
Frauenfelderstrasse 16
8570 Weinfelden
Tel. 058 345 69 20

TI
Tribunale cantonale
delle assicurazioni
Via Pretorio 16
6900 Lugano
Tel. 091 815 54 62

UR
Obergericht des Kantons Uri
Verwaltungsrechtliche Abteilung
Rathausplatz 2, 6460 Altdorf
Tel. 041 875 22 67

VD
Tribunal cantonal vaudois
Cour des assurances sociales
Route du Signal 11
1014 Lausanne
Tel. 021 316 13 47

VS
Kantonsgericht Wallis
Sozialversicherungsrechtliche
Abteilung
R. Mathieu-Schiner 1
Postfach
1950 Sitten 2 Nord
Tel. 027 606 53 00

ZG
Verwaltungsgericht des Kantons
Zug
An der Aa 6
Postfach 760
6301 Zug
Tel. 041 728 52 70

ZH
Sozialversicherungsgericht
des Kantons Zürich
Lagerhausstrasse 19
Postfach
8401 Winterthur
Tel. 052 268 10 10

Stiftung
Auffangeinrichtung BVG
Direktion und Zweigstelle für
die Deutschschweiz
Weststrasse 50, Postfach
8036 Zürich,
Tel. 041 799 75 75
www.chaeis.net
(Zweigstelle für die Kantone AG,
AI, AR, BL, BS, GL, LU, NW, OW, SG,
SH, SO, SZ, TG, UR, ZG, ZH.
Sowie für BE, FR, GR, VS [deutsch-
sprachige Kantonsteile])

Zweigstelle Westschweiz
Fondation institution supplétive
LPP
Agence régionale de la Suisse
romande
Passage St-François 12
Case postale 6183
1002 Lausanne
Tel. 021 340 63 33
(für die Kantone GE, JU, NE, VD.
Sowie für BE, VS, FR [frankophone
Bezirke])

Zweigstelle für die italienische
Schweiz
Fondazione istituto collettore LPP
Agenzia regionale della Svizzera
italiana
Stabile «Gerra 2000»
Via Pobiette 11
Casella postale 224,
6928 Manno
Tel. 091 610 24 24
(für die Kantone TI und GR
[Bezirke Bergell, Misox, Puschlav])

Administration
Freizügigkeitskonten
Weststrasse 50, Postfach
8036 Zürich

Tel. Deutsch 041 799 75 75
Tel. Franz. 021 340 63 33
Tel. Ital. 091 610 24 24

**Durchführung der
Risikoversicherung für
Arbeitslose in Zürich**
Stiftung Auffangeinrichtung BVG
Risikoversicherung für
Arbeitslose
Weststrasse 50, Postfach
8036 Zürich
Tel.: 041 799 75 75
*(Für die Kantone AG, AI, AR, BL,
BS, GL, LU, NW, OW, SG, SH, SO,
SZ, TG, UR, ZG, ZH.
Sowie für BE, FR, GR, VS [deutsch-
sprachige Kantonsteile])*

Zentralstelle 2. Säule
Sicherheitsfonds BVG
Eigerplatz 2
Postfach 1023, 3000 Bern 14
Tel. 031 380 79 71
www.zentralstelle.ch
www.verbindungsstelle.ch

Abkürzungen und Quellenverzeichnis

AHV Alters- und Hinterlassenen-
versicherung
AHVG Bundesgesetz über die Alters- und
Hinterlassenenversicherung
AHVV Verordnung über die Alters- und
Hinterlassenenversicherung
AJP Zeitschrift «Aktuelle Juristische Praxis»
ATSG Bundesgesetz über den allgemeinen
Teil des Sozialversicherungsrechts
BGE Bundesgerichtsentscheid, zitiert
nach der Amtlichen Sammlung des
Schweizerischen Bundesgerichts,
einschliesslich Entscheidungen des
Eidg. Versicherungsgerichts
BVG Bundesgesetz über die berufliche
Alters-, Hinterlassenen- und
Invalidenvorsorge
BVV 2 Verordnung über die berufliche
Alters-, Hinterlassenen- und
Invalidenvorsorge
BVV 3 Verordnung über die steuerliche
Abzugsberechtigung für Beiträge
an anerkannte Vorsorgeformen
ELG Bundesgesetz über Ergänzungs-
leistungen zur Alters-,
Hinterlassenen- und Invaliden-
versicherung
EO Erwerbsersatzordnung
EVG Eidgenössisches Versicherungs-
gericht, Luzern (Kammer des
Bundesgerichts)
FZG Bundesgesetz über die Freizügigkeit
in der beruflichen Alters-, Hinterlas-
senen- und Invalidenvorsorge
FZV Verordnung über die Freizügigkeit
in der beruflichen Alters-, Hinter-
lassenen- und Invalidenvorsorge
IV Invalidenversicherung
IVG Bundesgesetz über die Invaliden-
versicherung
IVV Verordnung über die Invaliden-
versicherung
OR Obligationenrecht
PK Pensionskasse
SPV Zeitschrift «Schweizerische
Personal-Vorsorge»
SZS «Schweizerische Zeitschrift
für Sozialversicherung und
berufliche Vorsorge»
WEFV Verordnung über die Wohneigen-
tumsförderung mit Mitteln der
beruflichen Vorsorge
ZGB Zivilgesetzbuch

Stichwortregister

A

Abgangsentschädigung	39, 135
Abredeversicherung	102
AHV	8, 15 ff., 32 ff., 52 ff.
AHV-Konto/AHV-Ausweis	16 ff.
AHV-Nummer	16 f.
AHV-Schulden	36, 77
Alimente	46, 64, 66, 73, 88
Altersguthaben/Alterskapital BVG	10, 98, 116, 130 ff., 140 ff.
Altersgutschriften BVG	98, 116, 120 f., 132 f., 150 ff.
Altersrente AHV	52 ff.
Altersrente BVG	96 ff.
Anlagefonds (siehe Anlagestiftungen)	
Anlagepolitik/Anlagestrategie BVG	29 f., 153 f., 227
Anlagestiftungen	153, 183 f., 186, 212 ff.
Anrechnungsprinzip	132, 134 f., 141, 158 f.
Anwalt (siehe Rechtsweg)	
Arbeitgeberpflichten	11, 15, 20 ff., 36, 111, 119, 121, 232
Arbeitnehmerstatus	35 ff., 97 ff.
Arbeitslosigkeit/Arbeitslosenversicherung	12 f., 34 f., 49, 110 ff., 178, 190, 201, 207
Arbeitsunfähigkeit (siehe Invalidität)	
Assistenzbeitrag	86
ATSG	14, 232, 234, 245
Auffangeinrichtung BVG	109, 112, 114, 178 f., 187, 219
Aufsichtsbehörde BVG	28, 110, 181, 235, 240 f.
Aufwertungsfaktor AHV	58 f.
Ausbildung/Ausbildungszulage	13, 66, 76 f., 83 f., 98, 134, 138, 143, 230
Ausbildungsnachweis	143
Ausgleichskasse AHV	15 ff., 32, 42 f., 72 f., 85, 232, 234
Ausländer	32, 52, 54, 179
Auslandaufenthalt	15, 32, 50 f., 52 f., 54, 79, 128 f., 178, 187 ff., 223
Austrittsleistung (siehe Freizügigkeit)	
Ausweis AHV	16 ff.
Ausweis BVG	110, 148 ff., 229
Auszahlung 3. Säule	206 ff.

B

Banksparen 3. Säule	200 ff., 209 ff.
Barbezug/Barauszahlung BVG	143 ff., 187 ff., 222 ff.
Barwert (Freizügigkeit)	173 ff.
Bauen (siehe Wohneigentum)	
Begünstigung	21, 146 ff., 187, 215 ff.

Beitragsdauer AHV	53 ff.
Beitragsjahre und Beitragslücken AHV	53 ff.
Beitragspflicht AHV	32 ff., 39 ff.
Beitragspflicht BVG	96 ff.
Beitragsprimat BVG	22 f., 124, 130, 140 ff., 172, 178
Beitragssatz AHV für Selbständigerwerbende	41 ff.
Beratungsstellen	240
Beschwerde (siehe Rechtsweg)	
Betreuungsgutschriften AHV	62
Bezug von Freizügigkeitsgeldern	183, 187 ff., 223 ff.
Börse (siehe Wertschriftensparen)	
Branchentarifierung	117, 119

D

Deckungsgrad BVG	10, 24 f., 27, 125, 132, 182, 195 f., 230
Deckungskapital BVG	23 ff., 173, 175, 230
Dreiviertelsrente	82, 161 f.
Dritte Säule	30 f., 93, 200 ff., 239
Durchschnittseinkommen (siehe massgebendes Einkommen)	

E

EFTA (siehe Auslandaufenthalt)	
Ehegattenrente BVG	13, 98, 146 f., 149 ff., 157 ff.
Eigenheimbesitz (siehe Wohneigentum)	
Eingetragene Partnerschaft	47, 52, 63, 67, 95, 146, 157, 188, 196, 209
Eingliederungsmassnahmen IV	80 f., 84 f.
Einkauf in die Pensionskasse	22, 121 ff.
Einkommensvergleich	81 f.
Einsprache (siehe Rechtsweg)	
Eintrittsschwelle BVG	102 ff.
Einzahlungslimite 3. Säule	200 ff.
Entlassungen (siehe Firmenliquidation)	
Erben/Erbschaft	36, 87 f., 98, 144, 147 f., 187, 197, 207, 215 ff.
Ergänzungsleistungen/Sozialhilfe	9, 69, 86 ff., 143
Erwerbsersatzordnung	12, 34 f.
Erwerbsstatus (siehe Arbeitnehmerstatus oder Selbständigerwerbende)	
Erworbene Leistung	175 ff.
Erziehungsgutschriften AHV	61 f.
Europäische Union (siehe Auslandaufenthalt)	
Existenzminimum	35, 77, 84, 139

F

Familienzulagen/Kinderzulagen	13 f., 41, 50, 167 f.
Firmenliquidation	179 ff.
Flexibles Rentenalter	68 ff., 134 ff.
Fonds (siehe Anlagestiftungen)	
Fondspolicen	212
Freies Stiftungsvermögen	23 f., 27, 117, 153, 179 ff., 231
Freie Wahl der Pensionskasse	20 f., 26
Freigrenze, Freibetrag AHV	33 f., 39 ff.
Freizügigkeit	148, 172 ff., 184, 187 ff.
Freizügigkeitskonto oder -police (siehe auch Freizügigkeit)	178 f., 183 ff.
Fristlose Entlassung	102, 232
Frühpensionierung (siehe Rentenalter)	

G

Gartenarbeit (AHV-Pflicht)	40
Gastarbeiter	32, 52
Gebühr für Wohneigentum-Vorbezug	195
Geburtsgebrechen	162
Gemeinschaftsstiftung (siehe auch Sammelstiftung)	28, 113
Gerichtsverfahren/-kosten (siehe Rechtsweg)	
Gesundheitsvorbehalt	115, 163
Gleichbehandlung der Geschlechter	13, 53, 134 f.
Grenzgänger	32
Grundbuch	196, 207
Gütertrennung	63, 191

H

Hausfrauen und -männer	32, 45 ff., 84, 201
Hilflosigkeit, Hilflosenentschädigung	11, 52, 62, 73 ff., 78, 85 f., 88, 91
Hinterlassenenrenten (siehe Witwenrente AHV, Witwerrente AHV, Ehegattenrente BVG oder Waisenrenten)	
HIV	163
Hypothek (siehe Wohneigentum)	

I

Indirekte Amortisation	224
Individuelles Konto (siehe AHV-Konto)	
Invalidenleistungen (siehe Risikoversicherung)	
Invalidenrente BVG	21, 96, 98, 102, 117, 120, 139, 149 ff., 161 ff., 165, 168 ff., 198 f.
Invalidenrente IV	19, 80 ff.

Invalidenversicherung	8 f., 80 ff.
Invaliditätsgrad	80 ff., 98, 161 ff.

J

Jahreseinkommen (siehe massgebendes Einkommen)	

K

Kapitalbezug/Kapitaloption (siehe Barbezug BVG oder Auszahlung 3. Säule)	
Kapitaldeckungsverfahren	9 f., 116
Kinderrente AHV	60, 66, 69 f., 77 f.
Kinderrente BVG	21, 134, 138, 143, 150 ff., 161, 167
Kinderrente IV	83 f., 168
Kinderzulagen/Familienzulagen	13 f., 41, 50, 167 f.
Klageort (siehe Rechtsweg)	
Konkubinat	21, 47 f., 76, 90, 147 ff., 187, 194, 215 ff.
Koordinationsabzug	103 ff., 108, 113, 120
Krankenversicherung	10, 88 f., 94
Kulturschaffende	39, 41
Kürzung der Rente (siehe Rentenkürzung IV, flexibles Rentenalter oder Überversicherung)	

L

Lebenserwartung	141
Lebensnachweis/Lebensbescheinigung	78 f., 142 f., 223
Lebensversicherung	93, 200, 205, 209 ff., 217
Leistungskürzung (siehe Rentenkürzung IV, flexibles Rentenalter oder Überversicherung)	
Leistungsprimat BVG	22 f., 26, 133, 172 ff., 220
Lohnabzüge/Lohnprozente	21, 34 f., 116, 132 f., 150 ff., 220
Lohnbestandteil (siehe massgebendes Einkommen)	

M

Massenentlassung (siehe Firmenliquidation)	
Massgebendes Einkommen AHV	39 ff., 57 ff., 78, 82
Massgebendes Einkommen BVG (siehe versicherter Lohn BVG)	
Meldepflicht	21, 39 ff., 45, 72, 79, 80, 83, 87, 90, 94
Militärversicherung	12, 62, 156, 171
Mindestbeitrag AHV	42 f., 48, 50, 55 ff., 63, 77
Mindestverzinsung (siehe Verzinsung BVG)	
Minimaler koordinierter Lohn	104

Minimalgesetz BVG	21, 24, 96, 98, 120, 130, 149 ff., 163
Mitbestimmung BVG	24 ff., 153, 226 ff.
Musterausweis (siehe Ausweis)	
Mutterschaftsversicherung	12

N

Nachdeckung/Nachversicherung BVG	101 f., 164, 170
Nachhaltige Fonds	214
Naturalbezüge	39 f.
Nebenerwerb (siehe massgebendes Einkommen)	
Neffe/Nichte	61 f., 88, 148, 215
Nichterwerbstätige	32, 34, 45 ff., 201
Nullzinsrunde	132

O

Obligatorium (siehe Minimalgesetz oder Überobligatorium)	
Ökologie	214
Ombudsstelle	238

P

Paritätische Verwaltung (siehe auch Mitbestimmung BVG)	226
Pensionierungsalter (siehe Rentenalter)	
Pensionskassenvermögen (siehe auch Anlagestrategie BVG oder freies Stiftungsvermögen)	24 ff., 29, 153 f., 235
Personalvorsorgekommission (siehe Vorsorgekommission)	
Pfändung (siehe auch Verpfändung)	78, 84, 139
Pflegekinder	61, 75, 157
Pflichten des Arbeitgebers (siehe Arbeitgeberpflichten)	
Plafonierung AHV	63 ff.
Prämien für die AHV (siehe Beitragspflicht AHV)	
Prämien für die Pensionskasse	116 ff., 151 f.
Prämienbefreiung bei Erwerbsunfähigkeit	205, 207, 211, 213
Prämienverbilligung	89
Probezeit	105, 112, 164
Putzfrau	41

Q

Quellensteuer	223

R

Rechtsweg AHV und IV	232 ff.
Rechtsweg BVG	235 ff.
Rechtsweg Invalidenversicherung	234 f.
Rechtsweg 3. Säule	235 ff., 239
Rente (siehe Alters-, Invaliden-, Kinder-, Ehegatten-, Witwen-, Witwer- oder Waisenrente)	
Rentenalter (AHV und BVG, siehe auch flexibles Rentenalter)	3, 32 ff., 47, 53, 68 ff., 134 ff.
Rentenaufschub (siehe flexibles Rentenalter)	
Rentenberechnung AHV	19 f., 52 ff.
Rentenberechnung IV	19 f., 81 ff.
Rentenkürzung (siehe Rentenkürzung IV, flexibles Rentenalter oder Überversicherung)	
Rentenkürzung IV	83
Rentenrevision IV	83
Rentenskala AHV	55, 59 f., 65 f., 78, 82
Rentensplitting AHV	63 ff.
Rentenumwandlungssatz BVG	98, 130 f., 135 ff., 140 ff., 150 f., 192
Rentenvorbezug (siehe flexibles Rentenalter)	
Resterwerb	168 ff.
Risikoversicherung BVG (siehe auch Invalidenrente)	21, 100 ff., 111 ff., 116 ff., 127, 152, 161 ff., 184, 196
Risikoversicherung 3a	211 ff., 216 f.
Rückkaufswert	91, 211 f., 217

S

Sammelstiftung	20, 28 ff., 185, 226
Säule 3a (siehe dritte Säule)	
Sanierung (siehe Deckungsgrad BVG)	
Schattenrechnung (siehe auch Anrechnungsprinzip)	133 f., 141, 159, 175
Scheidung	16, 63 ff., 67, 73, 76, 79, 98, 125 ff., 130, 142, 146, 160 f., 188, 190 ff., 216
Selbständigerwerbende	13 f., 19, 34 ff., 41 ff., 99 f., 107, 113 ff., 126, 164, 179, 189 ff., 200 f., 207, 210, 217 ff., 220 ff.
Sicherheit der Freizügigkeitsgelder	186
Sicherheit der 3a-Gelder	205 f.
Sicherheitsfonds	30, 118, 121, 186, 236
Skala (siehe Rentenskala AHV)	
Sozialhilfe (siehe Ergänzungsleistungen)	
Sozialversicherungen	8 ff.
Sparen mit der Versicherung (siehe Versicherungssparen)	
Splitting bei der AHV	63 ff.

Splitting beim BVG	142
Staatsgarantie	205
Stellenabbau (siehe Firmenliquidation)	
Stellenwechsel (siehe auch Einkauf oder Freizügigkeit)	16, 20, 22, 26, 110, 122 ff., 148, 172 ff.
Steuern	44 f., 53, 71 f., 95, 114 f., 123 ff., 137, 144, 196 ff., 200 ff., 208 ff., 218 f., 220 ff.
Stiftungsrat BVG	23, 26 ff., 122, 181, 226 ff.
Stille Reserven (siehe freies Stiftungsvermögen)	
Studierende	32, 46, 57

T

Taggeldversicherung	152, 156, 162 ff.
Teilliquidation der Firma (siehe Firmenliquidation)	
Teilzeitangestellte/Teilzeitarbeit	13 f., 21, 48 f., 103, 107 ff., 113, 135, 139, 178, 200 f.
Temporärangestellte	114
Teuerungsausgleich	58 f., 98, 116, 165 f., 171
Todesfallkapital BVG	21, 98, 146 ff., 159, 194, 215, 218
Trennung	63, 79

U

Überobligatorium	140 ff., 144 f., 148, 152, 158 f., 161 ff., 189, 192, 197 f.
Überversicherung	156 f., 166 ff.
Umlageverfahren	8, 10, 116
Umrechnungsfaktor	174 ff.
Umwandlungssatz (siehe Rentenumwandlungssatz)	
Unbezahlter Urlaub (siehe Auslandaufenthalt)	
Unfallversicherung	11, 156 f., 166 ff.
Unselbständigerwerbende (siehe Arbeitnehmerstatus)	
Unterdeckung (siehe Deckungsgrad BVG)	

V

Valideneinkommen	81 f., 168 ff.
Verfügung (siehe Rechtsweg)	
Vergleichsrechnung	48 f., 174 ff.
Verjährung	234, 236, 238 f.
Vermögen der Pensionskassen (siehe Pensionskassenvermögen, Verzinsung, Anlagepolitik sowie freies Stiftungsvermögen)	
Vermögensverzicht	91 ff.

Verpfändung (siehe auch Pfändung)	145 f., 198, 206
Verrechnung (siehe Anrechnungsprinzip)	
Versicherter Lohn/Versicherter Verdienst BVG	102 ff.
Versicherungssparen	209 ff.
Verwaltungskosten AHV	42, 44, 46
Verwaltungskosten BVG	116, 118 f., 151, 185, 218, 231
Verwitwetenzuschlag	64, 67
Verzinsung BVG	28 f., 98, 130 ff., 142, 150, 193
Verzinsung Freizügigkeit	183 f.
Verzinsung 3. Säule	202, 206
Verzugszins	44 f., 57, 180, 193
Vorbezug AHV und BVG (siehe flexibles Rentenalter oder Barbezug BVG)	
Vorbezug 3. Säule	206 ff.
Vorsorgeausweis (siehe Ausweis BVG)	
Vorsorgekommission (siehe auch Stiftungsrat)	21, 28 ff., 117, 121, 226

W

Wahl der Pensionskasse	20 f., 26
Waisenrente AHV	52, 75 ff.
Waisenrente BVG	98, 146 f., 151 f., 157 f., 187
Wechsel der AHV-Kasse	15
Wechsel der Pensionskasse	26, 115, 160, 185
Weltreise (siehe Auslandaufenthalt)	
Wertschriftensparen (siehe auch Anlagestiftungen)	183, 213 ff.
Witwenrente AHV	75 ff.
Witwenrente BVG (siehe Ehegattenrente BVG)	
Witwerrente AHV	13, 75 f., 79, 98
Witwerrente BVG (siehe Ehegattenrente BVG)	
Wohneigentum	125 f., 142, 144 ff., 190, 193 ff., 204, 206 f., 211, 214, 224

Z

Zentrale Ausgleichsstelle AHV	17, 179
Zentralstelle 2. Säule	179, 187, 189
Zins (siehe Verzinsung oder Verzugszins)	
Zwangspensionierung/Zwangsbezug	137